西藏青海古建筑地图

中国古代建筑知识普及与传承系列丛书·中国古建筑地图

HISTORICAL ARCHITECTURAL MAP OF XIZANG AND QINGHAI

王 南
卢清新 袁 牧 李和欣
唐恒鲁 张植程 代福博 编著

清华大学出版社
北京

图书在版编目（CIP）数据

西藏青海古建筑地图 / 王南等编著 . — 北京：清华大学出版社，2021.1
（中国古代建筑知识普及与传承系列丛书 . 中国古建筑地图）
ISBN 978-7-302-57111-7

Ⅰ . ①西… Ⅱ . ①王… Ⅲ . ①古建筑—介绍—西藏 ②古建筑—介绍—青海
Ⅳ . ① K928.717.5 ② K928.714.4

中国版本图书馆 CIP 数据核字 (2020) 第 253661 号

责任编辑：徐　颖
封面设计：谢晓翠
版式设计：彩奇风
责任校对：王荣静
责任印制：杨　艳

出版发行：清华大学出版社
　　　　网　　　址：http://www.tup.com.cn，http://www.wqbook.com
　　　　地　　　址：北京清华大学学研大厦 A 座　　　邮　　编：100084
　　　　社 总 机：010-62770175　　　　　　　　　邮　　购：010-62786544
　　　　投稿与读者服务：010-62776969，c-service@tup.tsinghua.edu.cn
　　　　质量反馈：010-62772015，zhiliang@tup.tsinghua.edu.cn
印 装 者：小森印刷（北京）有限公司
经　　销：全国新华书店
开　　本：180mm×260mm　　　印　　张：34.25　　　字　　数：1179 千字
版　　次：2021 年 1 月第 1 版　　　印　　次：2021 年 1 月第 1 次印刷
定　　价：199.00 元

产品编号：081871-01

献给关注中国古代建筑文化的人们

策　划：华润雪花啤酒（中国）有限公司

统　筹：王　群　朱文一
　　　　清华大学建筑学院

主　持：王贵祥　曾申平

执　行：清华大学建筑学院

资　助：华润雪花啤酒（中国）有限公司

参赞：
廖慧农　李　菁　马冬梅　张　弦
刘　敏　毕朝矫　张　巍　张思琪

总序一

2008 年年初，我们总算和清华大学完成了谈判，召开了一个小小的新闻发布会。面对一脸茫然的记者和不着边际的提问，我心里想，和清华大学的这项合作，真是很有必要。

在"大国""崛起"甚嚣尘上的背后，中国人不乏智慧、不乏决心、不乏激情，甚至不乏财力。但关键的是，我们缺少一点"独立性"，不论是我们的"产品"，还是我们的"思想"。没有"独立性"，就不会有"独特性"；没有"独特性"，连"识别"都无法建立。

我们最独特的东西，就是自己的文化了。学术界有一句话："建筑是一个民族文化的结晶。"梁思成先生说得稍客气一些："雄峙已数百年的古建筑，充沛艺术趣味的街市，为一民族文化之显著表现者。"当然我是在"断章取义"，把逗号改成了句号。这句话的结尾是："亦常在'改善'的旗帜之下完全牺牲。"

我们的初衷，是想为中国古建筑知识的普及做一点事情。通过专家给大众写书的方式，使中国古建筑知识得以普及和传承。当我们开始行动时，由我们自己的无知产生了两个惊奇：一是在这片天地里，有这么多的前辈和新秀在努力并富有成果地工作着；二是这个领域的研究经费是如此的窘迫，令我们瞠目结舌。

希望"中国古代建筑知识普及与传承系列丛书"的出版，能为中国古建筑知识的普及贡献一点力量；能让从事中国古建筑研究的前辈、新秀们的研究成果得到更多的宣扬；能为读者了解和认识中国古建筑提供一点工具；能为我们的"独立性"添砖加瓦。

王群
华润雪花啤酒（中国）有限公司总经理
2009 年 1 月 1 日于北京

总序二

2008 年的一天，王贵祥教授告知有一项大合作正在谈判之中。华润雪花啤酒（中国）有限公司准备资助清华大学开展中国建筑研究与普及。资助总经费达 1000 万元之巨！这对于像中国传统建筑研究这样的纯理论领域而言，无异于天文数字。身为院长的我不敢怠慢，随即跟着王教授奔赴雪花总部，在公司的大会议室见到了王群总经理。他留给我的印象是慈眉善目，始终面带微笑。

从知道这项合作那天起，我就一直在琢磨一个问题：中国传统建筑还能与源自西方的啤酒产生关联？王总的微笑似乎给出了答案：建筑与啤酒之间似乎并无关联，但在雪花与清华联手之后，情况将会发生改变，中国传统建筑研究领域将会带有雪花啤酒深深的印记。

其后不久，签约仪式在清华大学隆重举行，我有机会再次见到王总。有一个场景令我记忆至今，王总在象征合作的揭幕牌上按下印章后，发现印上的墨色较浅，当即遗憾地一声叹息。我刹那间感悟到王总的性格。这是一位做事一丝不苟、追求完美的人。

对自己有严格要求的人，代表的是一个锐意进取的企业。这样一个企业，必然对合作者有同样严格的要求。而他的合作者也是这样的一个集体。清华大学建筑学院建筑历史与文物保护研究所，这个不大的集体，其背后的积累却可以一直追溯到 80 年前，在爱国志士朱启钤先生资助下创办的"中国营造学社"。60 年前，梁思成先生把这份事业带到清华，第一次系统地写出了中国人自己的建筑史。而今天，在王贵祥教授和他年长或年轻的同事们，以及整个建筑史界的同人们的辛勤耕耘下，中国传统建筑研究领域硕果累累。又一股强大的力量！强强联合一定能出精品！

王群总经理与王贵祥教授，企业家与建筑家十指紧扣，成就了一次企业与文化的成功联姻，一次企业与教育的无间合作。今天这次联手，一定能开创中国传统建筑研究与普及的新局面！

朱文一
清华大学建筑学院院长
2009 年 1 月 22 日凌晨于清华园

总序三

　　清华大学建筑学院与华润雪花啤酒（中国）有限公司在中国古代建筑普及与传承方面的合作，已经进入了第二个阶段。在第一个阶段的合作中，在华润雪花啤酒（中国）有限公司的大力支持下，清华大学建筑学院建筑历史与文物保护研究所的教师与研究生，投入了极大的努力，先后完成了《北京古建筑五书》（2009年）、《中国民居五书》（2010年）、《中国古建筑装饰五书》（2011年）、《中国古都五书》（2012年）和《中国园林五书》（2013年）等，共5个系列，25部中国古代建筑普及性读物。这其实只是有关中国古代建筑知识普及与传承工作的开始，按照这样一种模式，很可能还会有《中国古代宫殿建筑五书》《中国古代佛教建筑五书》《中国古代军事防卫建筑五书》，如此等等，因为延续了5000年之久的中国古代建筑，是一个十分庞大复杂的体系。关于古代建筑的知识，类似普及性读物的写作与出版，还可以继续许多年。然而，这又是一个几乎难以完成的目标，因为，随着研究的深入，相关的知识，还会处在一个不断增加的过程之中。正是在这样一种成功与困惑的两难之中，清华大学建筑学院与华润雪花啤酒（中国）有限公司，开启了双方合作进行中国古代建筑普及与传承出版工作的第二阶段。

　　第二阶段的工作应该如何开展，究竟怎样才能既最有效，又最全面地向社会普及中国古代建筑的基本知识。华润雪花针对这个问题，做了大量的市场调查与分析，在充分的市场第一手数据的支持下，华润雪花的决策者们提出了一个全新的思路，即为全国范围，包括港、澳、台地区的古代建筑遗存，做一个全面而系统的梳理，完成一套以各省、自治区、直辖市及港、澳、台为单位的中国古建筑地图集。把我们的老祖宗留给我们的那些古建筑家底，做一个系统的梳理，并以简单、明快、便捷的语言与图形模式，做出既具学术性，又通俗易懂的说明。这其实既是一套科普性读物，同时也是一套实用性的工具书。

　　这的确是一个有魄力的决定，同时也是一个庞大、复杂的系统工程。为了完成这样一套具有全面覆盖性的中国古建筑通俗性、工具性读物，不仅需要有能够覆盖全国尚存古代建筑的详细资料与相应建筑史知识体系，而且要对这些建筑所在的准确位置，保存状况，交通信息，联系信息等读者可能需要的资料，一一搜集、梳理，并以一种适当的方式在书中表达出来，以方便读者学习或前往参观、考察。

　　既然是一本古建筑地图集，就不仅要有翔实而准确的古代建筑知识，以及这些古代建筑遗存的相关信息，还要有直观、明了的地图表达模式。这同样是一个十分复杂的工程。我们地图集的作者们，不仅要仔细斟酌每一座古建筑的历史、艺术诸方面的价值，要认真整理、提炼与这座古建筑相关的种种信息，而且，还有搜集并提供与这些建筑直接相关的图片资料，此外，更重要的，是要将每一座古建筑的空间定位，准确地表达在一张清晰而简练的地图上。

　　这就需要我们这些参与写作的古建筑专家们，不仅要仔细而缜密地以一种恰当方式，来描绘每一个省、区、市、县的地图，而且，要在这些地图上，将这些古建筑准确地标识出来。这样一个烦琐而细密的工作，其中包含了多少具体而微的繁杂文字、图形与数据性工作，又有多少细致而准确的科学定位工作，是可以想见的。这对于那些本来主要是从事古代建筑历史研究与保护的古建筑学者们来说，是一个不小的挑战。

　　困难是现实的，工作内容是庞杂而繁细的，但既然社会有这样一个需求，既然华润雪花啤酒（中国）有限公司的领导们，从民族文化与大众需求的角度，向我们提出了这个要求，我们的老师和博士、硕士研究生们，就必须迎难而上，必须实实在在、一丝不苟地为读者们打造出一套合格的中国古代建筑地图集，这不仅是华润雪花啤酒（中国）有限公司对中国古代建筑研究与教学多方位支持的一个回报，更是向社会大众普及中华民族传统建筑文化的责任所在。

　　这是一个需要连续五年的漫长工作周期，每一年都需要完成5部，覆盖五个省、自治区、直辖市或地区的重要古代建筑地图集。随着每年5本地图集的问世，一套简略、快速而概要地学习与了解中国古代建筑历史知识的丛书，就会展现在我们读者们的面前，希望我们的读者，无论是为了学习古代建筑知识，抑或是为了休闲旅游的实用功能，都能够喜欢这套丛书，很好地利用这套丛书，同时，在阅读与使用中，如果发现我们的丛书中，还有哪些不尽如人意之处，也希望有识方家与广大读者不吝赐教，及时给我们提出来，我们将认真对待每一位读者的意见和建议，不仅要在后续的地图集编写工作中，汲取大家的意见，而且还会在今后可能的再版中加以修正与完善。

王贵祥

于清华大学建筑学院

作者简介

王南
Wang Nan

　　2001 年获清华大学建筑学院建筑学学士学位，2008 年获清华大学建筑学院工学博士学位，导师吴良镛院士。2009 年至今在清华大学建筑学院任教，讲授建筑设计、城市设计专业课。2013 年至今担任中国住宅与城乡建设部"传统村落保护研究中心"顾问专家。2016 年至今任北京市西城区历史文化名城保护委员会胡同保护专家委员会负责人。

　　长期从事中国古代建筑历史、北京城市规划设计及北京古建筑研究。目前主要的研究方向包括：中国古代建筑的构图比例研究；北京古代城市史与建筑史的全面综合研究。主要学术著作包括：《北京古建筑》（上、下册，2016）、《营造天书》（2016）、《古都北京》（2012）等；在中国核心期刊发表十余篇论文，代表作包括：《象天法地 规矩方圆——中国古代都城、宫殿规划布局之构图比例探析》（建筑史·第40 辑，2017）、《规矩方圆 佛之居所——五台山佛光寺东大殿构图比例探析》（建筑学报，2017.6）等。此外，自 2013 年起，在中国著名人文类杂志《读库》连载"建筑史诗"系列。

卢清新
Lu Qingxin

　　清华大学建筑学院建筑学硕士。硕士期间主要研究方向为以唐宋诗为材料的中国古代建筑学研究，硕士论文获 2018 年清华大学建筑学院优秀硕士学位论文。曾参与编写《四川重庆古建筑地图》。

袁牧
Yuan Mu

清华大学建筑学院建筑设计与理论专业博士，国家一级注册建筑师，北京天地都市建筑设计有限公司首席建筑师，主要研究方向为乡土民居和村镇保护与更新、风景区旅游度假建筑设计，著有《建筑第一课——建筑学新生专业入门指南》，主要作品包括安徽九华山行政中心、山西芮城文博馆、九华山德懋堂度假酒店、北京读库办公楼等。

李和欣
Li Hexin

清华大学建筑学院城乡规划系硕士研究生，北京市地区优秀毕业生，参与保定历史文化名城保护规划、广东省国家级传统村落申报等工作。

唐恒鲁
Tang Henglu

中国人民大学景观建筑设计学本科,清华大学建筑学院工程硕士。现为北京清华同衡规划设计研究院王贵祥教授工作室副所长,从事中国传统建筑及园林设计工作。

张植程
Zhang Zhicheng

清华大学建筑学院建筑学本科毕业,目前从事戏剧与电视舞台设计工作。

代福博
Dai Fubo

清华大学建筑学院建筑系硕士研究生,清华大学挑战杯特等奖获得者,先后参与北京市西城区胡同调研、四川德阳乡村振兴民居建造、湖南三甲乡村文化创意设计、海南省南山区生态规划等工作。

前　言

　　本书是对西藏、青海主要古建筑的概览及古建筑地图绘制。书中分别对西藏自治区的 149 处古建筑和青海省的 115 处古建筑进行了较为详细的介绍，并对两地的其他一批古建筑进行了列表信息简介。在正式介绍两地古建筑之前，分别以"西藏古建筑概略"和"青海古建筑概略"两篇综述文章，对两地古建筑的基本特征进行总体介绍。此外，对文中重点介绍的古建筑，我们都绘制了较为翔实的古建筑地图，共计 18 幅。

　　本书上篇"西藏古建筑"由王南主编。其中，拉萨一章由王南、唐恒鲁、李和欣、代福博编写；那曲、昌都、林芝三章由张植程、唐恒鲁编写；山南一章由卢清新、王南编写；日喀则、阿里两章由袁牧编写。

　　下篇"青海古建筑"由卢清新主编。其中，西宁、海北、海西、海南、果洛五章由卢清新编写；海东一章由赵萨日娜、卢清新编写；玉树一章由张植程、卢清新编写。

　　此外，参与西藏、青海古建筑考察的人员还有清华大学建筑学院的学生郭婧舒、刘琳、韩昊庆、龚泽惠、闫芷宁、陈德辰、谢恬怡、谢娜、冉展、王宏升、刘艳雯、季若辰、侯哲，四川美术学院的熊月，清华同衡规划设计研究院的江权、王斐，友人司薇、袁林、余东亚，以及当地司机兼向导史根平老师、赵鑫老师、桑杰老师，在此一并予以致谢。

　　由于西藏、青海两地幅员辽阔，古建筑分布地域广袤，且许多地处偏远，尽管我们已经尽可能实地考察了绝大部分书中介绍的古建筑，还是有一小部分未能如愿亲临现场。对于古建筑的介绍，我们尽可能结合了前人的研究成果和自己实地考察、学习、研究的心得。当然由于西藏、青海古建筑的博大精深，以及许多文物古迹的鲜为人知、资料匮乏，因而我们的介绍难免会有不少错漏，希望得到广大读者朋友们的批评指正。

编者

2019 年 3 月 24 日

目录 | Contents

凡例
How To Use This Book

编号 国家级文保单位　　编号 省级文保单位　　编号 其他建筑

1 布达拉宫	
Potala Palace	
文物级别	国家级（世界文化遗产）
开放方式	购票、预约参观
地　址	北京中路红山顶
年　代	吐蕃王朝时期—清
推荐指数	★★★★★

古建筑编号及名称

英译名

文物级别

开放方式 / 现况

地址

对于多次重修或改建的古建筑，指现存部分的年代范围

推荐

古建筑图片

布达拉宫

图名

西藏自治区
XIZANG

西藏自治区古建筑分片索引
Map Index of Xizang

1. 拉萨市
2. 那曲市
3. 昌都市
4. 林芝市
5. 山南市
6. 日喀则市
7. 阿里地区

藏 S（2019）004 号

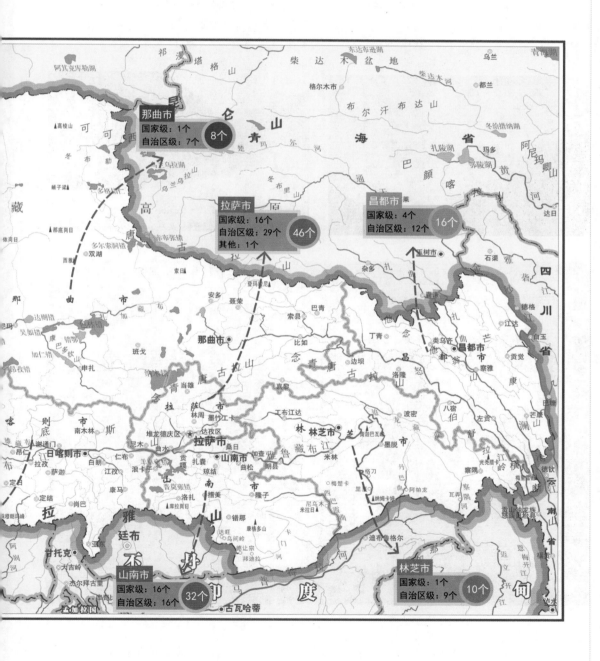

西藏古建筑概略

一、自然地理

西藏，全称西藏自治区，位于"世界屋脊"青藏高原之西南部，面积达 122 万平方公里，约占中国领土总面积的八分之一。这里平均海拔在 4000 米左右，自然地貌气势磅礴、气象万千：雪山千峰耸峙，[1] 河流万马奔腾，湖泊星罗棋布，森林、草原广袤无垠，更有一望无际的戈壁，乃至大量冰川地貌。

南迦巴瓦峰

雅鲁藏布江

羊卓雍错

---

① 西藏海拔在 7000 米以上的高峰有 50 余座，其中在 8000 米以上的有 11 座，世界第一高峰珠穆朗玛峰位于中尼边境，其北坡在西藏境内。

尼洋河

林芝风光

古来冰川

墨脱风光

阿里托林寺

西藏高原大致可分为四个地区：藏东、藏南、藏北和喜马拉雅山脉地段。

藏东即昌都地区，为高山峡谷、三江流域，地势险要至极，山顶与谷底高差可达 2000 余米。

藏南主要属雅鲁藏布江及其支流流经之河谷平地，如拉萨河、年楚河、尼洋河等河谷地区和雅鲁藏布江流域地段的日喀则、山南等河谷平原。特别是山南（林芝）地区，土地肥沃，享有"西藏江南"之美誉。

藏北高原即阿里、那曲二区，北为昆仑山脉、唐古拉山脉，西为冈底斯山脉，南为念青唐古拉山脉。这一带辽阔平原东西约 2400 公里，南北约 700 公里，藏语称之为"羌塘"，意为北方大平原，平均海拔4500 米左右。

喜马拉雅山脉地段位于西藏南部，我国与印度、尼泊尔、不丹、锡金等国接壤地区，东西绵延 2400余公里，平均海拔 6000 米以上。

正是上述多样性的环境与气候，孕育了西藏古代文明独特的面貌。古代西藏人在这片神奇的土地上创造了精彩纷呈、蔚为大观的西藏古建筑。

二、历史沿革

西藏建筑的历史可以追溯至新石器时期，考古学者通过对四五千年前的卡若遗址的发掘，认为当时已经出现了二层楼房。

昌都风光

珠穆朗玛峰远眺

雍布拉康

藏王墓

　　藏文史书记载中最早的建筑物是山南雅砻的雍布拉康宫堡。文献往往称之为"西藏第一宫堡"——实际上雍布拉康是吐蕃王朝祖先雅砻部落的第一座宫堡。至雅砻部落第八代（一说第九代）时期，修建了琼结青瓦达孜宫，即西藏历史上影响颇大的琼结宗山。后来吐蕃王朝松赞干布等几代赞普的墓葬都在这里。

　　雅砻部落第三十二代（一说三十三代）赞普松赞干布最终完成了统一吐蕃的大业，其疆域拓展到北至吐谷浑（今新疆）、南至泥婆罗（今尼泊尔）、天竺（今印度），东与大唐相邻，定都于逻些（今拉萨）。据《旧唐书·卷一百九十六》载"其人或随畜牧而不常厥居，然颇有城郭"；"屋皆平头，高者至数十尺"——足见其时吐蕃已有颇具规模之城郭和多层平屋顶楼房。松赞干布曾先后迎娶尼泊尔尺尊公主和唐文成公主。

大昭寺内松赞干布像

大昭寺内文成公主像

两位公主均带来本土优秀的建筑及其他工艺匠师，为吐蕃的建筑发展起到了重要的推动作用。特别是文成公主亲自主持兴建的拉萨小昭寺，十分接近唐朝建筑风格，当时取名为"嘉达热莫切"，意为"汉虎大院落"，即以汉地老虎的皮毛来形容建筑群的华丽色彩，小昭寺是吐蕃第一座运用琉璃瓦歇山屋顶的汉式建筑。古城拉萨也是在这一时期初步建成的。当时还在山南、林芝等地修建大小不一的佛殿108座之多。松赞干布时期是西藏建筑技艺大发展的一个高潮。

755年藏王赤松德赞继位。他专门请莲花生大师指导创建了以曼荼罗（坛城）为理念设计的山南桑耶寺。藏传佛教也由此进入"前弘期"的盛况。

841年朗达玛赞普执政，其灭佛行动最终导致吐蕃王朝之覆灭。此后西藏进入了长达400多年的分裂时期。朗达玛后代卫松和雍丹各据一方，建立起地方政权。其中，卫松之孙赤德尼玛贡到阿里建立起阿里王系，其子德祖贡建立了古格王国政权，并建造了古格城堡，德祖贡之子在此建起托林寺。该时期被称为吐蕃分治时期。

吐蕃分治时期，西藏进入封建经济发展时期，新兴的封建主再度兴佛。到11世纪，藏传佛教进入"后弘期"。这时的佛教活动丰富而分散，因而形成许多

山南桑耶寺俯瞰

阿里古格王国

教派：以宁玛派、噶当派、萨迦派、噶举派为主，其他还有希解派、觉宇派、觉囊派以及格鲁派。各派竞相建寺收徒，在数量及规模上都远远超过了前弘期的寺院。

南宋嘉熙四年（1240年），蒙古王子阔端派兵进入西藏，后经凉州会盟等，结束了西藏长期分裂割据状态，统一了西藏。1270年，萨迦派首领八思巴任元朝帝师。后建立起政教合一的政治集团，并建成著名的萨迦南寺。1333年，夏鲁布顿大师修建夏鲁寺，为一座藏、汉建筑之混合体。

元末萨迦王朝内部斗争使王朝走向崩溃。山南朗氏家族取而代之，建立乃东的地方政权。元朝委派专使达热卡恰等人，封强求坚赞为"大司徒"，命其接管西藏政权。强求坚赞设立了巍卡、贡嘎、仁蚌、朗卡孜、江孜、桑珠孜等十三宗的行政区域，建造了以乃东王府为首的各"宗山"的宫堡建筑，如著名的江孜宗山和日喀则桑珠孜宗山。这段时期可谓继吐蕃王朝之后西藏第二个建筑高潮。

乃东王扎巴坚赞执政期间，得到了明王朝的支持。格鲁派此时创建了宗喀巴大师的拉萨三大寺——甘丹寺、哲蚌寺和色拉寺。乃东王下属江孜地区首领热旦贡桑帕修建了规模巨大的白居寺，该寺设立不同

萨迦寺

江孜宗山

夏鲁寺

白居寺十万佛塔

教派的扎仓（即学院）16座——西藏几大教派集中于一寺之中，在西藏佛教史上并不多见。1414年，热旦贡桑帕动用100万余工日，花费巨资兴建了白居寺十万佛塔（大致与北京紫禁城同时期），为西藏佛塔之最。

16世纪乃东王朝宣告灭亡，取而代之的是仁蚌家族，政权中心移至日喀则，占据桑珠孜宗，称为"藏巴第司"，推崇噶举派而镇压格鲁派。1642年，格鲁派在蒙古军事力量援助下，彻底推翻藏巴第司的地方政权。哲蚌寺的五世达赖出任喇嘛首领，建立了甘丹颇章王朝。五世达赖时期最重要的工程是兴建了布达拉宫。布达拉宫1645年动工，历时四年，"白宫"初具规模。至1682年五世达赖圆寂，新任第司桑结嘉措新建布达拉宫"红宫"以供奉五世达赖灵塔。桑结嘉措博学多才，精通文学、历史、医学、天文历算和建筑等多方面知识，布达拉宫的最终完善与他有着密切的关系。

自吐蕃王朝之后，西藏的权力中心移至萨迦和山南等地，五世达赖通过建立布达拉宫，将政治、宗教中心重新迁回拉萨，并保持至今。

三、建筑布局

藏传佛教建筑是中国古建筑中十分独特的类型，有着非常鲜明的个性特征，任何人都可以轻易分辨出其与中国汉地传统建筑的显著差异。藏传佛教建筑是在藏族传统建筑的基础上，融合外来的（主要包括印度、尼泊尔）及中国汉地佛教建筑技艺而创造出的独具特色的建筑。一方面，藏传佛教建筑有着自身清晰、鲜明的特征；另一方面，又带有浓厚的多种文化交融的特点。

藏传佛教寺院的总平面布局有着不同于中国汉地佛寺的鲜明特色。

建于7世纪的拉萨大昭寺是一座二层平顶院落式建筑（今日所见规模宏大的建筑群是历代扩建之结果），这一最古老而简洁的布局形式，至今仍是藏传佛寺（尤其是中、小型佛寺）普遍采取的布局方式。8世纪兴建的西藏第一座佛、法、僧"三宝"俱全的真正意义上的佛寺——山南桑耶寺，采用佛教中的"曼荼罗"的布局模式，成为后来许多著名藏传佛寺效仿的神圣图式。藏传佛教后弘期兴建的大批大型寺院，一般皆采取自由式和中轴线式两种典型布局模式。

（一）平顶院落式布局

吐蕃早期的佛寺，许多仅是供王室贵族礼佛的神殿，藏语称"拉康"，典型者如拉萨大昭寺、小昭寺，山南昌珠寺等，通常皆为一院一佛殿的规模。例如吐蕃时期的大昭寺，仅为二层平顶的合院式建筑（现状为后世不断扩建而成），并且明显带有印度佛寺形制——宿白曾在《藏传佛教寺院考古》（1996年）一书中指出大昭寺中心佛殿觉康大殿一层、二层平面布局（很可能保留了较多早期样式）与印度那烂陀寺僧房院的相似之处。

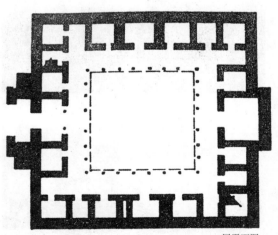

一层平面图

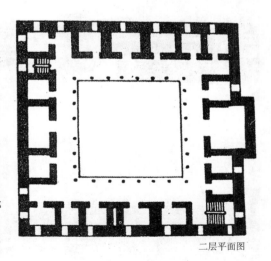

北

二层平面图

吐蕃时期大昭寺中心佛殿一、二层平面原状示意图

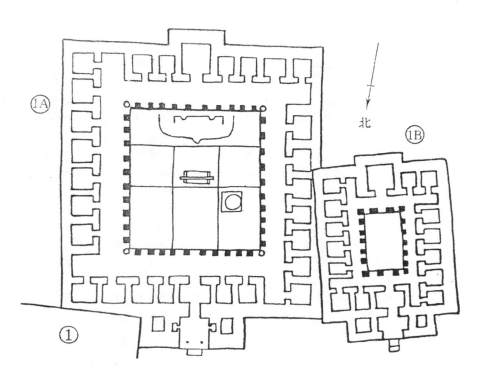

北

印度那烂陀寺第 1A、1B 僧房院遗址平面示意图

（二）曼荼罗式布局

藏传佛寺运用曼荼罗式布局的典型代表是桑耶寺。桑耶寺建于 8 世纪下半叶，因具备佛、法、僧三宝，通常被认为是西藏佛教史上第一座真正意义上的佛寺。桑耶寺仿照古印度的阿旃延那布尼寺之布局，根据佛教想象中的宇宙观设计：位于全寺中心的乌策大殿，象征宇宙中心的须弥山；乌策大殿四方分别建造江白林、阿雅巴律林、强巴林、桑杰林四座神殿，象征四大部洲；四大部洲附近建有参康林、参玛林、顿单阿巴林、扎觉加嘎林、隆丹白扎林、桑丹林、仁钦那措林、白哈贡则林八座小殿，象征八小部洲；主殿两旁又建两座小殿，象征日、月；主殿四隅建红、绿、黑、白四塔（有说法称象征四大天王），以镇服一切凶神魔刹。此外，还有一些其他护法神殿、僧舍、经房、仓库等附属建筑，全部建筑群之外围上一道近于圆形的围墙，象征铁围山，四面各开一座大门，以东大门为正门。

据藏文史籍记载，11 世纪初建成的阿里托林寺即仿山南桑耶寺建造。托林寺除了主殿之外，还有供僧众聚会的经堂、佛塔、僧舍等。主殿朗巴朗则拉康意为遍知如来殿，中心由五间殿堂组成"十"字形平面，

壁画中的桑耶寺全景

象征须弥山；四周由若干小殿堂组成平面为多折角形的一圈殿堂，以象征四大部洲和八小部洲；四隅建四座高塔，其总体规模虽不及桑耶寺，但基本布局模式十分接近。

以桑耶寺为代表的一系列运用曼荼罗图式进行总平面布局的寺庙，其实是对佛教宇宙观的形象化，可谓最富象征意义的藏传佛寺类型。

此外，藏传佛教寺院中大量佛塔（须弥座）、佛殿等单体建筑采取多折角方形平面，其实也是曼荼罗的象征。

（三）自由式布局

藏传佛教的很多大型寺院皆采取自由式布局，典型者如拉萨三大寺（甘丹寺、哲蚌寺、色拉寺）、日喀则扎什伦布寺等。这些大寺大多建于半山坡地至山脚平地间，经数十乃至数百年渐次展拓而成，往往呈现为成百座单体建筑自由散布于漫山遍野之壮观态势——这是大型藏传佛寺总平面布局最富特色的地方。

需要特别指出的是，大型藏传佛寺看似自由的布局并不意味着混乱无序，而是主次分明、乱中有序，大致可以分为以下几种布局模式。

1. 多中心式

藏传佛寺最典型的自由式布局是多中心式，即以佛殿、经堂等大体量主体建筑作为建筑群的一系列中心、副中心，其他如僧居、库房、作坊、马厩等小型附属建筑拱卫、散布于中心建筑周边，各中心之间以道路、台阶、围墙、树木等加以联系。多中心式布局的典型代表包括拉萨哲蚌寺、色拉寺等。

如哲蚌寺，即以措钦大殿（号称东方第一佛殿）为中心，以四大扎仓为副中心，又以西南隅的甘丹颇章（达赖喇嘛的驻锡地）为另一个副中心，在这些建筑群之间以道路、林木、围墙等相联络，形成主次分明、虚实相生的和谐整体。

2. 居高临下式

另一类大型藏传佛寺采取居高临下式布局，即令主体建筑（佛殿、经堂等）一字开开，高踞山坡之上，山脚及山下平地则渐次布置低矮的附属建筑群，如日喀则扎什伦布寺属此类。

扎什伦布寺依山而建，坐北朝南。北侧高处一字排开布置四座红墙金顶的大殿，自西向东分别是强巴佛殿、十世班禅灵塔殿、四世班禅灵塔殿和五至九世班禅东陵灵塔殿，东侧最高处是宏伟的白色展佛台。其下则是漫山遍野、鳞次栉比的数千间僧房和零散小建筑，蔚为壮观。一系列体量卑小的辅助建筑群，烘托出上部高大建筑群的威仪。

最著名的居高临下式布局当推布达拉宫，白宫、红宫高踞山巅，以一系列曲折逶迤的坡道、台阶将朝

哲蚌寺：由甘丹颇章北望措钦大殿（左后）及罗赛林扎仓（右前）

扎什伦布寺入口广场全景

布达拉宫红宫无量寿佛殿壁画中的布达拉宫全图

圣者由山脚引上东、西广场，而山脚平地满铺一系列低矮的宫殿附属建筑群，绝好地烘托了壮伟无限的红、白二宫。

3. 塔殿并列式

一些以体量巨大佛塔见长的藏传佛寺，常采用塔殿并列式格局，典型代表即江孜白居寺。白居寺主体建筑群位于小山南坡脚下，东西北三面环山，整体被围墙环绕，场地正中并列两座核心建筑，东侧是措钦大殿，正对寺门，构成全寺的东部主轴线；

江孜白居寺塔殿并列格局

西侧是西藏佛塔之首——十万佛塔。两座核心建筑周围建有众多扎仓和附属建筑，形成塔殿并列、主次分明的布局。

四、建筑结构与造型

藏传佛教建筑有着宏伟壮丽、令人过目难忘的独特外观造型，而其外观形式乃是其独具一格的材料运用、结构方法之坦率呈现，同时也与青藏高原特殊的气候条件有着紧密的关联。

（一）结构

藏传佛教建筑为藏族建筑的典型代表，其在用材、结构做法上均有自身鲜明特色，自成一独特之体系。

藏族建筑是土（或石）、木混合结构，土或石构的墙体与木构梁柱同时承重。其结构体系最重要的两部分是以土或石承重的墙体，以及以木构梁柱承重的内部构架。

藏族建筑的基础一般用石块砌筑，而汉地藏传佛教建筑的基础则多采取汉地建筑的夯土、砖石技术。

墙体则视地区不同有石、土之分。

1. 石

山区产石，多用石墙。

石构承重墙为西藏建筑重要的结构形式。新石器时期的昌都卡若遗址里均为石墙基础。西藏绝大部分地区石材充足，石砌筑技术高，因此石构建筑遍布全藏各地。相传西藏第一座宫堡雍布拉康即为石构建筑（今日遗存为后世所建）。吐蕃时期修建的拉萨大昭寺大部分墙体亦为石砌。林芝地区的一些石碉楼可达9层高，采取大小石片交错砌筑，技艺高超。14世纪左右乃东王朝修建的13座宗山城堡皆采取方块石砌筑。黄教四大寺、布达拉宫、罗布林卡等建筑群的殿堂大部分均为石墙。

石墙外壁均有较明显的收分，一般为高度的12%左右。一些高大建筑的石墙底部很厚，如布达拉宫的石墙底部厚达5米以上。石墙的砌法是分层砌筑，即先干砌一层较大的石块，用小石片将大石左右缝隙塞严找平，再砌一层大石，如是往上层层砌筑，石块之间不用泥浆，所以不怕雨水冲刷。石墙外观平直整齐，且突出了大小石层的横线条。

卓越的石构技艺是西藏建筑雄强粗犷外观造型的重要基础。

2. 土

河谷平原地区石材缺乏，除基础用石以外，均为

林芝秀巴古堡石砌碉楼

拉萨色拉寺石墙

土墙。土墙又可细分为夯土和土坯两类。

夯土承重墙建筑为西藏分布极广、历史十分悠久的建筑类型。早在吐蕃时期便广泛运用，山南琼结的藏王墓皆为夯土构成。桑耶寺主殿乌策大殿的主体就运用了夯土墙，寺中不少殿堂与佛塔亦采用夯土技术。阿里古格地区几乎所有建筑均为夯土建成。古格地区的夯土技艺高超，除了城堡与佛殿等墙体采用夯土之外，殿堂大门两旁的大象抬梁的斗栱装饰都用夯土制成，大量佛塔亦为夯土建造，佛塔的十三法轮和台座的图案均为一次夯打而成。

萨迦王朝时期的很多建筑也采用夯土建成，萨迦

南寺城堡及大殿全部是夯土墙。拉萨三大寺及扎什伦布寺里也有不少夯土墙建筑，应该为寺中较早的遗构。此外，拉萨老城区也保留着一些夯土墙的古老民居。

藏东的昌都、察雅、芒康等县也十分盛行夯土墙建筑。当地可以用夯土墙建 5 ~ 6 层的多层建筑——昌都寺的帕巴拉宫殿就是以夯土墙建成的五层建筑。

夯土墙外皮也有明显的收分，大建筑外墙也很厚，如萨迦南寺主殿外墙厚近 2 米，一般墙体厚度也在 1 米左右，夯土墙顶层厚度最少也大于 50 厘米。

土坯墙外表收分很小或不收分，大建筑外墙厚度近 1 米，墙顶厚度大于 40 厘米。

3. 木

传统藏式建筑中，梁柱、门窗大多采取木构。藏式建筑的设计，一般由木工师傅承担，木工全面负责各工种之次序、整体控制工程质量，一切工种在其统一指挥下进行施工。

柱梁木构架主要包括柱、梁和椽，结构方式为柱上放梁，柱头有斗，柱梁间有两层过渡的替木（上层称弓木，下层称元宝木），在梁上平铺椽子，上承楼板或屋面。柱梁之间的接头是平接和上下搭接，不用榫卯，但在上下构件之间（如梁与其下弓木、元宝木之间，柱头与斗之间等）有暗销。梁、椽的端头伸入墙内，梁端入墙深度较大，约为墙厚之半；椽端入墙约 30 厘米。

藏传佛教建筑的木柱，断面一般为方形，次要建筑有的用圆柱，早期建筑如萨迦南寺大经堂用稍加砍削的原木柱。

殿堂柱较大，断面多为多折角方形，柱身稍有收分，外观效果颇佳。其做法是由中心一根方柱和周围比柱身周边稍窄的四块或八块木板拼合而成，柱身上下有黄铜或镏金的箍——这种做法既节约木料（以多块小木料获得较粗的大柱），同时又获得了富于装饰性的视觉效果，是藏族工匠的巧妙创造。

柱头设有大斗，有时则直接在柱头刻出斗形以象征大斗。

斗上设替木，目的是增加梁柱的接触面和减小梁的净跨度。殿堂梁柱间有上下两层替木，下面的较短，仅约 2.5 倍于斗的长度，称元宝木；上面的较长，略大于二分之一开间长，据说其长度为一弓，故称弓木。

椽为方椽，早期建筑椽距较大，后来椽距较密，中线距约 2 倍于椽径，椽上铺木板承重层——考究的建筑及阿里地区寺庙殿堂多用木板，其他殿堂可用规整的圆木或凸面朝下的半圆木紧密排列，一般建筑则用不规整的半圆木或较细的树枝铺平。

阿里札达县托林寺的夯土墙和夯土结构佛塔

大昭寺门厅木柱、替木、横梁及椽

哲蚌寺罗赛林扎仓门廊立柱、大斗、元宝木和弓木

（二）造型

1. 方形体量与平屋顶

西藏建筑单体造型最显著的特征是立方体或长方体的体量和平屋顶，这是其主要结构、材料在外观上直接而诚实的表现。

由于外墙多为石、土结构，加上高寒少雨的气候致使绝大多数建筑为平屋顶，故藏地建筑（不论佛殿、经堂、僧居、民居）的外观均为简洁的立方体或长方体，且外墙面呈现实墙面开小窗洞的厚实稳重之感，辅以红、白、黄、黑等纯色的运用。在青藏高原强烈的阳光下,色彩鲜明的长方体、立方体体块光影锐利清晰,使得藏式建筑呈现突出的体积感——这与强调木结构线条之美、屋顶广檐翼出、如翚斯飞的中国汉地传统建筑有着十分显著差别。

一系列大大小小、高低错落雄踞于青藏高原崇山峻岭间的红、白色调的体块(间以少量黄色体块),在澄澈的蓝天下熠熠生辉,成为藏传佛寺重要的造型意象。

藏族传统建筑与汉地传统建筑最大的差别莫过于平屋顶之运用:不同于中国汉地传统建筑绝大多数为凹曲面坡屋顶,藏族地区基本上皆是平顶建筑——《唐书·吐蕃传》中即有"屋皆平头"的重要记载。

为了适应青藏高原高寒少雨的自然条件,建筑屋面在木板承重层(即屋顶板)之上,铺一层直径小于10厘米的片石或卵石,找平,其上铺厚约10厘米的土层,拍实,再铺厚约10厘米的阿嘎土(一种白垩土,土质细腻,在西藏被用作屋顶及地面材料),洒水,拍出泥浆,压实,待干后灌青油压光或磨光即成屋面。[①]

2. 檐墙

在藏式平顶建筑外墙顶部,皆有1米多高的女儿墙,女儿墙外部及其下窗口上部的外墙面,简称檐墙。檐墙用材及色彩的不同,因建筑等级而有所区别。

最高等级的檐墙称边玛檐墙,按传统规定,只有具备佛、法、僧三宝的建筑(如寺院中的佛殿、经堂和活佛公署等)才能使用。次一等的建筑仅能在檐墙部位施以色彩(如红、棕、黑色)与墙身加以区别。一般建筑檐部则不施色彩,与墙身保持一致。

边玛檐墙的做法是:用直径约5毫米、长约20厘米的柽柳枝(藏语称"边玛")捆扎成直径约6～7厘米的小捆,因大型殿堂顶部的墙体厚度可达60厘米,砌筑檐墙时外墙面就用一捆捆柽柳枝束大头朝外砌筑,上下用竹签穿钉形成一个整体,外表拍平;内墙用石块砌筑,柽柳枝束的后尾也随即被内墙的石块分层压住,使得石墙与柽柳枝墙成为一体。在边玛檐墙的上下,各有一条藏语称为星星木的木条,下面的木条由墙面挑出的椽头承托,上面的木条上用片石稍挑出做成檐口排雨水,顶上压石块,用阿嘎土做成屋脊。边玛檐墙刷深棕色,在建筑檐部形成一条深沉的色带,其色彩与质感同下面的土石墙面迥然不同,深沉中带有轻绒的质感,勾勒出藏传佛教平顶建筑的厚

墨竹工卡县唐加寺大殿长方体平屋顶造型

大昭寺边玛檐墙细部

重而有力的轮廓线。很多殿堂还在边玛檐墙中点缀几处镏金的饰件,呈现为暗棕色带中耀目的金点,可谓神来之笔。

边玛檐墙一般从顶层窗口上皮开始,上至女儿墙顶部,高度近2米。但有些高大的殿堂,特地加高边玛檐墙的高度,从倒数第二层窗口上皮开始,可达5米的高度,如布达拉宫的红宫和白宫、大昭寺主入口上方,均是此种做法——这是杰出的藏族匠师为了获取更好的建筑立面比例而做出的匠心独运的安排。

檐墙的另一个重要的细部设计是,在深色檐墙与

---

① 此做法用于殿堂地面时,在阿嘎土层未干前,再做一层4～5厘米厚的面层,仔细拍实压紧、磨光上油,真能达到光滑如镜的效果。

下部墙体之间（白色墙面除外），往往设有一条高约70厘米的白色横带，作为深色檐墙与下部红色、黄色墙面之间的过渡，这是极其精彩的处理手法，否则会令大面积红墙（黄墙）与深色檐墙的交接过于生硬——尤其红墙和深色檐墙之间如果没有白色横带，容易显得含混不清。这道白色带仿佛是藏传佛教建筑外立面上的白眉一样，令整个立面外观更加精神、醒目。

3. 门

藏传佛寺殿堂的大门，用厚重的红漆双开木板门，门板上饰以镏金角叶、铺首，门洞上方有一排木雕狮子，装饰华丽。

围墙的大门则设计为独立的门楼，做法通常是在门洞上方左右各挑出一跳华栱，上置大斗，斗上有两三层下短上长的横栱，最上一层横栱之上承形如雀替的弓木，上承枋、椽、飞椽与屋檐。

4. 窗

窗户是藏族建筑的一大特色。

窗洞外左右及下方涂成上小下大的梯形黑色窗套，窗洞上方出两重短椽挑出的小檐口，每个窗户仿佛带着厚厚的"黑眼圈"，令人过目难忘。

窗洞往往是瘦高的长方形，排列特点是下层窗洞面积小，外形细高，越往上层窗洞逐渐加宽，形成了外立面下实上虚、厚实稳重的视觉效果。通常底层不开窗，或者仅开宽度不及10厘米的细长窗口，犹如城堡的枪眼，上部大窗口的宽度也仅约1米。殿堂入口上方第二层中央，一般设有大于一个开间的一排大窗，若殿堂有三四层高，则上部的窗口层层加大，两侧的墙面上依旧是开小窗洞，以强烈的虚实对比强调中央开间和主入口。

窗洞内有木板窗扇，平时开启。中央的大窗内有黄色布帘，一般的小窗（特别是僧舍的窗）内有两块镶有蓝边的白布窗帘。

5. 金顶

在藏式平屋顶上加建带斗栱的歇山式屋顶，最早滥觞于夏鲁寺（1333年），其歇山顶构架做法与元代内地木构建筑相同，并采用了琉璃瓦。

用汉式屋顶丰富藏式建筑略显单调的平屋顶轮廓，成为后世许多藏传佛寺殿堂的重要造型手法。不过，此后建造的大昭寺、布达拉宫、扎什伦布寺等殿堂的局部歇山屋顶，首先在木构架与斗栱做法上均加以简化，带有藏族特点；更重要的是屋面材料不用普通的青瓦或琉璃瓦，而是改成使用铜镏金瓦件，并饰以摩羯鱼等藏传佛教造像，这些铜镏金歇山屋顶俗称"金顶"。除了金顶，藏传佛寺殿堂平屋顶上通常还饰以大量铜镏金雕塑，题材多为二鹿听经、法轮、佛

拉萨民居大门

大昭寺窗户

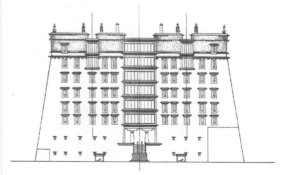

布达拉宫红宫南立面开窗手法

大昭寺金顶

小昭寺屋顶雕塑二鹿听经

小昭寺屋顶雕塑

教八宝之类。

藏传佛寺的金顶及一批镏金雕塑在高原强烈的阳光下金光灿烂、熠熠生辉，成为藏传佛寺外观造型中画龙点睛式的"高光"表现。

五、建筑功能与空间

（一）功能

藏传佛教寺院由佛事活动用房与僧居生活用房两大部分组成。

一般小寺庙往往仅有一个小佛堂及数间僧舍组成一个小院。

较大的寺院内，佛事活动部分有：供奉佛像的佛殿、供奉佛塔的灵塔殿、供僧人在室内聚会习经的经堂、供僧人室外习经辩经的夏经院（或称辩经院）、转经廊、供信徒朝拜的佛塔（包括独立的佛塔或塔群、塔院）、节日供信徒瞻仰顶礼的瞻佛台、印刷佛经的印经院、贮藏佛经的藏经室、作坊、寺院管理机构用房、马厩等。

僧居生活部分则有：活佛居住的拉章、一般僧人居住的僧房、库房、厨房、客房（招待香客）、马厩等。

藏传佛寺的主要功能用房与寺院组织机构密切相关。在藏传佛教各教派中，以最后兴起的格鲁派寺院组织最为严密、完善，典型者如拉萨三大寺。三大寺的组织机构皆分为三级：措钦、扎仓、康村。

1. 措钦

措钦一级的组织，是全寺的最高管理委员会。委员由寺内各扎仓的堪布组成，选其中资历最深者作为首席委员，藏语称"赤巴堪布"，即法台、寺主。[①]

措钦的建筑是寺庙中最大的，有管理委员会的机构用房、库房及能够容纳全寺僧众聚会的殿堂，一般称作总聚会殿或大经堂——总聚会殿（大经堂）藏语称"措钦"，与组织机构同名。

---

① 委员会下的重要僧职有：全寺大总管，处理全寺经济事务，藏语称"吉索"；铁棒喇嘛，管理全寺治安、僧众纪律及审理全寺僧人、属民的重大纠纷、案件，藏语称"措钦协敖"；领经师，引导全寺僧人念经的宗教活动管理人员，藏语称"措钦翁则"。参见：陈耀东. 中国建筑艺术全集（14）佛教建筑（3）藏传. 北京：中国建筑工业出版社，1999：8-9.

拉萨色拉寺拉措钦大殿（即大经堂）

拉萨哲蚌寺罗赛林扎仓（经堂）外观

2. 扎仓

扎仓是独立的学经组织，有自己独立的经济、行政及宗教事务管理机构，犹如一座经学院。有的扎仓就是一座寺院，大型寺院则由若干学习不同经典内容（如显宗、密宗、医药或天文等）的扎仓组成。扎仓的主持人藏语称"堪布"，即住持，其下的僧职人员实行委员会制。[①]

扎仓的建筑一般包括佛殿、经堂、佛塔、僧舍等。其管理机构常设在经堂的二层，一般也直接称经堂建筑为"扎仓"，与组织机构同名。

3. 康村

康村是扎仓下面按照僧人来源的地域划分的一级习经组织。僧人进入藏传佛教寺院以后，大的寺院即按其家乡的地域，编到一定的康村里去。较大的康村因人数过多，其下可设几个密村来管理。康村也实行委员会管理制，首席管理人员称"吉根"。

康村的建筑包括佛殿、经堂、僧舍、厨房、库房等。

（二）空间

藏传佛寺的空间特色是其宗教功能的直接体现：佛寺是供佛、礼佛、习经的场所，精神上要求创造一种庄严、神秘而富有威慑力的空间氛围。面积不大但高耸的佛殿、灵塔殿空间，广阔而低矮的经堂空间，略带恐怖气氛的护法神殿空间，等等，皆是对佛寺宗教功能的绝妙应答。

1. 佛殿

佛殿空间供奉佛像和灵塔，为藏传佛寺最神圣的所在。

拉萨哲蚌寺察康村

桑耶寺乌孜大殿一层内景

[①] 具体人员有总管，藏语称"拉让强佐"及其助手，专管扎仓的财产、属民和对外联系事务；"贵格"，俗称铁棒喇嘛，管理全扎仓的人事及僧众纪律；"翁则"，扎仓念经时的领诵人；"雄巴来"，管理僧众学经事务的人员。参见：陈耀东. 中国建筑艺术全集（14）佛教建筑（3）藏传. 北京：中国建筑工业出版社，1999：9.

佛殿外观通常为一座面积不大、平面近方形的藏式平顶楼房，再于其上加建一座歇山顶，通常为铜镏金屋面，称作"金顶"，构成整个佛寺的标志。内部往往通过高大的空间、幽暗神秘的光线（包括由高侧窗射入的天光和酥油灯带来的微光），造成庄严肃穆的宗教氛围，常常构成一座藏传佛寺中最震撼人心的空间体验。中央的佛像（或灵塔）通常几乎占满整个佛殿内部空间，四周为礼佛（或朝拜灵塔）的回廊状空间。西藏江孜白居寺措钦大殿、甘肃夏河拉卜楞寺的寿喜寺佛殿的佛像均超过5米高，而西藏日喀则扎什伦布寺强巴佛殿的强巴佛像超过26米，布达拉宫

及扎什伦布寺的许多灵塔高度均超过10米，供奉这些佛像、灵塔的大殿均为异常高大的空间，产生庄严钜丽、摄人心魄的空间效果。

还有一些佛殿和经堂组合在一起，常常位于经堂后部或两侧，这类佛殿内部空间只有两层高，下部不开窗，殿内光线昏暗，在上部高出前面经堂的部分开高侧窗，光线正好投射在佛像的头部和上半身，同样能够营造出神秘的宗教氛围。

还有一类藏传佛寺中独特的护法神殿，常常通过幽暗的光线，略带恐怖色彩的塑像和壁画营造一种令人震慑的气氛。

2. 经堂

经堂，亦称聚会殿，是僧众聚会习经的场所，常常是大型佛寺中面积最大的殿堂。特别是如黄教六大寺中的大经堂（即总聚会殿）需要容纳上千僧人集会，故规模均极为可观。例如有着"东方第一佛殿"之谓的哲蚌寺大经堂，是一座有183根柱子，建筑面积达1800平方米的大殿。

经堂规模宏大，百柱林立，柱间满铺僧人的铺席，外墙不开窗，为了解决殿内采光通风，一般均在中央稍靠前部的位置，用几根长柱提升该部分空间（犹如一个室内天井），在升起的部分开设高侧窗，为巨大

扎什伦布寺强巴佛殿内景

白居寺措钦大殿内景

哲蚌寺措钦大殿内景

的经堂带来光线，同时营造富于神秘感的宗教氛围。

　　当然，除了局部高起的小天井之外，整个经堂还是呈现为强烈的水平伸展的态势——佛殿空间的垂直向高耸和经堂空间的水平向、纵深向伸展，是藏传佛寺空间中极富于张力的对比。

3. 院落

　　藏传佛寺中最具代表性的院落空间是佛殿的前庭院。典型者如大昭寺正门与觉康主殿之间，是占地将近 1100 平方米的千佛廊院，院子四周环以柱廊，廊内墙壁绘满千佛故事的壁画（1648 年绘制）。庭院明朗的光线与佛殿、回廊幽暗氛围形成富于戏剧性的对比，是对佛殿极好的空间铺垫。

　　一些僧居院落与佛殿院相比则多一些日常生活气息。

　　矮墙环绕、白石铺地、树荫匝地的辩经场，则是藏传佛寺中最贴近自然的院落空间。

4. 转经廊

　　早期佛寺的佛殿外围均有一条环形转经廊，如大昭寺、小昭寺、桑耶寺等，为藏传佛寺中十分独特的空间类型。转经廊的狭窄、低矮，正与佛殿的高大，以及殿前廊院的宽敞形成空间上的绝妙对比。

5. 屋顶平台

　　特殊的平屋顶构造，使得藏传佛寺的主要建筑都有着宽敞的屋顶平台。这里既可以近距离欣赏各佛殿、灵塔殿辉煌灿烂的金顶，更重要的是，屋顶平台常常成为藏传佛寺最佳的观景台，由此可以欣赏繁华市井

哲蚌寺甘丹颇章主楼及院落

桑耶寺乌孜大殿外回廊（转经廊）

（如大昭寺、小昭寺等），或是壮伟山川（如位于山麓的拉萨三大寺等），屋顶平台常常是藏传佛寺空间的高潮所在。

大昭寺屋顶平台俯瞰拉萨市井及远眺布达拉宫

六、建筑色彩与装饰

藏式建筑在中国各地区古建筑中，若单就色彩、装饰之丰富多样而言，绝对可算是出类拔萃的。这在一定程度上与藏传佛教教义本身的复杂多样有着直接的关系，此外也与深受印度文化影响有关（所谓"天竺好繁"）。

以下分别简述藏传佛教建筑的色彩、装饰、塑像、壁画等内容。

（一）色彩

藏式建筑在色彩运用上有着十分鲜明的特色，在中国古建筑中可谓独树一帜。

藏式建筑的外墙色彩主要分为白色、红色、黄色三大类，还有少量黑色及其他色彩的运用。

其中白色运用最广，不论宫殿、寺庙还是民居皆大量使用。

红色的用法则较为严格，主要用在寺庙的护法神殿、供奉灵塔的灵塔殿及个别重要殿堂。

白、红二色的大量使用，与吐蕃游牧民族习俗相关。游牧民族在漫长的岁月中，逐渐对红、白二色形成如下观念："白"指的是"乳品"，藏语为"噶尔"；"红"指的是"肉类"，藏语为"玛尔"。在吐蕃时期，盛大宴会也有"噶尔瑞"和"玛尔瑞"之分，即"素筵"和"荤席"。白色为吉祥的象征（如哈达即白色），温和、善良的代表。红色为权力的象征，勇敢善战、斗志旺盛的代表。

白色墙体做法，一般用白土加水后直接泼在墙上，高层建筑则由人站在檐口往下泼洒，十分粗犷。这种白土西藏各地都有，质量较高的是那曲地区和仁布县境内的白土。重要建筑如布达拉宫泼白墙时，白土加水后，里面掺白面、牛奶、冰糖等，可以增加黏性。

红色墙体做法则采用自然红土，西藏许多地方均可挖掘到。刷墙时将红土打碎后，直接加水泼墙。布达拉宫红宫泼墙时，红土浆中掺白面、牛奶、红糖和白糖，甚至加入树皮和牛胶，同样是为了增强黏结性。有学者认为藏式建筑涂红墙的做法是由古时杀生用热血泼洒"赞卡尔"的祭祀做法演变而来。[①]

在藏族建筑群中，涂黄色外墙的建筑往往地位较高，各地较有名气的修行室绝大部分是黄色墙面，布达拉宫西侧黄色建筑中，即设有为达赖祝寿的修行室。

---

① 一般在石墙面施色，是从上往下用壶或桶直接往墙上倒淋色浆；土墙则先在墙面抹含砂的泥浆找平，待泥浆干后再施色。

西藏建筑白墙

西藏建筑红墙

西藏建筑黄墙

哲蚌寺的强巴佛殿和山南宁玛派主寺敏珠林寺等主殿皆为黄色墙面。

（二）装饰

1. 彩绘

对木构件柱、梁、斗栱、元宝木、弓木的彩绘是藏传佛教建筑装饰的一大重点。其中尤以元宝木、弓木为装饰重点。彩绘图案包括飞龙、彩云、卷草、花卉等，还包括藏文。一些重要宫殿和寺庙殿堂的元宝木、弓木更是以木雕和彩绘相结合，构成富于立体感的装饰效果，如布达拉宫的立柱上部木结构层次可达

大昭寺斗栱彩绘

大昭寺门框彩绘

13 层之多。

门窗樘子上也绘有彩画，图案多为吉祥八宝、辟邪七宝等内容。

2. 织物

一般经堂内柱身均施以红漆，有时柱身有柱衣包裹，如布达拉宫红宫内西大殿柱衣为白色镶蓝边；塔尔寺及拉卜楞寺大经堂柱衣用有云龙纹的彩色绒毯。有的经堂柱身前面或梁底悬挂彩缎制成的经幢，经幢直径近 1 米，底部离地近 2 米。经堂地面有从门口直至后墙的一条条红色或棕色的长坐垫，供僧人习经时跌坐。织物的大量运用，是藏传佛寺建筑装饰与汉地建筑的重要差异。

唐卡为绘在丝、棉等织物上的画，因是单幅，故题材以尊像、坛城或高僧大德等历史人物为主，除了悬挂于佛殿、经堂以外，多挂于活佛公署、僧居的佛殿内。

（三）塑像

雕塑造像是藏传佛寺的重要内容。造像中以木骨泥塑为主，铜、木雕像次之。大昭寺的释迦牟尼 12 岁等身佛像据说为 7 世纪中期文成公主带入吐蕃的。藏传佛寺的造像题材包括佛像、菩萨、度母、罗汉、

大昭寺内释迦牟尼像

护法、天王等，此外还有历史人物及各派祖师大德等，特别是黄教祖师宗喀巴像，在许多藏传寺庙中皆是常见题材。造像的艺术风格包括犍陀罗风格、印度笈多风格、汉地风格和西藏本土风格等多种。藏传佛教造像有重要的法式可依，即《造像量度经》《佛画三面幅》等，故而造型通常十分规范而程式化。

（四）壁画

壁画亦是藏传佛寺十分重要的装饰要素，主要殿堂内壁、主入口两侧墙壁、庭院回廊墙壁常常都布满壁画。

题材包括如下主要种类。

尊像图：有佛、菩萨、度母、罗汉及护法神等。主入口大门两侧通常绘四大天王。

坛城图：坛城图主要绘于坛城殿内，或者位于廊下，也有绘于天花板上的。如萨迦寺主殿二层南面及西面廊内即绘有著名的坛城图。

佛经故事图：这是中国佛教建筑中的重要壁画题材，藏传佛寺也不例外。此类壁画既包括单个故事的画作，也包括类似连环画式的组图。

江孜白居寺措钦大殿内塑像

历史人物故事图：主要是对藏族历史包括神话传说的描述，包括许多藏传佛教发展历程中的重要人物故事，如大昭寺、布达拉宫内均绘有文成公主进藏的历史故事；白居寺措钦大殿二层登觉殿东北壁绘有八思巴与元世祖忽必烈会见的场面；布达拉宫内绘有五世及十三世达赖喇嘛的传记图，包括五世达赖喇嘛觐见清顺治帝、十三世达赖喇嘛朝见光绪帝的历史画卷。此外，布达拉宫还有表现布达拉宫修建过程的壁画，

江孜白居寺十万佛塔壁画

江孜白居寺十万佛塔壁画中的坛城图

非常珍贵。

　　壁画采用矿物颜料，色彩艳丽，多用原色，强调对比，并以大面积的绿色或红色作为统一画面的基调，视觉效果强烈。个别壁画采用沥粉贴金技术，突出装饰线条及色带，产生金碧辉煌的效果。

五世达赖喇嘛觐见清顺治帝壁画

1

拉萨市
LASA

拉萨市古建筑分布图
Historical Architectural Map of Lasa

编号	名称	编号	名称
①	布达拉宫	㉔	帕邦喀
②	大昭寺	㉕	噶丹寺（甘丹寺）
③	罗布林卡	㉖	吉拉康
④	小昭寺	㉗	热振寺
⑤	哲蚌寺	㉘	朗唐寺
⑥	色拉寺	㉙	达龙寺
⑦	拉让宁巴	㉚	甘曲寺
⑧	邦达仓	㉛	那兰扎寺
⑨	桑珠颇章	㉜	扎西岛岩画
⑩	冲赛康	㉝	吞米·桑布扎故居
⑪	拉鲁颇章	㉞	切嘎却德寺
⑫	喜德寺	㉟	聂塘卓玛拉康
⑬	门孜康	㊱	措麦寺
⑭	八廓街	㊲	热擦寺
⑮	默如宁巴寺	㊳	觉摩隆寺
⑯	朗孜厦	㊴	楚布寺
⑰	下密院	㊵	乃朗寺
⑱	拉萨关帝庙	㊶	唐加寺
⑲	达扎路恭纪功碑	㊷	夏拉康
⑳	御制平定西藏碑、御制十全记碑	㊸	直贡梯寺
㉑	宇拓桥（琉璃桥）	㊹	塔巴朗卓林寺
㉒	查拉鲁普石窟	㊺	切卡寺
㉓	药王山摩崖造像	㊻	直贡艾玛日寺

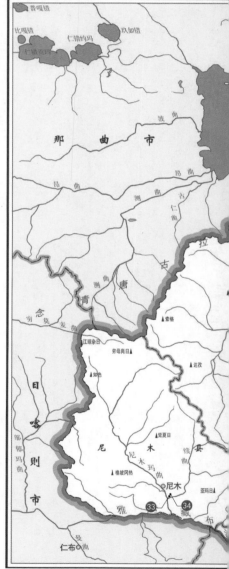

藏 S（2019）004 号

拉萨市

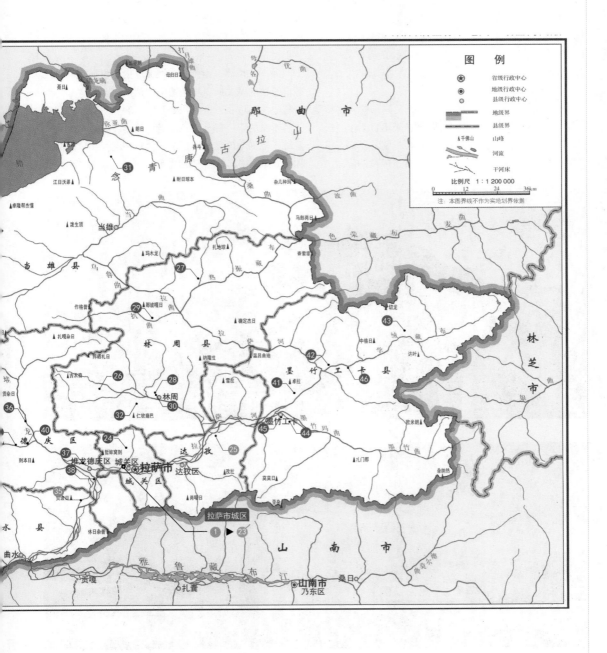

概 述

拉萨位于藏中南地区拉萨河畔，海拔 3650 米，处于雅鲁藏布江、拉萨河与年楚河组成的一江两河地区，为西藏人口最为密集的区域。

拉萨为西藏政治、经济、文化中心，如同其他世界级宗教城市一样，对周围区域产生了强烈的吸引力。

拉萨的前身是吉雪沃塘。在藏族的历史上，曾出现过许多氏族部落，各据一方。在如今拉萨河流域，曾有"吉"姓氏族部落居住于此。于是拉萨河得名"吉若"，此河所到之处称为"吉曲"。吉雪沃塘即为"吉曲"下游的肥沃坝子。

6 世纪末 7 世纪初，松赞干布之父囊日松赞将雅砻军事势力推至拉萨地区，将营盘设于墨竹工卡。松赞干布完成统一高原大业，建立吐蕃王朝，迁都吉雪沃塘，至此真正赋予拉萨 1300 年来神圣的政治使命。

随后文成公主进藏，在沼泽地上利用白山羊驮土填湖，修建了著名的大昭寺。藏语"山羊"称"热"，"土"称"萨"。因此又将以大昭寺为中心的城市命名为"热萨"，意为山羊土城，这就是拉萨古称"热萨"的由来。从敦煌文献中，可以得知热萨也一度指代拉萨。710年，赤德祖赞迎娶唐金城公主，金城公主将释迦牟尼 12 岁等身佛像请至大昭寺主殿，大昭寺的宗教地位进一步提高。

如今，拉萨一指拉萨市城关区内的古城，又指拉萨市所辖的城关区、堆龙德庆区两区以及林周县、当雄县、尼木县、曲水县、达孜县以及墨竹工卡县等六县。

本章的第一部分为拉萨老城区内古建筑群。拉萨老城区范围为鲁定南路以东，北京中路、林廓西路、林廓北路以南，林廓东路以西，金珠路、江苏路以北，

布达拉宫

拉萨古城俯瞰（右侧为布达拉宫）

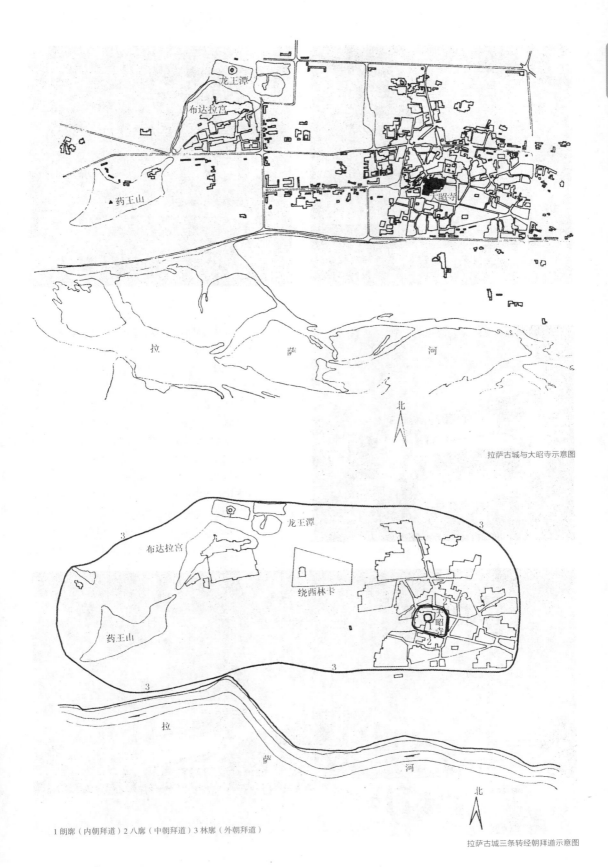

龙王潭

布达拉宫

药王山▲

大昭寺

拉　　　萨　　　河

北

拉萨古城与大昭寺示意图

龙王潭

布达拉宫

绕西林卡

药王山

大昭寺

拉　　　萨　　　河

北

1 朗廓（内朝拜道）2 八廓（中朝拜道）3 林廓（外朝拜道）

拉萨古城三条转经朝拜道示意图

布达拉宫红宫无量寿佛殿壁画：大昭寺

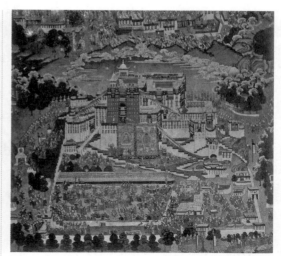

壁画中的布达拉宫

功德林寺（市级文物保护单位）

即历史上不断形成的有建筑和居民活动的拉萨城区的范围，并形成大昭寺、布达拉宫、罗布林卡三足鼎立的城市格局，即历史上的大转经道内部区域。其中以大昭寺为中心的区域古建筑最多，包括：大昭寺、默如宁巴寺、朗孜厦、下密院、喜德寺等重要寺院。这些古建筑主要由八廓街串联起来。小昭寺则位于大昭寺以北，几千年来沼泽地退化，一条路径逐渐被确定下来，沟通了大昭寺与小昭寺。沿着这条路继续向北可以抵达拉萨三大寺之一的色拉寺。

以布达拉宫为中心的古建筑群在大昭寺片区以西，布达拉宫地区包括布达拉宫、雪城、药王山和宗角禄康四个主要组成部分。布达拉宫区域在城市景观尺度上为拉萨之绝对中心。历史上，布达拉宫区域与

布达拉宫西南侧外观

大昭寺区域被沼泽和河流切断。往来于两者之间需要经过宇拓桥，即琉璃桥。尽管沼泽已经消失、琉璃桥也早已不再用于交通，但琉璃桥仍是拉萨重要的城市节点。

罗布林卡是拉萨最为著名的园林建筑。罗布林卡，意为"园林宝贝"，由达赖夏宫、湖心宫、仪式厅、辩经场、诵经室、观马宫、观戏亭以及随行人员和地方政府各机关用房等组成。

除布达拉宫、大昭寺、罗布林卡三个极为重要的古建筑区域外，拉萨格鲁派三大寺中的哲蚌寺、色拉寺分别位于拉萨老城区以西和大昭寺以北近郊（甘丹寺则位于拉萨城区以东达孜境内）。

本章的第二部分为拉萨各区县古建筑。相比于拉

布达拉宫远眺

萨老城区内部的古建筑，拉萨各区县古建筑往往与当地的自然风光结合密切。如林周县的朗唐寺拥有开阔的院落，四周围合着的低矮的房屋，站在朗唐寺的二层平台，四周的佛塔以及辽阔的藏地景色尽收眼底；再如墨竹工卡县内的直贡梯寺是决定生死之寺，盘旋的雄鹰与连续上升的石阶仿佛让生与死在这里对话。

布达拉宫夜景远眺

布达拉宫西南过街塔

布达拉宫脚下转经的信徒

林周风光

拉萨城区

拉萨城区古建筑分布图

城关区

1 布达拉宫

Potala Palace

文物级别	国家级（世界文化遗产）
开放方式	购票、预约参观
地　　址	北京中路红山顶
年　　代	吐蕃王朝时期—清
推荐指数	★★★★★

历史沿革

布达拉宫坐落在拉萨河谷平原的红山之上。"布达拉"为普陀罗的音译，藏传佛教格鲁派认为达赖为观世音的化身，故西藏佛教徒将观世音的道场——普陀山作为佛教圣地，布达拉宫因此得名。

布达拉宫为一座政教合一的宫堡，从五世达赖（1617—1682年）时期开始兴建，后经历世达赖增修，始成今日之规模。

早在吐蕃王朝松赞干布（617？—650年）时期，即曾"筑王宫于红山顶居之"（《西藏王统记》）。

今布达拉宫"白宫"门厅北壁的壁画中，尚保留有松赞干布时期的红山宫殿形象（据称此壁画以大昭寺内壁画为蓝本绘成）。吐蕃时期红山宫殿后毁于雷火，今已不存。

五世达赖修建布达拉宫之前，驻锡之处原在哲蚌寺的甘丹颇章内（详见下文"哲蚌寺"），后选择了位于拉萨城中心、距大昭寺仅一步之遥的红山作为布达拉宫基址。

五世达赖时期所建布达拉宫，是以"白宫"（今布达拉宫东半部）为主体，由朗日却赞设计，五世达赖亲自审定，达赖的管家索朗绕登主持施工，于1645年奠基，1647年主殿基本建成。此时的白宫包括一座六层高的主楼及四面的四座大堡（即今天的东、南、西、北大堡）；同时在红山南面平地上修建了一座夯土方城，东、西城墙与山顶建筑相连，东、南、西各开一门，东南角、西南角各建一座角楼。由于建造工程大量从山后取土，形成洼地，故引水成湖。综上可知，五世达赖时布达拉宫包括山顶宫区（即白宫）、山前宫城区与山后湖区三个部分。

布达拉宫

布达拉宫远眺

布达拉宫白宫门廊壁画中的布达拉宫及松赞干布像

布达拉宫红宫无量寿佛殿壁画中的布达拉宫全图

1 红宫西大殿；2 十三世达赖喇嘛灵塔殿；3 白宫东大殿；4 西欢乐广场；5 东欢乐广场；6 僧房；7 巨形佛像画库；8 东大堡；9 西大堡；

10 南大堡；11 北大堡；12 达赖家院；13 南大门；14 东大门；15 西大门；16 东角楼；17 西角楼；18 新印经院；19 布告栏；

20 藏军司令部；21 监狱；22 雪巴列空；23 炮库；24 造币厂；25 马厩及奶牛院；26 运水骡院；27 骡院；28 象房遗址；29 俗官慕加住宅；

30 札康贵族院；31 吉郭萨巴；32 僧官东坡住宅；33 僧官毕悉住宅；34 俗官德聂住宅；35 纪功碑；36 龙王宫；37、38 康熙乾隆碑亭

布达拉宫总平面图

白宫内有作为政教使用的大殿，有地方政府机构用房，还有摄政住所、达赖寝宫、达赖经师用房、侍从用房、厨房及各类库房等。白宫东面及西南方各修建一座广场，分别名曰东欢乐广场和西欢乐广场，藏语为"德央厦"和"德央奴"，为布达拉宫最重要的两处广场空间。

布达拉宫白宫

1682年五世达赖圆寂，桑杰嘉措计划在白宫西部修建"红宫"，主要陈放五世达赖灵塔，设计由桑杰嘉措亲自主持构思，大画家固吉·旦增罗布绘图。桑杰嘉措试图依照佛经中的"观音普陀山顶宫殿"的形式来修建红宫，工程历时两年零四个月。

红宫体量巨大，由西欢乐广场地坪至平屋顶共计八层。兴建红宫，大大加强了布达拉宫的整体气势。在总体规划中，令山顶原有的白宫与新增的红宫东西并列，从南立面（主立面）观之，形成一字排开、雄壮无与伦比的建筑群体。东广场加以扩大，白宫南面修建了进入红宫与白宫的两座高达五层和六层的门楼；西边进入红宫的门楼，则与扩大后的西广场外墙（即瞻佛台）相连——由东向西，山腰建筑群在水平线上连成一气，达到了很好的烘托山顶红白二宫主体建筑的构图效果。

此后，从七世达赖圆寂至九世达赖圆寂（1757—

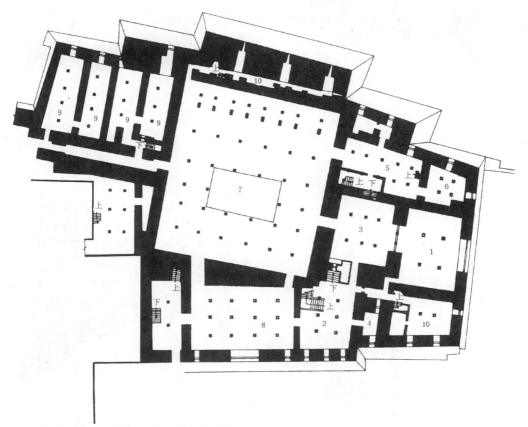

1 四柱厅（藏语"嘎布甸"）；2 候见厅（藏语"丛钦多"）；3 幔帐库（藏语"确则康"）；4 垫子库（藏语"典康清莫"）；

5 麻花制作间（藏语"协卓康"）；6 供品制作间（藏语"却巴康"）；7 东大殿（藏语"丛钦厦"）；8 八柱厅（藏语"嘎布杰"）；

9 布料、毡毯库（藏语"朗切康"）；10 杂物库（藏语"康涅拉恰康"）

白宫三层平面图

1815 年）这一时期，红宫加建的主要内容是七世、八世、九世达赖的灵塔殿及各自的金顶，从而使红宫本来较为平坦的屋顶（原仅有五世达赖灵塔殿及观音堂金顶）为一系列金顶组成的轮廓线所取代。

1933 年十三世达赖圆寂后，由然巴赤门噶伦主持，从 1934 年至 1936 年，紧贴红宫西面修建了与红宫等高的十三世达赖灵塔殿，外墙刷红色，与红宫形成一个整体。今日所见布达拉宫之全貌，基本就是在这时形成的。

总体格局

布达拉宫占地约 40 余公顷，由山上的宫堡群、山下的方城和山后的龙王潭花园三部分组成。

宫堡群东西总长约 370 米，南北最宽处约 100 米，高 117.19 米，总建筑面积为 57 700 余平方米。

其中，红宫体量最大，屋顶多为平顶，有 7 座歇山金顶，在拉萨碧空的映衬下金碧辉煌、壮丽无限。红宫为供奉历世达赖灵塔及佛像之所，平面大致呈方形，总高九层，下面四层为地垄墙，第五层中央为红宫主殿——西大殿。大殿上面四层为天井，各佛殿、灵塔殿均沿天井周围布置。第六层天井正中为西大殿上部天窗，四周为壁画廊。第七层天井中心为供养殿，

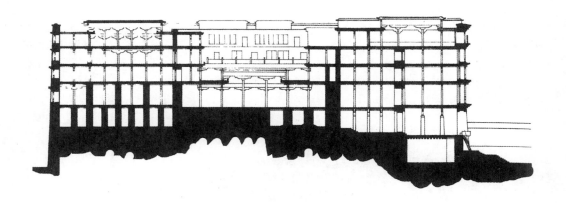

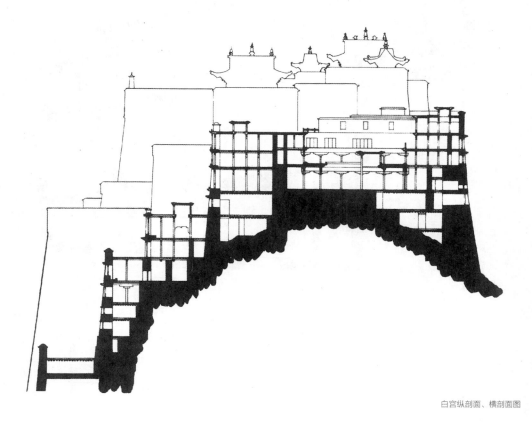

白宫纵剖面、横剖面图

拉萨市

布达拉宫红宫

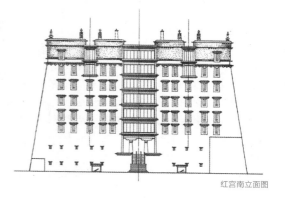

红宫南立面图

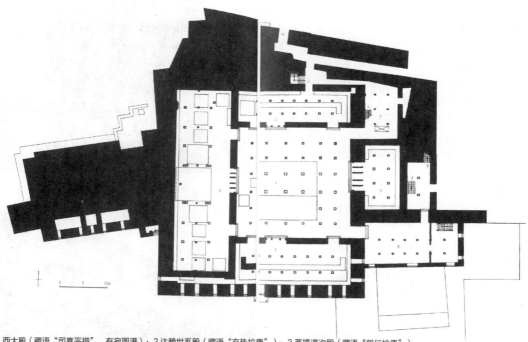

1 西大殿（藏语"司喜平措"，有寂圆满）；2 达赖世系殿（藏语"充热拉康"）；3 菩提道次殿（藏语"朗仁拉康"）；

4 持明佛殿（藏语"仁增拉康"）；5 世界第一庄严殿（藏语"藏林坚吉康"，即五世达赖灵塔殿）；

6 妙善如意殿（格来顿觉，即十三世达赖灵塔殿）殿基；7 楼梯间；8 轿厅；9 红宫后门

红宫五层平面图

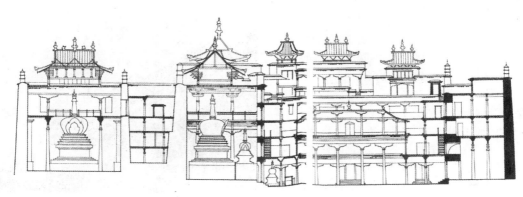

红宫纵剖面图

四周沿回廊布置殿堂。第八层中央为与上层贯通之天井，周围布置回廊及殿堂。第九层为屋顶平台，平台西、北两面为 7 座金顶，金顶之下自西向东依次为：十三世达赖灵塔殿、五世达赖灵塔殿、上师殿、七世达赖灵塔殿、观音堂、八世达赖灵塔殿与九世达赖灵塔殿。

白宫位于红宫东侧，其功能包括达赖理政与居住之所，以及达赖经师与摄政的办公生活用房、达赖侍从人员用房、厨房、仓库等。白宫平面为梯形，西边略大于东边。中心为天井，高六层（局部七层），坐西朝东。底层是用地垄墙分隔而成的库房。第二层东端的四柱厅为白宫门厅，其东面有壮丽的台阶通向东欢乐广场。白宫主殿——东大殿位于三、四层。第四层以上为中央天井式楼房。第五层沿天井四周回廊布置摄政、经师办公及生活用房。第六层包括达赖寝宫及朝拜殿（东、西日光殿）、护法神殿、达赖厨房等。第七层为屋顶平台。

布达拉宫南面山脚下，为一座东西 300 余米，南北 200 余米的方城，藏语称"雪"。方城南大门为布达拉宫正门，是一座三层高的石砌平顶建筑。方城内建有印经院、布告栏、藏军司令部、监狱、炮库、造币厂、马厩、骡院、象房、麻花作坊、贵族住宅等。

朝圣序列

朝圣布达拉宫是每个来到拉萨的人的终极空间体验。

由南大门经由山下方城一系列附属建筑群中的小路，即来到白宫脚下无字碑旁的石阶——一系列依山壁精心设计的石阶与坡道成为朝圣的序幕。这些石阶与坡道以石块砌筑，并随建筑物高低起落，与山坡、建筑融为一体，令整座宫堡仿佛是从山石中直接生长出来一般。石阶与坡道宽约 5 米，沿山坡曲折而上，大部分利用山壁石崖，也有部分用地垄墙支撑，一般坡度为 20° 左右。石阶与坡道外侧为镶有边玛檐墙的护墙——红色的边玛檐墙在呈折线形的白色护墙之上，形成优美又雄壮的曲折韵律。漫长的台阶、坡道和护墙共同成为雄壮的红宫、白宫的前奏，极好地烘托了主题。如果没有这些曲折的坡道与台阶，布达拉宫不论是外观还是空间趣味都将失色不少。在高原缺氧的环境下，拾级而上登临布达拉宫也成为一种对朝圣者生理与心理的双重考验。

东欢乐广场是白宫的入口广场，也是朝圣体验的第一个小高潮：广场西侧是白宫六层高的雄伟主楼，南、北、东三面绕以二层回廊，东侧有四层高的门楼（楼上为僧官学校）。由广场沿石阶、木梯可达位于二层

布达拉宫南大门

布达拉宫无字碑：登山朝圣起始点

布达拉宫台阶 1

拉萨市

布达拉宫台阶 2

布达拉宫白宫门廊壁画

布达拉宫白宫主楼

布达拉宫白宫门廊

布达拉宫白宫东大殿内景

白宫天井

由白宫屋顶平台望红宫

白宫日光殿内景

白宫日光殿木构细部

的白宫门厅,气势不凡。门廊四壁均有壁画,其中北壁的松赞干布迎娶文成公主历史画最负盛名。

白宫的核心空间为东大殿,面阔南面七间、北面九间,总长 25.8 米,进深八间,总长 27.85 米。东大殿为达赖举行坐床典礼及其他政教礼仪或喜庆大典之所。

位于七层的屋顶是白宫的空间高潮,为欣赏拉萨风光之最佳处。达赖可由西日光殿直抵屋顶平台,由此凭栏远眺:远处南山如屏,拉萨河蜿蜒如带;东面可见以大昭寺金顶为中心的拉萨老城区;西面为掩映在绿树丛中的达赖夏宫——罗布林卡;近处山脚下宫城内的附属建筑群星罗棋布。

白宫东侧为红宫,其中心为布达拉宫最华丽之殿堂——西大殿,位于第五层中心,面阔九间 31.3 米,进深七间 23 米,许多重要集会均在此举行。殿内西端正中设达赖宝座,称无畏狮子大宝座,坐西朝东,前面梁枋上高悬乾隆二十五年(1760 年)御赐“涌莲初地”匾额,座后悬挂佛像,顶覆华盖,气势壮观。大殿四壁绘满壁画,面积达 280 余平方米。

红宫之中,围绕西大殿及中央天井布置有大量佛殿,包括达赖世系殿、持明佛殿、菩提道次殿、药师佛殿、时轮佛殿、释迦牟尼殿、无量寿佛殿、法王洞、超凡

红宫天井

红宫内景

红宫壁画

红宫立体坛城殿坛城

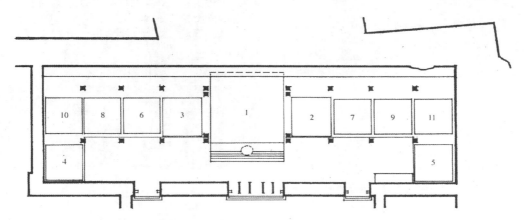

1 五世达赖灵塔；2 十世达赖灵塔；3 十二世达赖灵塔；
4 聚莲塔；5 菩提塔；6 吉祥多门塔；7 天降塔；8 神变塔；
9 离合塔；10 尊胜塔；11 涅槃塔

红宫五世达赖灵塔殿平面图

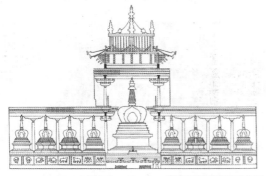

红宫五世达赖灵塔殿剖面图

佛殿、殊胜三地殿、立体坛城殿、上师殿、慈尊佛殿、
威镇三界殿、响铜佛殿、汉地佛殿等。此外，红宫中
极重要的一类殿堂为历世达赖灵塔殿，包括五世、七
世、八世、九世、十三世达赖灵塔殿。其中最重要者
为五世达赖灵塔殿，即"世界第一庄严殿"，位于红
宫第五层西大殿西侧，坐西朝东，面阔九间 38.5 米，
进深三间 11.75 米，五世达赖灵塔"藏林坚吉"居中，
八座银质佛塔分列左右。殿堂中央容纳灵塔部分净高
16.3 米，占五层空间（即红宫第五至九层），屋面覆

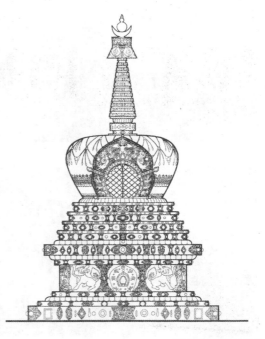

红宫五世达赖灵塔立面图

044

红宫壁画中的五世达赖灵塔殿落成图

红宫五世达赖灵塔殿内景

以金顶，金顶屋脊高 5.53 米，正脊金端顶高 9.5 米，巍峨雄壮。

　　各灵塔及主佛殿上部的 7 座金顶闪耀于红宫屋顶之上（其中十三世达赖灵塔殿金顶为布达拉宫最高点），构成宛如极乐世界的意境，至此朝圣布达拉宫之空间序列达于极致。

　　布达拉宫为拉萨的重要象征。相比于曲折迂回、抑扬顿挫的内部空间，布达拉宫的外部形象以鲜明的红白二色之雄浑体量勾勒以一系列金光闪闪之金顶，

一派雄阔壮伟气象，为西藏古建筑之最壮丽者。无论由今之布达拉宫广场、龙王潭仰视之，抑或由大昭、小昭诸寺遥望之，或者由查拉鲁普石窟等处远眺之，皆美不胜收，且有横看成岭侧成峰之妙境。

布达拉宫南面

布达拉宫西北面

布达拉宫东面

从查拉鲁普石窟远眺布达拉宫

2 大昭寺

Jokhang Lamasery

文物级别	国家级（世界文化遗产）
开放方式	免费参观
地 址	八廓街东侧
年 代	吐蕃王朝时期—清
推荐指数	★★★★★

历史沿革

大昭寺始建于吐蕃王朝松赞干布时期，后经元、明、清历代扩建，逐渐形成今日之宏大规模。

从史料可知，大昭寺是吐蕃王朝宫廷建筑的一部分：823年所立"唐蕃会盟碑"（亦称"舅甥会盟碑"）

藏文碑文中，大昭寺即被称为"宫殿"。据西藏史书记载，松赞干布、文成公主和尼泊尔尺尊公主都参与了大昭寺的营建，是工程的组织者。特别是文成公主，大昭寺的选址即由她确定。文成公主博学多才，通晓天文地理、阴阳五行，日察地形，夜观天象，主张在拉萨中部的卧塘湖心建寺，以镇魔驱邪；她还从长安招来匠人参与建造活动。

11世纪初，阿里地区著名译师桑噶·帕巴喜饶组织工匠对大昭寺觉康殿进行了第一次较大规模的维修，扩建了释迦牟尼佛堂；1167年前后，山南达波地区活佛慈诚宁波增建觉康佛殿周围的转经廊。13世纪中叶，萨迦王朝统一西藏，在近一百年内大昭寺有了新的发展，这一时期的工程包括：扩建觉康主殿东向凸出部分，新建大门及护法神殿，塑松赞干布、文

大昭寺远眺

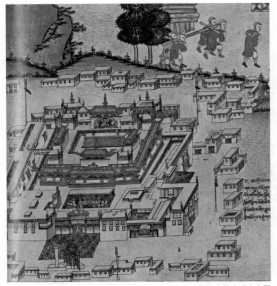

壁画中的大昭寺全图

成公主和尺尊公主像等，其中最大的工程是在觉康主殿第三层的东、西、北建造神殿和盖金瓦顶。1642 年，五世达赖建立甘丹颇章王朝，他用 30 年时间对大昭寺进行了大面积改扩建，这一时期建成的建筑有：正

门、上拉丈①（达赖公署）、下拉丈（班禅行宫、摄政王公署）、噶厦政府机关、埃旺姆殿和传昭机构等。根据五世达赖的指令，第巴索朗曲培指挥觉康主殿三层的重建工程，除更换旧有金瓦顶外，还增建了南侧金顶、镏金飞檐和四层四角神殿。

建筑格局

大昭寺坐东朝西，占地约 13 000 平方米，建筑面积达 25 100 余平方米。建筑群由一系列二至四层的楼房组成，分作南北两院。

北院以觉康主殿为中心，环以附属建筑。其东、南、西三面均有入口，正门西向，为五开间二层建筑，底层为门厅，有四大天王壁画和塑像；二层为三界殿，上、下拉丈分列寺门两侧。

正门与觉康主殿之间是将近 1100 平方米的千佛廊院，院子四周环以柱廊，廊内墙壁绘满千佛故事的壁画（1648 年绘制），回廊宽 6.7 ~ 10.6 米，梁、柱、天花皆编绘各色图案。

觉康主殿平面为边长 44.2 米的正方形，主体三层通高（局部加上金顶高四层），采取梁柱、斗栱木构架，具有浓郁的汉式建筑风格。大殿内柱头方斗的设置、

---

① 亦作喇让，原指西藏高僧活佛管理日常事务的机构，后将高僧住所统称为喇让。参见：国家文物局. 中国文物地图集·西藏自治区分册. 北京：文物出版社，2010：210.

1 正门
2 千佛廊院
3 嘛尼转经筒廊
4 库房
5 觉康主殿
6 释迦牟尼佛堂
7 南院
8 灶房
9 仓库
10 唐蕃会盟碑
11 劝人种痘碑
12 公主柳
13 供品制作场
14 辩经场

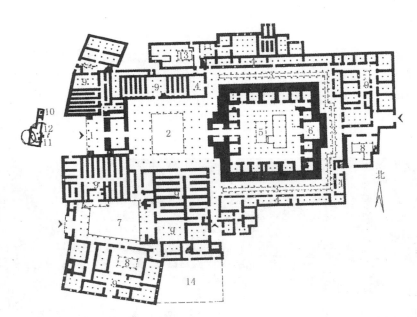

大昭寺一层平面图

1 三界殿
2 觉康主殿
3 埃旺姆殿
4 下拉丈（班禅、摄政王公署）
5 拉恰列空（财政局）
6 拉恰仓库
7 德细列空（社会调查局）
8 报细列空（地粮调查局）
9 协尔康列空（法院、检查、
　审讯处）
10 细康列空（公款稽核局）
11 孜康（核算实物地租、劳
　役地租等财政收支情况的
　机关和贵族子弟学校）
12 噶厦（地方政府）
13 文件库
14 拉萨列空（大昭寺总务处）

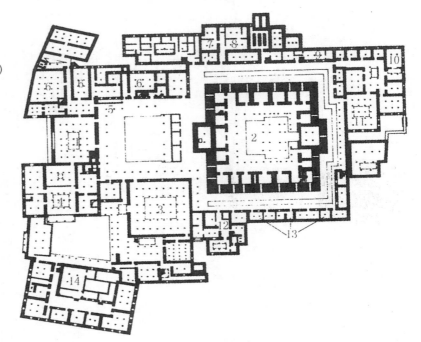

大昭寺二层平面图

1 觉康主殿
2 上拉丈（达赖公署）
3 甲察列空（盐茶税务局）
4 期捷屯觉列空（外事局）
5 条加列空（传昭基金管理处）

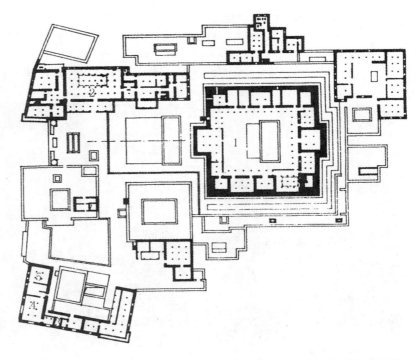

大昭寺三层平面图

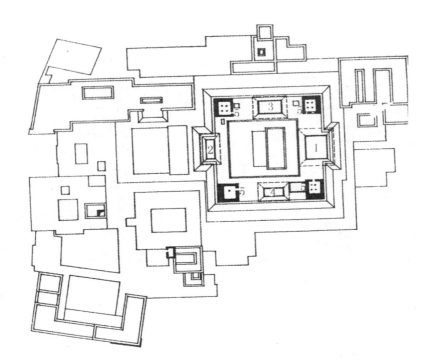

1 释迦牟尼金顶
2 松赞干布金顶
3 千手观音金顶
4 慈尊四亲金顶
5 神殿

大昭寺四层平面图

梁架中大雀替的处理手法和门楣上檐木刻半瓦当的形象，均明显带有早期建筑的痕迹。殿中心为高敞的天井，共置 12 根大立柱，围绕天井一周为佛殿，东侧正中为释迦佛堂，一直供奉着释迦牟尼十二岁等身佛像，为大昭寺最神圣之所在。南北两侧为无量光佛殿、强巴佛殿和观音殿、释迦牟尼不动金刚身佛殿等。

主殿外东、南、北侧分别布置有佛堂、嘛呢转经筒廊和政府机关等。

南院主要为传昭活动服务，由传昭机构、灶房、仓库等组成。辩经台设在南入口西侧。

就建筑功能而言，大昭寺同时兼具信徒朝佛、传昭集会（每年的大昭、小昭两次大法会）和行政办公功能。

空间序列

寺前广场（约18米见方）是大昭寺空间序列的序幕。大门前有几处重要的历史文物，包括公主柳（相传为文成公主所植）、《唐蕃会盟碑》和《劝人种痘碑》。入口广场上终年布满虔诚朝拜的信徒，成为大昭寺前

大昭寺正立面全景

049

大昭寺前《唐蕃会盟碑》

大昭寺入口

大昭寺门厅

大昭寺千佛廊院

大昭寺入口广场朝拜的信徒

大昭寺转经廊 1

拉萨市

大昭寺转经廊 2

经典一景。

　　门厅与觉康主殿周围的转经廊皆幽暗深邃，与明亮的千佛廊院形成极富戏剧性的对比。

　　觉康主殿高峻幽深（三层通高），由来自屋顶平台的天窗带来神秘的光线效果。大殿四周陈设大量造像供信众列队依次礼拜，而最神圣的空间是轴线东端释迦牟尼十二岁等身像所在的佛堂。

　　从幽暗的觉康主殿出来，登上位于四层的屋顶平台，顿觉眼前豁然开朗。屋顶平台的东、西、南、北分立释迦牟尼金顶、松赞干布金顶、慈尊四亲金顶和千手观音金顶，四大金顶围成一片金色的海洋（包括数量众多的镏金歇山顶、宝盘、宝珠、金幡、法轮、卧鹿等），仿佛将信众带入极乐世界，为大昭寺空间序列之高潮。除了四大金顶，屋顶平台四角各建有角神殿一座，神殿檐下有汉式斗栱，转角有角兽，更增屋顶之气势。徜徉于大昭寺天台，欣赏拉萨蓝天、白云、远山映衬下的金顶，为大昭寺最动人的画卷。

大昭寺觉康主殿内景 2

大昭寺觉康主殿内景 1

大昭寺觉康主殿细部

拉萨市

大昭寺内释迦牟尼像

大昭寺千手观音金顶细部

大昭寺千手观音金顶 1

大昭寺金顶配楼

大昭寺千手观音金顶 2

大昭寺角神殿

大昭寺角神殿斗栱 2

大昭寺角神殿转角神兽

大昭寺角神殿斗栱 1

大昭寺金顶与远山

3 罗布林卡

Norbulingka Park

文物级别	国家级（世界文化遗产）
开放方式	购票参观
地 址	城西拉萨河北岸
年 代	清
推荐指数	★★★★★

罗布林卡位于布达拉宫西侧约2公里的拉萨河畔。"罗布林卡"在藏语中意为"宝贝园林"。它始建于18世纪中叶，是历世达赖喇嘛处理政务和进行宗教活动的夏宫。自七世达赖以后，历世达赖喇嘛均曾对罗布林卡进行扩建，其中以八世和十三世达赖进行的扩建规模最为宏大。经八世达赖扩建后，罗布林卡明显具备了园林特点。十三世达赖主要辟建了"金色林"，并在园林西部修建了金色颇章等建筑。

罗布林卡的占地面积为360万平方米。园内有植物100余种，不仅有拉萨地区常见花木，而且有取自喜马拉雅山南北麓的奇花异草，还有从内地移植或从国外引进的名贵花卉，堪称高原植物园。

罗布林卡由格桑颇章、措吉颇章、金色颇章、达旦明久颇章、准增颇章等几组宫殿建筑组成，每组建筑又分为宫区、宫前区和林区三个主要部分。以格桑颇章为主体的建筑群，位于第二重围墙内南院的东南部。以措吉颇章（湖心宫）为主体的建筑群，位于格桑颇章西北约120米处，是罗布林卡中最美丽的景区。以金色颇章为主体的建筑群，位于罗布林卡西部。各组建筑均以木、石为主要材料建成，规划整齐，具有明显的藏式建筑风格。主要殿堂内的墙壁上均绘有精美的壁画。此外，罗布林卡内还珍藏有大量的文物和典籍。

罗布林卡大门

达旦明久颇章（新宫）

罗布林卡戏台

措吉颇章（湖心宫）

准增颇章

拉萨市

4 小昭寺

Ramoche Lamasery

文物级别	国家级
开放方式	免费参观
地 址	八廓街北约500米
年 代	始建于吐蕃王朝时期（646年），后世多次重修
推荐指数	★★★★★

汉藏合璧的小昭寺

小昭寺位于拉萨古城北侧，始建于吐蕃松赞干布时期，与大昭寺同时代，由文成公主亲自主持修建，为典型的汉藏结合样式，由汉、藏工匠共同建造。

寺初名"嘉达热莫切"，后来简称"热莫切"。"嘉达"意为"汉虎"，"热莫切"意为大院落。据藏文史料记载：文成公主以唐朝先进的建筑技术，把小昭寺建成汉式殿堂，在西藏第一次使用琉璃瓦屋顶和飞檐，殿堂用各色琉璃砖装饰，十分华丽夺目——因此藏族人用老虎皮毛的绚丽多彩来形容小昭寺建筑的华美，其实是对大唐建筑风格的赞美。小昭寺坐西朝东

的布局，则表达了文成公主的思乡之情。

文成公主逝世不久，由于王室内部矛盾，小昭寺遭到破坏。后来经过一些高僧的维修，小昭寺得到一定程度恢复。15世纪末，宗喀巴的弟子贡嘎顿珠在此设上密院，从此小昭寺成为西藏著名密宗寺庙之一的上密宗学院——拉萨三大寺里学习佛经理论考取"格西"（相当于教授）学位的高僧，要再到上、下两个

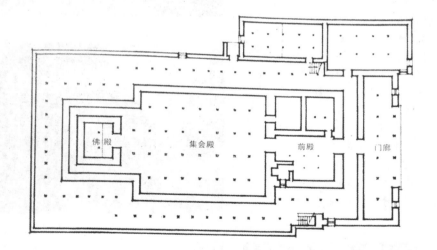

佛殿　　集会殿　　前殿　　门廊

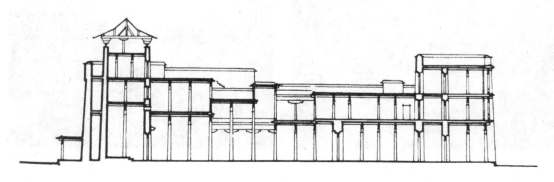

小昭寺平面图、剖面图

小昭寺佛殿内景

小昭寺转经廊

小昭寺屋顶平台

密宗学院精修，之后方能担任主持各寺庙的法师，因此小昭寺在藏传佛教寺庙中具有特殊的地位。五世达赖喇嘛对其尤为重视，大兴土木进行修整，加设金顶，使之形成今日之规模。清代黄沛翘《西藏图考》称：

"小招在大招北半里许，地名喇木契，坐西向东，背布达拉，楼高三层，上有金殿一座，唐公主建。公主悲思中国，故东向。内供墨珠多尔济佛，或云内有塑像，乃唐公主肉身，座上书默寂能仁四字。鸟革翚飞，范金作瓦，殿上金瓦光辉夺目。莲花地涌，罘铁为帘。"[1]

十年浩劫中小昭寺遭到严重破坏，一度沦为仓库。自 1986 年以来逐渐修复旧观。

如今的小昭寺，平面近长方形，前部是入口庭院，其后是门楼、神殿及转经回廊。门楼三层，底层为宽敞的门廊，二、三层为僧房和经室。神殿为寺之主体，殿高三层，底层沿中轴线依次为门厅、经堂与佛殿。佛殿内供有释迦牟尼八岁等身赤金像及众多佛像、唐卡等。

神殿之屋顶平台为小昭寺之空间高潮。三层前部是专为达赖喇嘛而设的房间，后部则为金顶殿，殿门东向，殿身南北长 10.4 米，东西宽 5.24 米，内有两排八根柱子。殿左右及后侧为三面环绕之狭窄回廊，绕以木栏。金顶为汉式歇山顶，"鸟革翚飞，范金作瓦"，檐下用斗栱并施彩绘。由屋顶平台既可欣赏门楼上部闪闪发光的镏金铜饰，又能近距离观赏金顶殿之金碧辉煌，甚至透过金顶一角还能远眺布达拉宫，实在美不胜收。

1 转引自：何周德. 小昭寺古今谈. 西藏研究，1992(12)：144-147.

小昭寺门楼顶部为达赖喇嘛专设的房间

小昭寺金顶殿大门

小昭寺金顶殿檐下斗栱 1

小昭寺金顶殿檐下斗栱 2

由小昭寺金顶殿西望门楼顶部

由小昭寺金顶殿东望布达拉宫

5 哲蚌寺

Drepung Lamasery

文物级别	国家级
开放方式	购票参观
地 址	城西根培乌孜山南麓
年 代	明
推荐指数	★★★★★

　　哲蚌寺位于拉萨市西北郊，全称"吉祥米聚十方尊胜洲"，由宗喀巴弟子绛曲结·扎西贝丹于1416年创建，为格鲁派六大寺之一。经后世不断增扩，形成现今占地25万平方米之庞大规模，喇嘛最多时曾达万人，为西藏地区规模最大的寺院。

　　现寺院主要建筑由措钦大殿、四大扎仓（即罗赛林扎仓、果芒扎仓、德央扎仓、阿巴扎仓）、甘丹颇章以及各自附属之康村、僧舍、库房等组成。

由甘丹颇章北望措钦大殿（左后）及罗赛林扎仓（右前）

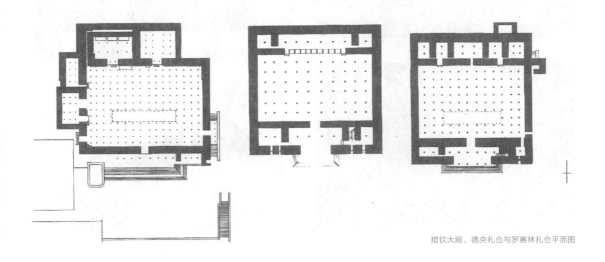

措钦大殿、德央扎仓与罗赛林扎仓平面图

措钦大殿

措钦大殿位于全寺中心略偏西北，为哲蚌寺宗教活动中心，坐西向东，殿前为 2000 余平方米的石铺广场。大殿前设门廊七间，后接经堂。经堂东西长 50.1 米，南北宽 35.8 米，面积约 1800 平方米，殿内立有 183 柱，中心升起设高侧窗，为殿内带来天光。

四大扎仓

扎仓为格鲁派寺院的学经单位，即经学院。

四大扎仓中，罗赛林扎仓规模最大，建筑面积约 1860 平方米，主要包括佛殿与经堂两部分。经堂由 102 根柱子建成，面阔十三间，进深十间，面积约 1053 平方米。经堂后接佛殿，并列三室，前部相通，

措钦大殿外观

措钦大殿屋顶望远山

措钦大殿内景 1

罗赛林扎仓外观

罗赛林扎仓门廊彩绘金碧辉煌

措钦大殿内景 2

果芒扎仓外观

佛殿主尊为强巴佛。

果芒扎仓规模仅次于罗赛林扎仓，同样分为经堂与佛殿两部分，经堂东西宽 36.5 米，进深 27 米，面积约 985 平方米。经堂后部分列三间神殿，即且巴拉康殿、敏主拉康殿和卓玛拉康殿。

德央扎仓为最小的一座，经堂内立 62 柱，面积约 375 平方米，后接佛殿面阔七间、进深二间。

位于措钦大殿西侧的阿巴扎仓是一座密宗学院，前部为一封闭式庭院，庭院四周为僧舍，庭院后部为

经堂。经堂面阔九间，进深七间，内立 48 柱，面积约 467 平方米，殿内四壁遍绘密宗内容的壁画。经堂后为结儿拉康，主要供奉密宗结儿(大威德金刚)佛像。

甘丹颇章

"颇章"是宫殿之意。甘丹颇章主体高三层，其中二层为五世达赖处理政教事务之所，二层左侧建有经室，经室内设有五世达赖宝座。五世达赖喇嘛时期，因常在甘丹颇章内处理政务，故此地一度为西藏地方政治权力之中心。

果芒扎仓门廊内景

德央扎仓

阿巴扎仓

甘丹颇章主楼

甘丹颇章庭院及台阶

与建在拉萨城中平地之上的大昭寺、小昭寺不同，哲蚌寺建筑空间之最大趣味在于依山就势、高低错落。上述每座主体建筑之布局皆因山势设计了殿前院落、经堂和佛殿三个地平层次，故而形成逐层升高、登堂入室之格局。更精彩的空间序列却不在这些显赫的主体建筑中，而是一系列布局自由的康村（僧舍），乃至于由矮墙、台阶形成的高高低低、曲径通幽、忽明忽暗、时敞时收的山道——行于哲蚌寺的山道之中，可以获得藏传佛教大型寺庙最为丰富的空间体验。

寝康村

哲蚌寺山道 1

哲蚌寺山道 3

哲蚌寺山道 2

哲蚌寺山道 4

哲蚌寺山道5

哲蚌寺山道6

6 色拉寺

Sera Lamasery

文物级别	国家级
开放方式	购票参观
地　　址	西藏拉萨城关区色拉路一号
年　　代	明—清
推荐指数	★★★★★

色拉寺全名色拉大乘寺，亦称"曲第钦布色拉特钦林"，与甘丹寺、哲蚌寺并称为拉萨三大寺。在藏语中，"色"为刺蘼树"色瓦"之意，"拉"为围墙之意，"色拉"即刺蘼围合之地的意思。

色拉寺以措钦大殿为核心，吉扎仓、麦扎仓、阿巴扎仓三个扎仓为主体，32个康村穿插布置其中。在西藏，寺为标准的佛教高级学府，体制上以措钦为主体，下设几个扎仓，即学院之意。扎仓下属，各有康村。康村以居住其内的僧人家乡为名，各僧人按籍贯居住至相应的康村之中。

历史上，在色拉寺所在的色拉乌孜山山顶（称色拉曲顶），宗喀巴坐夏修行、授徒传法，为格鲁派扬名雪域奠定了基础。在宗喀巴色拉曲顶传法期间，明成祖不远万里，遣人赴拉萨邀请宗喀巴出任国师。宗喀巴自己难以成行，便推荐弟子强钦曲吉赴京。返藏后，强钦曲吉按宗喀巴之意，修建色拉寺。色拉寺建成后，明宣宗封强钦曲吉为大慈法王。色拉寺中藏有大量文物与工艺品，如强钦曲吉从北京返回携带的御赐佛经、佛像、法器、僧衣，等等，其中以1410年

措钦大殿南立面

措钦大殿门廊木构 1

措钦大殿门廊木构 2

用朱砂刊印的 108 函南京版藏文《甘珠尔》最为著名，为第一部用雕版印刷术印制的藏文大藏经。后来强钦曲吉又至蒙古等地宣扬格鲁教法，为藏传佛教向汉族、蒙古地区传教之开端。

色拉寺依山建寺，以南北向主要街道为轴，通过一个个围合的院落将寺庙融入山势之中，营造出建筑堆叠的雄伟气势，步入其中，仿佛置身宗教之城。初入色拉寺，一条沿山而上的南北通路将色拉寺分为东西两部分。早期建筑如三大扎仓皆位于西部。东部主要为现措钦大殿以及其他康村。色拉寺建筑由西向东生长，最终形成了以措钦大殿为核心，三大扎仓为主

措钦大殿佛像

措钦大殿屋顶平台及高侧窗

吉扎仓

色拉寺扎仓之一

体，康村、米村穿插其中的态势。色拉寺建筑以多层为主，多围合形成天井院落。现措钦大殿为建筑核心，高四层，歇山式金顶，由经堂和五座佛殿组成，负责管理色拉寺宗教事务。而各康村围合的院落表现出极强的匀质化特征，院落挤压出的内街往往灵活多变，富有意趣。

尽管色拉寺为拉萨三大寺中建成最晚、规模较小的寺，但是色拉寺的辩经活动却无比精彩。漫步在色拉寺的街道上，沉醉在佛教建筑艺术之中，突然就会有激烈的拍掌之声传入耳畔——立宗辩开始了。在吉扎仓东面的院子中，一场激烈的对辩让完全不懂藏语的游客也被辩经过程中"手之舞之足之蹈之"的咄咄逼人的手势、动作所折服。辩经在以迅速、躁动打破了藏地缓慢、宁静气氛的同时，也向我们传递了僧人们对于佛理的痴迷与沉醉。

色拉寺晒佛台

色拉寺辩经 1

色拉寺一隅

色拉寺辩经 2

7 拉让宁巴

Labrang Nyingba ancient architectural complex

文物级别	国家级
开放方式	免费参观
地 址	拉萨八廓街南侧转经道古柳西侧
年 代	1409年之前
推荐指数	★★★★

拉让宁巴外观

"拉让宁巴"在书面藏语中原为"拉章宁巴"，由于藏语的口语使用，逐渐变为"拉让宁巴"。"拉章"在藏语中意为活佛的寝宫，"宁巴"意为"旧"，拉让宁巴由于曾经是五世达赖喇嘛的旧寝宫而得名。

拉让宁巴自15世纪起即矗立于八廓街之南。15世纪初，宗喀巴大师为筹办拉萨传召大会于此屋三楼南面寝宫办公休息；17世纪，五世达赖喇嘛于此居住；随着五世达赖喇嘛迁居大昭寺，为改革并规范藏文做出大贡献的大贵族吞巴家族获得了拉让宁巴的所有权。

在历史变迁中，拉让宁巴逐渐淹没在八廓街林立的商铺中，一棵古柳依然无声地告诉转经的路人六百年来拉让宁巴一直在这里。拉让宁巴坐北朝南，是由石木结构组成的三层宅院。底层是通风的仓库、厨房与厕所，临街部分为店铺。南面廊房偏左的位置设置了大门，门厅中的楼梯可以直接通往二层。穿过门厅进入进深7米、面阔10米的主庭院，角落有一石梯可以通向二层。二层北部有十二柱佛殿，中间两根柱子直通三层，形成两层高的通高空间。佛殿前面是客厅，剩余的部分为仆人使用的住所。顶层为官员办公的书房与经堂等。

拉让宁巴檐部

拉让宁巴天井1

拉让宁巴天井2

小景 1

小景 2

8 邦达仓

Bangdacang ancient architectural complex

文物级别	国家级
开放方式	免费参观
地 址	拉萨八廓街东南角邦达仓大院
年 代	明—清
推荐指数	★ ★ ★ ★

　　仓，在藏语中意为家族，邦达仓即为邦达家族。邦达仓大院位于八廓街东南角，是拉萨老城区保存较为完整的院落之一。邦达仓所在的八廓街，是旧时西藏贵族的聚居地，邦达仓大院的主人为西藏著名的大商户邦达家族。

　　邦达仓大院的南部为高两层的回廊建筑，庭院内部宽敞舒适。北部是若干个小院组成的三层建筑。描绘着寓意吉祥的藏地图案的鲜艳立柱，一根接一根地围合出二楼的三面回廊。

邦达仓庭院全景

邦达仓庭院一隅

邦达仓二层回廊

9 桑珠颇章

Samdrup Podrang Palace

文物级别	国家级
开放方式	不开放
地 址	拉萨八廓南街吉堆巷口
年 代	清
推荐指数	★★

　　"桑珠颇章"在藏语中意为"如愿宫"，为七世达赖喇嘛的父亲与弟弟在桑日康玛村的住所名称，其家族的名称也由桑珠颇章而来。随着七世达赖喇嘛的政权不断巩固，原来大多在地方有领地的当权者在拉萨城区内部的住宅也逐渐扩大，当权者与其家眷便迁居拉萨生活，他们将拉萨府邸按照原来领地庄园的名字来命名。

　　桑珠颇章的外表与其他藏式建筑别无二致。然而，迈入大院的正门，优雅宁静的气氛便扑面而来。桑珠颇章四面的回廊式建筑将院落围合起来，石梯、木梯从几个方向连通了各个楼层。桑珠颇章大院共有三层，设有卧室、诵经室、书房、客厅、仆人居室等。

桑珠颇章外观

桑珠颇章庭院

拉萨市

10 冲赛康

Khrom Gzigs Khang Market

文物级别	国家级
开放方式	免费参观
地　址	拉萨八廓街北
年　代	清
推荐指数	★★★★

　　"冲"在藏语中意为"市场"，"赛"意为"观赏"，"康"意为"店铺"，因此冲赛康可以理解为"直朝市集的房子"。格鲁派建立甘丹颇章政权之后，在大昭寺八廓街北侧为五世达赖喇嘛修建临时休息观市的房子，称为"冲赛康"。18世纪，冲赛康成为驻藏大臣的衙署。

　　清乾隆皇帝曾经在诏谕军机大臣时高度凝练地说道："驻藏大臣所居，闻系三层楼房，楼高墙固，即有意外之事，易于防守。"其中概括了冲赛康的建筑形式，并道出冲赛康建筑之坚固安全。然而不幸的是，1750年，两位驻藏大臣将郡王珠尔默特等诱骗到冲赛康并杀害，引起了当地人的愤怒，他们焚毁冲赛康，最终杀害了两位驻藏大臣。目前，冲赛康主要以"清中央政府驻藏大臣衙门"的历史吸引着往来不绝的游客。

冲赛康庭院2

冲赛康外观

冲赛康庭院1

冲赛康石碑

11 拉鲁颇章

Lha Klu Podrang Palace

文物级别	国家级
开放方式	免费参观
地　　址	拉萨城关区功德林街道拉鲁社区
年　　代	18世纪末 至19世纪初
推荐指数	★★★★★

拉鲁颇章曾为六世达赖仓央嘉措的行宫，八世达赖喇嘛时选择了拉鲁为吉祥之地，立为达赖喇嘛家族的祖业，后归入拉鲁家族所有。现存院落坐北朝南，为三层藏式建筑，总面积3800平方米。由拉鲁颇章的屋顶平台远眺布达拉宫背影，为拉萨极美丽的一道风景。

拉鲁颇章外观

拉鲁颇章檐墙

拉鲁颇章木构

拉鲁颇章屋顶平台

自拉鲁颇章远眺布达拉宫背影

12 喜德寺

Xide Lamasery

文物级别	国家级
开放方式	免费参观
地　址	拉萨北京东路，大昭寺西北方
年　代	吐蕃王朝时期
推荐指数	★★★

喜德寺亦名喜德林。喜德寺为蔡巴万户长噶德桑布为供养小昭寺神佛建立四位专职供养僧人的寺庙。而在藏语中，"喜德"即意为"四僧人院"，因此得名。

喜德寺相传始为吐蕃赞普赤祖德赞（又作赤热巴巾、赤热巴坚）时所建 6 座拉康之一，后为乎徵阿齐图呼克图（即热振活佛）的驻锡地，为拉萨著名的"四大林"之一。喜德寺自吐蕃赤祖德赞时期兴建之后，经历了多次灾难的考验。9 世纪，朗达玛灭佛期间，大昭寺、小昭寺、桑耶寺等寺庙受到不同程度的损坏，

而喜德寺也未能幸免。直到元代，喜德寺才因为蔡巴万户长噶德桑布为供养小昭寺神佛而正式建立。1959 年，喜德寺遭到严重破坏，仅剩残垣断壁。

现在寺院遗迹坐北朝南，为一封闭式院落，主要包括经堂、佛殿、僧舍、厨房等建筑单元。北部为佛殿与经堂，经堂面阔九间，进深七间，内置 48 柱，后接并列的三间佛殿。

喜德寺拥有拉萨老城区内最大的建筑内庭院，规模达 50 米 ×60 米。北面的经堂与现今已为平民住宅的两层僧侣用房构成院落边界。通过喜德寺的现状，我们仍能依稀辨认其原始布局。厨房位于西南，其上用于储藏木柴以及牛粪。院落西北部原为石井，供整个寺院饮用。喜德寺北面为一处具有东、西、南三个出入口的建筑，作为摄政王热振活佛及其下属的卓康（即工作生活区）。热振活佛的居所位于经堂后的五层建筑之中。

对于拉萨的访客而言，喜德寺作为一处寺庙遗址不容错过。尽管精美的主厅已经坍塌，但是其壁画和装饰的痕迹说明喜德寺曾经具有极其突出的艺术品质。

喜德寺

喜德寺殿堂

喜德寺庭院 1 喜德寺庭院 2

13 门孜康

Mentseekhang (Tibetan Medical and Astrological Institute)

文物级别	国家级
开放方式	不开放参观
地　址	拉萨八廓街大昭寺以西、宇拓桥以东
年　代	1916年
推荐指数	★★

门孜康

在藏语中，"门"指医药，"孜"指历算，因此门孜康意译为"医学历算院"，即藏医院。门孜康是西藏知名的藏医院，也是现在西藏自治区藏医院的前身。

五世达赖喇嘛阿旺罗桑嘉措时期就曾兴办药王山医学利众寺。十三世达赖喇嘛土登嘉措时，医学教育再度兴盛，1916年创建门孜康，并任命钦绕诺布为第一任院长。

门孜康主体建筑平面呈长方形，门向南，东西长66米（现存60米），南北宽18米，高二层。初建时医院共有给该（相当于教授）5名，其中藏医藏药给该2名，天文算历给该2名，眼科医给该1名。1959年以后，门孜康与原药王山医学利众寺合并，成立拉萨市藏医院，即现在的西藏自治区藏医院。

14 八廓街

Barkhor Street

文物级别	市级
开放方式	免费参观
地　址	布达拉宫东南
年　代	1653年至今
推荐指数	★★★★★

八廓街又名八角街，是拉萨著名的转经道与商业中心。自公元647年大昭寺建成，环绕大昭寺的民居街巷，勾勒出八廓街雏形。17世纪至18世纪，八廓街地区大规模建设发展，以大昭寺为中心向四面不断延伸、扩大，东至清真寺，南至南方三佑怙主庙，西至琉璃桥，基本形成了今日的格局。

八廓街地区的宏观布局遵守佛教关于宇宙理想模式的曼荼罗，即大昭寺内的主殿为轴心——须弥山，围绕主殿为第一道转经道，称为囊廓；围绕大昭寺为第二道转经道，称为八廓；八廓街外有第三道转经道，称为林廓。"八廓"（藏语中即"中圈"）转经道从大昭寺广场（原为八廓西街）出发，按照顺时针方向依次为八廓北街、八廓东街、八廓南街，全长约1000米。

八廓北街主要经营珠宝、布匹、铜器、藏装、卡垫、唐卡、藏族工艺品、尼泊尔和印度工艺品、香水、香等，保留着经营尼泊尔物品、具有百年历史的老店夏帽嘎布。八廓东街主要经营尼泊尔及藏族服装、布匹、唐卡等，也有一些中型的手工艺商场、餐饮店。八廓南街主要经营布匹、供器、唐卡、尼泊尔服饰等。

在这里，虔诚的六字真言萦绕耳畔，松柏艾草的袅袅烟雾与各种香水、香料、香烟味肆意弥漫在一起，古老质朴的西藏民歌与朗朗上口的流行歌曲一同播放。这一切带给人关于精神与现实、宁静与喧哗、古拙与时髦、佛国与尘世的特殊空间体验。

八廓街之大昭寺广场

八廓街街景

八廓街转经轮

八廓街夜色

15 默如宁巴寺

Moru Nyingba Lamasery

文物级别	自治区级
开放方式	免费参观
地　　址	拉萨市八廓北街、大昭寺以东
年　　代	吐蕃王朝时期，9世纪
推荐指数	★★★

　　默如宁巴寺亦称"木如宁巴寺"。"木如"在藏语中意为"红色部"，即松赞干布时期军队按不同队旗颜色分类的部队中的红色部队。松赞干布时期，吐蕃军队有"卫藏四如"驻扎在拉萨四周。木如宁巴寺所在地为当时红色部队驻扎位置，因此称为木如。吐蕃赞普赤祖德赞在大昭寺东、南、北三个方向共修建了6座小庙，其中东侧的便是木如寺。由于后来拉萨老城区北部修建了新木如寺，因此，木如寺便称为木如宁巴寺，即木如旧寺。

该寺坐北朝南，占地范围东西 52.5 米，南北 39.4 米，北部为三层高之主殿，底层为经堂，面阔 11 米，进深 11.3 米，内置 16 柱（4 根长柱、12 根短柱），供奉有莲花生镇敌像，四周是五方佛，两边是大藏经《甘珠尔》和《丹珠尔》，中间是降神师的宝座；四壁绘有密宗壁画；经堂北接佛殿，佛殿面阔三间，进深二间。主殿两侧及南面建有高二层的僧舍，西侧僧舍中部为早期建筑"藏巴拉康"佛殿。

目前，该寺的第三层已经得到修复，损毁和丢失的佛像得到了修复。寺内珍贵的壁画完好无损，诉说着木如寺千年的历史。

默如宁巴寺壁画

默如宁巴寺大殿

16 朗孜厦

文物级别	自治区级
开放方式	免费参观
地　址	八廓街北段
年　代	明末清初
推荐指数	★★★

Langzi Chamber (Prison)

"朗孜"是堆龙德庆县所辖的一个村庄的名字，"厦"在藏语中意为寝室、官邸之意。顾名思义，朗孜厦原为堆龙德庆地方官在拉萨的官邸。由于某种原因，官邸的主人被处罚，朗孜厦也被地方政府没收充公。朗孜厦的主要功能十分复杂，包括管理拉萨市区的社会治安、卫生，负责征收拉萨青稞酒店铺的营业税，对辖区内犯罪分子的惩治、监管、裁决，等等。

朗孜厦建筑隐匿在八廓街一侧，坐西向东，石木结构，平顶，共有三层。大门设在二层。门前为宣判台，台上有广场，原为宣判死刑之功用。一层为地牢，关押重刑犯；二层共九间牢房，关押着轻刑犯以及女犯等；三层为审判处和监狱驻守人员驻地。上下层共五个牢房，总面积达 720 平方米，是西藏解放前拉萨市内所设的最大监狱。

朗孜厦

朗孜厦大门

17 下密院

Gyumed Tantric College

文物级别	自治区级
开放方式	免费参观
地　　址	拉萨幸福路北、与木如寺相邻
年　　代	明一清
推荐指数	★★★★

　　下密院为格鲁派秘法传承上、下密院中的下密院。始建于1433年，系宗喀巴八大弟子中的第七位杰尊·喜饶僧格所创建。下密院在藏语中为"举麦扎仓"。"举"为密宗之意，"麦"为下方，于是便有下密院之称。

　　1419年秋，宗喀巴为哲蚌寺阿巴扎仓大威德金刚本尊开光后到色拉曲顶讲授密法。法会上宗喀巴大师对众弟子再三谕以："吾之密法谁能继承弘扬之？"而无人敢承受。这时，杰尊·喜饶僧格起立恭答："大师的密法，弟子能继承发扬！"宗喀巴甚悦，当即赐以各种密宗法器、经籍，并勉其勤奋弘扬。杰尊·喜饶僧格遵照宗喀巴旨意先以桑布通蒙扎仓（即山南的那绕达布扎仓）为基地弘传密法，后于1433年在拉萨兴建密宗院，后由其弟子杰·贡嘎顿珠在拉萨河上游一带弘传所授密法，在小昭寺建立了上部密宗院，因喜饶僧格的密宗始于拉萨，故称为"下密院"。

　　下密院主要建筑包括经堂、佛殿、僧舍、辩经场、印经房等。其中无论建筑规模和艺术价值都以主殿为最。主殿设在密院中央，坐北朝南，高四层，有房屋七十余间。底层南部为大经堂，北部为佛殿，中有5门相通。经堂占地面积882平方米，可容五百余名僧

下密院大殿内景

下密院

下密院屋顶平台1

人诵经，开间较大，有柱48根，正中4柱直通二、三层承托高敞天窗；四壁遍绘壁画，内容多为格鲁派故事。东侧室房内有柱12根，供有泥塑佛像3尊。经堂大门两侧有巨大护法神壁画6幅。佛殿面积为415平方米，西有厢廊。殿内主供宗喀巴大师三徒泥塑彩绘像，高约10米；左右为护法神殿，高约10米，供有护法神像。主殿二层平面呈"门"形，北端殿堂内供有无量寿佛和观音菩萨泥塑像，余皆为僧舍；三层亦为僧舍；四层为达赖住所，面积较小。在主殿西边有一辩经场，中为露天场地，周围是回廊建筑，其南与印经房相通。主殿正前方43米处原为密院大门，40米处为二门，两门左右都是东西排列的僧舍，现已拆除新建。

自繁华的主街进入下密院的院门，再踱十余步走过一个由多层住宅围合的小院子，便进入了下密院的庭院。这种由喧闹的市井生活逐渐过渡到静谧澄澈的宗教精神世界的过程对每一个到访下密院的访客都是一次精神洗礼。围合出下密院院落的居民住房与下密院的主殿形成了很好的对话。

下密院屋顶平台2

18 拉萨关帝庙

Temple of Guan Yu in Lhasa

文物级别	自治区级
开放方式	免费参观
地　　址	巴玛日山靠近北京中路一侧
年　　代	1792年
推荐指数	★★★

拉萨关帝庙为我国海拔最高的关帝庙。在藏语中，"格萨尔拉康"意为格萨尔神庙。由于格萨尔与关帝都是战神和民间保护神，因此藏族人将关帝视作格萨尔来供奉，关帝庙也改称格萨尔拉康，表现了中原文化本土化的现象。

拉萨关帝庙是驻藏官员、将士和藏民为了庆祝战胜廓尔喀（尼泊尔王国）人而在帕玛日山修建的庙宇，以纪念如有战神关帝相助的收复战争。

关帝庙被高高的围墙包围，整个寺庙由一条西南

拉萨关帝庙

至东北的轴线对称组织起来，一段石阶通向一个地势较低的庭院，它被两层的藏式建筑掩映。一条有宽大楼梯的精致门廊在南部封住了这座朝南的院落。建筑群由前后两进殿组成。其中，前殿置有一口大钟，记录着关帝庙的由来。正殿殿外有汉式香炉以及藏式燃桑炉。汉藏合璧的祭祷方式向我们诉说着汉藏人民对关帝的敬爱。

关帝庙内景 1

关帝庙内景 2

19 达扎路恭纪功碑

Monument of Merits to Takdra Lukhong

文物级别	自治区级
开放方式	免费参观
地　址	西藏展览馆前公路南侧
年　代	吐蕃王朝时期
推荐指数	★★

达扎路恭纪功碑为赤松德赞赞普在位时所立。石碑立于高 1.92 米，面积 22.25 平方米的正方形台基上。台基正中为三级阶梯形碑座，高 1.32 米。碑身通高 8 米，呈方柱形，有收分。碑身北、东、南三面均刻有藏文楷书，北侧有字 68 列，东侧 16 列，南侧 74 列。碑身完好，碑文大部分尚可辨认。

达扎路恭是赞普赤松德赞的重要大臣，位居要职。该碑为表彰其功绩而立，故名纪功碑。碑文对其才能

达扎路恭纪功碑

与功劳大加赞扬。该碑对于研究吐蕃奴隶制政治制度以及吐蕃与唐朝的关系史提供了重要的史料。

20 御制平定西藏碑、御制十全记碑

Stele in Commemoration of Suppressing the Rebellion in Tibet/Stele of Emperor Qianlong's Ten Military Merits made by the imperial orders

文物级别	自治区级
开放方式	免费参观
地　址	布达拉宫正门两侧
年　代	清
推荐指数	★★★

在布达拉宫正门两侧，各有一座碑亭，其内石碑即御制平定西藏碑和御制十全记碑。

御制平定西藏碑保存完好，形体与内地清碑相同。碑文是康熙圣旨，写于康熙五十九年（1720 年），雍正二年（1724 年）由内阁学士鄂赉等刻立于布达拉宫门前。碑通高 3.61 米，宽 1.04 米，碑身高 1.81 米，碑文以满、汉、蒙、藏四体文字镌刻，详细记述了清政府派兵入藏平定蒙古准噶尔部的情况。

御制十全记碑与其琉璃瓦歇山顶碑亭是遵乾隆之

命于清乾隆五十七年（1792 年）建造的，碑首高 1.34 米，宽 1.44 米，厚 0.46 米，正面、背面均为浮雕二龙戏珠图案；碑身高 2.07 米、宽 1.32 米，厚 0.38 米，边框线刻二龙戏珠；碑座为龟形，龟身呈椭圆形，通长 2.5 米，宽 1.8 米。碑文为乾隆皇帝于乾隆五十七年（1792 年）亲撰，记述了他在位五十七年的十大武功（其中包括两次驱除入侵西藏的廓尔喀部），由四川总督襄惠龄、驻藏大臣和琳及驻藏帮办大臣成德刻立。

御制平定西藏碑

御制十全记碑亭

碑亭翼角

21 宇拓桥（琉璃桥）

Yuthok Sampa (Turquoise Bridge)

文物级别	自治区级
开放方式	免费参观
地　址	大昭寺西，宇拓路中段
年　代	清
推荐指数	★★★

宇拓桥，藏语称"宇拓桑巴"，即"绿松石桥"之意。同时，由于桥廊坡屋顶的绿松色琉璃瓦，故又名"琉璃桥"。因驻藏大臣衙门与布达拉宫之间有条小河不便往来，而由清政府拨专款修建此桥。

宇拓桥为使用拉萨本土石材建造的石筑五孔桥，跨度长 28.3 米，桥面宽 6.8 米。

桥廊采用藏汉结合的歇山式建筑。东西两侧的墙上分别砌有 5 个宽为 2.3 ~ 2.5 米的孔洞，孔洞间距均为 2.6 米，高 3.2 米，孔洞外侧置高 1.5 米的木栏杆。屋檐有三种不同图案的滴水，四角为龙首飞檐。屋脊中央饰 1 米高的琉璃宝顶，两端有琉璃供果脊饰。

宇拓桥在拉萨老城区历史沿革中具有特殊的地位。过去，高高在上的布达拉宫片区以及宗教精神中心大昭寺片区被一片广阔的沼泽区隔开。两大片区依靠一条跨越沼泽、经过宇拓桥的自西北至东南的倾斜路径联系。1993 年宇拓桥被拆除并按照原来的面貌进行复原，基础被混凝土加固，木结构也粉饰一新。尽管目前宇拓桥已经变为一家药店，其在城市交通中的地位也已丧失，但其在拉萨城市史中的地位值得铭记。

琉璃桥

琉璃桥外观

22 查拉鲁普石窟

Brag Lha Klu Phug Grottoes

文物级别	国家级
开放方式	免费参观
地　　址	药王山东麓山腰
年　　代	吐蕃王朝时期—明
推荐指数	★★★★

查拉鲁普石窟

　　查拉鲁普石窟是吐蕃时期由茹雍妃主持开凿的佛教石窟，位于药王山东麓山腰，距地面20余米。查拉鲁普石窟属于早期支提式石窟，在魏晋南北朝及隋唐时期的中亚、西域与中原地区等地较为流行。

　　石窟包括两尊泥塑以及69尊石刻像，分布于中央石柱和南、北、西三壁之上。其中，吐蕃时期造像47尊，雕刻风格具有吐蕃早期雕刻风格，同时受到印度、尼泊尔雕刻的影响。

查拉鲁普石窟外部

　　石窟四面有身披法衣的高浮雕造像14尊。石柱东面有五尊造像：中为释迦牟尼佛，两弟子阿难、迦叶分站左右，另两菩萨造型相同。石柱西面有三尊造像：中为释迦牟尼佛，两弟子迦叶和阿难分列左右。石柱南、北两面均有三尊造像，佛像造型、服饰、大小相同。中为释迦牟尼坐像，其身后为两尊胁侍菩萨。

　　对于到访拉萨的人来说，查拉鲁普石窟并不仅仅是一处室内的摩崖石刻，更是观赏布达拉宫的绝妙观景台，特别是金秋时节登上查拉鲁普石窟，访客将欣赏到一片金黄的树丛簇拥着布达拉宫的优美景致。

石窟内景

23 药王山摩崖造像

Cliffside sculptures on Chakpori Hill (Yaowang Hill)

文物级别	自治区级
开放方式	免费参观
地 址	药王山北侧山崖
年 代	吐蕃王朝时期—清
推荐指数	★★★★

　　药王山即加不日山，位于布达拉宫所在的红山的西南部。原本两山相连，后因修路而凿断。"加不日"藏语意为"山角之山"，后因山顶的招拉笔洞寺为专业行医的喇嘛所居，故得名药王山。

　　药王山呈"S"形，有东西两个山头。摩崖造像主要分布于较低的东面山头北崖壁、山北的南崖壁以及山南的崖壁三处。其他崖壁的摩崖造像因凿山修路、建房取石而消失。而现存摩崖造像仍不下五千尊，内容丰富，题材广泛，风格迥异。药王山的石刻造像数量无疑为西藏之冠。另外，在造像的上下或左右，一般都刻有六字真言。

　　较为集中的一处摩崖石刻位于一条进入药王山的巷子中，名为千佛崖。进入巷子口，百余步之后，一处巨大的摩崖石刻在煨桑炉炉烟后呈现在访客面前。千佛崖的崖壁密密麻麻刻满了上千个色彩艳丽、大小不一的佛像。通过6根巨大的立柱支撑起的坡顶将用色浓烈的石刻造像隐在阴影中，与周围浓烈的日光形成了强烈的对比。相传，这里最早的石刻佛像是7世纪松赞干布时期的作品。据五世达赖喇嘛所著《西藏王臣记》记载：一日松赞干布来到红山，见到六字真言幻影从山中自然显现，他当即沐浴净身，默默祈祷。随后，又于六字真言放出的光芒中看到观世音菩萨、度母、马头金刚等佛像，于是他请人依照自然所现，在岩石上雕刻出佛和菩萨的造像以及六字真言。后经

石刻 1

石刻 2

药王山摩崖石刻

历代增刻，最终形成今天的千佛崖。

　　沿着经过千佛崖的路径继续向山上行进，便是药王山石刻甘珠尔塔。甘珠尔塔为刻满整部《甘珠尔》经的石板堆砌成的宝塔，为拉萨最年轻的佛塔，1995年始建，2009年建成。

石刻 3

甘珠尔塔

24 帕邦喀

Pabangka Lamasery

文物级别	自治区级
开放方式	免费参观
地　　址	娘热乡乌都日山南侧
年　　代	吐蕃王朝时期
推荐指数	★ ★ ★ ★

　　"帕邦"在藏语中意为"岩石"，"喀"意为"之上"，因此帕邦喀意为"在岩石之上的宫殿"。历史上，松赞干布在一块龟形岩石上建设了宫殿，由此得名帕邦喀。

　　据藏史记载，当时的宫殿为砖块砌筑、铜汁灌缝的九层宫殿，被称为玛如堡宫殿。帕邦喀是吐蕃时期政治、佛教的中心之一。松赞干布曾在这里讨论国事，接待外使；吞米·桑布扎曾在这里创造藏文，为吐蕃王朝统一文字；赤松德赞和莲花生大师、桑耶寺法师堪钦·菩萨埵等也曾于帕邦喀修行。

　　帕邦喀正对着布达拉宫所在的玛布日山，从帕邦喀向布达拉宫望去，或许每个人都能感受到松赞干布胸怀天地的豪情壮志。

帕邦喀塔群

帕邦喀

帕邦喀主殿远眺

帕邦喀一隅

自帕邦喀望布达拉宫

达孜县

25 噶丹寺（甘丹寺）

Ganden Lamasery

文物级别	国家级
开放方式	免费参观
地　址	达孜县章多乡九村
年　代	1993—1997年重建
推荐指数	★★★★

　　噶丹寺又名甘丹寺，位于距拉萨市城区57公里的达孜县章多乡境内的旺波日山南麓，寺院北部即为拉萨河。"噶丹"在藏语中为"知足喜足"之意。该寺是格鲁派（黄教）创始人宗喀巴于明永乐七年（1409年）在西藏建立的藏传佛教格鲁派的首寺，为格鲁派六大寺院之首，有着重要的历史意义。清雍正皇帝曾给寺院赐名为"永泰寺"。寺院的法台甘丹墀巴就是宗喀巴法座的继承人，他的地位仅次于达赖喇嘛和班禅，平时常住噶丹寺内。全寺分夏孜、绛孜两个扎仓（经

噶丹寺全景

噶丹寺近景

噶丹寺主体建筑群

噶丹寺经堂内景

学院），僧人定额为3300人。噶丹寺与哲蚌寺、色拉寺合称拉萨"三大寺"。

噶丹寺在历史上备受尊崇，宗喀巴大师为当时整个藏传佛教界领袖，且与永乐皇帝保持着深厚的关系，噶丹寺经后世不断扩建，鼎盛时曾是楼阁重叠、殿堂林立，形成占地7.75万平方米的庞大建筑群。主要建筑有措钦大殿、绛孜扎仓、夏孜扎仓、羊八犍以及赤妥康、司东康和23个康村及其僧舍与库房等相对独立，且结构严谨的121幢房屋所组成。整个建筑群的分布大体沿纵横轴线依山就势、因地制宜而建，满布山坳，其巍峨重叠之势，俨然一座山城。其中尤以教派的创始人宗喀巴的肉身灵塔最为著名，藏语称之为"司东康"。该殿是羊八犍经院的最高层，1419年10月25日宗喀巴在赤妥康圆寂，遗骸保存于银塔之中，后由固始汗之孙洛桑旦增以青海地区所属的一年税收换成黄金，全部包裹于灵塔塔身，并饰以各种名贵珠宝，使其成为一座极其富丽的金塔。还有宗喀巴的寝殿，藏语称"赤妥康"，是宗喀巴和历任甘丹赤巴起居、修习密法之所，始建于1409年，殿内主供文殊菩萨和尊胜母、大白伞佛母等。由于殿内保存有宗喀巴及历任甘丹赤巴用过的衣物，因而又名"存衣殿"。羊八犍经院高4层，面积800平方米，于1409年兴工建造。殿内后墙有巨石一块，相传是自印度羊八犍地方飞来，故得名。寺内藏有乾隆皇帝御赐的九龙甲胄及《丹珠尔》大藏经等珍贵文物。

噶丹寺1961年即被国务院公布为第一批全国重点文物保护单位。然而噶丹寺的建筑在"文革"中遭到严重破坏，整个建筑群化为一片废墟。"文革"后噶丹寺得到重建，在1993年至1997年得到了国家拨款2600万元，使噶丹寺得到了全面恢复。

噶丹寺巷道

林周县

26 吉拉康

Ji-lhakhang

文物级别	自治区级
开放方式	免费参观
地　址	林周县春堆乡拉岗村
年　代	吐蕃分治时期
推荐指数	★★★★

　　吉拉康位于林周县春堆乡拉岗村，或作阿朗乡拉康村，始建于1012年。布局为一方形封闭式庭院，主殿建筑完好无损，东侧尚有一配殿。从殿内壁画题材来看，为格鲁派晚期风格。寺碑立于1240年，碑的正面为藏文楷书，14列、227个字，碑文内容大意是劝导世人崇信佛法。

吉拉康

吉拉康内景

吉拉康平台1

吉拉康平台2

吉拉康建筑细部

27 热振寺

Reting Lamasery

文物级别	自治区级
开放方式	免费参观
地　　址	林周县塘古乡格巴村
年　　代	吐蕃分治时期
推荐指数	★★★★

热振寺位于拉萨市林周县唐古乡格巴村。始建于 1056 年，由噶当派创始人、阿底峡大师的大弟子仲敦巴·杰微迥乃创建，是西藏历史上第一座噶当派寺庙。热振寺在藏传佛教历史上占有非常重要的位置，

五世热振活佛曾担任过西藏"摄政王"。"热振"是"根除一切烦恼，持续到超脱轮回三界为止"之意。15 世纪初叶，热振寺改宗格鲁派，属色拉寺结巴扎仓。1840 年，钦则旺布走遍卫藏腹地，将藏传佛教各派系的主要圣迹记述下来，形成《卫藏道场胜迹志》，这部古书记载的第一个寺院就是"佛的阿兰若降热振寺"。

热振寺总占地面积 1.5 万平方米，由措钦大殿、热振拉章、贡巴空、唐钦拉康、塔群、卓康等建筑单元组成。措钦大殿总面积 2200 余平方米，面南背北，为前二后三层结构。建筑底层以大经堂为中心，周围分布许多小殿。大经堂内有 130 柱，面阔 36 米，进深 27.4 米，后部设松热拉康，分东、中、西 3 个殿堂。二层有若干寝室、经堂、仓库。措钦大殿在"文革"中损毁严

热振寺全景

热振寺主殿

热振寺塔群

重，目前已经重修。热振拉章总面积达 1500 平方米，共有五栋，依山而建，错落相叠。最下层的第一栋主要用作仓库；第二栋有朗赛拉康、三世佛殿、三长寿殿、六庄严殿、库房等；第三栋设十六罗汉殿、扎西边巴殿、护法殿、活佛寝室、经堂等；第四栋有班禅居室；第五栋有佛殿、达赖喇嘛居室等，顶部设宝幢、法轮、摩羯鱼、经幡等。五座拉章建筑现已成废墟。贡巴空位于热振拉章以北，大门东开，正殿坐北向南，

前有院庭，周为回廊。殿内有 18 方柱，面阔 13.8 米、进深 8.4 米。殿堂后、左、右三壁皆有供台。原建筑"文革"中被毁，1987 年已重修。塔群分布于寺庙四周外围，共计约 350 座，有尊胜塔、菩提塔、白本塔及活佛灵塔等多种，其中寺庙上方有 108 座佛塔组成的塔墙。众塔皆于"文革"被毁，大多数残缺不全，现重修恢复了十余座。

热振寺主殿内景

热振寺一隅

28 朗唐寺

文物级别	自治区级
开放方式	免费参观
地　址	林周县甘丹曲果镇朗唐村
年　代	吐蕃分治时期
推荐指数	★★★★★

朗唐寺

朗唐寺位于林周县甘丹曲果镇朗唐村。朗唐寺又名聂果扎仓。"朗唐"在藏语中意为"长满柳树的草坝之地"，据说因为此处草坝上长满了高山柳而得名。该寺由格西朗日唐巴于 1093 年修建，为桑普寺的十大拉章之一。

历史上，朗唐寺的修建者朗日唐巴在格培山修行整整三年，直到受到龙女姐妹的邀请来到朗唐，建朗唐寺。据说朗日唐巴在世时，与朗日唐巴比邻而居的动物互不侵犯、相安无事。而朗日唐巴圆寂之后，再次出现弱肉强食的局面。为了盛放朗日唐巴的骨灰，专门建造两座两层楼高的佛塔，灵塔的日月格中盛放有朗日唐巴的心、舌、眼。

原先 16 柱大殿内供奉着有两层楼高的弥勒佛像、朗日唐巴启口说话度母像、自穿袈裟度母像等。100

朗唐寺大门

名左右的僧人主要修持萨迦派仪轨。每年藏历十二月
二十八、二十九两日有僧人跳"羌姆"的传统。

朗唐寺的院落空间在林周县各寺庙之中为最开阔
的。四周围合的一层条状房屋界定了院落的边界，然
而这种界定与拉萨老城区内部的寺庙庭院相比仍有很
大不同。拉萨老城区紧凑的院落空间往往被殿堂所包
围，形成封闭的边界；而在林周远郊的朗唐寺则通过
低矮的僧侣用房模糊地限定了边界，使得优美的自然
风光可以越过低矮的建筑进入人们的视线。从而使访
客无论向四周何方探望，都能形成由庭院内部的近景、
僧侣用房边界的中景以及优美的山峦形成的远景组成
的画面。若登至屋顶，可一览朗唐寺白塔群在林周县
群山映衬下的美景。

朗唐寺佛殿的空间体现了不同于院落的活泼意趣。
紧致的体块堆叠形成了二层走廊，并由此登上三层平
台，可一览郎唐院落的风采。放松的庭院空间与紧致
的殿堂空间形成了戏剧性的对比。与此同时，朗唐寺
外的残垣断壁仿佛在向观者诉说郎唐寺千年的历史。

朗唐寺塔群 1

朗唐寺塔群 2

朗唐寺大殿

朗唐寺大殿内景

朗唐寺塔群 3

29 达龙寺

Dalong Lamasery

文物级别	自治区级
开放方式	免费参观
地 址	林周县旁多乡达龙村
年 代	吐蕃分治时期、元、明
推荐指数	★★★

　　达龙寺，一作达隆寺，位于林周县境内的旁多乡达龙村。该寺是嘎五嘎举派达隆嘎举支系的重要道场和主寺。

　　达龙寺创始人为达隆塘巴·扎西贝 (1142—1210)，他出生于洋雪朋热顶，属扎斯征波家族的鲁格支系。达隆塘巴幼年丧母，不为继母所容，18 岁时，他逃到塘迦拉康出家，师从堪布喀顿拉康、喜绕多杰等高僧修学。24 岁时拜帕木竹为师，修嘎举派教法。29 岁时，他在彭多、赛勒、塘果等地修学。39 岁时，扎西贝在达隆的佐热上部建了达隆寺。

　　据藏史记载，达龙寺是元代忽必烈所封的十三万户之一。1273 年，昌都的类乌齐寺形成了达隆嘎举的又一大弘法道场。该寺成了达隆嘎举派在西康地区的主寺，并与达龙寺齐名。后人习惯上称达龙寺为"上塘"，称类乌齐寺为"下塘"。

达龙寺远景

达龙寺近景

达龙寺主殿

达龙寺僧居

达龙寺一隅

30 甘曲寺

Ganqu Lamasery

文物级别	自治区级
开放方式	免费参观
地　　址	林周县甘曲镇甘曲村
年　　代	1100年
推荐指数	★★★

甘曲寺

　　甘曲寺全名汤萨甘丹曲果寺，位于林周县南面。原本此地叫做"汤"，意为广场。可日常用语将此地称为"萨"，因此便有"汤萨"之称。公元1100年，甘曲寺由益西久乃创建，属格鲁派。寺内主供益西久乃佛，具有代表性的活佛是阿旺丹增。历史上每年藏历十一月二十八、二十九日在甘曲寺举行跳"羌姆"的活动，来朝佛者达到两三万人。由于该寺原先完全按照宁玛派教法传承，因此，五世达赖喇嘛专门将该活动列入寺庙章程。同样，甘曲寺内部的僧人以修行格鲁派教义为主，以宁玛派教义为辅。

　　甘曲寺30柱大殿供奉着铜制释迦牟尼启口说话像、三世佛像以及药师佛坛城等佛像。大殿南面为三

甘曲寺大殿

甘曲寺经幡

层弥勒佛殿，大殿北面供奉着崇法宰相像等。目前按照旧貌新建的大殿中供奉着新的仿制塑像，包括弥勒佛像的仿制像；角楼里供奉着护法神像，很多壁画完好无损。

在林周县的众多寺庙中，甘曲寺的空间特点能给访客留下极深的印象。整个寺庙空间由一根巨大的经幡柱控制，而几座白塔偏居轴线一侧。在郊野中用地并不紧张的前提下，甘曲寺巨大的经幡柱、花坛以及主殿的中线形成了短促而强大的空间序列，与其他寺庙松散的建筑布置形成对比。

甘曲寺大殿门廊

甘曲寺大殿内景

甘曲寺佛塔

31 那兰扎寺

Nalendra Lamasery

文物级别	自治区级
开放方式	免费参观
地　　址	林周县卡孜乡莫伊村
年　　代	明
推荐指数	★★★★

那兰扎寺

那兰扎寺由萨迦派高僧绒顿夏迦坚参创建于1435年，曾是萨迦派最大的显宗讲学院，也是西藏前藏地区最大的萨迦寺院。由于萨迦察巴派的许多成就上师都是那兰扎寺的座主，后来那兰扎寺也成为萨迦察巴派的主寺。在1951年西藏和平解放之前，除布达拉宫有培养僧官文书的学校"孜拉扎"与另外一所藏医学

校外，整个西藏没有一所现代意义上的正规学校，贵族子弟都是在私塾中进行学习的。许多大的寺院，比如哲蚌寺、色拉寺等，设立了学经班，在学经之余还会普及藏文等文化知识。其中那兰扎寺的五明学院是其中最为系统的寺院学校。然而在"文革"中俱被损毁，佛

学院也因而停止运行，只有少数文物在浩劫中得以存留。

1980 年，寺院建筑开始修复。1992 年，那兰扎寺活佛楚臣坚赞恢复教学，如今那兰扎寺五明学院已经颇具规模，成为西藏目前唯一一所寺办学校。目前有僧人 50 多名，学僧 30 多名。

五明学院纪律严明，庄严肃穆，来往学僧脸上满布着宗教的虔诚。据说，这里的僧侣学员还会学习时事政治、藏医药等知识，可以得到西藏认证的格西学位（即佛学博士），毕业之后将成为各个寺院支柱型的人才。

那兰扎寺院落俯瞰

那兰扎寺大殿外观

那兰扎寺大殿内景

那兰扎寺塔群 1

那兰扎寺塔群 2

当雄县

32 扎西岛岩画

Rock paintings on Tashi Island

文物级别	自治区级
开放方式	维护中
地　址	当雄县纳木错乡扎西半岛
年　代	吐蕃部落时期
推荐指数	★ ★ ★

扎西岛岩画位于拉萨以北120公里、当雄县纳木错景区内，纳木错湖东侧扎西半岛上，海拔4800米。

扎西岛由东西两座岩丘组成，俗称东岛、西岛。沿着岩丘周围共发现12处岩画，1～3位于东岛，4～12位于西岛，6～9为岩壁岩画，其余为洞穴岩画。图案有动物、人物、自然景物、器物等。主题包括狩猎、放牧、捕鸟、斗兽、舞蹈、祭祀、战争等。多数用赭红色描绘，也有少数用黑色绘制。

扎西岛远景

扎西岛岩画 1

扎西岛岩画 2

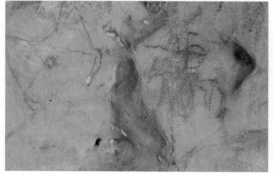

扎西岛岩画 3

纳木错

尼木县

33 吞米·桑布扎故居

Former residence of Thonmi Sambhota

文物级别	自治区级
开放方式	免费参观
地　　址	尼木县吞巴乡吞达村
年　　代	吐蕃王朝时期
推荐指数	★★★★

　　吞米·桑布扎故居距尼木县城大约20公里，距拉萨市区大约110公里。现为吞米·桑布扎纪念馆。

　　主体建筑大约建于吐蕃松赞干布时代，主要建筑为土木结构的二层建筑，面积约600平方米。过去，故居内有3座高至屋顶的水转经筒，绘有松赞干布像、吞米·桑布扎像、十二因缘图（六道轮回图），二十一尊度母像、观音像、藏传佛教护法神、释迦牟尼像，以及故居全景图等壁画。故居内原来还有多尊四手观音、文殊菩萨、金刚佛等佛像，以及《甘珠尔》《丹珠尔》等佛经。因年代久远，故居内多处壁画及

内部设施遭到破坏，仅存几处有残缺的壁画。2005年，尼木县人民政府立项兴建吞米·桑布扎纪念馆，并修复故居内的壁画，恢复了故居中的陈设。

　　故居东部50米处，有一座后人为纪念他而建的"玛尼拉康"，保存着故居中遗弃的一些文物，比如石刻观音像、金刚佛像、六字真言等。

　　吞米·桑布扎为藏语的创立者，生活于松赞干布的时代。相传松赞干布自继位起即想创立吐蕃的文字，派出了大量使团出访南亚、西亚等地，学习当地的文字，无奈都无功而返。唯有出访印度的吞米·桑布扎寻访到了精通文字的婆罗门大师李敬，于是跟随他学习了3年，学会了梵文、乌尔都文等南亚的语言，并研究了文字的创制方法，最后带着大量经典回到了吐蕃。回到吐蕃后，吞米·桑布扎在拉萨北郊的贡嘎玛如宫内全身心创立藏文，终于仿效兰札文创立了藏文的楷体，还仿照乌尔都文创制了藏文中的草书。这种藏文共有30个辅音与4个元音，能够拼写藏人的所有语音。随后松赞干布又和吞米·桑布扎创立了十善法，作为藏语的语法规范。

吞米·桑布扎故居

吞米·桑布扎故居外观

吞米·桑布扎故居壁画

拉萨市

34 切嘎却德寺

Xegar Qude Lamasery

文物级别	自治区级
开放方式	免费参观
地　　址	尼木县塔荣镇塔荣村
年　　代	吐蕃分治时期
推荐指数	★★★★

　　切嘎却德寺又称吉嘎曲德寺。于 1306 年由桑顶多吉帕姆创建，距今已有 700 余年的历史，相传由 7 世纪时朱古美柏桑在此地建的一座修行洞发展而来。寺院建筑为典型的藏传佛教寺院，在历史上经过三次建

切嘎却德寺主殿门窗

切嘎却德寺主殿

切嘎却德寺全景

设与重修，在"文革"中因作为粮仓而被保存下来，为尼木县现存最古老的建筑。

寺院建筑均为石木结构，占地面积 7620 平方米。建筑群由杜康大殿、僧舍、天井等部分组成，再由北、西北、西面的僧舍围成院落。杜康大殿位于院落中间，高 3 层，正门前有 6 柱门廊。其中 2 柱承重，4 柱仅做装饰之用，柱子均下粗上细，断面呈"亞"字形。大

经堂面阔 18 米、进深 16.5 米，面阔七间，进深五间，有 30 柱，经堂正中的 4 柱通高，屋内还有彩绘斗栱。殿墙为石砌，外抹黄泥，经堂四壁均彩绘壁画，由于烟熏，已模糊不清，仅可辨其颜色以红色为主，内容多为文殊菩萨事迹。经堂后为一神殿，共有 4 柱。寺内保存有大量的佛教造像，据传为吐蕃分治时期流传至今。

切嘎却德寺主殿斗栱

切嘎却德寺主殿角兽

曲水县

35 聂塘卓玛拉康

Nyethang Dolma Lhakhang Temple

文物级别	国家级
开放方式	免费参观
地　　址	曲水县聂塘乡驻地西南
年　　代	吐蕃分治时期
推荐指数	★★★★

聂塘卓玛拉康，俗称聂塘寺，位于拉萨市曲水县聂塘乡境内，距拉萨市区约 20 公里。寺院为一千年前当地信众为纪念古印度高僧阿底峡所建。11 世纪，著名僧人阿底峡应邀到拉萨传教弘法，曾长居此地，直至 1054 年圆寂。阿底峡大师的弟子们在此结寺居住。

聂塘卓玛拉康为土木砖石结构的典型藏式建筑。寺庙坐西朝东，正门东开，建有双重围墙。内墙门两旁设置转经法轮，形成甬道。建筑群大体由主殿、庭院、僧舍、食堂等组成。主殿高二层，一层分为朗杰拉康、卓玛拉康、寿佛殿；二层有护法神殿、寝室、大厅、侍从殿。寺内主供阿底峡像、二十一尊度母像、弥勒佛像、数尊药师佛像，以及噶当佛塔、无量光佛像、

聂塘卓玛拉康大门

聂塘卓玛拉康二门

聂塘卓玛拉康主殿外观

聂塘卓玛拉康主殿内景 1

无量寿佛像等。一层大门外面供有石制四大天王像，二层主要是佛经，有吐蕃王朝时期的手抄《甘珠尔》经书四部和拉萨雪印经院印刷的《甘珠尔》经书一部及诸多经书。

现存建筑为 20 世纪 30 年代建立，与早期建筑已经没有关系。但是卓玛拉康内保存着阿底峡大师生前用过的法螺、化缘钵和他一生形影不离的白檀香木制作的木塔，是重要的文物遗存。

聂塘卓玛拉康 2006 年被国务院公布为第六批全国重点文物保护单位。

聂塘卓玛拉康主殿内景 2

堆龙德庆县

36 措麦寺

Cuomai Lamasery

文物级别	自治区级
开放方式	免费参观
地　　址	堆龙德庆县马乡措麦村
年　　代	吐蕃王朝时期
推荐指数	★★★★

措麦寺位于拉萨西北 50 公里、堆龙德庆县马乡措麦村，堆龙曲河一条东西支流的南岸，寺院就位于村落中心，海拔 3900 米。

相传该寺于 6 世纪由堪青洛美巴·噶瓦萨加土巴创建，也有说是由吐蕃第三十三代赞普法王松赞干布建成拉萨大小昭寺后，在此修建的一座朝向东方的大日如来佛殿。寺院先后信奉过噶当派、萨迦派，后来格鲁派创始人宗喀巴大师在此静修一个多月，继而有格鲁派堪布擦瓦朗卡西饶等在此传承，终成格鲁派寺院。

措麦寺远景

措麦寺规模小巧，氛围宁静。寺院坐西朝东，正对远方的山脉。入口前部有一块小广场。主体为一座白色大殿及其前院，院落周围是一层回廊，院门正对广场。主殿北侧是一条东西向狭长的花园，其西端的一小块黄色围墙、卵石铺地的庭院较为精致。花园北侧和东侧是一排二层僧舍。

措麦寺前广场

措麦寺大殿前广场

措麦寺大殿北侧僧房

措麦寺大殿西北角庭园

37 热擦寺

Reca Lamasery

文物级别	自治区级
开放方式	免费参观
地　　址	堆龙德庆县羊达乡帮普村
年　　代	吐蕃分治时期
推荐指数	★★★

热擦寺大殿南立面

　　热擦寺位于堆龙德庆县羊达乡帮普村，从109国道下126乡道往北，沿山谷行进6公里，东侧山沟内200米的北坡上便是。

　　热擦寺于11世纪由热鲁在瓦·多吉扎创建，属于格鲁派。也有文献记载是由鲁梅·催成西饶的弟子纳囊·多吉旺秋创建。

　　寺院主体为一座天井式二层佛殿，占地约300平方米，坐北朝南，面向南侧山谷中的溪流。道路从乡道沿溪流南岸东行，再折向北过桥，再向西才能到达大殿门前。大殿周围散布着一些僧舍，西侧的古树引人注目。北侧山坡上有一座白塔，总体环境较为幽静。寺院建筑"文革"期间被毁后，现状为1982年原址重建。大殿西侧有一座11世纪的石碑，高3.4米，古藏文，内容与当时弘扬佛法相关。

热擦寺院内大殿

热擦寺北侧山坡上俯瞰寺院

热擦寺北侧山坡上的白塔

38 觉摩隆寺

Skyo Mo Lung Lamasery

文物级别	自治区级
开放方式	免费参观
地　　址	堆龙德庆县乃琼镇贾热村
年　　代	吐蕃王朝时期
推荐指数	★★★

　　觉摩隆寺又名觉木龙寺，全名"觉木龙甘丹曲党林"，位于拉萨市中心以西18公里，乃琼镇贾热村中心区域，海拔3750米。

　　寺院始建于1169年，由白弟·尊迫旺秋尊者创建，属于噶当派西藏中部六大寺之一。"觉木龙"意为"围绕之地"，因其初期以佛塔围绕而得名。传宗喀巴大师曾来此求法，并收该寺堪钦曲杰为弟子，于是逐渐成为格鲁派。二世达赖曾在此住持。

　　寺院坐北朝南，东西约200米，南北约160米。寺院正门外正对一条南向道路，门前东西道路是村落的内部主要干道，非常嘈杂。门内两侧是两座佛殿，殿后是寺院的中心广场。广场北侧，也就是寺院中部

是保持较为完整的羌巴扎仓，呈不规则的四合院布局，内部保存有古老的珍贵壁画和普明佛像。寺院东西部均为散布的僧房。寺院建筑在"文革"中遭到严重破坏，20世纪80年代后逐步修复。

　　寺院西北方向是班丹孜仁山，上游有宗喀巴大师和弟子的修行山洞、大师手印、摩崖造像等遗迹。

觉摩隆寺寺内主路

觉摩隆寺寺门

觉摩隆寺羌巴扎仓

觉摩隆寺中心广场

觉摩隆寺西侧僧房区域

39 楚布寺

Tsurphu Lamasery

文物级别	自治区级
开放方式	购票参观
地　址	堆龙德庆县古荣乡嘎桑冈村
年　代	元
推荐指数	★★★★★

　　楚布寺位于拉萨以西约 70 公里，海拔 4500 米。从 109 国道下 125 乡道，沿山谷行进 25 公里，便到达楚布寺门前。

　　楚布寺原为江浦寺，后毁于吐蕃后期的灭佛运动，1189 年第一世大宝法王噶玛巴·都松钦巴在其废墟上建立了楚布寺，属于噶举派，距今已有 800 多年的历史，是噶举派主寺，对于研究噶玛噶举派的历史具有

重要的意义。噶玛噶举派的活佛首创了转世制度，在藏传佛教史上占有重要的地位。楚布寺迄今为止已经传承了 17 世黑帽噶玛巴，成为噶玛噶举黑帽转世活佛的主寺。

　　寺院坐北朝南，由相距不远的上下两寺组成。上寺主要由修行室组成，主供释迦吐巴佛，位于北侧高处；下寺有色冬康、杜康、办公用房及伙房等建筑，主供帕朗银佛，位于低处山脚下的坡地上。寺院在 20 世纪 80 年代进行了修复。

　　楚布下寺是寺院建筑的主体部分，整体布局呈东西长方形，总占地面积 1 万余平方米。其建筑大多为石砌，依山而建，巍峨壮丽。寺院周围建有围墙，内部中心是前后两排大殿，南侧是并排护法神殿和措钦大殿，面对前部的主广场，广场中间正对殿门立有一块 9 世纪吐蕃赞普赤祖德赞时期的盟誓碑《江浦建寺碑》，碑高 2 米，是研究藏文化的重要文物。中心区

楚布寺入口远景

楚布寺寺院入口

楚布寺北侧大殿

北部是由金质灵塔殿、灵塔殿和大神殿组成的"品"字形空间，两排大殿围合成一处中心庭院。西侧区域包括同样成"品"字形的三组大殿——德庆颇章、赛日伦珠宫和札玛聂仓，其间混杂有大量僧舍。东侧区域则主要是低矮的僧舍群。

最有特色的当属寺院四角的四色塔，分别是东北角绿塔、东南角白塔、西南角黄塔和西北角红塔。外环转经路线将四塔包在其中，形成闭环。

楚布寺规模宏大，格局完整，空间多变，历史底蕴深厚，非常值得一游。

楚布寺大殿前广场

楚布寺山坡上的修行室

40 乃朗寺

Gnas-nang Lamasery

文物级别	自治区级
开放方式	免费参观
地 址	堆龙德庆县古荣乡那嘎村
年 代	元
推荐指数	★★★★

乃朗寺全称乃朗平措曲林，位于堆龙德庆县古荣乡那嘎村东北方2公里的山上，在125乡道上即可远远看见。从宗格玛村路口沿盘山道向北上山4公里便到，海拔4280米。

原寺由第三世黑帽噶玛巴·让琼多吉的弟子，第一世红帽噶玛巴——多登扎巴创建于1333年，属于噶举派。该寺为噶玛噶举派黑、红、花帽系中的花帽历代巴沃活佛的主寺。从五世达赖封赐第五世巴沃活佛开始，乃朗寺就成为巴沃活佛的法脉传承中心。

乃朗寺山下远景

乃朗寺东北侧入口广场

乃朗寺中心庭院

乃朗寺庭院南门

乃朗寺大殿

原建筑南北长 20 米，东西宽 16 米，仅存遗址，后毁弃，20 世纪 80 年代后在东南侧重建新寺。现状寺院主体为一组四合院布局，坐北朝南，俯瞰南侧河谷和群山。院落北侧中部是大殿，东侧为主入口和食堂，西侧为一组僧舍。西北角有几座佛塔，东北角则为拉常孔旧址。南侧以单层回廊围合，北侧山上有天葬台和散布的小型闭关修行用房。

乃朗寺虽为重修，但选址位置精当，视野开阔，景观良好，建筑体量布局错落有致，空间疏朗，与楚布寺又在一路，值得一并参观。

墨竹工卡县

41 唐加寺

Tangjia Lamasery

文物级别	自治区级
开放方式	免费参观
地　　址	墨竹工卡县唐加乡驻地
年　　代	吐蕃王朝时期
推荐指数	★★★★

唐加寺位于墨竹工卡县唐加乡莫冲村，因寺内保存的壁画而著称。唐加寺的尼玛拉康始建于 7 世纪初松赞干布时期，紧邻其东侧的罗汉殿增建于 9 世纪朗达玛灭佛后，集会大殿增建于 15 世纪。

2008 年 7 月 26 日，拉萨市第三次全国文物普查工作队在唐加寺调查时，在集会大殿后西北角尼玛拉康的外墙上发现了一组壁画。壁画总长约 17 米，高 4 米，分布面积约为 68 平方米。画面由 15 幅主尊佛像构成，其中西墙面现存 6 幅，北墙面现存 8 幅，东墙 1 幅。

唐加寺

唐加寺大殿正面

唐加寺大殿侧面

唐加寺大殿内景

唐加寺大殿木构

在主尊画像上、下部另有小幅画像数十幅，但由于其余墙体被后期增建建筑压覆，其壁画数量和面积不详。由于壁画损毁严重，图像大多漫漶不清，主尊像无法辨认；主尊像下均有藏文题记，现大多已无法辨认，仅个别较为清晰可辨。关于壁画的断代问题，寺内僧侣认为这是吐蕃时期流传至今的壁画；而文物专家在现场根据残存壁画中造像的绘制风格、色调运用等情况，在比照白居寺、扎塘寺壁画的艺术特色基础上，初步将其时代定为明代。

走进唐加寺的集会大殿，昏暗的光线营造出一种幽静安然的氛围。壁画在酥油灯的闪烁下发出油彩的光泽。目前该组壁画已被当地政府加以保护。

唐加寺大殿壁画 1

唐加寺大殿壁画 2

42 夏拉康

Sha Lhakhang Lamasery

文物级别	自治区级
开放方式	免费参观
地 址	墨竹工卡县尼玛江热乡夏村
年 代	吐蕃王朝时期、明
推荐指数	★ ★ ★ ★

夏拉康位于墨竹工卡县县城以东 25 公里，是秀绒河与艺热河的汇合处。全称"伍茹夏白玛旺庆寺"，意为"帽子寺"，其中"伍茹"为中翼，是卫藏四茹之一；"白玛"为莲花生大师；"旺庆"是密宗大灌顶之意。

据《夏拉康木刻印刷版藏文书》记载，8 世纪末叶，娘·丁增桑布受赤松德赞、莲花生和毕玛拉米扎的委托修建了夏拉康，是佛教中兴时期传播宁玛派教法的主要道场。第二次禁佛运动时期，朗达玛赞普封闭佛寺，焚毁佛经，娘·丁增桑布遇难身亡，夏拉康也随之被毁。14 世纪，宁玛派高僧隆钦饶绛巴与助手贡噶宁波一起

重建了夏拉康。至 15 世纪黄教兴起，夏拉康由拉萨三大寺之一的色拉寺管辖，改为格鲁派寺庙。

夏拉康寺主体建筑在"文革"时期遭到毁灭性破坏，仅存断壁残垣可以一窥当年建筑的布局。整个寺庙坐北朝南，南北长 56 米，东西宽 26 ~ 46 米，占地面积 1680 平方米。建筑为传统的藏式土木石结构，左右基本对称，主要由大殿、佛堂、护法神殿、经场及僧舍等组成。

如今夏拉康寺为原址重建。进入正门有一方形院落，占地 336 平方米，院落东西两侧为僧舍，东侧保存完好，西侧仅剩一层楼。北侧为一长方形二层楼房，东西长 12 米，南北宽 11 米，为近年重建，下层为佛堂，上层为僧人活动用房。下层建筑的外门与院落正门相对。东侧为护法神殿，供奉乌摩天女、遍入天、骑羊护法神与建寺的护法大将军，还有隆钦饶降巴的塑像。西侧为敛气室，为藏传佛教中收盛鬼神生灵气息的密室。大殿位于敛气室室外的西侧，院落西侧楼房的北侧，现已不存。经场位于护法神殿和敛气室的北侧，内原有一小型灵塔，现只剩基座。佛堂原址位于经场北侧，原有两层，东西长 8.7 米，南北宽 7 米，占地面

夏拉康

夏拉康正面

积约 56.49 平方米。佛堂左右两侧及北部环绕有密闭式的转经回廊，这是西藏佛教寺院早期建筑的典型特点。

夏拉康寺中还有两通盟文昭敕碑，两座碑均由碑座、碑身、碑帽三部分组成，位于夏拉康正门院内第二门左右两侧。一块刻有赤松德赞到赤德祖赞三代期间娘·丁增桑布的丰功伟绩；另一块刻着赤德松赞先后给娘·丁增桑布的两封御札。

夏拉康是西藏早期建成的寺庙之一，佛殿中的殊胜佛像和刻有赤德松赞允诺的誓言石碑，是极其珍贵的文物。

夏拉康侧面

夏拉康残迹

43 直贡梯寺

Drigongti Lamasery

文物级别	自治区级
开放方式	免费参观
地　址	墨竹工卡县门巴乡仁多岗村
年　代	吐蕃分治时期
推荐指数	★★★★★

直贡梯寺亦称止贡梯寺，全称为"直贡梯密严刹土菩提洲园"，是藏传佛教直贡噶举派的祖庭。

直贡噶举派的创始人为止贡巴·仁钦贝（1143—1217 年）。1179 年，仁钦贝来到直贡地方，从木雅·贡仁的门徒手里接收了一座小庙，在此基础上创建了直贡梯寺，从此兴盛发展起来的教派称为直贡噶举派，是达布噶举"四大八小"之一小派。15 世纪格鲁派兴起后，直贡噶举派抵制格鲁派，遭到击败。五世达赖受清朝顺治帝正式册封后，直贡噶举派不得不处在

直贡梯寺远景

直贡梯寺仰视

直贡梯寺近景 2

达赖的管辖下。自此时起，直贡噶举派也转而采用活佛转世制度。直贡梯寺建筑在"文革"中损毁严重，1980 年前后开始重建。

如今整个寺庙群坐北朝南，占地面积约 3000 平方米，寺庙的平面为弧形，按佛经中的世界构造进行了布局。寺院布局是以古印度波罗王朝在摩揭陀所建的欧丹达菩提寺为蓝本兴建，主要建筑包括经堂、灵塔殿、藏经楼、坛城、护法神殿和修禅密宗室、扎西果芒殿等。由南向北依次为灵塔殿、大佛殿、修禅密室、扎西果芒殿和护法神殿等，每座殿堂建有宽敞平台，而且每座大殿均有造像，多为元、清时期的作品。

直贡梯寺近景 1

灵塔殿被称为"世界一庄严"，高3层，主供杰觉巴灵塔，塔内装藏噶举派历代祖师的舍利子、印度八大持明与80位居士的衣物。此外，还有金铜聚莲塔几十座、佛经、珍贵药材，等等。

修禅密室散布在主殿周围，每个修禅密室仅设一个小木门和一个小窗户，面积6～7平方米。寺中的喇嘛可在其中修行，修满者可获"仓巴"（修禅者）称号；时间长者为三年三个月零三天，时间短者也需要三个月。

直贡梯寺内还有一座天葬场，即直贡梯坛城，藏语称"直贡梯丹甲"。直贡天葬场距直贡梯寺10分钟路程。据西藏古墓遗址推断，天葬可能起源于7世纪之后。有学者认为，天葬是由直贡噶举派创立。2013年8月，当地政府颁布布告，禁止游客前往天葬台观看。

直贡梯寺殿堂林立

直贡梯寺一隅

直贡梯寺屋檐

直贡梯寺殿堂内景

44 塔巴朗卓林寺

Tabp Chos Khor Lamasery

文物级别	自治区级
开放方式	免费参观
地　址	墨竹工卡县工卡镇塔巴村
年　代	吐蕃分治时期
推荐指数	★★★★

塔巴朗卓林寺，又称塔巴朗珠林寺，位于墨竹工卡县工卡镇附近的塔巴村村口，米拉山之西，距离县城 2 公里，近邻川藏公路。始建于 1161 年，属于格鲁派。寺院的地形左边山峰如同一只跪坐的白象，右边的山如同一头站着的大象，而山峰的正面如同白度母的身体。

相传寺院的创建者元登多节，是一位精通制陶术的佛法大师，把制陶术传给当地的百姓。如今的塔巴村以制陶著称，至今依然保留着一套相对完整和系统的传统制陶工艺，这项技术被称为慢轮盘筑，采用牛粪和高山草皮制作，在整个藏区都具有代表性。因此塔巴珠林寺使用的器具也均为陶器。

如今塔巴朗卓林寺只有几处零星的建筑散落在山谷之间，包括大经堂与僧舍等。经堂为二层藏式平顶建筑。

塔巴朗卓林寺庭院俯瞰

塔巴朗卓林寺

塔巴朗卓林寺大门

塔巴朗卓林寺大殿

塔巴朗卓林寺大殿屋顶平台

45 切卡寺

Qieka Lamasery

文物级别	自治区级
开放方式	免费参观
地　　址	墨竹工卡县工卡镇
年　　代	吐蕃分治时期
推荐指数	★ ★ ★

切卡寺，又名"切嘎寺"，位于墨竹工卡县扎西岗乡，始建于 1165 年。

寺内原始建筑现已不存，只有两座石狮据传为吐蕃时期遗物。石狮由奥地利藏学家哈佐德首先发现，后经西藏古建筑专家确认，石狮确为吐蕃时期遗存，其造型风格与日喀则拉孜县发现的昌庆吐蕃墓葬两尊镇墓石狮有相似之处。两尊石狮原本在切卡寺西南方向约 4 公里的山头上，处于被遗弃的状态，附近有多座古墓葬。从原来发现的地理位置看，极有可能是镇墓狮。2009 年，寺院将两尊石狮接迎至切卡寺。目前两尊石狮立于切卡寺经堂入口两侧，石狮整石圆雕，高约 0.75 米，身长 1.10 米，呈半蹲伏状。

切卡寺

切卡寺塔群

切卡寺吐蕃时期石狮

石狮侧影

石狮正面

46 直贡艾玛日寺

Drikung Aimari Lamasery

文物级别	自治区级
开放方式	免费参观
地　址	墨竹工卡县尼玛江热乡羊日岗村
年　代	公元13世纪
推荐指数	★★★★★

直贡艾玛日寺，是一座藏传佛教直贡噶举派寺院，位于墨竹工卡县尼玛江热乡境内羊日岗村东北3公里处。该寺庙历史悠久，距今约有650年历史，周围自然环境独特，风景优美。此寺于13世纪由林·曲吉杰布创建，初为羊日岗修行室和阿齐护法神殿。19世纪时增修了大殿和许多修行室，大殿为木石结构，门向南，高2层，设回廊。殿内主供直贡噶举祖师觉巴·仁钦巴铜像。二楼设高僧住处。大殿北面山坡上设有30间喇嘛修行室，石木结构，规格统一。寺内藏有大量的

直贡艾玛日寺全景

寺前平台

直贡艾玛日寺正面

直贡艾玛日寺大殿

珍贵文物。它是墨竹工卡县境内除直贡梯寺外最有影响力的噶举派寺庙。

直贡艾玛日寺体现了错落堆叠、依山而建的特点。正殿位于半山腰上平坦的广场前，而各种用房皆依靠山势退至主殿之后。层层叠落的体块挤压出错落弯曲的路径，同时使得建筑群生成若干庭院。对于到访直贡艾玛日寺的人来说，没有什么比越过一座座山、跨过一片片草场，最后来到直贡艾玛日寺的山下，一睹近景的经幡柱、远山的风马经幡以及其间的寺庙群更让人欣喜的了。如果有，那可能就是捧起僧侣赠饮的酥油茶，在煨桑炉飘散的薄烟与酥油茶的温暖中一览刚刚经过的那些风景。

叠落的群落

直贡艾玛日寺俯瞰

拉萨市其他主要文物保护单位列表

名　称	级　别	类　别	年　代	地　址
仲尼雄墓群	自治区级	古墓群	唐	拉萨市林周县唐古乡江多村
同盖村墓地	自治区级	古墓群	唐	拉萨市墨竹工卡县

那曲市古建筑分布图
Historical Architectural Map of NAQU

1 邦荣寺
2 达蒙骷髅墙天葬院
3 比如古木桥
4 买巴洞穴岩画
5 邦纳寺
6 其多山洞穴岩画
7 文部寺
8 孝登寺

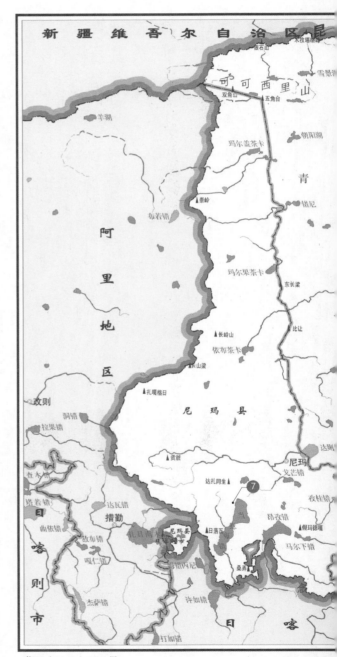

藏S（2019）004 号

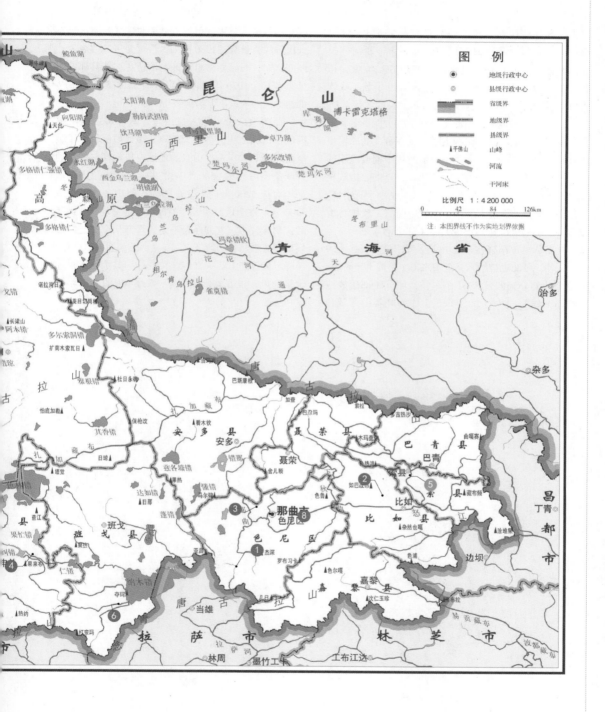

概 述

那曲市位于西藏自治区北部，是长江、怒江、拉萨河、易贡河等大江大河的源头，平均海拔 4500 米以上。与新疆维吾尔自治区和青海省交界，东邻昌都市，南接拉萨市、日喀则市、林芝市，西与阿里地区相连，是整个西藏地区的门户所在。境域面积 450 537 平方公里，下辖 1 个市辖区、10 个县。藏族人口居多数，占 96%。行政公署驻那曲县那曲镇。

"那曲"因境内那曲河（怒江上游）而得名，旧译"黑河"。地质学家和考古学家曾在藏北高原发现许多打制石器，基本上属于旧石器时代中期或晚期的文化遗物，距今大约 1 万至 5 万年。古老的象雄政权发源于那曲地区，存在于 5 世纪以前，是一个有语言、文字，文化高度发达的国家。7 世纪前后，象雄势力衰落，这一地区的东部地域归属苏毗部落统治。后来，吐蕃部落逐渐强盛，统一了全藏，建立起强大的吐蕃王朝，藏北也被纳入其统治之下。松赞干布时期，将整个吐蕃分为四台和 61 个东岱，原苏毗部落故地设"孙波如"，共辖 11 个东岱。作为吐蕃向西域和河湟江岷地区扩张的基地，这一带显得特别重要，史称"军粮马匹，半出其中"。1950 年 10 月，那曲地区和昌都地区首先获得解放，那曲地区归属昌都地区人民解放委员会。1960 年由"黑河专区"改名为"那曲专区"，归属西藏自治区，治所在那曲县那曲镇，延续至今。1970 年那曲专区改称那曲地区，2017 年那曲地区撤地设市，为地级市。

那曲地区位于唐古拉山脉、念青唐古拉山脉与冈底斯山脉之间，中部为高原丘陵，坡度较为平缓，至西北部念青唐古拉山余脉地区海拔始高，最高的桑顶康桑山海拔约 6500 米。北部则为唐古拉山地区、平均海拔 5200 米以上，东部为高原山地，平均海拔 4100 米。整个地区海拔高差极大，地形复杂，山势险峻，峡谷较多。气候热量不足，严寒干旱，是西藏气候条件非常恶劣的地区之一，是典型的亚寒带气候区，年降水量仅在 100～200 毫米，每年 11 月至次年 3 月，干旱刮风，很容易形成雪灾；5 月至 9 月相对温暖，风和日丽。

色尼区

1 邦荣寺

Bangrong Lamasery

文物级别	自治区级
开放方式	免费参观
地 址	色尼区古露镇十四村西3.5公里
年 代	清
推荐指数	★★★

邦荣寺位于那曲古露镇邦荣沟北侧的山坡上。古露镇位于唐蕃古道，著名的桑顶康桑雪山就位于此，被称为羌塘大草原的守护神。1146年前后塔玛旺丘在此地创建卓玛拉康，1153年兴建邦荣寺，属于巴绒噶举派。清代准噶尔军队入侵，寺院遭到破坏，后在原址西侧5里处新建。"文革"时建筑被毁，20世纪80年代在寺院原址按照原规模重建。

寺院南距河边约100米，高出河面20米，西为格宁雪山。整座建筑群由集会殿、修行殿、活佛寝宫、上师住所、僧舍等建筑组成。其中一个集会殿坐西朝东，石砌墙体厚1米，由门廊、经堂组成。门廊有檐柱两根，柱间距1.8米。经堂面阔五间四柱，共12米，进深五间四柱，共10米。另一个集会殿位于该集会殿东约50米，坐北朝南，石砌墙体厚1米。由门廊、经堂和佛殿组成，殿前铺设踏道，门廊前有八棱檐柱4根，中部有八棱檐柱2根，其左右两侧为主殿墙体，门廊右侧为储藏室，左侧为通往二层的踏道。经堂面阔七间，共20米，进深七间，共18.5米。中央8根长柱间形成采光天棚。佛殿面阔五间，进深三间。二层为采光窗、寝宫、仓库等。其他建筑分散在集会殿与主殿周围。

比如县

2 达蒙骷髅墙天葬院

Celestial burial courtyard with skull wall at Dameng

文物级别	自治区级
开放方式	免费参观
地 址	比如县茶曲乡驻地西南
年 代	吐蕃王朝时期—现代
推荐指数	★★★★

达蒙骷髅墙天葬院位于那曲镇东南300里的比如县茶曲乡西南的达摩寺附近，相传始建于吐蕃王朝时期，是西藏地区少数保留骷髅的天葬台，无数天葬的骷髅砌成了天葬院的墙体。

整个天葬台院子约有4000多平方米，四周有约一人高的土墙，在南墙和西墙上修有木架，约四五格，每格内都整齐地排列着一个个人头骨，形成两面长长的骷髅墙，院子中间有一块约4平方米大小、用鹅卵石铺砌而成的葬尸池，池北边有一块60厘米高的长方形石块，是天葬时停放尸体的。在天葬院南门外，还竖立一根约10余米高的经幡旗杆，上边有骷髅骨

达蒙骷髅墙天葬院

雕塑。天葬台院子的西、南各有一道门，西门是活人进出用，南门是抬尸体的入口，北面是平房，专供为死者诵经祈祷的众僧使用。

当地人将逝者送到天葬台前，需要把尸体卷曲起来，头屈于膝部，使成坐的姿势，用白色藏被包裹，择吉日由背尸人将尸体送至天葬台，点燃桑烟引来鹰鹫。天葬的传统与竖立的骷髅头墙形成一种肃穆的氛围，给人以别样的宗教体验。

3 比如古木桥

Ancient wood bridge at Biru County

文物级别	自治区级
开放方式	免费参观
地 址	那曲县驻地西侧
年 代	明
推荐指数	★★★★★

比如古木桥位于那曲市比如县城西北怒江一橄榄形河洲的西端，始建于明代，全长146米，分为南、北两部分。

南桥全长91米，在中间与两端设置三个桥墩，用圆柏木和大块卵石建成。桥面所用圆木均经过加工，每层6根，共6层，桥墩的四面均竖有圆木加固。北桥全长51米，桥面宽2.05米，由于距离较短，桥面的建造从一个桥墩单向伸出，直达对面的桥墩，桥面所用圆木也仅有三层，桥墩未用圆竖木加固，而是采用圆木的粗大根系加固。圆木直径12～20厘米。

木桥的桥墩已有500多年历史，虽经两次维修，但桥的主体结构仍然屹立于怒江之上。木桥跨度大，结构形式独特，建造技巧高超，是藏式伸臂桥的典型代表之一。

申扎县

4 买巴洞穴岩画

Cave paintings in Maiba Township

文物级别	自治区级
开放方式	免费参观
地 址	申扎县买巴乡一村西
年 代	吐蕃部落时期
推荐指数	★★★

买巴洞穴岩画位于那曲市申扎县买巴乡的一处溶洞中。

岩画分布在浅显的洞穴和暴露的岩石上。岩画的图形多为通体敲凿和彩色绘制而成，内容十分丰富，有动物、人物、符号、文字等。西藏地区常见彩色的岩画，而在这里不仅有彩色的岩画，还发现了用墨色绘制的岩画，这也是我国仅有的用墨色绘制的岩画。

索县

5 邦纳寺

Bangna Lamasery

文物级别	国家级
开放方式	免费参观
地 址	索县色昌乡巴秀村
年 代	清
推荐指数	★★★★★

邦纳寺位于那曲市索县色昌（西昌）乡巴秀（巴须）村向东约3公里的山地上，在多木山南侧，怒江峡谷北岸，是加丹德东寺的寺主世冲·嘎玛丹觉建造的十三座寺庙之一，属于噶举派。始建于明代，如今建筑为清代重建。

邦纳寺俯瞰

寺院所在的地形北高南低，北面约1.7米处为山坡，东面约6米处为居民住房，南面约20米处为下坡，山坡下方是怒江，西面约10米处是居民住房。

邦纳寺是一组集门廊、经堂、佛殿、护法殿、转经室、生活用房于一体的藏式碉房建筑，为夯土二层楼。一层由集会大殿和强巴佛殿两部分组成，二层为护法神殿、僧舍、灶房、仓库等。一层大殿内立9柱，四面墙壁皆有壁画。西墙与强巴佛殿相接，强巴佛殿顶为多重藻井，建筑结构为四柱八梁，顶有彩绘的坛城图案，殿内方柱柱头有兽面纹样，替木上彩绘有祥云、卷草等图案。二层护法殿内西墙、北墙存有壁画，色彩风格与一层不同，年代明显较晚。除壁画外，还有铜佛像20尊，唐卡5幅。

邦纳寺

班戈县

6 其多山洞穴岩画

Cave paintings in Qiduo Mountain

文物级别	自治区级
开放方式	免费参观
地　　址	班戈县德庆镇其多山南麓
年　　代	吐蕃部落时期
推荐指数	★★★

其多山洞穴岩画位于那曲市班戈县，纳木错的西岸，是新石器时代至唐的洞穴岩画。

其多山洞穴岩画分布在其多山上的两个天然洞穴中，全部岩画均用红色颜料绘制。其一号洞穴共计绘有动物、人物、符号等图像200余个，为新石器时期至唐代多次绘制而成。其多山洞穴岩画中的很多图像流传广泛，其中一幅狩猎野牦牛图，画有猎人徒步猎取野牦牛的场面。两头相向的野牦牛体形巨大，与其上方正观望的三位猎人的身形呈现极大反差。两头野牦牛均已中箭，左侧牦牛俯首，右侧牦牛昂首，因为疼痛，二者或双角竖起进行挣扎，或尾巴翘起四肢僵直。准确的躯体轮廓和肢体语言将牦牛临死前的痛苦表现得非常到位。为表现箭刺穿野牦牛厚厚的皮肤，作者将牦牛的身躯画成皮肉双层。上方的几位猎手虽身量很小，却显得自信并带张力。

其多山洞穴岩画中展现了狩猎者的丰富经验及对动物特性的了解，具有一定的艺术性和极高的文物价值。

尼玛县

7 文部寺

Wenbu Lamasery

文物级别	自治区级
开放方式	免费参观
地　　址	尼玛县文部乡一、二村之间
年　　代	清
推荐指数	★★★

文部寺位于那曲市尼玛县文部乡，在红色的塔尔钦山腰上，面对当惹雍措。属于苯教寺庙，由古如雍仲丹巴创立，至今已传五代喇嘛，有300余年历史。

文部寺由于地震曾多次搬迁，现在文部乡内，与周围民居融合。建筑群包括杜康（经堂殿）、拉康、甘珠尔拉康、拉章等，整体布局呈现狭长型，纵轴线以杜康殿为中心，寺院规模小而紧凑，总建筑面积3625平方米。杜康殿一层，高3米，门朝西南方向，由门廊和经堂两部分组成。门廊长 6.5 米，宽 2 米，前墙绘有四大天王。经堂门上部的门洞内有 7 只泥塑雪狮。经堂面阔两柱，进深三柱，面积 52 平方米。柱截面为长方形，底部有石片柱础，柱身均匀，高约 2.3 米；后四柱略高，形成天窗。四柱间有一两层土台，边长 1.2 米，四周彩绘法轮、莲花、五宝等。后壁有宽约 0.5 米的经台，置《甘珠尔》和《丹珠尔》各一部。经堂四壁绘有壁画，为苯教护法神。墙体为石块砌筑，厚 0.6 米。护法殿位于杜康殿东北侧，为藏式二层建筑，由门廊、护法殿、转经室三部分组成，前部门廊面阔 3.96 米，进深 1.22 米；后部主要经堂面阔 3.96 米，进深 3.06 米；转经室面阔 4.11 米；进深 2.44 米，供奉地方护法。

该寺年代较为晚近，整个寺院被神山圣湖包围，寺院的大殿由于在"文革"中作为粮仓而幸免于难，后期建筑皆围绕此展开，秩序井然，是一座苯教代表寺院。

8 孝登寺

Shaten Lamasery

文物级别	县级
开放方式	免费参观
地　　址	那曲县那曲镇中心
年　　代	清
推荐指数	★★★

孝登寺位于那曲市那曲镇中心，是拉萨色拉寺在那曲地区的代表，创建于 1814 年，旧称"孝登呷尔巴"，亦称"霞登寺"，是那曲地区较有影响的大寺院之一，始属宁玛派，后改宗格鲁派。

该寺有扎仓两座：一座是米扎仓夏珠江赞贡贝林，简称"米尼扎仓"；另一座是局巴扎仓萨旺贡堆艾康里谢林，简称"局巴扎仓"。"文革"期间均遭到不同程度的破坏，近年来都得到了恢复，并能进行正常的宗教活动。

孝登寺在每年藏历八月份举行大型宗教舞蹈"羌姆"，附近群众到寺观看，表演后进行驱鬼仪式，是那曲地区较为闻名的宗教活动。

那曲市其他主要文物保护单位列表

名　称	级　别	类　别	年　代	地　址
贡萨寺（帕拉金塔）	县级	古建筑	1422	比如县良曲乡热灵村
卓那寺	县级	古建筑	1100	比如县夏奶村
桑达寺	县级	古建筑	1183	比如县羊秀乡棍宁村
白嘎寺	县级	古建筑	1488	比如县白嘎乡白嘎村
曲德寺	县级	古建筑		
恰如寺	县级	古建筑	1588	比如县香曲乡恰如村
秀登寺	县级	古建筑	1440	比如县香曲乡比如村
赞旦寺	自治区级	古建筑	1667	索县亚拉镇
热登寺	县级	古建筑	1100	索县西昌乡江克村
嘎加寺	县级	古建筑	1180	索县亚拉镇
曲郭寺	县级	古建筑		那曲县尼玛乡

那曲市

名　称	级　别	类　别	年　代	地　址
尼玛林寺	县级	古建筑	1200	索县加勤乡
嘎俄寺	县级	古建筑	1200	索县若达乡
珍达寺	县级	古建筑		索县赤多乡
夏查寺	县级	古建筑		索县
东宗寺	县级	古建筑		索县江达乡 6 村
江达寺	县级	古建筑	1428	索县江达乡江达村
贡吴寺	县级	古建筑	1428	索县加勤乡
加瓦日昂寺	县级	古建筑		索县亚安乡卡玛
色江寺	县级	古建筑		
军巴寺	县级	古建筑		索县嘎木乡 2 村和 3 村之间
扎西炯寺	县级	古建筑		
多加寺	县级	古建筑	1616	班戈县德庆镇 7 村
罗布寺	县级	古建筑	1751	巴青县巴青乡 2 村
冲昌寺	县级	古建筑	1840	巴青县雅安乡 2 村
巴仓寺	县级	古建筑	1846	巴青县拉西乡 16 村
布拉寺	县级	古建筑	1847	巴青县拉西镇 5 村
普纳寺	县级	古建筑	1860	巴青县扎色镇 23 村

3

昌都市
CHANGDU

昌都市古建筑分布图
Historical Architectural Map of CHANGDU

1. 卡若遗址
2. 强巴林寺
3. 噶玛丹萨寺
4. 贡觉唐夏寺
5. 查杰玛大殿
6. 宗洛寺
7. 甲桑卡铁索桥
8. 烟多寺
9. 仁达摩崖造像
10. 桑珠德钦寺
11. 多拉石刻群
12. 田妥寺
13. 硕督寺
14. 甲玉扎嘎摩崖石刻
15. 边坝寺

藏 S（2019）004 号

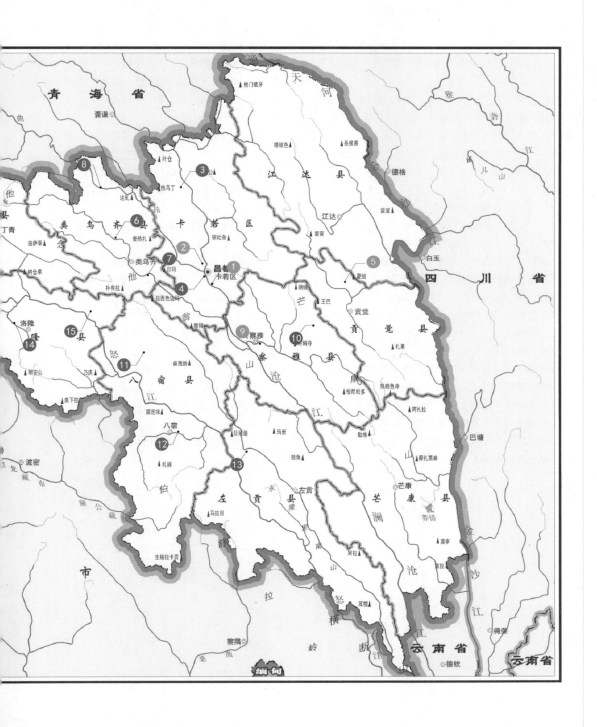

概　述

昌都市位于西藏东部，地处横断山脉和金沙江、澜沧江、怒江三江并流流域，位居西藏与四川、青海、云南交界的咽喉部位，是川藏公路和滇藏公路的必经之地，也是古代"茶马古道"的要地，素有"藏东明珠"之美誉。

昌都古称"康"或"客木"。习惯上将整个藏区分为卫藏、康巴、安多三个部分，康巴地区横跨四省，昌都地区即为康巴在西藏自治区内的部分，因此昌都地区故称"康"。昌都是藏语，其意为"水汇合处"。扎曲和昂曲在昌都相汇为澜沧江，这也是昌都这一名称的由来。

唐代时期此地为吐蕃王国的一部分，此时昌都是著名的"东女国"和苏毗王国的所在地。据《旧唐书》第一百九十七卷《南蛮西南蛮传》记载："东女国，西羌之别种，以西海中复有女国，故称东女焉。俗以女为王。东与茂州、党项接，东南与雅州接，界隔罗女蛮及百狼夷。其境东西九日行，南北二十二行。有大小八十余城，其王所居名康延川，中有弱水南流，用牛皮为船以渡。"今日在昌都还可以看到吐蕃东女国和苏毗王国文化的痕迹。13 世纪，元朝将西藏归于中国版图后，在昌都和四川甘孜设置了朵甘思宣慰司都元帅府。明清以后统称此地为康藏地区，明朝政府在此设置了朵甘都指挥使司。清朝在这个地区封了一些大活佛和土司各辖其地，受驻藏大臣和达赖喇嘛的管理。清末赵尔丰在昌都地区的一些地方实行改土归流，昌都地区改称川边。1918 年西藏地方政府称它为

"朵康木"地区，又称朵麦地区，设立了"朵麦基巧"，划昌都为 25 个宗。2014 年，昌都地区撤地设市，设立地级昌都市。

昌都总地势西北部高，东南部低，平均海拔 3500 米以上。不少山峰耸立于雪线以上，其中念青唐古拉山主峰高达 7111 米。西北部山体较完整，三条大江与三列山脉相间分布。

昌都地区特殊的自然环境为建筑提供了大量基本材料，比如黏土、石材与木材；另一方面，昌都地区建筑为了适应这种环境，也较为注意保温和避风。建筑物多在背风向阳的地方兴建，建筑使用薪材或是树叶等进行保温，墙厚半米到一米不等。多层建筑底层不开窗，二层以上再开小窗。稍大的建筑由于外墙较为封闭，经常出现采光通风的天井。

昌都地区由于地理原因自古与西藏主流文化圈层有所分隔。在卫藏地区的经典建筑作品大多是藏传佛教"前弘期"建造的，而昌都地区在此时期则无代表性作品。在藏传佛教的四大教派中，宁玛派（红教）有斯佐钦寺、类乌齐绒塘寺等；噶举派的帕竹与噶玛两个支派在昌都势力很强，噶玛噶举派祖寺噶玛寺在昌都境内、派驻噶举派中亦有杨贡寺与学贡寺；萨迦派于 13 世纪到 14 世纪在昌都地区盛行，如今贡觉唐夏寺、瓦热寺等为其中代表；明朝时西藏佛教格鲁派兴起，其影响逐渐深入康区，在昌都形成若干呼图克图——大活佛转世系统，强巴林寺等寺院建筑作品即为格鲁派。

卡若区

1 卡若遗址

Karuo Site	
文物级别	国家级
开放方式	免费参观
地　　址	昌都镇以南约12公里处
年　　代	新石器时代
推荐指数	★

卡若遗址位于昌都镇以南约12公里处的卡若村东北500米，在澜沧江西岸卡若河出口的二级阶地上，高出江面约60米。东北紧邻214国道，南依扎日山，北接子隆拉山，是一处新石器时期晚期的文化遗址。

卡若遗址面积约1万平方米，1978年、1979年两次发掘。遗存分为早晚两期，年代距今约5550～4100年。卡若遗址已经发掘的1800平方米内建筑遗存十分密集，共发掘出房屋基址28座。建筑的类型比较复杂，根据房基形状的不同，可以分为圜底房屋、半地穴式房屋和地面房屋三种类型。从建筑材料来看则可分为两种类型，第一种是木结构的草泥墙建筑。居住面用土垫平，然后夯实或烘烤，使其坚固耐用，房屋中央有石头砌成的炉灶。第二种为半地穴式的卵石墙建筑，居住面规整而坚硬。墙壁用石块靠穴壁垒砌，黄泥抹缝，多为方形。基址内有有房屋、烧灶、圆型台面、道路、石墙、圆石台、石围圈和灰坑等。遗址内出土的石器以打制石器为主，其次为细石器和磨制石器。遗址出土的陶片有2万余片，其中，中早期红陶较多，晚期灰陶较多。卡若遗址还出土了大量的粟粒和谷灰，这说明早在4000多年前，西藏就有了原始的种植业。

该遗址是西藏高原首次考古发掘的遗址，同时也是迄今西藏高原保存最好、最系统、年代最正确、遗物和遗迹最为丰富的新石器时代聚落遗址，对于认识和探究高原史前时期人类文明及其所处环境具有重要史料价值。

卡若遗址

2 强巴林寺

Jampaling Lamasery	
文物级别	国家级
开放方式	免费参观
地　　址	昌都县
年　　代	明
推荐指数	★★★★★

强巴林寺位于昌都镇，又称昌都寺。明正统二年（1437年）由宗喀巴弟子麦喜饶桑布创建。昌都寺创建之后，格鲁派逐渐取代噶玛噶举派在昌都的统治地位。僧人最多时达5000余人。麦喜饶桑布圆寂后，由帕巴拉世系继主该寺，担任寺主，并从此形成活佛转世系统。自清康熙帝始，强巴林寺历代活佛受皇帝册封，逐步成为西藏东部地区最重要的政教合一机构和最大的格鲁派寺院，下辖130个分寺，遍布昌都、林芝、那曲3个地区的5个县。

强巴林寺全景

　　强巴林寺早期建筑以措钦大殿、10 个扎仓和 5 座拉章等组成，基本是木石、土木的藏式密梁平顶结构。清宣统元年（1909 年），川滇边务大臣赵尔丰入藏改土归流，强巴林寺的主要建筑被毁，后来进行了大规模的维修，如今整座寺院占地面积约 300 余亩，该寺以大经堂作为正殿，围绕大经堂建有佛祖殿、护法殿、大威德金刚殿、曼荼罗大殿、德央大场、9 座扎仓、3 座康村、辩经院、八大吉祥塔等建筑。

　　措钦大殿是强巴林寺最大的建筑，大殿东边是才尼扎仓，南边是护法神殿，殿后是辩经场。大殿高三层，

强巴林寺措钦大殿门廊望大殿

强巴林寺大门

强巴林寺措钦大殿内景 1

强巴林寺措钦大殿

强巴林寺措钦大殿门前大台阶

强巴林寺措钦大殿内景 2

底层门廊前有九级宽广的石砌台阶，门廊内有明柱 13
根，分前后两排，前排四柱为八棱形，后排 9 柱为方形，
门廊面阔 29.8 米，进深 5 米余，其左侧设有楼梯。经
堂大门开在门廊正中，设有 6 级石阶。经堂面阔 29.8 米，
进深 30.4 米，有方柱 100 根，纵横 10 列，其中央 16
根长柱直达二层托起天井。柱头均雕刻有云纹卷草等
图案，极为华丽。大经堂后有佛殿，左右设两门，面
向经堂，佛殿内有圆柱 18 根，分三排，直通二层，
佛殿内沿墙设有曲尺状供台，正中供有高二层的镏金
造像，释迦牟尼跏趺坐在镏金双狮须弥座上，镶嵌各

强巴林寺措钦大殿内景 5

强巴林寺措钦大殿内景 3

强巴林寺措钦大殿内景 6

强巴林寺措钦大殿内景 4

强巴林寺辩经场

色宝石，极其精美。另外还供有强巴佛、宗喀巴师徒三尊及四尊帕拉活佛等。僧舍位于大殿二层，有直通一层的天井。三层后部为13个扎仓，东部为堪布室，中部为菩萨殿，西部为高僧卧房。

强巴林寺作为昌都地区最大的寺庙，整体功能完备、建筑、造像精美，内部装修较为华丽，分布于各大堂四壁的壁画及唐卡画等面积达千余平方米，是藏东北地区最宏伟的寺院之一。

强巴林寺各扎仓

3 噶玛丹萨寺

Karmagdansa Lamasery

文物级别	自治区级
开放方式	免费参观
地　址	嘎玛乡嘎玛村
年　代	吐蕃分治时期
推荐指数	★★★

噶玛丹萨寺，又名噶玛寺（嘎玛寺），位于嘎玛乡白西山麓下，海拔3996米。由噶举派高僧噶玛·堆松钦巴于1185年创建。二世噶玛巴活佛噶玛巴希通过在内地十余年的传教活动，了解到博大精深的中原文化，为他扩建噶玛寺奠定了思想基础。在他的主持下，召集了汉族、纳西族以及尼泊尔工匠，共同兴建昌都地区"后弘期"的代表性建筑嘎玛寺大殿，后几世噶玛巴也陆续从印度、尼泊尔等地，以及拉萨和内地邀请大批工匠扩建寺庙。该寺是噶玛噶举派的祖寺，占地面积5935.6平方米。其中，措钦具有藏、汉、纳西三个民族的建筑风格。殿内供奉的一座17米高的泥塑弥勒佛，是昌都地区唯一留下来的最大泥塑像，堪称古代泥塑精品。

噶玛丹萨寺依山傍水，坐北朝南，建筑群由低而

高，错落有致，重点突出。

寺庙建筑主要由大殿、护法神殿、灵塔殿、僧舍、讲经场等组成，以噶玛丹萨寺大殿为主体建筑。大殿坐北朝南，前半部分为大经堂，后半部分为大佛殿。大经堂为土木石结构，藏式平屋顶，高两层，面阔约50米，进深26米，外廊由4根方柱承托，大门居中，经堂内部共有方柱56根，其中12根高柱擎天窗。四壁绘有释迦牟尼题材的彩色壁画，壁画线条流畅而生动传神，人物比例准确，色彩鲜丽而又不失庄重，其中对花草鸟兽的刻画明显受到内地工笔画的影响。大佛殿分三座殿堂，各自独立，门都开在大经堂内，屋面设有采光天窗。大佛殿屋顶为汉式单檐歇山式屋顶，屋面覆盖蓝色琉璃瓦，屋檐由藏族、汉族、纳西族风格斗栱承托。佛殿内绘制有红、黑帽系及噶举派祖师的壁画，属早期壁画作品，有很高的艺术价值。寺内还有灵塔殿三座，第一座灵塔殿有灵塔三座，塔身白色，高10米；第二座、第三座灵塔殿各有灵塔一座。

噶玛丹萨寺建筑为藏族、汉族、纳西族等多民族能工巧匠独具匠心的合璧之作，壁画和唐卡画也是作为西藏三大画派之一的噶玛噶孜派发源地的代表作品，有藏东第一画廊之称。就建筑、绘画等艺术方面的成就而论，噶玛丹萨寺当之无愧地成为藏东的宗教

文化宝库和代表性佛教建筑，它不仅代表着当时昌都地区建筑艺术的高水准，在藏传佛教建筑艺术史上也有着很高的地位。

噶玛丹萨寺现藏有大量唐卡和佛像，在大殿之外还有相传为噶玛拔希从内地带来的柳树，至今根深叶茂。噶玛丹萨寺的护法神殿在 1998 年 10 月发生火灾，之后由政府出资进行了修复。噶玛丹萨寺其余古建筑保存较好。

贡觉县

4 贡觉唐夏寺
Tangxia Lamasery in Gongjo County

文物级别	自治区级
开放方式	免费参观
地　址	贡觉县相皮乡察底村
年　代	吐蕃分治时期—清
推荐指数	★★★

贡觉唐夏寺是昌都地区萨迦派的早期寺庙，当地称唐夏寺，由后弘期高僧噶顿·普布瓦于 1096 年创建。噶顿·普布瓦生于 1011 年，贡觉人，先后到卫藏和印度学经，曾拜阿底峡为师，后至阿里、卫藏传法。

53 岁时返回老家，创建唐夏寺，为噶举派代表寺院。八思巴至大都时曾路经贡觉唐夏寺，且出资修建寺庙建筑，唐夏寺因此改宗萨迦派。

该寺依山势而建，坐西朝东，背山面水，总建筑面积近千平方米。寺庙主体为拉桑拉康、扎西仓康、学记堂和禅房。原有造型独特的三层殿堂，称为玛堆殿，取红色大殿之意。第一层为藏式，第二层为印度式，第三层为汉式建筑，屋顶为单檐歇山式，上覆琉璃瓦。目前寺院建筑主体为藏式风格，顶端为汉式，佛像壁画等则为印度风格。

寺内藏品丰富，包括不同时期的佛教造像，其中保存完整的几幅 14 世纪前的唐卡，技法高超，极为珍贵。

类乌齐县

5 查杰玛大殿
Trakhyilma Hall

文物级别	国家级
开放方式	免费参观
地　址	类乌齐县类乌齐镇
年　代	元、清
推荐指数	★★★★★

类乌齐寺，古称扬贡寺，藏语称为查杰玛或葛培林，由高僧桑吉温始建于 1277 年，距今 700 多年，是西藏东北部著名的噶举派寺庙。

查杰玛大殿坐西朝东，规模宏大。殿堂为三层，建筑主体呈四方形，大殿总建筑面积 3334.64 平方米，高 48.15 米，下层边长 53 米，中层边长 40.30 米，上层边长 12 米。堂内矗立 180 根大柱，最大的 64 根大柱两人合抱才能对接指头，这些柱子将殿中央的天窗托起，使得原本封闭的大殿，透入明亮的光线。

查杰玛大殿首层外墙涂红、白、黑三色竖形条纹，每条宽 1 米有余，称为"条花殿"，墙厚 1.6 米，层高 13 米，由夯土砌筑；第二层外墙采用红色，称为"红殿"，层高 9 米，由石块砌筑；第三层外墙则用白色，称为"白殿"，层高 5 米，为柳枝编成的木骨泥墙。

整座建筑融藏、汉、印度和尼泊尔风格为一体，风格独特鲜明，气势雄伟壮观，而且细节处理更是新颖别致。

大殿第一层的屋檐出檐近 2 米，由下到上可分为五个部分：第一部分为条形方木，上面绘有黑底白圈的序列图案；第二部分先是在条形方木上立有上粗下细束腰的海螺形雕柱，然后在上面再放置一根固定板；第三部分则第一层伸出大梁，梁上为方木雀替；第四部分为梁与梁之间的空隙部分，镶有木制的菱形吉祥结，其上置有两层方木，起固定作用；第五部分中间为藏族传统的边玛墙饰，上下两边绘有黑底白圈的序列图案。第二层的屋顶向内收拢，屋檐由别致的汉式斗栱承托，上面覆盖琉璃瓦。第三层的屋顶再次向内收拢，采用四角攒尖顶，屋脊顶端覆盖有镏金铜瓦，戗脊四角饰有套兽等图案，瓦当上雕刻有宝塔和梵文。除此之外，墙体四周规律的镶嵌有雕刻精美的铜制装饰物。

　　查杰玛大殿是西藏极具特色的殿宇，在藏传佛教的发展史上占有极为突出的地位。

查杰玛大殿转角

查杰玛大殿正面

查杰玛大殿外观

查杰玛大殿转经廊

查杰玛大殿大门

查杰玛大殿内景 1

查杰玛大殿内景 2

查杰玛大殿内景 3

昌都市

6 宗洛寺

Dzonglho Lamasery

文物级别	自治区级
开放方式	免费参观
地 址	类乌齐县滨达乡宗洛村
年 代	明
推荐指数	★★★

　　宗洛寺又名乃堂寺，背靠丁夏山，面向乃水河，北面是多吉岩，佛教徒认为是加持十六罗汉的圣地。

　　宗洛寺由善经堂、僧舍和大殿三部分组成。善经堂为二层藏式平顶建筑，前有明廊，经堂中间四柱托起天窗，堂内供奉释迦牟尼像与两座木质灵塔，灵塔有一层楼高。大殿坐北朝南，藏式二层楼，前面为庭院，主殿门外围双排六柱的前廊，廊壁绘有四大天王和生死轮回图。殿内有四长柱托起的天窗，殿内北部供有一层楼高的三师徒泥塑像；中央供有主尊释迦牟尼响铜佛像，左右有镀金铜千尊和响铜神像 15 尊，

宗洛寺大殿

还有一百余幅唐卡与金银粉书写的两部经书，均在"文革"中被毁。大殿二层设有经堂、活佛居室、仓库和护法神殿。护法神殿中供奉有1米高左右的各种神像。寺中还有观音菩萨镀金铜像、强巴甲达玛（弥勒佛）镀金铜像、2米高释迦牟尼镀金铜像等。

宗洛寺信奉格鲁派，现有僧众70余人，该寺建筑、壁画保存良好，香火旺盛。

宗洛寺背面

宗洛寺

7 甲桑卡铁索桥

Chain bridge in Jiasangka Township

文物级别	自治区级
开放方式	免费参观
地 址	类乌齐县桑多镇桑卡村
年 代	明
推荐指数	★★★

甲桑卡铁索桥位于类乌齐县桑多镇桑卡村。西藏地区在隋唐时期出现铁索桥，由于坚固耐用取代了很多地方的藤网桥。铁索桥根据跨度决定铁链的粗细与长度，一般在建造时在桥头设置熔铁炉和锻造炉现场

制作。铁索由砌石塔碉固定，片石垒砌，内置横向圆木，圆木上固定铁索，开有引索口，将铁索锚定在墩台上。铁索桥多为双索"V"字形。

传说西藏古代有一位建桥大师唐东杰布，也是藏戏的创始人。他幼时出家，成为一位学者，被众人誉为唐东杰布，意为"千里平原上的国王"。相传其在拉萨河畔见到一位身挎弓箭的青年，悟出了架桥的原理。自此后，唐东杰布募集资金，在乌斯藏界广泛造桥，解除百姓交通不便之苦。传说他共修建了58座铁索桥和60座木桥，被民众奉为铁桥活佛，亦有活佛转世传承。其转世的寺庙，一传为贡嘎尔寺，位于贡嘎县境内的曲水大桥南岸，另一说则为类乌齐县的甲桑卡村，甲桑卡铁索桥即为唐东杰布所建。

察雅县

8 烟多寺

Yanduo Lamasery

文物级别	自治区级
开放方式	免费参观
地　　址	察雅县烟多镇噶多村
年　　代	清
推荐指数	★★★

烟多寺坐落在察雅县城烟多镇，全称"玛贡扎西央启"，又称玛贡寺、扎西央启寺。由扎西曲宗寺一世活佛扎巴江措于 1680 年始建，直至 18 世纪四世活佛洛桑郎吉期间，扎西曲宗寺因大火被焚，于是僧人迁往烟多重建，更名为扎西央启寺，是察雅罗登西绕呼图克图的主寺。后寺庙毁于"文革"，1983 年修复开放。现为藏式二层建筑，上有汉式金顶。殿顶为瓶状装饰，屋顶四角为水兽。烟多寺还有 30 多幅唐卡，5 本用金粉书写成的经书以及菩萨像等物。

9 仁达摩崖造像

Renda cliff carvings at Zhagyab County

文物级别	国家级
开放方式	免费参观
地　　址	察雅县香堆镇仁达村
年　　代	吐蕃王朝时期
推荐指数	★★★

仁达摩崖造像位于察雅县香堆镇仁达村拉退山的东崖壁上，距察雅县城 116 公里。唐贞观十年（804 年）夏天，按照赤德松赞赞普的诏令，在今昌都地区察雅县仁达丹玛摩崖雕刻念经兴佛、祈求唐蕃和好、赞普功业昌盛等内容的藏汉铭文和摩崖造像。

察雅仁达摩崖石刻是藏区重要的早期造像，不仅规模大，且有确切的镌刻年代，是西藏古代唯一一处融藏、汉铭文和造像为一体的摩崖石刻。在不到 200 米长的崖壁上，共发现各类造像 38 尊，藏、汉铭文十多处。造像最高达到 3.28 米，最小只有 20 厘米。

据造像群所处地形、布局、风格以及雕凿技法，由崖壁南向至北向可把仁达摩崖造像分为 8 组。

第一组为 1 尊通高 72 厘米的四臂观音，雕凿在仁达拉康大殿南边约 80 米的一块东向孤石上，造像为阴文线刻，线条流畅自然。

第二组造像包括 5 尊佛像和一座佛塔，位于第一组西北向约 20 米处，距地面 2 米高。其中佛塔的塔基为方形，呈阶梯状，共 7 级，塔身为椭圆形，塔身正中有一椭圆形佛龛，圆锥形塔刹。

第三组共有 3 尊造像，位于仁达拉康大殿南侧崖壁上，分别为松赞干布、文成公主和赤尊公主，此组

仁达摩崖造像

造像采用了减底浅浮雕技法。主尊松赞干布居中，形体较大，造像通高 204 厘米。两位公主分侍其左右，形体相对较小，文成公主造像通高 100 厘米，赤尊公主造像通高 107 厘米。在松赞干布造像右上方镌刻有藏文题记，横书两行，意为"藏王松赞干布"。

第四组共有 14 尊造像，位于第三组造像的左下方，居仁达拉康大殿内部崖壁上。此组造像以凝神静虑的大日如来（藏语称其为朗巴朗则）为中心，两飞天神女随势飞舞，左右分别侍其八大随行弟子，排列有序，神态各异，传神入微。

第五组共有 4 尊造像，位于第四组造像东面的崖壁上，距地面约 6 米高。包括一尊肉髻大耳佛，一尊四臂观音和观音座下左右两名侍从。

第六组共有 3 尊造像，位于第五组造像北侧，由

上而下分别为佛、佛塔和观音，此三尊造像因比例失准，且风化严重，已难以辨别。

第七组共有 3 尊造像，位于第六组北侧约 5 米处的崖壁上，一尊已风蚀难以辨认，另两尊为佛的造像。

第八组共有 4 尊造像，位于第五、第六组造像的下方，皆为佛的造像，通高在 30~60 厘米之间。

仁达摩崖石刻是藏东一带唯一能被确认为吐蕃时期的造像，它的发现填补了吐蕃时期藏东金石铭文的空白。

八宿县

10 桑珠德钦寺

Sangzhu Deqin Lamasery

文物级别	自治区级
开放方式	免费参观
地 址	八宿县同卡镇同卡村
年 代	明—清
推荐指数	★★★

桑珠德钦寺亦称同卡寺、八宿寺，全称循努巴雪桑珠林，位于八宿县同卡镇。由宗喀巴大师的弟子喇嘛坚赞僧格所建，位于楚拉山附近，1473 年由白觉桑布迁寺至楚拉山口，15 世纪扩建至今日规模。

德钦寺建筑面积 5000 平方米，由拉康、扎仓、印经院、护法神殿、佛塔、马尼拉康等组成。主要建筑有大经堂觉拉康大殿，殿门朝南，共三层，前廊无柱。整个大殿系土木结构，藏式平顶，三层之上架起平顶梁架，上有歇山式金顶，融汉藏风格于一体。印经院在大殿东约 50 米处，高二层，土木结构，歇山顶，殿门朝南，藏有 3 万块经板。格隆扎仓，门向南，高两层，殿中梁柱托起天窗。寺内强巴佛泥塑像据传为建寺时飞来此寺，亦称飞来像。

离寺院约 500 米处有一座被称为泽培仁波切的佛塔，呈四方形，底宽 36 米余，高 25 米。从外形看，塔为六层，实际内部只有三层经堂，可绕塔观赏。该塔稳重挺拔，气势雄伟，造型独特，是昌都境内最高的佛塔。

11 多拉石刻群

Duola stone carvings

文物级别	自治区级
开放方式	免费参观
地 址	八宿县白马镇以东63公里的多拉神山上（G318 公路旁）
年 代	吐蕃分治时期—民国
推荐指数	★★★

多拉石刻群位于白马镇以东 63 公里的多拉神山上。多拉神山内雕有石像多处，以释迦牟尼佛像最为考究，另有莲花座、菩提塔和转经堂等佛教圣物。

整座多拉神山的石灰岩上刻满了各种佛像和六字真言，石刻图象与文字向外凸出，颜色与石头不同，如同将字与图像镶嵌在石头上一般。石刻规模之大，在青藏高原上是非常罕见的。山体上的经文，有的已经经历了上千年的风霜雨雪，严重的风化使许多经文失去了人工雕凿的痕迹，因此，当地佛教徒认为石刻为天然形成，是佛祖的造化。

多拉神山是梅里雪山的子山，有很多信众在此转山祈福。

左贡县

12 田妥寺

Tiantuo Lamasery

文物级别	自治区级
开放方式	免费参观
地　址	左贡县田妥镇田妥村南
年　代	明
推荐指数	★★★

田妥寺全称田妥扎西曲林寺，坐落在田妥村南边的山坡上，与土卡寺隔河相望。寺建于14世纪，占地5000平方米。新旧两座大殿均系木石结构，前廊和经堂部分为传统藏式平顶建筑，后佛殿升起歇山式金顶。旧大殿门向东南，高三层，前廊四柱，其中两根托起天窗。经堂面阔五间，进深五间，主供宗喀巴佛。佛殿有四柱，供奉释迦牟尼佛。第二层设有护法神殿。

田妥寺的"堆松"跳神活动非常著名。"堆松"节是藏历元月一日至十五日的变神庆典期间举行的一种传统跳神活动。

洛隆县

13 硕督寺

Shuodu Lamasery

文物级别	自治区级
开放方式	免费参观
地　址	洛隆县硕督镇
年　代	明
推荐指数	★★★

硕督寺又称硕班多寺。寺院占地面积5万平方米，

主要建筑有大殿、护法神殿、确热拉康、次尼拉康、扎贡拉康。大殿门向南，高三层，底层为前廊、经堂、佛殿。其中，经堂面阔九间，进深八间，供奉弥勒佛。大殿的二、三层设有三佛殿。整个建筑皆系土木结构的藏式平顶建筑。佛殿整体保存完好，大殿内尚有壁画。该寺三面有宽厚的院墙，险要之处有防御外敌的岗楼炮台，在昌都很少见。

硕督镇位于四川进藏边界，自古为兵家必争之地，还是我国清末著名小说《尤野尘梦》的故事发生地。

14 甲玉扎嘎摩崖石刻

Chaggar cliffside carvings

文物级别	自治区级
开放方式	免费参观
地　址	洛隆县马利镇加玉村
年　代	清
推荐指数	★★

甲玉扎嘎摩崖石刻名称为音译而来，真实含义已经湮没不清。甲玉应为地名，又可译为加玉；扎嘎在藏语中为感谢之意，又可写作"扎尕"。西藏摩崖造像和摩崖铭文是藏区石刻艺术的重要组成部分，是藏族文化遗产中的瑰宝。

边坝县

15 边坝寺

Bianba Lamasery

文物级别	自治区级
开放方式	免费参观
地 址	边坝县边坝镇夏林村
年 代	吐蕃分治时期
推荐指数	★★★

边坝寺全称边坝德登寺，始建于元代，曾为边坝宗政府驻地。边坝，藏语意为"吉祥光辉、祥焰"。

1265 年，元朝第一任国师八思巴为进一步加强对西藏地方的管理，从大都（今北京）返回逻娑（今拉萨），途经夏河湾（今夏林村）时，将一根火把插在村旁土里，下令在此修建一座佛堂。佛堂建成后，遂取"火炬"之意，得名边坝。

该寺早期有佛殿 5 座，拉章 1 座，僧舍 2 间，筑有高大的围墙，总面积达 5.4 万平方米。寺中最早的建筑为拉贡拉康，高四层，建筑前部为藏式平顶风格，后部佛殿有汉式歇山式金顶，脊上有宝瓶、大鹏金翅鸟、摩羯鱼等，四角垂吊风铃，主供释迦牟尼佛。内部壁画尚存，十分精美。

昌都市其他主要文物保护单位列表

名 称	级 别	类 型	年 代	地 址
朱古寺	县级	古建筑	元	卡若区俄洛镇朱格村
冷达寺	县级	古建筑	元	卡若区面达乡冷达村
左宗寺	县级	古建筑	元	卡若区拉多乡驻地北 4 公里
向达寺	县级	古建筑	明	卡若区日通乡向达村
沙贡寺	县级	古建筑	明	卡若区沙贡乡沙贡村
嘎来寺	县级	古建筑	明	卡若区拉多乡嘎来村
瓦拉寺	县级	古建筑	元	江达县同普乡瓦拉村西北
字狎寺	县级	古建筑	明	江达县字狎乡驻地西
加然寺	县级	古建筑	吐蕃分治时期	贡觉县莫洛镇梗当村
达律王府	国家级	古建筑	元	贡觉县莫洛镇登卡村
卓珍寺	县级	古建筑	吐蕃分治时期	贡觉县哈加乡曲卡村
加桑寺	县级	古建筑	明、清	类乌齐县加桑卡乡驻地东南 4 公里
吉列寺	县级	古建筑	清	察雅县王卡乡吉列村
达仓日措寺	县级	古建筑	清	察雅县香堆镇仁达村
拉松曲摩崖造像	县级	石窟寺及石刻	吐蕃王朝时期	察雅县香堆镇东 6 公里
学贡寺石刻	县级	石窟寺及石刻	吐蕃分治时期	察雅县吉塘镇学堆村
古噶扎杂摩崖造像	县级	石窟寺及石刻	清	察雅县烟多镇
卡贡摩崖石刻	县级	石窟寺及石刻	清	察雅县卡贡乡卡贡村

名　称	级　别	类　型	年　代	地　址
拉鲁岩画	县级	石窟寺及石刻	吐蕃王朝、民国	八宿县吉扎乡扎布山南麓
下林卡墓群	县级	古墓葬	吐蕃部落时期	左贡县下林卡乡旭日村
维色寺	县级	古建筑	清	芒康县嘎托镇北 400 米
扎古西石雕	县级	石刻	吐蕃王朝时期	芒康县纳西民族乡觉龙村
盐井古盐田	省级	其他	吐蕃王朝时期	芒康县纳西民族乡

4
林芝市
LINZHI

林芝市古建筑分布图
Historical Architectural Map of Linzhi

① 烈山墓地
② 朋仁曲德寺及寺院遗址
③ 冲康庄园
④ 布久拉康
⑤ 工布第穆萨摩崖石刻
⑥ 秀巴碉楼群遗址
⑦ 太昭"万善同归"碑
⑧ 羌纳寺
⑨ 墨脱藤网桥
⑩ 阿沛庄园

藏 S（2019）004 号

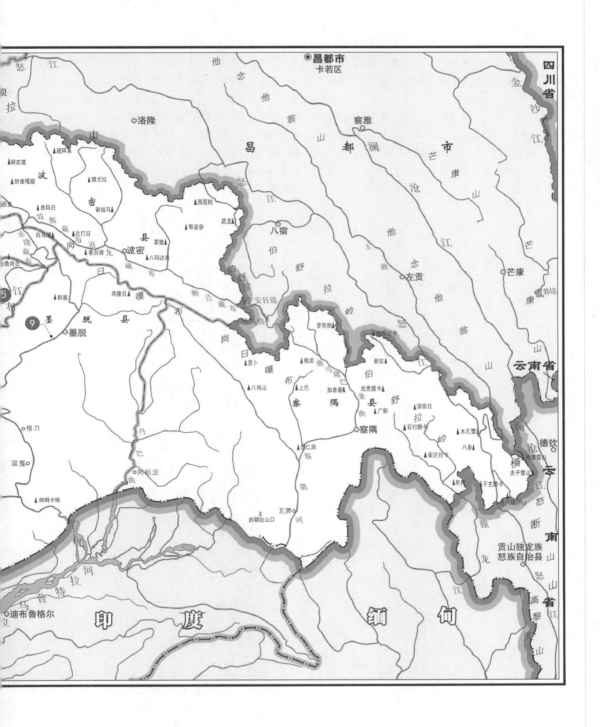

概 述

　　林芝市位于西藏自治区东南部，雅鲁藏布江中下游，其西部和西南部分别与拉萨市、山南市相连，西连那曲地区、东接昌都市，南部与藏南地区（印度占据）、缅甸国接壤，被称为西藏的江南，有世界上最深的峡谷——雅鲁藏布江大峡谷和世界第三峡谷帕隆藏布大峡谷。

　　林芝古称工布，"林芝"是藏文"尼池"或"娘池"转译而来，藏语意为"娘氏家庭的宝座或太阳的宝座"。"娘"氏家族是吐蕃时期的大家族。建县时，发现森林中产林芝草，尼池与林芝谐音，遂将"尼池"雅化为"林芝"。

　　工布地区在古代由工布王统治，是吐蕃下属的十二小邦之一。到了萨迦时期和帕竹时期（13 至 16 世纪），林芝地区成了藏传佛教噶玛噶举派的势力范围。17 世纪甘丹颇章政权成立，林芝地区被分封为阿沛、江中、甲拉等几家地方首领的领地，不久又划分成立了则拉、觉木、雪卡、江达等宗。而波密地方，长期为土酋噶朗德巴统治，处于割据状况。民国二十年（1931 年），西藏地方政府将林芝波密地方划为波堆、波密两宗，墨脱地区改为墨脱宗。西藏和平解放后此地改名为林芝地区。2015 年，撤地设市，设立林芝地级市。

朗县

1 烈山墓地

Tombs on Mount Lieshan

文物级别	国家级
开放方式	免费参观
地 址	金东乡列村东北
年 代	唐
推荐指数	★★★

烈山古墓群

烈山墓地位于朗县金东乡列村东北的山坡上，范围约 50 万平方米。

通过 1986 年和 1993 年由文物考古队对该墓群的两次发掘和调查，烈山墓地的墓葬数量确定为 184 座。墓葬分布密集，主要集中在东西两个区，东区有墓 162 座，西区有墓 22 座。墓葬封土最大者，边长达 66 米，封土最高达 14 米。墓葬封土平面形状主要有梯形、方形、圆形、"亞"字形和方圆复合形等。墓葬构筑技术主要采用典型藏式建筑风格的夹石夹木筑方法。

烈山墓地的规模和墓葬总数在西藏境内是罕见的，有可能是一处赞普级别的陵墓区，为研究西藏吐蕃时期陵寝制度、墓葬礼仪等提供了重要的实物资料。

2 朋仁曲德寺及寺院遗址

Pengren Qude Lamasery and ruins

文物级别	自治区级
开放方式	免费参观
地 址	朗镇堆巴村
年 代	吐蕃分治时期
推荐指数	★★★

朋仁曲德寺又名巴尔曲德寺、蚌仁曲登寺，坐落在雅鲁藏布江畔北岸一个象鼻般伸入江中的台地上，南依喜马拉雅山，气势雄伟，是林芝地区规模最大的寺庙。由于所建的台地很像一叠印经书的印版，故称巴尔曲德，"巴尔曲"意为"印经版"，"德"意为"群"，故全名意为"一叠印经版"。又因为藏文中"塔"的发音接近"曲德"，所以也有人将朋仁曲德寺理解为"台阶上的白塔"。

该寺于 1195 年由索朗申格、索朗杰布二位活佛

朋仁曲德寺及寺院遗址

林芝市

修建，原属噶举派，后由于固始汗时期（1582—1654年）宗教斗争改属格鲁派，寺庙也因此被毁，形成如今的遗址。寺中原来有一尊观世音像，在大火中右臂被烧坏。传说就是这尊观世音像发话对寺中活佛说：我要到大象鼻子上去！所谓"大象鼻子"，就是现在巴尔

曲德寺所在的"温"山。"文革"中建筑再次被毁。1984年，该寺活佛洛桑多布吉集资重建。现存大部分建筑为重建，主要包括佛殿、经堂、伙房、僧人住房等。佛殿中陈列有40余件珍贵文物。

3 冲康庄园

Thakpo Langdun Manor

文物级别	自治区级
开放方式	购票参观
地　址	仲达镇冲康村
年　代	清
推荐指数	★★★

冲康庄园

冲康庄园位于朗县境内去往山南方向306省道边的冲康村，是十三世达赖土登嘉措的出生地。当时土登嘉措出生的那座房子，成为"冲康"，意为"出生的房子"。再之后，房屋名变成了村名。曾经的庄园林卡已经不复存在。

近年来朗县政府重新修整了冲康庄园，按照修旧如旧的原则进行维修。由于306省道改道，途经冲康村，如今冲康庄园已成为一处热闹的景区。庄园顶楼

有庄严的经堂，二楼有保持原貌的寝宫，一楼有很多间储粮房。目前林卡围墙四周由竹林围绕，约8亩的面积种满了果树。庄园对面的千年核桃林中，百年以上的核桃树共计385株，其中上千年的核桃树56株。

巴宜区（原林芝县）

4 布久拉康

Buchu Lhakhang Lamasery

文物级别	自治区级
开放方式	免费参观
地　址	布久乡布久村
年　代	吐蕃王朝时期
推荐指数	★★★

布久拉康

布久拉康，又名布久寺，全称"布久色拉拉康"，坐西朝东，背靠大山，前临尼洋河。

布久拉康最初的建筑规模很小，只有量色格拉康这一四柱的小殿堂。历经修缮，寺庙改成土石木结构，扩大了建筑规模，成为一座重檐歇山的两层建筑。主

殿上层平台新建一门朝东开，屋顶为木板上架汉式金顶。主殿中供泥塑像十一面观音，装藏经，汉地响铜制的四手观音一尊，黄响铜制的释迦佛、无量光佛、不动佛、药师佛等10尊加持过的佛像等。

5 工布第穆萨摩崖石刻

Dimusa cliffside carvings at Kongpo

文物级别	自治区级
开放方式	免费
地　　址	米瑞区广久乡雍珠孜村
年　　代	吐蕃王朝时期
推荐指数	★★

第穆萨摩崖石刻面向西南，字迹仍然清楚。从石上所勒诏文及相关史实推论，当是赤德松赞（798—815年在位）继位赞普后不久，应工布小邦王子的家臣祈请而颁诏勒石的，应是9世纪初的文献，已有1200多年的历史。

工布江达县

6 秀巴碉楼群遗址

Xiuba fortresses

文物级别	自治区级
开放方式	免费参观
地　　址	巴河镇许巴村
年　　代	吐蕃分治时期
推荐指数	★★★★

秀巴碉楼群遗址位于工布江达县巴河镇许巴村，海拔3230米。共有5座碉楼，是一处由主楼与附属建筑组成的碉楼群。碉楼现存高度均八九层，总高20余米。碉楼均为青石片砌筑，底部四边长4.5米，每边中间凸出部位向外延伸近1米，每层高度在2.5～3米不等，楼层之间以椽木相隔，墙面上有三角形的窗户孔，楼内看不到一处木构件。主楼周围建有数个适宜居住的附属建筑。

7 太昭"万善同归"碑

"Wan Shan Tong Gui" Stele at Taizhao Ancient Town

文物级别	自治区级
开放方式	免费
地　　址	江达乡江达村
年　　代	清
推荐指数	★★★

太昭"万善同归"石碑立于工布江达县江达乡江达村"太昭古城"内，系一通修路纪功碑。

碑身为长方形，高1.68米，宽1.04米，厚0.16米。碑面四边阴刻为高1.64米、宽0.97米的长方形边框，其内阴刻藏、汉文。碑身上部为楷书汉字32

行共1126字，从右至左竖书。汉字正文31行1110字，其中仅有第二列最下一字因其下半部残毁不可辨识。每行266字，字径2.3厘米见方，碑左16字为年代题款。在汉字碑文第六列至第十二列间下部阴刻藏文正体9行，部分字迹已漫漶不清。该碑详细记载了清嘉庆初年驻防拉里汛、江达汛的官兵与当地藏族官民以及客居此地的内地民众共同捐资整修江边道路的善举。

太昭，位于林芝市工布江达县境内，历史悠久。历史上，太昭是青藏中道、青藏东道和川藏道的重要驿站。据传1300多年前，松赞干布迎娶文成公主曾路经此地，藏王避雨石至今犹存，其洞内文物最早可追溯到9世纪。在清代，太昭盛极一时，店铺林立，是西藏经济、文化和交通的重镇，有"小八廓街"之称。

米林县

8 羌纳寺

Qiangna Lamasery

文物级别	自治区级
开放方式	免费参观
地　址	米林县羌纳乡羌渡岗村
年　代	明
推荐指数	★★★

　　羌纳寺位于米林县羌纳乡的贴琼林，距乡政府1公里左右，与墨脱县接壤。寺庙占地面积5088平方米，建筑面积为7542.2平方米，现有僧人9名。该寺原建于15世纪羌纳乡的一条沟内，属白教寺庙。据说该地是由女神多吉帕姆化身为猪前来指明的，后因地震，才于1953年迁建于现在的位置，并改为格鲁派。

墨脱县

9 墨脱藤网桥

Rattan bridge at Medog

文物级别	自治区级
开放方式	免费参观
地　址	德兴乡驻地南
年　代	清
推荐指数	★★★★

　　墨脱藤网桥位于墨脱县德兴乡德兴村，横跨雅鲁藏布江上。

　　藏东南地区气候潮湿，藤类与竹类可作为良好的桥索，清代《归流记》记载墨脱"花木遍地，藤萝为桥"，藤网桥是当地主要的桥梁形式。《艽野尘梦》称"波密地多藤桥，故村寨中皆牵绳为桥，高四五尺，密如网，使儿童练习也。……此桥攀渡甚难"。

　　该桥全长200米，桥体悬空下垂呈半月形，通体用藤网织成，桥横截面呈U形，高1.5～1.8米，上端宽0.7～1米，共计7个藤圈。藤圈以3根藤条拧挽成麻花状，直径2.5～3米，用以张撑桥面。桥体两侧分别用17根藤丝为经线，每隔10～20厘米织一纬线，底部经线为30～50根，纬线织网较之两侧面更为密集。这种添加藤条的做法意在进一步加强桥身，且行人过桥时也可以充当扶手。过这种桥时，摇

墨脱藤网桥

摆飘晃不定，但是很安全。墨脱常年阴雨连绵，空气湿润，桥梁每年需要加固，3～5年便需要整个维修一遍，以便行走。该桥取材自当地特有藤条，编织藤索的方法也非常独特，藤索会随着时间越来越牢固。

10 阿沛庄园

Ngapoi Ngawang Jigme Manor

文物级别	县级
开放方式	免费
地 址	甲玛乡赤康村
年 代	清
推荐指数	★ ★ ★

阿沛庄园位于米拉山山麓、尼洋河畔的甲玛乡赤康村，又称"霍尔康庄园""甲玛赤康庄园"，始建于清代。在清代，阿沛家族成西藏十三位万户之一，阿沛庄园也成为了西藏最宏伟的庄园。为西藏和平解放做出巨大贡献的阿沛·阿旺晋美即出生于此，是阿沛家族的代表人物。

庄园原址面积为 5317 平方米，有 9 座碉楼，为典型的贵族庄园。主楼高二层，西藏庄园的主楼被称为"馓康"，为碉房式平顶建筑，墙体高大厚实，石头砌成，有的厚达 1 米，非常坚固。主楼底层出于防卫需要，只有一些小的透气孔。二层主要是管家们办公的地方。第三层不但安全，而且舒适，是贵族居住生活的地方。楼顶是平顶，起到瞭望的作用。高而厚的围墙围合出紧邻主楼的院落，围墙、院落层层递进，牢牢护卫着庄园内部的安全。

阿沛庄园在 2001 年 7 月遭遇了一场特大泥石流，旧址现在仅存一幢二层碉房。如今村落已重建，改称阿沛民俗文化村。村内规划了一排排整齐划一的藏式楼房，村外也建立了阿沛·阿旺晋美纪念馆。

阿沛庄园 1

阿沛庄园 2

林芝市

林芝市其他主要文物保护单位列表

文物点	级别	类型	年代	地址
朗敦庄园	县级	古建筑	清	仲达镇冲康村
巴尔曲登寺	县级	古建筑	宋	仲达镇冲康村
多东寺	县级	古建筑	唐	波密县城西南部
普龙寺	县级	古建筑	唐	波密县倾多镇
扎西曲林寺	县级	古建筑	明	工布江达县
扎木中心县委红楼	国家级	古建筑	1953 年	波密县机关大院
德木寺	县级	古建筑	明末清初	波密县
达则寺	县级	古建筑	明末清初	林芝县
朱拉寺	县级	古建筑	明	工布江达县朱拉乡
拉如寺	县级	古建筑	明	工布江达县娘蒲乡拉如村
扎西绕登寺	县级	古建筑	明	米林县扎西绕登乡
仁青崩寺	县级	古建筑	清	墨脱县墨脱村南则玛拉山
曾久寺	县级	古建筑	清	墨脱县加热萨乡
塔巴寺	县级	古建筑	清	察隅县

山南市古建筑分布图
Historical Architectural Map of Shannan

1. 昌珠寺
2. 吉如拉康
3. 雍布拉康
4. 赞塘拉康
5. 达杰林寺
6. 曲德沃寺
7. 桑耶寺
8. 康松桑卡林
9. 松卡石塔
10. 扎塘寺
11. 结林措巴
12. 顶布钦寺
13. 敏竹林寺
14. 葱堆措巴
15. 朗色林庄园
16. 贡嘎曲德寺
17. 那若达布扎仓
18. 多比曲科寺
19. 藏王墓
20. 唐波且寺
21. 坚耶寺
22. 若康拉康
23. 巴廊曲康及恰嘎曲德寺
24. 丹萨梯寺
25. 增期寺
26. 拉加里王宫遗址
27. 朗真寺
28. 仲嘎曲德寺
29. 日当寺
30. 拉隆寺
31. 吉堆吐蕃墓群
32. 赛卡古托寺

比例尺　1：2 000 000

20　　0　　20　　40　　60km

注：本图界线不作为实地划界依据

藏 S（2019）004 号

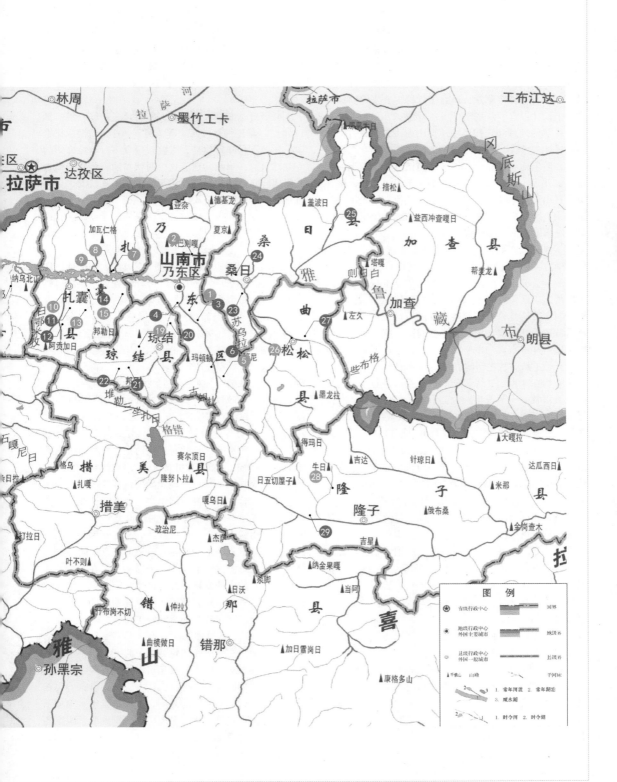

概 述

山南是指冈底斯山和念青唐古拉山以南地区，位于雅鲁藏布江中游的雅砻河谷一带。平均海拔 3600 米左右，总面积 8 万多平方公里。这里气候温和，降水充沛，谷底宽广肥沃，适宜于青稞、荞麦等高原农作物生长，素有"西藏粮仓"之美誉。

优越的地理和气候环境使得山南成为西藏古文明的发祥地。传说，藏民先祖是由神猴同罗刹女结合而诞生，诞生地就在今山南地区泽当镇贡布日山上的猴子洞。并且，神猴请求观音菩萨赐予天生五谷，撒在贡布日山下的平原，由此诞生了西藏第一块农田——萨日索当。而后，这块富饶的土地陆续产生了西藏的第一座宫殿、第一座村落、第一座寺院、第一座佛堂，创造了极其灿烂的古代文化。所以，山南是藏族人寻根的地方，也是旅行者探求藏民族文化源头的地方。

约在公元前 2 世纪初叶，第一代藏王聂赤统一牦牛部落，建立联盟政权，并确立了子孙世袭赞普制度。雅砻河岸方圆几百里的部落民众纷纷迁来，在今乃东县昌珠镇的扎西次日山头为其修建第一座宫殿——雍布拉康。并以宫殿为中心聚拢起来，出现了第一座村落，开始了从游牧生活向农耕生活的转变。

大约在 4 世纪，佛教开始传入西藏，与西藏当地的原始宗教——苯教相融合，形成了藏传佛教。在接下来的历史中，藏传佛教将持续影响西藏政治、思想、文化等方方面面的内容，古建筑也包括其中。

7 世纪中叶，第三十二代赞普松赞干布先后征服苏毗、羊同及其他小部落，统一西藏高原，建立吐蕃政权，并将都城由琼结迁至拉萨。虽然政治中心北迁，但作为吐蕃王朝起家之本的山南仍保持着特殊的地位。当时的许多旧王族仍留居山南，拉萨的赞普也常回来居住，唐朝的文成公主、金城公主入藏后，也不时移居于此。并且，历代赞普死后都把陵墓建在琼结木惹山附近，形成了现在的藏王墓景区。同时，吐蕃王朝开始兴建第一批佛教寺庙，今乃东县的昌珠寺、吉如拉康、赞塘拉康，琼结县的若康拉康，桑日县的巴廊曲康都产生于这一时期。这些寺庙初建时都是拉康式建筑，即供奉佛像的佛殿，周绕回廊，是藏传佛教寺院建筑的最初模式。

8 世纪初，今扎囊县桑耶地方是吐蕃赞普营帐所在的重地之一，第三十七代赞普赤松德赞就出生在这里。他虔诚信仰佛教，在哈布日山下创建了西藏第一座佛、法、僧三宝俱全的寺院——桑耶寺。藏传佛教也由此进入"前弘期"的盛况。

但自 8 世纪中叶起，吐蕃社会内部的各种矛盾日趋激烈，吐蕃王朝由极盛转向衰落。838 年，末代赞普朗达玛即位，开始对佛教采取禁绝措施，史称"朗达玛灭佛"。842 年，朗达玛被来自山南洛扎地区的佛教僧人刺杀，西藏进入长达 400 多年的吐蕃分治时期。

吐蕃分治时期，西藏新兴的封建主再度兴佛。到 11 世纪，藏传佛教进入"后弘期"。这一时期教派繁多，各派竞相建寺收徒，寺院数量众多，本章介绍的寺院建筑有一半都初建于这个时代。随着经堂、僧舍及附属建筑的增加，寺院建筑逐步从小规模的个体建筑走向群体建筑的模式。

南宋嘉熙四年（1240 年），蒙古王子阔端统一西藏。1270 年，萨迦法王八思巴·罗卓坚赞被忽必烈尊之为"帝师"，开始了西藏政教合一的统治时期。

当时的卫藏地区被划分为十三万户，山南地区属帕竹、雅桑、羊卓、唐布切等万户的领地。其中，帕竹万户势力最强大。帕竹全称为帕木竹巴，是噶举派的一支，由多吉杰布创建于 1156 年，祖寺为今桑日县的丹萨梯寺。元英宗至治二年（1322 年），降曲坚赞就任帕竹万户长之职。他励精图治，使雅砻河谷呈现繁荣景象。元至正十四年（1354 年），降曲坚赞推翻萨迦地方政权，元朝赐封其为掌管西藏的大司徒，接管西藏地方政权事务。降曲坚赞执政后，废除万户制度，推行封建农奴庄园制，规定宗为基本行政单位，在乃东、贡嘎等地设置 13 个宗，委派各宗本，并赐给下属谿卡（庄园）。同时，在乃东扩建帕竹地方政权的宫殿王城。帕竹政权共传 12 代，统治西藏 262 年。期间，在今扎囊县贵族领地建成朗色林庄园，在今曲松县建设吐蕃王室后裔拉加里法王的宫殿，成为山南大量的佛寺建筑以外两处独特的建筑类型。

明万历四十六年（1618 年），藏巴汗噶玛彭措朗杰以后藏为据点，推翻了帕竹政权，建立了第悉藏巴汗地方政权。明崇祯十五年（1642 年），在蒙古和硕特部首领固始汗的支持下，五世达赖推翻第悉藏巴政权，建立甘丹颇章地方政权。五世达赖时期，山南许多著名寺院都有过较大的修缮和扩建，此外也兴建了一批新的寺院，比如曲德沃寺等。

山南地区主要的古建筑到这一时期为止基本发展成熟。总的来看，山南的古建筑以佛教寺院为主，有少量的宫殿、庄园、墓葬。这些古迹主要沿雅砻河谷分布，经历了不同时期的修缮、重建，既忠实地记录了山南地区古建筑文化的发展历程，也见证了西藏各个时期的社会变化。畅游其中，便是重温了西藏 2000 多年的恢宏历史。

乃东区

1 昌珠寺

Traduk Lamasery

文物级别	国家级
开放方式	购票参观
地 址	乃东区昌珠镇政府北400米
年 代	吐蕃王朝时期
推荐指数	★★★★★

昌珠寺与背后的贡布日山

昌珠寺位于乃东区政府所在地以南约4公里的昌珠镇，海拔3582米，寺院背靠贡布日山，雅砻河从寺西侧由南向北注入雅鲁藏布江。昌珠寺是吐蕃王朝时期第一批兴建的佛教寺庙之一，1961年被国务院公布为第一批全国重点文物保护单位。

昌珠寺外的一座雕刻作品上，一只大鹏与一条巨龙鏖战正酣，此场景源于昌珠寺得名的传说。藏语中，"昌"意为鹰、鹏，"珠"意为龙。相传此地曾有一恶龙，松赞干布化身为大鹏将其降伏，得以建寺，故而得名。另一个广为人知的故事是，文成公主进藏后，发现西藏地形是罗刹女的仰卧之形，于是主持修建了12座寺庙镇压罗刹女，昌珠寺便是镇压罗刹女左肩的神庙。

如今在昌珠寺对面修建了一个以文成公主像为中心的昌珠广场，也是为了纪念这段历史。据说莲花生和米拉日巴等藏传佛教史上有名的人物都曾在昌珠寺周围修行，仍存的修行地遗址是佛教信徒朝拜的圣地。

昌珠寺坐东朝西，分前后两部分，前部为一小庭院，后部是拉康大院。

小庭院长23.6米，宽16米，周围一圈回廊。庭院北侧是桑阿颇章，建于17世纪以后，是宁玛派为该派僧众修建的住房，便于朝见来此礼佛的达赖喇嘛。

1 寺门
2 前庭院
3 前庭院院廊
4 桑阿颇章
5 拉康大院门廊
6 内转经回廊
7 天井
8 经堂
9 噶丹拉康
10 护法神殿
11 喜珠结拉康
12 塔殿
13 达金拉康
14 曲结拉康
15 措钦拉康
16 脱切拉康
17 赤巴拉康
18 德谢拉康
19 乌金拉康
20 通确拉康
21 外转经回廊

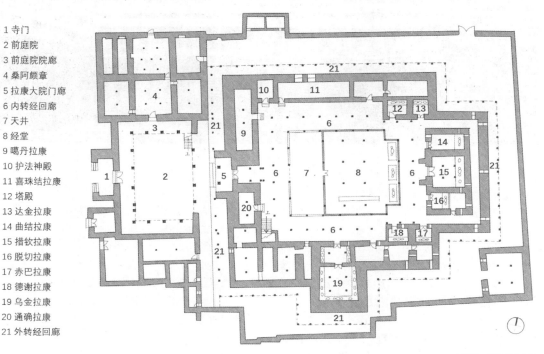

昌珠寺一层平面示意图

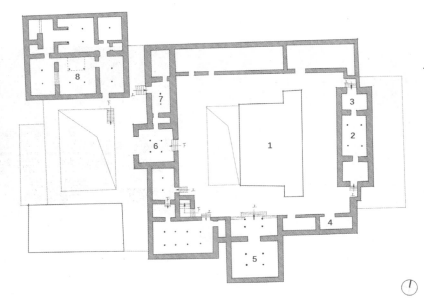

1 经堂天棚
2 珠投拉康
3 嘎加拉康
4 嘠鸠拉康
5 护法神殿
6 达赖行宫
7 结月康
8 桑阿颇章

昌珠寺二层平面示意图

拉康大院的门廊

经过小庭院，才来到昌珠寺的建筑艺术精华之所在——拉康大院。大院前有高大的门廊，门廊两端与一圈转经回廊相接，形成外转经回廊。进入门廊后，前部为天井，其后紧接经堂。围绕天井和经堂一周是内转经回廊。内转经回廊南北西三面墙壁上均有壁画，南北壁绘佛传故事，西壁则绘五世达赖、固始汗、第巴桑结三像，这些壁画似为清代以后的作品。

沿内转经回廊外侧布置有 12 个拉康，信徒们可沿着回廊依次进入朝拜各个佛尊。其中，以位于后部正中的措钦拉康地位最为重要。措钦拉康开间较大，

三进三间，主像为三世佛，两侧塑十大菩萨立像。措钦拉康左右各有一配殿，左为曲结拉康，右乃脱切拉康。三个拉康相连，周围又筑回廊一周，突显出其重要地位。曲结拉康中主像为松赞干布，左为尺尊公主，右为文成公主，不少游人在此瞻仰历史人物的风采。

内转经回廊内侧的经堂面阔五间，进深三间，四周不用石墙封闭，而是梁柱成间，且开间很大，与回廊外侧一周的建筑风格迥异，应是后来增建的部分。

二层围绕着天井与经堂有面积较大的平台。在平台的四周，筑有达赖行宫和数座拉康，著名的珍珠唐

天井

内转经回廊壁画

松赞干布与两位公主塑像

珠投拉康外景

珍珠唐卡

卡就藏在其中的珠投拉康中。

　　珍珠唐卡原名"观世音菩萨憩息图"，制于帕木竹巴王朝时期（元末明初），由当时的乃东王后出资制成。整幅唐卡长 2 米，宽 1.2 米，镶嵌珍珠共 29 026 颗，钻石 1 颗，红宝石 2 颗，蓝宝石 1 颗，紫宝石 0.55 两，绿松石 185 颗，黄金 15.5 克，珊瑚 1997 颗，是昌珠寺的镇寺之宝，也是世界罕见的瑰宝。目前唐卡藏于玻璃橱窗内，观赏时反光严重，只能隐约窥见。

　　昌珠寺前庭院、回廊、拉康的布局与大昭寺主要部分的形制极为相似，这种布局方式有着强烈的序列感和节奏感，空间忽放忽收，光线忽明忽暗，神秘而庄严的氛围给人很大的震撼，使得游走其中的每一个人都保持恭敬，感受到信仰的力量。

2 吉如拉康

Jiru Lhakhang Lamasery

文物级别	国家级
开放方式	购票参观
地　址	乃东区结巴乡吉如村
年　代	吐蕃王朝时期、吐蕃分治时期、明、现代
推荐指数	★★★★★

吉如拉康地处雅鲁藏布江北岸温曲河谷西缘，全名"扎玛吉如拉康"。

吉如拉康始建于吐蕃王朝第三十六代赞普赤德祖赞时期（704—755 年）。现存建筑是五个时期的混合产物：第一期约吐蕃王朝的早、中期，建筑为拉姆纳拉康；第二期约 8 世纪上半叶，建筑有释迦佛殿及其外环转经回廊；第三期约 11 世纪初，建筑有嘎登曲贡拉康；第四期约 16 至 17 世纪前后，建筑有释迦佛殿前的集会堂及其两侧的转经回廊；第五期为 1957 年进行较大规模的扩修改建后形成的小建筑群。

寺院坐西向东，南北长约 40 米，东西长约 70 米。寺院的主体部分集中在寺院的西部，东部是寺院大门和僧舍。主体建筑南北长约 32.4 米，东西宽约 30.3 米，建筑面积近 1000 平方米。

原有一道隔墙将主要建筑分为南、北两部分：南半部由释迦佛殿、集会堂及门廊组成，沿中轴线对称布置；北半部为早期所建的拉姆纳拉康及后期增建的

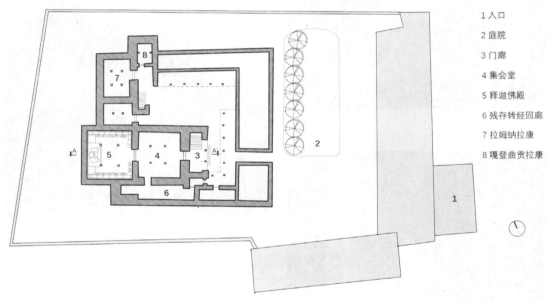

1 入口

2 庭院

3 门廊

4 集会堂

5 释迦佛殿

6 残存转经回廊

7 拉姆纳拉康

8 嘎登曲贡拉康

吉如拉康平面示意图

吉如拉康寺院入口

主体建筑群入口

嘎登曲贡拉康等建筑。两部分归并后隔墙分几次拆除，但痕迹依稀尚存，可为复原旧有格局提供依据。

经过主体建筑大门窄窄的通道后就可以看到集会堂的门廊入口。集会堂面阔三间 8.26 米，进深三间 6.82 米。建筑石砌墙壁甚厚，达 1.3 米左右。建造高度前后不一，内外高差正好在屋顶衔接处形成一高侧天窗，反映了 16 至 17 世纪时西藏建筑设计对采光问题的关注。堂内有四根方柱，雕饰彩绘以繁密华丽取胜，和

17 世纪时重修的敏竹林寺风格相近。四壁满绘壁画，绝大部分壁画都还完整。

集会堂后就是吉如拉康现存最古老的建筑——释迦佛殿。佛殿面阔三间 8.8 米，进深三间 7.65 米，四周砌以石墙，墙厚 0.95 米。东壁正中辟门，原无窗，采光严重不足。后期在门顶上部壁上凿一小窗，由于受到前面集会堂房面高度的限制，尽管很低，还是达到了墙壁顶部。顶部为藏式密梁平顶结构，梁柱斗栱

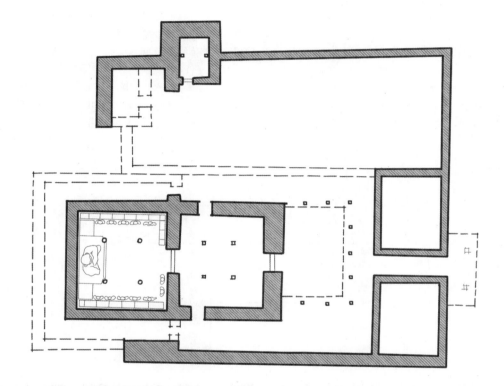

吉如拉康早期平面示意图

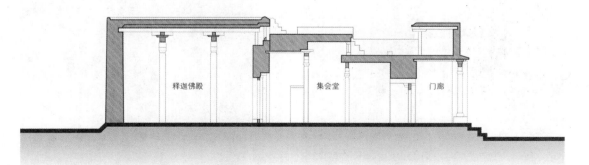

释迦佛殿　　集会堂　门廊

剖面图

硕大古朴。柱栱上遗有精美的早期线刻艺术作品，除了生动的卷草纹饰外，还在四栱栱心正面分别刻以摩尼宝珠、龙、虎、狮的图案，这些图案原有彩色，今已被红漆覆盖，只在个别线刻槽中留有残迹。堂内供奉有塑像13尊，全系泥塑彩绘，主尊释迦牟尼佛像，余为八大弟子、二力士及供养夫妇。两侧八大弟子塑像身后的经架高2.85米、宽0.7米，长与佛堂东、西墙相抵。经架形制古老，粗大稳固，既用于藏经，又是高大的塑像得以屹立的支架。经架曾经历过一次火灾，至今仍可看到累累烧痕。

佛堂原有转经回廊围绕在南、北、西三面，东侧为进出口。但回廊建筑大部分已在晚期扩建时拆除，只有南侧东端还残存一段。这种外绕回廊的布局是吐蕃王朝时期佛堂所特有的空间形制，同时期的赞塘拉康、若康拉康、巴廊曲康都采用了这种形制，昌珠寺、大昭寺也使用了这种空间原型，可谓是藏传佛教寺院

建筑的最初模式，为后来寺院建筑发展奠定了基础。吉如拉康残存的这段回廊狭窄而略高，并且据考证，原回廊内无窗，廊内光线极弱，体现出压抑而神秘的宗教氛围。

主体建筑北部的拉姆纳拉康和嘎登曲贡拉康都在1957年进行过修缮。其中拉姆纳拉康基本是重新建造，失去了本来的历史价值，嘎登曲贡拉康建筑则凭借其壁画得以保存。其壁画正中为著名印度僧人阿底峡，两侧分别是阿底峡的两大弟子仲敦巴和欧若白西若（又称俄·勒贝喜饶）。相传阿底峡当年曾经到过此地，并借住在这个殿内。时至今日，虔诚的信徒仍然相信这些描绘正是当年大师的血气凝结，朝拜行列络绎不绝。

吉如拉康寺内原有大量吐蕃时期的文物，包括一幅唐卡、一叶贝叶经、桦树皮经叶残片和十几万页手抄经卷。唐卡和贝叶经现珍藏在山南市文管部门。

释迦佛殿柱头线雕图案

释迦佛殿集会堂门廊大门

释迦佛堂八大弟子泥塑像及身后的经架

3 雍布拉康

Yumbu Lhakhang Lamasery

文物级别	自治区级
开放方式	购票参观地址；乃东县昌珠镇东南约5公里、雅砻河东岸、扎西次日山头上，当地海拔3728米
地 址	乃东区结巴乡吉如村
年 代	吐蕃王朝时期
推荐指数	★★★★★

雍布拉康由吐蕃第一代赞普（即藏王）聂赤赞普修建于公元前2世纪，被认为是西藏第一座宫堡建筑，意义非凡。西藏民间俗语称"地方莫早于雅砻，宫殿莫早于雍布拉康，国王莫早于聂赤"。

雍布拉康的名称有不同的说法，"拉康"是佛堂，与其作为宫堡的原始功能不符，有学者认为应称之为雍布拉卡尔宫堡，其中"雍布"指母鹿，"拉"指后腿，"卡尔"指碉堡，雍布拉卡尔即指"母鹿后腿上的宫堡"，由于该宫堡的所在地——雅砻河东岸的扎西次日山山

雍布拉康俯瞰全景

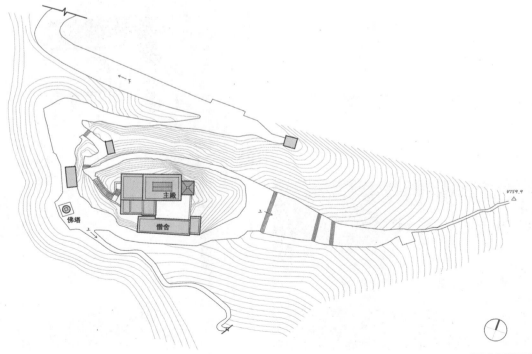

雍布拉康总平面图

形似母鹿的后腿而得名。在十年浩劫中，雍布拉康被拆毁，所有塑像、壁画、建筑木构件均被破坏无遗，仅剩下残垣断壁。1982年山南地区文管会主持维修雍布拉康，历时两年多，现已基本恢复原貌。

雍布拉康名曰宫堡，其实规模极小，占地仅120平方米。然而由于高踞雅砻河东岸的扎西次日山巅，借助山势，俯瞰河谷，显得气势极大，颇有"君临"之意，足见藏王选址时之匠心。建筑虽小，却能依山就势构成极为丰富的空间体验，尤其可以乘马登堡，颇具古风。

整个建筑群坐东朝西，分为三大部分：一是五层高的带四角攒尖金顶的碉楼，位于建筑最东端，也是建筑群的标志（即传说中聂赤赞普所建的最早建筑），底部南北长4.6米，东西宽3.5米，高11米。二是主体殿堂（传为松赞干布所建），原有三层，现修复为两层，底层前为门廊，后为佛殿，面阔三间，进深四间，东墙存有平面呈"凹"字形的须弥座供台；上层为法王殿。三是周边少许依山而建的僧房及附属建筑。由主体殿堂有楼梯可通位于门廊上部的一座小屋顶平台，僧人将其布置成一小巧花园，由此俯瞰周遭山川田畴，风景绝佳。

雄踞山巅的雍布拉康

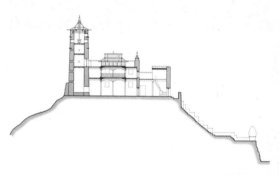

雍布拉康主殿纵剖面图

雍布拉康外观

雍布拉康碉楼

雍布拉康佛殿内景

雍布拉康西侧外观

从雍布拉康的小巧规模可以看出早期西藏宫堡的建造水平，几代以后藏王即迁居琼结宗山。但这里依旧被历代藏王视为祖先的重要宫堡，一直继续使用着，甚至松赞干布和文成公主亦曾在此居住，因而具有十分重要的历史与建筑艺术上之价值。

雍布拉康屋顶平台景致

4 赞塘拉康

Zantang Lhakhang Lamasery

文物级别	自治区级
开放方式	免费参观
地　　址	乃东区泽当镇赞塘村
年　　代	吐蕃王朝时期
推荐指数	★★★

赞塘拉康全称赞塘玉意拉康，又名赞塘寺，与雅砻河对岸的昌珠寺遥遥相对，海拔3576米。据说为松赞干布的一个王后昂琼贝克慕（在尺尊公主和文成公主之后）所建，为镇压罗刹女左肩而修建，是雅砻地区著名的"三圣地"之一。

寺院坐西朝东，规模较小，围墙平面呈长方形，东西长44米，南北长24.5米，厚1米，高3米。寺院布局前为小院，后为主体建筑。主体建筑前设门廊、经堂，经堂左右各有一间小殿，后接绕有转经回廊的

佛堂，这一圈转经回廊外围的左、后、右三面另设第二环外转经回廊，外转经回廊有楼梯，可拾梯上到大殿的二层，二层殿中空无设置。佛堂和转经甬道为早期建筑，门廊和经堂为后代修葺时增建，二层和金顶为 20 世纪 50 年代时新建。从佛堂和转经回廊来看，也是吐蕃王朝时期藏传佛教寺院建筑的常见模式。

寺院在"文革"时期受到破坏，经堂和外转经回廊被毁，现在只留下佛堂、内转经甬道、经堂前面的门廊以及寺院的围墙，经堂的位置成为佛堂的前庭。赞塘拉康虽然规模不大，且受到了一定破坏，但基本

赞塘拉康围墙和大门

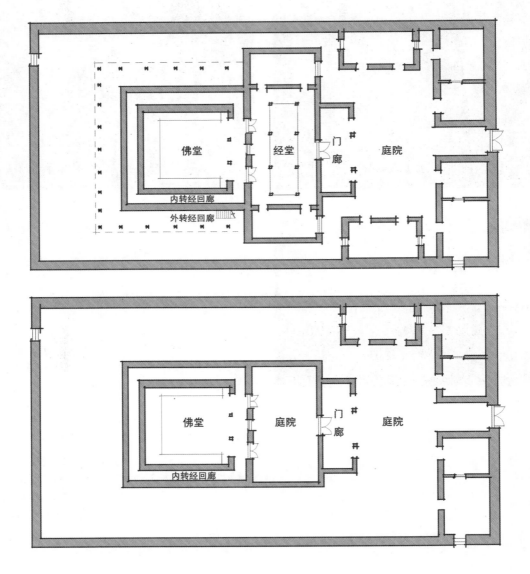

赞塘拉康平面图

保留了其原始格局，是研究吐蕃早期寺院布局特征的重要文物资料。

赞塘拉康西约 500 米处的山脚下有一座塔，名叫次久塔，传为松赞干布的衣冠冢。其形制古朴巍然，下部为叠涩内收的方形塔身，上部是圆形塔瓶和尖状高耸的塔尖，从寺中就能望见。

门廊

重修的佛堂

内转经回廊

从寺内望次久塔

5 达杰林寺

Dajielin Lamasery

文物级别	国家级
开放方式	免费参观
地　　址	乃东区亚堆乡曲德贡村
年　　代	吐蕃分治时期
推荐指数	★★★★★

达杰林寺又称"曲德贡寺""上曲德寺"。寺院东面有一座林卡，树茂草绿，夹有潺潺小溪，风景宜人。

该寺建于 11 世纪，属于格鲁派，是藏传佛教后弘期兴建的佛寺之一。最初是大译师热罗泽瓦的住宅，十三世达赖（1876—1933 年）时期进行扩建，形成了如今的规模。20 世纪 50 年代，该寺被废弃，寺内文物散失。1982 年，该寺由喇嘛洛桑坚赞管理，此后基本恢复原貌。2008 年，西藏自治区投资 499 万元人民币，对其进行维修保护。

山南市

寺院坐北向南，南北长 73 米，东西宽 68 米。主体建筑是居北的大殿和东、西、南三面的僧舍。

大殿坐北朝南，高四层，长 60 米，宽 30 米。第一层中部基本位于地面以下，内砌矩形厚石墙，分隔出迷宫一般的一道道小巷。这些石墙的作用有三：一是可以承受巨大的压力；二是划分出通道来通风防潮，作地下冷库房；三是划分出一些小房，供人居住。第二层为大经堂及佛殿。大经堂面阔七间，进深六间，立有 30 根方柱，当中 4 根高 6.5 米的大柱直达第三层，形成了高侧天窗。佛殿位于经堂后，一字排列三间，居中殿供宗喀巴及其两大弟子贾曹杰和克珠杰、释迦牟尼和十三世达赖合金塑像，两侧佛殿分别供有白度母、无量寿佛和千手观音像。第三层设有三个佛堂以及达赖的住室，过去每年夏天达赖均要来这里念经。第四层为僧房。

寺院东、西、南三面是高两层的僧舍，前有环形转经回廊，使这组建筑显得严谨美观。其中东面的僧舍有前后两排，形成一个内部的小院。

相对于早期藏传佛教建筑，经堂和僧舍是后弘期开始大量出现的新组成部分。来自印度的僧人阿底峡

五世达赖肖像壁画

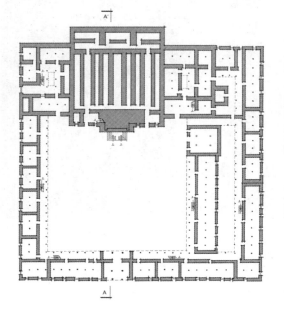
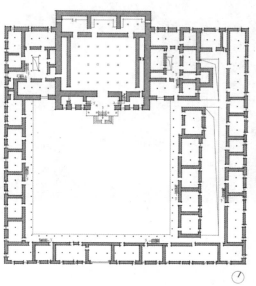

达杰林寺一层、二层平面图

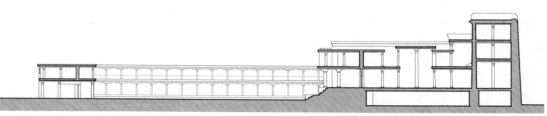

达杰林寺剖面图

逐渐完善修习次第和规范，开始传授佛经和仪轨制度，在寺院中佛殿前部突出了经堂。同时长住寺院僧人增多，僧舍及附属建筑增加。而早期佛寺建筑中紧绕佛堂周围的转经廊道也随着寺院建筑规模的发展而置于外围。达杰林寺这种僧舍围绕主殿形成规整院落的布局方式，在结林措巴、葱堆措巴、那若达布扎仓、多比曲科寺、坚耶寺等寺院中得到延续。这种布局对称而严整，僧舍形成重复的韵律，突显出主殿宏伟庄严的气势，经堂更是成为全寺中最神圣的焦点。

达杰林寺内藏有 3 套《甘珠尔》、1 套《丹珠尔》和 5 幅有名的唐卡，包括五世达赖像、护法神子扎嘎像。这些唐卡平时供在大经堂，每年藏历五月二十五日的晒佛活动中，会把这些唐卡在东边的山坡上展出。

6 曲德沃寺

Qudewo Lamasery

文物级别	自治区级
开放方式	免费参观
地　　址	乃东区亚堆乡曲德沃村
年　　代	清
推荐指数	★★★★

曲德沃寺亦称"下曲德寺"，是相对于"上曲德寺"（即达杰林寺）而言的。该寺地处雅砻河谷西缘开阔地带，背倚大山，面向开阔的谷地，寺前一条溪流流过。

曲德沃寺是山南地区最晚建成的寺院古建筑，最早为五世达赖（1617—1682 年）来亚堆礼佛时的住地和讲经场所，七世达赖（1708—1757 年）时期进行了扩建。

曲德沃寺原是仿照达杰林寺建造。寺院坐北朝南，原本的布局为东西长 90 米，南北宽 49.4 米，三层高的主殿居北侧中央，周围为僧舍。僧舍早已不存，主殿与围墙的格局一直保存到 20 世纪 80 年代。但现在除主殿正中部分外，其余建筑皆已毁，主殿原有的第三层也不存，现仅余两层。

主殿一层建于地面以下，砌有与达杰林寺底层相似的矩形厚石墙。二层前有门廊及侧房，后接经堂。经堂面阔五间、进深五间，立 4 排共 16 根方柱，中间两根长柱原直通三层之上，形成高侧天窗。佛殿在经堂之后，面积较小，仅有 2 根立柱，主供释迦牟尼佛，左右有他的两大弟子以及十六罗汉、药师八如来等塑像。殿内还供有《甘珠尔》和《丹珠尔》等经典。三层原是达赖寝宫，现已不存。

从曲德沃寺 20 世纪 80 年代的照片中我们还能看到其较为完整的原始布局，现在却只剩下主殿的一部分孤零零地立于院中，让人痛心。但仅存一部分建筑中的壁画、木雕内容仍十分丰富，令人赞叹。

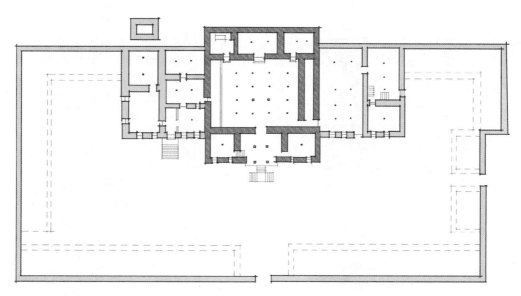

现存建筑　　已毁建筑　　原有僧舍格局

曲德沃寺总平面复原图

山南市

20世纪80年代的曲德沃寺布局鸟瞰

20世纪80年代曲德沃寺主殿正立面

现存主殿正立面

门廊壁画

扎囊县

7 桑耶寺

Samye Lamasery

文物级别	国家级
开放方式	购票参观
地 址	扎囊县桑耶镇南侧
年 代	吐蕃王朝时期
推荐指数	★★★★★

8世纪时，笃信佛教的吐蕃赞普赤松德赞将印度的两位佛教大师寂护和莲花生迎请至西藏，并为两位大师建造一座寺院。762年，赤松德赞亲自为寺院举行奠基仪式。传说，赤松德赞急于看到建成后的景象，于是莲花生大师就从掌中变出了寺院的幻象，赤松德赞不禁惊呼"桑耶"（意为"不可思议"），这一声惊语也成为了寺名。

桑耶寺历时12年建成。后赤松德赞又从汉地、印度和于阗等地邀请僧人来到这里传经译经，并有了正式的戒律。桑耶寺因此成为西藏历史上第一座佛、法、僧三宝俱全的寺院，佛教也成为吐蕃王朝的国教。

桑耶寺以乌孜大殿为中心，组成一座庞大的建筑群，总面积约2.5万余平方米。整个寺院仿照古印度的阿旃延那布尼寺（Odantapuri）的布局，根据佛教想象中的宇宙观设计：位于全寺中心的乌孜大殿，象征宇宙中心的须弥山；乌孜大殿四方分别建造江白林、阿雅巴律林、强巴林、桑杰林4座神殿，象征四大部洲；四大洲的附近建有朗达参康林、达觉参玛林、顿单阿巴林、扎觉加嘎林、隆丹白扎林、桑丹林、仁钦那措林、白哈贡则林8座小殿，象征八小洲；主殿两旁又建2座小殿，象征日、月；主殿四角又建红、绿、黑、白4座塔，以镇服一切凶神魔刹，防止天灾人祸的发生。此外，还有一些其他护法神殿、僧舍、经房、仓库等

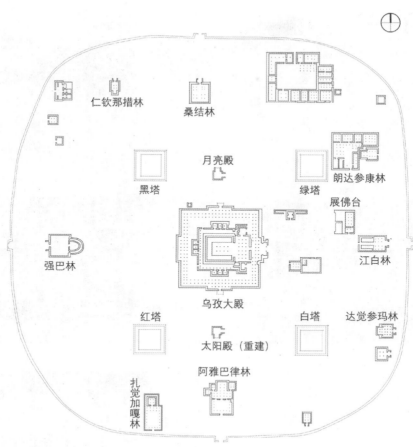

仁钦那措林

桑结林

月亮殿

黑塔

朗达参康林

绿塔

展佛台

强巴林

江白林

乌孜大殿

红塔

白塔

达觉参玛林

太阳殿（重建）

阿雅巴律林

扎觉加嘎林

桑耶寺主要建筑平面图

壁画中的桑耶寺

唐卡中的桑耶寺

桑耶寺全景俯瞰

建筑。全部建筑又围上一道椭圆形围墙，象征铁围山，四面各开大门一座，东大门为正门。

乌孜大殿坐西朝东，外观似五层，实际高三层。每层殿堂的空间很高，一般在 5.5 ~ 6 米之间，而且第二、三层均在殿堂前建有低于大殿的宽敞阳台，使大殿内得到充足的光线。这三层各属不同的建筑风格，分别吸取了藏、汉和印度的构造风格。

乌孜大殿底层为西藏早期拉康式风格，分为内外两重围墙。外围墙内有两层建筑，下层是宽敞的回廊，每边各有两排列柱，墙壁上满绘壁画，尤以东大门内左侧的壁画最为珍贵，有杂技、舞蹈、体育等罕见内容。上层是僧舍。内围墙内也有两层建筑，上下层都有一排方柱的回廊，下层西、南、北三面各有三间密室，上层三面各有一大间库房。回廊满绘壁画，内容丰富，是西藏历史发展的形象写照。

回廊内分成两部分，前为经堂，后为佛殿。经堂面阔七间，进深四间，两侧分立着藏传佛教的先驱"预

桑耶寺乌孜大殿正面全景

桑耶寺乌孜大殿背面全景

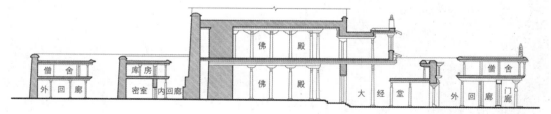

桑耶寺乌孜大殿下两层剖面图

桑耶寺乌孜大殿外回廊

桑耶寺乌孜大殿外回廊壁画

桑耶寺乌孜大殿屋檐仰视

桑耶寺乌孜大殿上层彩绘大门

山南市

桑耶寺乌孜大殿一层内景

世七人"像，据说是西藏最早的一批僧人。佛殿四周为千佛壁画，殿中供奉一尊用整块巨石雕出的释迦牟尼像，高 3.9 米，据说在建庙伊始便已存在。

乌孜大殿中层有佛殿和达赖喇嘛寝宫，为汉族的经堂式风格。其廊道上有著名的西藏史壁画，记述了从远古传说罗刹女与神猴结合繁衍藏族开始，一直到九世达赖统治时期的历史。殿堂内现供奉莲花生大师像和释迦牟尼、无量光佛的铜像。

乌孜大殿上层为金刚宝座式顶，中间三檐攒尖顶，四角均为单檐攒尖顶，是按印度法式建造的。殿中主供大日如来佛，两旁有八大菩萨及欢喜佛的佛像，均依印度人的外形塑造。顶层在"文革"时被毁坏，1987 年，国家拨款得以重修。

在东门的南侧有立于赤松德赞时期的方柱形石碑，风格古朴，没有花纹等装饰。这就是著名的《桑耶兴佛证监碑》，碑文均为古代藏文，内容是 779 年赤松德赞为供养桑耶寺作出的盟誓。

乌孜大殿周围的四大洲、八小洲及日月两洲大多保存至今，只是由于年代久远、几次失火，加上"文革"的破坏，殿内主供佛像、壁画等多被毁坏或已改头换面。

四塔也在"文革"中被全部夷平，现在看到的

桑耶寺乌孜大殿上层壁画

桑耶寺乌孜大殿上层塑像

桑耶寺乌孜大殿及红、黑、绿塔

桑耶寺白塔

桑耶寺黑塔

山南市

桑耶寺红塔

桑耶寺绿塔

桑耶寺江白林

桑耶寺强巴林

均为后来重修。白塔在大殿东南角，高约 18 米，为四方形密檐式砖塔，形制与北京北海的白塔相似，皆用石块、石板砌成。黑塔在大殿的西北角，高约 15 米，塔身如三叠覆锅，刹盘上托宝剑。红塔在大殿的西南角，高约 35 米，塔身用砖石砌成，形方而实圆，状如覆钟，塔身为土红色并泛有光泽。绿塔在大殿的东北角，高约 10 米，平面呈四方多角形，塔身为绿色琉璃砖砌成，质地坚硬，釉色苍郁而富光泽，极其精美。

桑耶寺不仅是西藏第一座三宝俱全的寺院，也是藏传佛寺从拉康式建筑向群落式建筑过渡的重要实例。前庭、佛殿、转经回廊，都与早期的拉康相似。又由于出家僧人的增加，学习佛法成为寺院的日常主要活动，所以出现了供僧侣学经和诵经的场所——经堂，还有翻译佛经的殿堂，堪布和学僧们居住的僧舍，藏传佛教寺院建筑的雏形基本形成。

无论是建筑空间布局，还是建筑工艺、建筑材料，桑耶寺都是藏传佛教寺院建筑史上的经典之作。它给后来的寺院建筑确定了新的范式，是旅行者探秘藏传佛教寺院的溯源之处、必到之所。

桑耶寺桑结林

桑耶寺围墙

8 康松桑卡林

Kangsong Sengkalin Lamasery

文物级别	国家级
开放方式	免费参观
地　　址	扎囊县桑耶寺西南约460米处
年　　代	吐蕃王朝时期
推荐指数	★★★★★

康松桑卡林位于桑耶寺西南约460米处，是赤松德赞的王妃按照桑耶寺乌孜大殿的式样修建的。

寺院坐东向西，平面布局为长方形，占地总面积约4000平方米。主殿居中，周围是两层高的僧舍。东、西面各辟一门，西门为正门。虽说是正门，也并不很大，宽仅2.2米，高2.3米，门内有面阔五间，进深三间的门廊，共12根方柱。

主殿共四层，高18米。

底层西侧为主入口，有2柱门廊。其后为经堂，经堂后为佛殿，经堂两侧各有两间库房。经堂内立12方柱，面阔五间，进深四间，第二、三排方柱撑起采光天窗。佛殿面阔三间，进深四间，内立8方柱。绕佛殿内有转经回廊一周，廊壁绘有护法神像、千佛像等内容的壁画，佛殿内绘有释迦佛香和十六罗汉像等内容的壁画。

经堂和佛殿都为两层通高，所以第二层仅在左右两边有几间矮小的屋舍。

第三层仅有后部的佛殿。佛殿前有一排南北向的四根方柱的门廊，壁画有长寿图和佛教图徽。佛殿四周有转经回廊，西部回廊左边绘有桑耶寺失火后重修竣工时的欢庆场面，琼结、乃东等地派代表来庆贺，载歌载舞，热闹非凡。

第四层为护法神殿，围绕神殿有一周转经回廊。神殿建筑风格奇特，主要体现在两点：

第一是神殿的门窗之多。神殿四壁各辟一门，西壁有两扇大窗，在四壁顶部，每面还各有两扇小窗。门窗如此之多，推测有以下四种用途：一是营造宗教氛围。当人们在回廊转经时，通过四门处时就会不断地看到神殿内的塑像，给佛教徒造成一种神圣的感觉；二是通风采光，防潮防蛀；三是作瞭望的高台堡垒；四是减轻建筑本身的重量及压力。

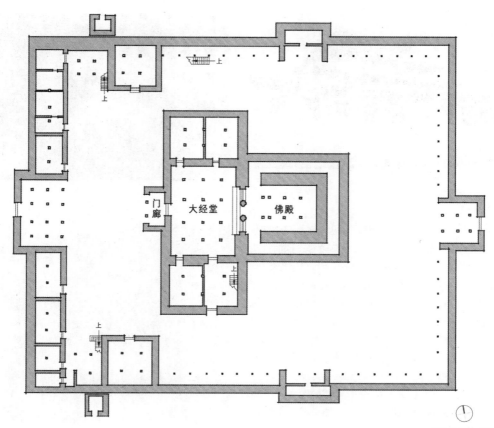

康松桑卡林一层平面图

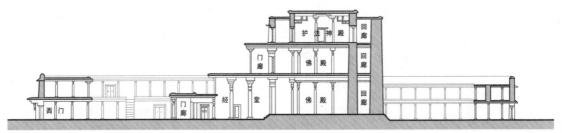

康松桑卡林纵剖面图

20 世纪 80 年代康松桑卡林全景

西门

主殿外观

主殿三层的壁画

第二是殿内独特的木结构。4 根方柱立于中部，柱头雕饰华丽，有莲花、宝珠及垂草纹等，同时柱头顶部雕有假斗，斗上是具有地方特色的"十"字形华栱，斗栱上同样有繁缛的雕刻绘画装饰。在神殿四面墙壁内上部，每面各伸出三道长短两层昂，短昂居下，长昂居上，长短昂上各置一排横栱。在神殿四角还各有一根角柱，角柱雕刻精细，似宝瓶状，其上亦为长短昂、横栱等。在 4 根方柱顶部，有方形藻井，中心为一圆形彩绘坛城图案。

因为是乌孜大殿的仿效之作，所以康松桑卡林的名气远不如桑耶寺。但其建筑、壁画、雕刻都十分精美，值得仔细观赏。

主殿四层护法神殿木结构

9 松卡石塔

Songka stone pagodas

文物级别	国家级
开放方式	免费参观
地　址	扎囊县桑耶镇松卡村
年　代	吐蕃王朝时期
推荐指数	★★★★★

松卡石塔位于桑耶寺西15公里的公路北侧，公路南侧就是雅鲁藏布江边。共有大小不同的五座石塔，均为整块巨石雕刻而成。据说这五座石塔是莲花生大师设计主持雕造的。

五塔中，以自西向东第一座为最大。其塔基为多边形，边长4.1米，圆形塔瓶高1.65米，最大直径2.5米，塔刹高2.95米，顶雕日月宝珠。第二、四、五塔与第一塔形制相同，只是体量较小。第三塔塔基为方形，共三级，底边长3.5米，圆形塔瓶高1米，直径2.3

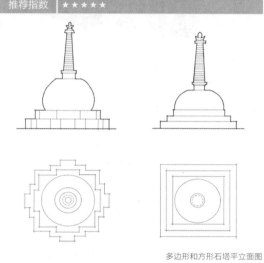

多边形和方形石塔平立面图

多边形座石塔

方形座塔

无量寿佛造像

山南市

米，塔刹高 2.95 米，总高 4.9 米，顶雕日月宝珠。"文革"时期，五座石塔的塔尖都被砸毁。"文革"后，当地群众依原样用水泥重塑。

在石塔附近有许多摩崖造像。第一座塔下约 6 米处有一无量寿佛像，第三座塔东面约 80 米处有三尊相并的释迦佛造像。在造像附近刻有许多藏文六字真言。

松卡石塔脱胎于山岩，与山势完美融合，错落有致地分布在山坡上。褐黄的山石和蔚蓝的天空共同衬托出洁白的石塔，实在赏心悦目。松卡石塔是与桑耶寺同时期的石雕建筑，对研究吐蕃时期佛塔的造型艺术和建筑风格有很高的价值。

释迦佛造像

10 扎塘寺

Gmthang Lamasery

文物级别	国家级
开放方式	免费参观
地　址	扎囊县扎塘镇西隅
年　代	吐蕃分治时期
推荐指数	★★★★★

扎塘寺由"扎囊十三贤"中的扎巴·恩协创建于 1081 年。扎巴·恩协是 11 世纪西藏的一位传奇高僧，才华横溢，能力殊强，一生经历丰富。极高的声望使他获得大量的供奉，他利用充足的财源建造了大量寺庙，据《土观宗派源流》记载，他一生建造寺庙多达 108 座，后文将介绍的多比曲科寺、坚耶寺也是由他初创。扎塘寺是他晚年建造的最后一座寺院，也是他所建寺中名气最大、规模最宏伟的寺院。

扎塘寺又名"阿丹扎塘寺"，意为"五有扎塘寺"，指寺中有 5 种不同于桑耶寺的建筑因素：一是扎塘寺主殿底层转经回廊的宽度比桑耶寺多一弓（0.9 米）；二是中层转经回廊绘有千佛像壁画；三是底层象征龙王卓思坚；四是中层象征南王月杰钦；五是上层象征

扎塘寺现存平面布局

东寺门

药王热互拉。

但总体上，扎塘寺仍是仿照桑耶寺的布局修建的。寺院规模很大，有内外三重院墙，内中两层围墙平面呈多边形，外围墙呈圆形。从扎塘寺壁画中留存的寺院建筑图来看，内院以主殿为中心，由东面的僧舍、拉章，南面的贡布佛殿、丹增佛殿，西面的卓玛拉康、顿珠拉康，北面的观音殿等10个建筑单位组成。

20世纪60年代，扎塘寺的大部分建筑被拆，现仅存主殿和外围墙。现在可以看到的外围墙遗迹呈椭圆形，周长750米，南北长，东西短。在扎巴·恩协死后，其继承人曾将北面围墙内缩，所以形成了主殿不在围墙内正中位置的布局。

现存主殿坐西向东，形制、布局和风格都与桑耶寺乌孜大殿相似。从保存的壁画来看，主殿外观5层、实为3层，盖有红铜镀金的屋顶。但现在仅存1层，由门廊、经堂、回廊和佛殿组成。门廊立2方柱，廊壁绘四大天王及动物，门廊两侧各有一小门；经堂面阔五间，进深六间，堂内立5排共20根方柱，当中6

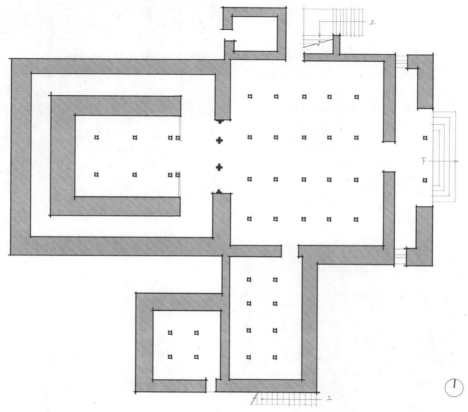

主殿平面图

主殿外景

经堂内部

柱撑起天窗。经堂两侧原有密室两间，现存南侧一间内立8方柱；佛殿紧接经堂西侧，外有回廊一周，堂内立3排共6柱，原泥塑仅头光、背光及部分壁画保存。

扎塘寺的壁画是西藏艺术史上的重要里程碑。早期扎塘寺各佛殿曾绘制了大量的壁画，但大多毁于"文革"时期。目前，扎塘寺的壁画主要保留在主殿一层的经堂、转经回廊和佛殿之中。根据壁画题材、内容、风格观察，大致可分两期：佛殿中是11世纪的早期壁画，经堂和转经回廊中的壁画则在元明时期重绘过。

早期壁画为佛殿中的十幅大型佛陀说法图。每幅说法图以佛祖释迦牟尼佛为主，佛陀头部两旁安排两组罗汉形象，佛陀腿部以下安排的是诸位菩萨和供养人。人物安排错落有致，表情神态、袈裟衣纹、手势动作均有差异，每个罗汉在群体中都显示出鲜明的个性特征。这些壁画不仅生动地展示了卫藏地区佛教艺术发展的脉络，同时也印证了扎塘寺壁画艺术与周边民族文化的多元交流。我们既能看到印度波罗艺术的神韵，也能感觉出丝绸之路河西敦煌、西域于阗画风的技巧，汉地绘画的风格，甚至中亚萨珊艺术的影响。它们完美地融合在了扎塘寺，成就其早期壁画在人物刻画、画面布局、服装装饰、技法色彩等方面的多元文化特征。

佛殿第四幅壁画

11 结林措巴

Jielin Cuoba Lamasery

文物级别	自治区级
开放方式	免费参观
地　　址	扎囊县扎塘镇南约5公里处的结林村中
年　　代	吐蕃分治时期
推荐指数	★★★★

结林措巴是西藏四大措巴（乃肥地孜措巴、后藏的藏更堆岗措巴、扎囊的葱堆措巴和结林措巴）之一。由印度著名僧人喀且班钦·释迦室利的真传弟子强久贝于1124年创建。

寺院坐北朝南，总占地面积约5200平方米。围绕主殿有一周长方形围墙，南北长85米，东西宽66.5米，墙高3米，墙厚厚1米。在墙外原有一周壕沟，宽约5米，贴围墙内壁原有一周二层楼的僧舍，现已被夷平。寺院正大门在南面，另外在西、北两面围墙上也各有一较小的偏门。

主殿位于围墙内中部，高3层，共11米。

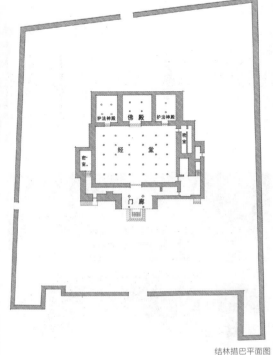

结林措巴平面图

西面围墙

主殿正立面

经堂内部

第二层为正殿。沿5级石阶和7级木阶到正殿门廊。门廊有2根八棱柱,柱头雕饰华丽。门廊壁画主要是四大天王像。

门廊内的大经堂面阔七间,进深六间,有方柱30根,其中有4根高约8米的大柱直通三层之上,形成天井。殿内遍绘壁画,大部分在"文革"期间用白灰覆盖,但残留的一些壁画保存仍比较好,主要题材有释迦佛、无量寿佛、莲花生像,等等。

在大经堂左右两边还有狭窄的密室,室内黑暗无光,只设有一小门。

经堂后为佛殿。佛殿面阔三间,进深三间,有方柱4根,高达6米。殿内原供有一尊高大的释迦牟尼像,"文革"时被毁。殿内壁画保存基本完整。

在佛殿东西两边,各有一间护法神殿。西边的护法神殿有圆柱4根,圆柱满绘龇牙咧嘴的人头像,十分恐怖;东边的护法神殿有圆柱2根,殿内佛像及壁画均已不存。

门廊四大天王壁画之一

山南市

12 顶布钦寺

Dingpochin Lamasery

文物级别	自治区级
开放方式	免费参观
地　　址	扎囊县吉汝乡德来林村北的半山腰
年　　代	明
推荐指数	★★★★

顶布钦寺,原名"丹钦顿珠通麦寺"。由噶举派活佛仁青平措(1529—1611年)于1567年始建,属噶举派中的绰浦噶举派寺院。最早的转世系统是觉智活佛。18世纪初,蒙古准噶尔部侵扰西藏时,顶布钦寺也遭到一定破坏,后由一个叫格桑其美丹增的迥活佛维修了该寺。从此,顶布钦寺形成了觉智活佛和迥活佛两个转世系统,觉智活佛已传承八代,迥活佛共传承五代。

寺院建筑坐北朝南,依山而建,除一层大殿为第一代住持仁青平措所建外，其他主体建筑多为第二代住持念扎白桑时期所建。全部建筑以主殿为中心，还有纳木阶塔、慈善塔等，并有历代觉智活佛和迥活佛的住房。

主殿东西长 28 米，南北宽 35 米，面积约 980 平方米。主殿建在 2.5 米高的台基上，台基周围用石块砌成。

从主殿正面中部的台阶登上门廊，门廊内有明柱 2 根，左右各有一间小房，房内有通往二层的木楼梯。门廊内为大经堂，有明柱 30 根。大经堂左前方有一间小偏殿，内供一至六代觉智活佛的 6 座银制灵塔和一千个小灵塔。大经堂右前方是库房。大经堂后面为佛殿，有柱 2 根。佛殿内原供有释迦牟尼镀金铜像，其两边是迦叶、阿难两位弟子的塑像，经架上置有《甘珠尔》和《丹珠尔》经典。佛殿左右两边的小房内存放着修建该寺时所用过的工具。

二层设有佛殿和护法神殿。佛殿有柱 4 根，殿内主要供奉有噶举派著名人物的泥塑像和许多小铜佛像。

三层除了佛殿外，还有日光殿和觉智活佛、迥活佛的书房。书房中存放有很多佛教著作。

寺门

主殿

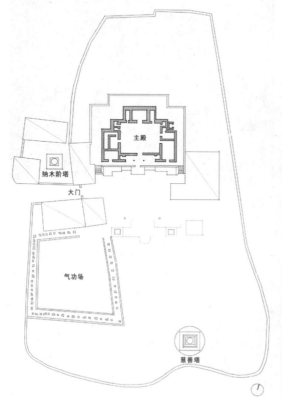

顶布钦寺总体平面分布图

慈善塔

在主殿西面 18 米处，有一方座圆塔，名叫纳木阶塔，为第三代觉智活佛时所建。在主殿前 90 米处有一座与纳木阶塔形制相同的慈善塔，又名强久塔。

在慈善塔的西北面有一大片空地。空地四周有两道呈方形的低围墙，在两道墙之间，每隔 0.6 ~ 1 米便修一长方形或刀形的土坑，坑内的地面和四壁都铺设石板。这里是喇嘛练习气功的场所，名为"气功场"。喇嘛通过锻炼身体，增强御寒能力，为苦修打好基础。

顶布钦寺原有大量石刻造像，内容丰富，总数在一千尊以上。但大多数造像都在"文革"时期随寺庙被毁而失散或砸碎，现存只有一小部分。题材主要有释迦佛、观音菩萨、四大天王、护法神、供养人、欢喜佛、松赞干布、莲花生、汤东杰布、五世达赖等。还有许多藏文、梵文、八思巴文、尼泊尔文等铭文石刻，甚为珍贵，属石刻中的精品，对研究古老的梵文、八思巴文和尼泊尔文字及书法提供了实物资料。

观音菩萨造像拓片

13 敏竹林寺

Mindroling Lamasery

文物级别	国家级
开放方式	购票参观
地　　址	扎囊县扎其乡敏竹林村
年　　代	吐蕃分治时期
推荐指数	★★★★★

敏竹林，藏语意为"成熟解脱"。敏竹林寺初建于 10 世纪末，由宁玛派高僧、卫藏十贤者之一卢梅·楚臣喜饶创建。1670 年，由高僧德达林巴·久麦多杰在原来的基础上进行了重修和扩建，形成了目前的格局。该寺是后弘期南路弘法的主寺，也是藏传佛教宁玛派的六大寺之一。

敏竹林寺坐落在山麓南北走向的台地上，规模较大，面积达 10 余万平方米。围墙呈不规则多边形，东面辟正门和偏门各一道。

敏竹林寺现存的主要建筑有 4 个，分别是祖拉康、桑俄颇章、曲果伦布拉康和堆对曲丹佛塔。

祖拉康是主殿，位于寺庙最南面，坐西向东，殿前有一个广场，广场东面是一排僧舍。祖拉康高四层，从广场上台阶至门廊。门廊面阔五间，进深两间，立

4 柱。门廊后接经堂，堂内立 5 排共 20 方柱，柱高约 3 米，当中 2 柱高 5.5 米，托起二层天窗。经堂后为佛堂，立 4 柱，主供释迦佛及八大弟子塑像。经堂两侧分别有护法神殿、贡品殿、拉康殿各 1 间。

第二层围绕天井有 5 座拉康：德萨拉康、民久白珍拉康、写耶拉康、白马旺杰拉康、卫朗杰拉康。这些拉康中供有大量灵塔与经书。三、四层只在一层佛殿上方有佛殿。

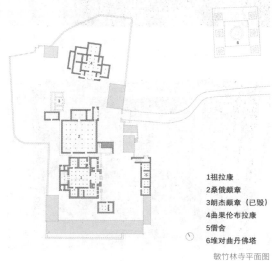

1 祖拉康
2 桑俄颇章
3 朗杰颇章（已毁）
4 曲果伦布拉康
5 僧舍
6 堆对曲丹佛塔

敏竹林寺平面图

祖拉康东立面

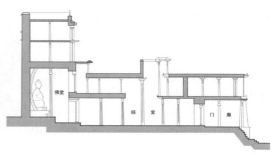

祖拉康剖面图

祖拉康经堂天井

祖拉康的屋顶有镀金法轮、一公一母鹿、金顶等，显得雄伟壮观。

桑俄颇章在祖拉康北面，坐北朝南，但因为南面与祖拉康距离太近，只能在东南部建朝南的门廊，进门廊后折西进入。另外在北部东墙的延长线上，建向东的门廊作为另一入口，进门廊后折南进入。桑俄颇章高三层，前为面阔、进深均七间的经堂，后为两柱的佛堂。

桑俄颇章北面是一个庭院。庭院西面原有朗杰颇章，已全毁。庭院北面是曲果伦布拉康，高三层，坐北朝南。底层由前廊、经堂、佛堂组成。

在寺门东北90米处有堆对曲丹佛塔。塔高13层，底层为强巴殿，顶层有镀金十三法轮。

在建筑艺术方面，敏竹林寺以片石砌筑的墙体在西藏闻名。在经学教育方面，寺院以教规严格而著称，有西藏"第一所喇嘛学府"之称。在民族工艺方面，寺内自制的藏香在古代专供布达拉宫、罗布林卡及内地宫廷使用，至今仍然广受人民的欢迎。

祖拉康中的坛城模型

桑俄颇章东南部的门廊

堆对曲丹佛塔

14 葱堆措巴

Congdui Cuoba Lamasery

文物级别	自治区级
开放方式	免费参观
地 址	扎囊县扎其乡充堆村
年 代	吐蕃分治时期
推荐指数	★ ★ ★ ★

　　葱堆措巴由印度高僧喀且班钦·释迦室利初创，同属西藏四大措巴之一，并且规模比前文介绍的结林措巴更大。"文革"期间曾遭到严重破坏，后重修。

　　葱堆措巴占地面积达 5900 平方米。总布局是坐北朝南的主殿居中，围绕主殿有一周二层楼的僧舍，形成一个合院，在合院西南角有一座佛塔。东、南、西三面的底层中部均有门道出入，南向为正门。

　　主殿原有四层，现存三层，高 10.25 米。殿前为寺僧的户外讲经场。主殿底层高仅 2 米，作库房。大门在第二层，沿南面三并木梯便可到二层门廊。门廊后为经堂。经堂面阔五间、进深六间，有方形柱 20 根，其中有 2 根高 5.3 米的长柱直通三层楼顶部，形成高

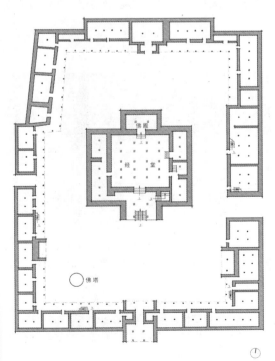

葱堆措巴平面图

侧窗。经堂左右均有侧室。经堂后是佛殿，殿内有方柱2根。

从门廊右边的木梯可上至三层，第三层围绕着经堂凸起的屋顶有一周回廊，在回廊南面为堪布寝室。寝室西边为小神殿，神殿北边为甘珠尔拉康。第四层建筑已不存，据说过去曾有一间罗汉殿。

经堂的墙上仍保存着很多残破的壁画：东壁绘萨迦鼻祖卓弥·释迦意希及历代弟子像及8尊不同形象的莲花生像；北壁绘以金刚手菩萨为主的历代弟子像；西壁绘八大药王像等。

周围的僧舍大多面宽三间，高两层，两层均有一周回廊。

西藏大部分的寺院都在近些年经过整修，香火旺盛。但因为葱堆措巴东面不远处有一座新修的寺院，

经堂外景

所以葱堆措巴好像成为了被时光遗忘的角落。岁月的雕琢使葱堆措巴愈加古朴而厚重，寂静的经堂，残破的僧舍，仿佛都笼罩着一层神秘的烟色，叫人着迷。

经堂内部

僧舍和佛塔

15 朗色林庄园

Manor of Namseling

文物级别	国家级
开放方式	免费参观
地　　址	扎囊县扎其乡驻地东约13公里朗色林村
年　　代	元
推荐指数	★★★★★

朗色林庄园地处雅鲁藏布江南岸谷底，与桑耶寺隔江相望。朗色林庄园在西藏帕竹王朝时期的扎西若丹庄园基础上发展建造而来，是西藏现存最古老的高层建筑。历史上这里是一个古老贵族朗色林的领地，此家族曾出现过很多著名人物，包括多吉扎寺的两位活佛、大学者班禅·洛桑益西和原西藏地方政府的噶伦等。

庄园坐北向南，平面近方形，东西长77米，南

北宽73米，由内外两道城墙、护城河、中心的主楼及配套建筑所组成。外层围墙由块石砌建墙基，夯土筑墙体，北墙已不存。内层围墙也是石砌墙基、夯土筑墙体，墙体宽4.5米，夯土墙体厚约2米，现存高约10米，东墙正中辟大门，南墙偏东处设偏门。内、外墙之间设宽6米、深4米的环濠一周。

庄园中心是一幢坐北朝南的6层藏式平顶主楼，院东是一排平房，南面是一座二层附楼，西面是二层的廊屋，与主楼前石阶下的廊子相连接。但附楼、廊屋及主楼的廊子均已毁。

主楼平面呈横长方形，东端前部向东又凸出一块。占地487平方米，总面积约1440平方米，总高22米。因为底层有局部夹层，故也有资料称其为7层。

底层是粮食仓库和堆放草料、柴火的库房。层高有5米多，东端凸出部分的前半部有一夹层，为管库人员住处。

二层是粮食库房及农奴佃户来缴租纳税的场所。

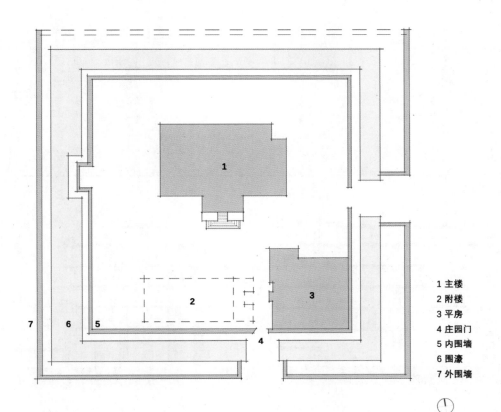

1 主楼
2 附楼
3 平房
4 庄园门
5 内围墙
6 围濠
7 外围墙

朗色林庄园总平面图

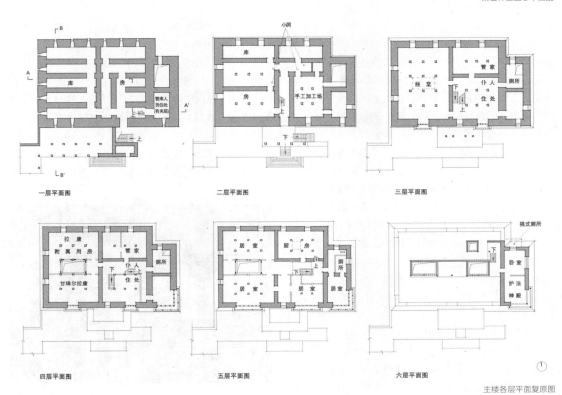

一层平面图

二层平面图

三层平面图

四层平面图

五层平面图

六层平面图

主楼各层平面复原图

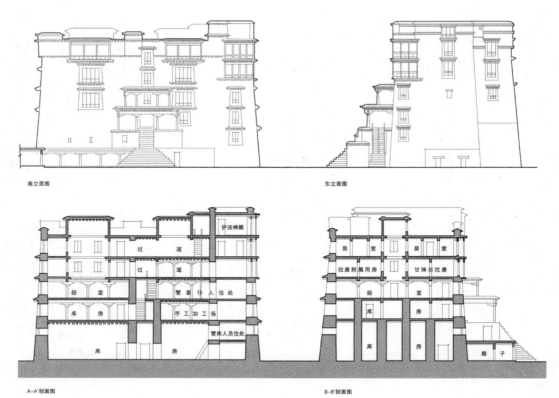

南立面图　　　　　　　　　　　　　东立面图

A-A'剖面图　　　　　　　　　　　　B-B'剖面图

主楼立面和剖面复原图

从正面上石台阶到二层入口门廊，门廊面阔四柱三间，深一间，门廊东面有一座木梯。从门廊进门后有一个过道，过道西面为存放油脂、肉类、杂物的库房，东面部分南侧是一间大屋，为手工操作场所，北侧有若干小间。库房过道的地面上有若干小洞，平时用木板盖住，农奴们来缴粮计量后，将不同的粮食分别从这些小洞倒入，便存进了底层的各个库房。

三层有经堂及管家用人的住房。经堂中部有宽两间、深一间的空间直通顶层，出屋顶后在南向开高侧窗，既是经堂的通风采光口，也是四、五层的内天井。

四层在内天井的南面是甘珠尔拉康。拉康现存释迦像、无量寿佛、护法神像等壁画。除拉康及其附属用房外，其他房间为会客、管家、用人等用房。

五层为庄园主的起居生活用房。西部内天井的南北各为一间大厅室，南室南面开大窗，北室开两窗。东部的中间为过道，东、南、北三面均有房间，其中北房为厨房，厨房屋顶中央开天窗，解决厨房的通风、排烟问题。

六层仅最东端有两间房，南面一间是护法神泽玛热的神殿，北面一间是庄园主的卧室。在卧室北墙外设有挑式厕所。其余部分均是屋顶平台，供主人在冬天晒太阳、休闲和小孩学习练字，在平台上可俯瞰全

村的风景。

主楼屋顶四周的女儿墙外皮使用边玛檐墙。按传统规定，边玛檐墙只能是具有"佛家三宝"的建筑才能使用，即只能是寺院的殿堂、达赖、班禅和担任过摄政者的用房才能使用。但民间又有一条不成文的规定，如果房屋内供奉完整的《甘珠尔》经103部和《丹珠尔》经225部，这座房屋就可以修建边玛墙屋檐。朗色林庄园就是遵循了这条规定才得以使用边玛檐墙。

主楼西侧的一半为夯土建筑，东侧则是石头墙，分析认为东侧是后来扩建。但整个立面造型及内部布

主楼

经堂上方的天井

主楼入口

局都结合得十分协调合理，整体比例宜人、造型典雅，与一般西藏寺院建筑的雄厚风格大为不同。

在庄园的南面散布着一些为领主服务的建筑，如水磨坊等作坊、林卡等，还有一些属民、农奴的矮小平房，这样形成一个村落。其中林卡为供庄园主消夏的地方。林卡内建筑不多，由居室、厨房及佣人用房等组成一两个小院。建筑的周围，全是高大葱郁的林木，夏日百花盛开，浓荫蔽日，美不胜收。

山南市

贡嘎县

16 贡嘎曲德寺

Gonggar Qude Lamasery

文物级别	国家级
开放方式	免费参观
地　址	贡嘎县县城西10公里岗堆镇
年　代	明
推荐指数	★★★★★

贡嘎曲德寺又称"贡嘎多吉丹寺"，意为贡嘎金刚座寺，为萨迦派重要寺院。该寺建寺人为吐敦·贡嘎南杰（1432—1496年），建于帕竹政权时期的1464年。

贡嘎曲德寺根据印度的多吉丹坛城而建，整个布局以主殿为中心，周围有4个扎仓：北为贡桑孜扎仓，东为仁钦岗扎仓，南为洛林贡堂扎仓，西为扎西哲蚌扎仓。现在，只存有主殿和贡桑孜扎仓、扎西哲蚌扎仓。

主殿坐西朝东，前为广场，两旁设有煨桑台。主殿高三层。

一层主要由门廊、经堂、佛殿、配殿及回廊等建筑单元组成。门廊设门二重，前门廊为4柱面积，四

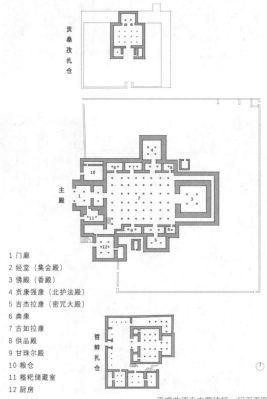

1 门廊
2 经堂（集会殿）
3 佛殿（香殿）
4 贡康强康（北护法殿）
5 吉杰拉康（密咒大殿）
6 典康
7 古如拉康
8 供品殿
9 甘珠尔殿
10 粮仓
11 糌粑储藏室
12 厨房

贡嘎曲德寺主要建筑一层平面图

壁绘有四大天王像,后门廊2柱,后壁正中辟经堂大门。经堂面积为49柱,开间为七间六柱15.2米,进深为九间八柱20.4米,其中中央三排12柱为长柱,直通二层,承托天窗。大殿后部为佛殿。殿内4柱,殿外有绕殿一周的转经回廊。经堂两侧建有数个配殿:北侧由西向东分别为典康、古如拉康、北护法殿和供品殿4座配殿;南侧由西向东分别为甘珠尔殿、密咒大殿和供品殿等3个配殿。除两侧的供品殿为1柱面积外,其他配殿均为2柱面积。经堂四面外侧立柱与内墙之间形成一条开放的转经廊道,内墙上绘满壁画。

二层正中是天井,周绕回廊。廊内四个殿。东部为金刚界殿,有8根柱子,内部有完整的金刚界曼荼罗37尊泥塑像。北部为移当拉康,即"本尊殿"。殿内有4根柱子,中央供有喜金刚像及其眷属、时轮金刚和胜乐金刚像。四周壁画绘有四部本尊和一些护法神。南部为经堂,有4根柱子,殿内主供一人身量

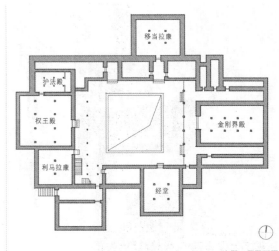

主殿二层平面图

主殿外景

经堂内部

经堂南壁《如意藤》壁画中的释迦牟尼佛形象

二层无量宫殿南壁壁画中的供养天形象

高的铜镏金文殊菩萨像和一肘高的 23 位道果传承上
师像等，四周壁画绘有事、行、瑜伽诸品尊像。西部
是拉章区。正中为权王殿，有 8 根柱子，北墙上绘有
大菩提塔全景图。权王殿北有怙主（意为救世主）
护法殿，有 6 根柱子，屋内东部安有窗棂，南壁前供
十二臂红部落主，壁上绘尸林。权王殿南部为利马拉
康，即铜佛殿，有 2 根柱子，内供诸多铜造像，释迦
牟尼佛与萨迦派各祖师、银舍利塔等。殿内还有彩砂
堆积的喜金刚曼荼罗。

三层只存东部的上师殿，位于二层金刚界殿上，
有 16 根柱子，内供萨迦派灌顶祖师以及道果口诀等
传承上师 23 尊塑像。

贡嘎曲德寺作为当时卫藏地区传播萨迦派密法的
最主要道场，对研究当时萨迦政权时期的西藏社会的

神像

面貌有着很高的价值。不仅如此，该寺内壁画数量多、
保存好，且具有比较明确的年代及很强的艺术水平，
是寺庙现存最有价值的部分。

17 那若达布扎仓

Naruo Dabu Dratsang School

文物级别	自治区级
开放方式	免费参观
地　　址	贡嘎县甲竹林镇东南约8公里处甲日村
年　　代	吐蕃分治时期
推荐指数	★★★★

主殿

那若达布扎仓原为后弘期著名寺院——拉萨桑普
寺的 6 个萨迦派拉康之一，由达布朗杰扎西初建。在
五世达赖、七世达赖以及十三世达赖时期经过 3 次较
大规模的维修和扩建，形成了现在的规模。

那若达布扎仓整体坐西向东，东西长约 92 米，
南北宽约 73 米。主殿居中，配殿、僧舍、仓库和围
墙环绕在周围。在主殿南侧有一庄园建筑遗迹。寺院
和庄园一起构成了甲日村聚落的中心，村庄的其他建
筑都围绕着它们修建。

主殿坐西朝东，东西宽 29 米，南北深 30.5 米。
主殿为石砌建筑，高二层。底层由大经堂、佛殿、护
法殿、仓库等组成。大经堂有 20 柱，佛殿 2 柱。经
堂四壁保存大量壁画，题材有释迦牟尼传记和护法神、
千手千眼观音、空行母、四大天王、药师佛、萨迦班
智达、欢喜佛画像等。壁画从距地面 1 米处起画，宽
约 1.6 米，在接近顶部有一宽约 0.5 米的装饰带。以
红线、黑线与金线勾勒人物、肤色一般为米黄色，衣

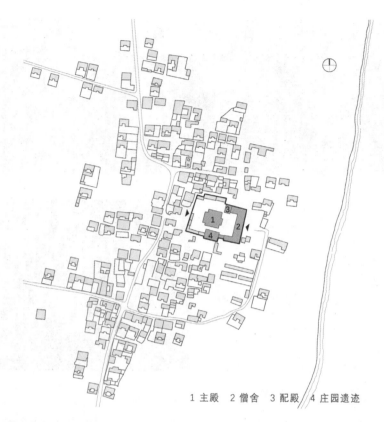

1 主殿　2 僧舍　3 配殿　4 庄园遗迹

甲日村总平面图

主殿正前方的僧舍

主殿北侧的配殿

主殿南侧的庄园建筑

着多用红色，普遍采用金饰。在人物造像之间多用建筑、树木、花草等作装饰。此外，寺内还保存一些铜质造像，有菩萨、度母、观音等。

主殿东侧为僧舍，平面呈"凹"字形，高两层，面向主殿的一侧为回廊。"凹"字形的西北端端头有一个小配殿。

18 多比曲科寺

Duobi Quke Lamasery

文物级别	自治区级
开放方式	免费参观
地　　址	贡嘎县杰德秀镇南侧
年　　代	吐蕃分治时期
推荐指数	★★★★

　　多比曲科寺位于西藏历史上八大名镇之一——杰德秀镇南侧。杰德秀镇历史悠久，杰德秀在藏语中是"口齿伶俐"之意。相传，文成公主入藏时途经杰德秀，看到当地百姓衣着破烂，就传授了纺织围裙和氆氇的技术，至今杰德秀镇仍拥有"围裙之邦"的美誉。17世纪中叶，格鲁派执政后，五世达赖在杰德秀设置雄谿（官家庄园），形成了如今的古镇格局。全镇有寺庙、拉康4座，以多比曲科寺较为出名。

　　1041年，藏传佛教高僧扎巴·恩协创建了毗卢遮那（即"大日如来"）拉康，取名为多比曲科，意为"七拉康之首"。1365年，萨迦派僧人罗布曲杰将多比曲科拉康扩建为寺庙，并将教派由宁玛派改为萨迦派。17世纪前后，该寺住持写仲·班钦对该寺进行扩建。1926年，再次进行维修扩建，并重新绘制寺庙壁画。

　　现存寺院位于杰德秀古镇聚落的南侧，整体坐北朝南，南北长约156米，东西宽约110米。寺内主要建筑包括主殿、配殿和僧舍。主殿在北，配殿在西，

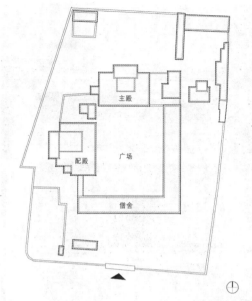

多比曲科寺总平面图

僧舍围绕在南面和东面，三者围合出一个小广场。

　　主殿高三层，藏式平顶，东西长约32米，南北宽约27米，占地面积约864平方米。底层除东侧有一小佛殿外，其余皆为库房。佛殿内有各种佛、菩萨、金刚及莲花生的泥塑像；二层是主要部分，包括门廊、经堂、佛殿、喇嘛拉康、甘珠尔殿、马其康等。经堂内立20柱，佛殿内立4柱，四壁绘有四大天王、护法神、欢喜佛、释迦传记故事等壁画；三层设有一座密宗殿，其余为僧舍与杂房等。

山南市

杰德秀古镇聚落

主殿入口

主殿门廊

经堂内部

琼结县

19 藏王墓

Mausoleum of Tibetan kings and consorts

文物级别	国家级
开放方式	藏王墓免费参观，松赞干布陵顶的祭祠购票参观
地　址	琼结县琼结镇东南木惹山下
年　代	吐蕃王朝时期
推荐指数	★★★★★

雅鲁藏布江中游的雅砻河谷自然环境得天独厚，古代吐蕃部落的人民在此繁衍生息。从6世纪开始，雅砻部落成为西藏高原上实力雄厚的一支，先后吞并了其他各部落，最后统一全藏，建立了吐蕃王朝。7世纪上半叶，雅砻部落首领松赞干布迁都拉萨，从此拉萨成为全藏统一的政治中心。但各代赞普都不敢忘记哺育自己祖先的雅砻河谷，死后都要归葬此处，形成了现在琼结县境内琼结河南侧、木惹山下的藏王墓群。现在墓区东西长2076米，南北宽1407米，面积约30万平方米。

据著名藏学家夏吾卡先研究结论，木惹山陵区内能确定的封土墓共有15座（含2座疑似吐蕃墓），其中能将墓主身份与墓丘进行对应的封土墓有7座。每个陵的形状是一个方形的平顶垒石夯土高丘，与《通典》中所记载的"其墓正方，垒石为之，状若平头屋"的描写相同。由于一千多年来长期受到自然风雨的侵蚀，有的陵墓已成了圆形平顶，大小不尽相同，排列也不规则。

墓群最西面的一座大墓是松赞干布陵。在松赞干布陵顶正中原有祭祠一座，内有明楼二十余间，东南西北各有小殿一座，祠内供有松赞干布、文成公主、尺尊公主、禄东赞大臣和藏文创造人吞米桑布札等人的塑像。据史料记载，松赞干布陵的规模很大，共有5个殿堂，面积有1万平方米。宫殿里有松赞干布、释迦牟尼和观世音塑像，还有大量的金银珍珠、玛瑙等陪葬品。但是，所有的藏王陵墓迄今都没有被发掘过，关于墓内的情况，只是记载和传说而已。

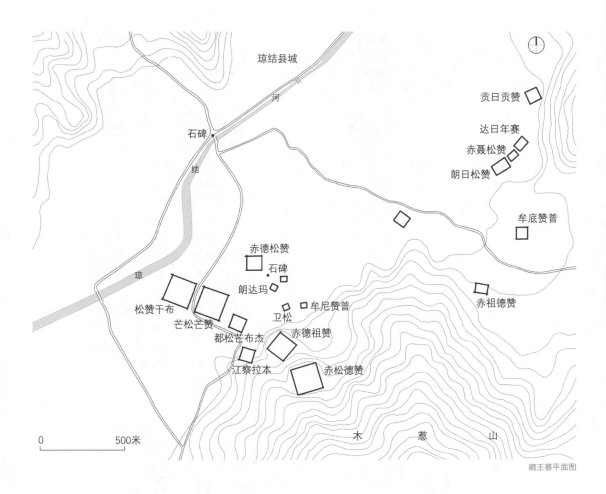

琼结县城

河

石碑

结

琼

贡日贡赞

达日年赛

赤聂松赞

朗日松赞

牟底赞普

赤德松赞

石碑

朗达玛

赤祖德赞

松赞干布

芒松芒赞

都松芒布杰

卫松

牟尼赞普

赤德祖赞

江察拉本

赤松德赞

木　　惹　　山

0　　　　　500米

藏王墓平面图

　　在松赞干布陵的东北方向是赤德松赞之陵，在此陵东侧坡地上矗立着赤德松赞纪功碑，是西藏唐碑中保存最为完整的一块。碑通高 7.18 米，由碑盖、碑身、碑座三部分组成。碑顶为一巨大的莲座宝珠，碑盖平面长方形，作四注式坡面顶，边缘向上微翘，四周边有流云升起的图案。碑盖底部四角浮雕出上身赤裸，彩带飘扬，姿态优美的飞天四个。碑身高 5.6 米，上小下大，有明显的收分。碑身正面上端刻出日月形象，其下即为横排的古藏文 59 行。碑身两侧浮雕两条升龙图案，飞舞升腾于云气之中。碑身之下为石刻龟座，雕刻亦极精美。整个石碑不仅具有重要的历史价值，而且也是一件极为精美的雕刻艺术品，眼下这块碑已经新修碑亭加以保护。

　　在木惹山的半山腰是赤松德赞的陵墓，这是墓群中最大的一座墓。在墓前，还有镇墓石狮一对。一狮已残，一狮除左腿断外，还较完整。石狮通高 1.55 米，座长 1.2 米，宽 0.76 米。石狮面向陵丘坐立，挺胸昂首，雄健生动，刻工简练，在全国唐代石雕中也属上乘，在西藏更是难得。

　　另外在离藏王墓不远处的桥头边还有一块石碑。此碑形制与赤德松赞纪功碑相似，只有碑顶略有不同。顶为重珠，盖下有承柱，亦雕流云，但无飞天，两侧为云龙纹。碑身露出地面为 3.56 米。碑的南面刻古藏文，碑文已多风化剥落。有人考证，此为赤松德赞之墓碑。

松赞干布陵

20 唐波且寺

Thangpoche Lamasery

文物级别	自治区级
开放方式	免费参观
地　址	琼结县下水乡驻地北约5公里唐布齐村
年　代	吐蕃分治时期
推荐指数	★★★★

"唐波且"为藏语地名，藏文资料中常以索那唐波且相称，意为大坝头烧制木炭之地。地处琼结河东岸，西为阿布山。长期以来，由于河水的冲积，这里形成了一个较为宽阔的台地。肥沃的土地、方便的交通条件，使这里的佛教活动发展兴盛。

唐波且寺创建于西藏佛教后弘期的火蛇年（1017年），由卫藏十贤者之一主梅·楚臣炯乃创建。作为后弘期早期修建的寺庙，唐波且寺当时的地位非常重要，被誉为圣地之一，在接下来的三个世纪中出现了很多法师和重要人物，著名印度僧人阿底峡也曾来此讲经。但后来由于历史变迁和经济来源不足等原因，唐波且寺渐渐衰退，并在很长的一段时间得不到恢复。20世纪，甘珠尔活佛洛桑土旺屯旦为了重扬佛法，于1916年开始主持修复唐波且寺。

如今看到的唐波且寺基本是1916年修复后的建筑，主要包括主殿、僧舍、觉康（释迦佛殿）等。

主殿与僧舍围合成一个院落，整体坐西朝东。北侧的僧舍高两层，南侧高一层，东侧辟大门，主殿居西。主殿高三层，底层由东至西依次为门廊、经堂、佛殿。门廊4柱，平面呈正方形。进门后为经堂，经堂面阔五间，进深四间，内立12方柱，当中2长柱撑起天窗，殿内供阿底峡、莲花生、宗喀巴、五世达赖等铜像，殿壁绘各类护法神像及菩萨像。经堂之后为佛殿，内立4方柱，供释迦佛、十六罗汉、强巴佛等塑像。大殿第二层为寺内议事办公处。第三层为妙音殿，供有镏金铜像若干。

主殿东约135米处为后期复建的觉康（释迦佛殿）。觉康坐东朝西，只有一层，殿内6柱，供有阿底峡等身像、唐波且寺第一位堪布枯敦·尊追雍仲像、莲花生像、十一面观音像，均为泥塑。

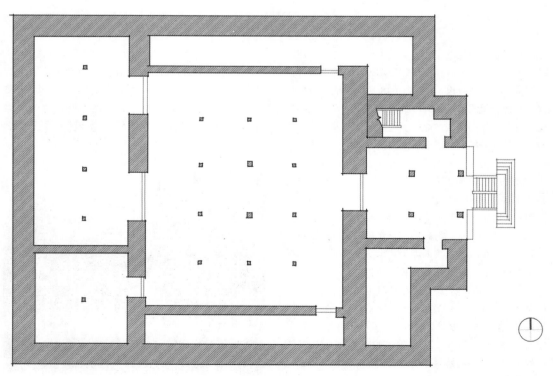

主殿平面图

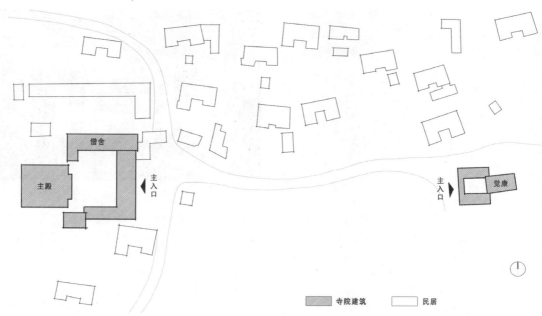

寺院建筑 　　民居

唐波且寺及周边总平面图

主殿外景

经堂

佛殿中的壁画

21 坚耶寺

Jianye Lamasery

文物级别	自治区级
开放方式	免费参观
地　址	琼结县加麻乡驻地
年　代	吐蕃分治时期
推荐指数	★★★★★

主殿正立面

坚耶寺北面为后加麻沟，沟内有自东向西流的扎巴雄曲，河北面有贡布堆山。坚耶寺全名"亚杰普塘坚耶寺"，"坚耶"藏语意为"右眼"，据传佛圣桑杰曲巴的弟子桑杰大洞去世以后，人们为了纪念他，将其右眼埋葬在塔里作为舍利塔，因而得名"坚耶寺"。

据寺志记载，坚耶寺的建设分为三次。第一次在11世纪，由格西扎巴·恩协巴创建，其时的建筑有3处：第一处是讲经起居的地方，第二处是圆形围墙，第三处是路口走廊。讲经处现仍存，为现在寺庙最早建筑。第二次由亚桑孜巴扩建佛堂、方形围墙和扎巴卧室及僧舍、拉让等。第三次在1890年，由寺院堪布阿旺强巴对除了佛堂以外的建筑进行扩建。该寺在"文革"时期遭受破坏，但主殿建筑因作为粮食库房得以保存。

坚耶寺坐西朝东，现存建筑主要包括主殿、伙房、僧舍，总占地面积2720平方米。主殿前后分为经堂和佛堂两部分。佛堂是第二期建筑，经堂是第三期建筑。经堂平面呈长方形，面阔五间，进深六间，面积约300平方米，内立20柱，正中6长柱撑起天窗，四壁绘有八大药王像、十八罗汉像、建寺人格西扎巴像等；佛堂平面呈方形，面阔、进深皆三间，立4圆柱，正中佛台供释迦牟尼塑像，南、北、东三面置有经书架，存放手抄本《甘珠尔》《丹珠尔》等经书。

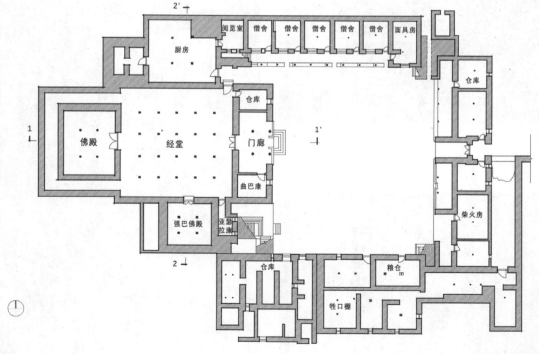

坚耶寺一层平面图

197

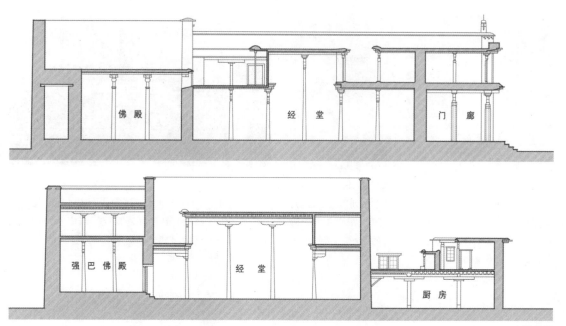

主殿剖面图

佛殿经书架

寺院中举办法事活动的盛况

山南市

22 若康拉康

Ruokang Lhakhang Lamasery

文物级别	自治区级
开放方式	免费参观
地　　址	琼结县加麻乡西约3.6公里金珠村
年　　代	吐蕃王朝时期
推荐指数	★★★★

若康拉康外景

　　若康拉康地处怎巴雄曲河南岸，海拔 4075 米，又名"若康欧则尼玛"，以"若康旦巴参列"之名命名，为早期宇宙之意。传由吐蕃赞普牟尼之妃于 9 世纪初创建，后由多吉坚赞重建于 11 世纪前后。现存建筑包括佛堂一座及僧舍若干。

　　佛堂为吐蕃早期拉康建筑形式，坐西向东，平面呈长方形，面阔、进深皆三间，内置 4 柱，面积约 120 平方米，四周有转经回廊环绕。殿内木构件雕刻精美，保存有部分早期壁画。二层为近年扩建。

　　佛堂外南、东、北三面为僧舍及活佛宅邸，高二层，石砌墙体。

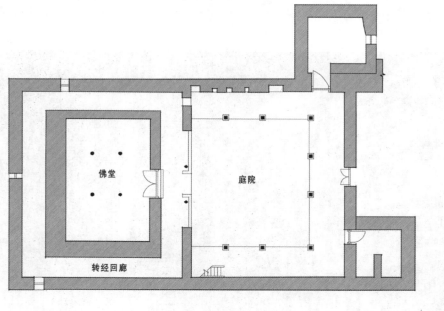

若康拉康一层平面图

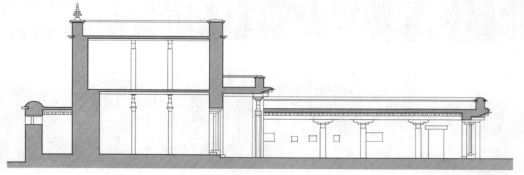

若康拉康纵剖面图

佛堂正立面

转经回廊墙壁上残存的壁画

桑日县

23 巴廊曲康及恰嘎曲德寺

Balang Qukang and Chaggar Qude Lamasery

文物级别	自治区级
开放方式	免费参观
地　　址	桑日县绒乡
年　　代	吐蕃王朝时期
推荐指数	★★★★

恰嘎曲德寺地处雅鲁藏布江南岸谷地，在绒乡政府所在地西面的山脚，面向恰嘎宗宗府遗址。1589 年由山南拉加里王资助修建，尊奉格鲁派，18 世纪曾大规模维修，"文革"时期僧舍被毁，仅主殿得以保存。

寺院坐北向南偏西，占地面积 2000 平方米。主殿为藏式平顶建筑，高三层，占地面积约 400 平方米。

底层为半地下式，以厚约 2 米的石墙分隔出南部库房和北部佛殿。库房被一堵堵厚石墙隔成一间间矩形房间，房间高 2.7 米，有如一个地下迷宫。佛殿名为将刚提，入口在东面，其层高比库房部分高 1.4 米，殿内原主供释迦牟尼和他的两大弟子塑像，两边还各有一尊护法神像。

二层楼面高出殿外地面约 3.75 米，由 4 级石阶和 3 排木梯直通门廊。门廊立八棱木柱 2 根，廊壁彩绘四大天王、绿度母、白象、金刚、生死轮回等内容的壁画。门廊后经堂内立 4 排共 16 方柱，第二排当中两长柱撑起亮棚天窗。殿内壁画分为前后两部分，前殿壁画内容包括松赞干布及历代高僧生平、十六罗汉壁画、护法神等，典型的勉唐画派风格，流畅精美。后殿则为重复排列的骑着雪山白狮的菩萨小像，线条

恰嘎曲德寺主殿外景

简洁、色彩明快，可惜斑驳得厉害，没有前殿那么清晰可辨。经堂西面有一间护法神殿，并有一间密室。经堂后为佛殿，佛殿地面高出经堂地面 1 米，进深两间，宽五间，原供三世佛。

三层中部是二层经堂的天井，围绕天井有一圈回廊。东、南、西三面是一些僧房、库房，北面是与二层佛殿相似的一间佛殿。

巴廊曲康位于恰嘎曲德寺西北方向约 500 米处的巴廊村中。巴廊曲康由云游僧人巴喇嘛·益西森格初建于吐蕃王朝晚期，最初仅有主殿一层和绕殿一周的

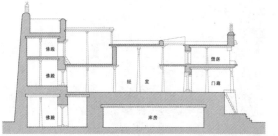

恰嘎曲德寺横剖面图

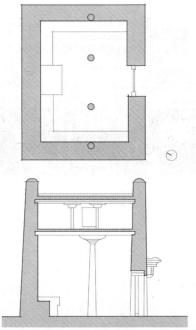

巴廊曲康主体平面和剖面图

恰嘎曲德寺经堂大门内景

巴廊曲康及恰嘎曲德寺总平面示意图

转经廊道，为西藏早期寺庙的拉康建筑形式。约在 11 世纪后由宁玛派僧人进行过维修，16 世纪经改、扩建成为恰嘎曲德寺属寺。

现存建筑为 16 世纪改建后保留的部分建筑，总占地面积约 280 平方米。围绕寺院有一周围墙，围墙外侧有转经轮，院门在围墙东南角。

主殿位于院落西部，坐西朝东，为两层土石结构的藏式平顶建筑，平面近长方形，原有环殿一周的回廊，今已不存。殿底层高约 5.8 米，殿内横列一排 4 柱，两端的柱子是立在殿墙内的暗柱，中间两根明柱是由

三根长木合并而成，高 5.2 米，直径 50 厘米。北壁下设半圆佛台。第二层为 4 柱的小经堂，经堂的门开在东墙靠北的位置。

主殿东侧有库房、伙房，西侧有一座两层高的僧舍。

巴廊曲康主殿约有如今建筑三层的高度，造型颇有些高峻古怪，其石板夹层的夯土墙非常有特点。同时该寺还藏有许多吐蕃时期的手写经书和桦皮经书，非常珍贵。目前这是一座只有佛像、没有僧团的佛殿，只有两位藏族尼众居住在此。

恰嘎曲德寺壁画

巴廊曲康院落入口

巴廊曲康主体外景

24 丹萨梯寺

Dansati Lamasery

文物级别	自治区级
开放方式	免费参观
地 址	桑日县桑日镇日岗村北的山腰上
年 代	吐蕃分治时期
推荐指数	★★★★★

丹萨梯寺北靠黑山，南临宽阔的雅鲁藏布江，东西两面山峦形成天然屏障，山势峻秀，风景优美。

1159 年，一位名叫多吉杰布的僧人来到这里，在一处山洞前修建了一所茅棚寺院——帕木竹，这便是丹萨梯寺的前身。这位僧人即是帕竹噶举派的创始人，被后世尊称为"帕木竹巴"。后来，帕竹噶举内又分出八小支，使其势力扩大，以后又通过战争手段统一了西藏以各教派为中心的分裂局面。到 13 世纪，当地大贵族朗氏家族的僧人扎巴迥乃成为丹萨梯寺座

主后，"座主"一词成为该家族的世承职务，"帕木竹巴"也成为掌握该派教务和当地政权的朗氏家族的代称。

这一时期，作为帕竹噶举派主寺的丹萨梯寺成为了集族权、神权、政权于一体的中心，盛极一时。后人在帕木竹巴的茅棚前由西向东依次修建了经堂、佛塔、僧舍、大殿等。到13世纪上半叶，丹萨梯寺已发展到相当大的规模，占地达到30多万平方米。由于僧人众多，这里犹如一个大村落，因而称之帕木竹巴村。直到1481年，帕木竹巴政权被推翻，这里才逐渐衰落下去。原有的经堂、佛塔和僧舍都已被拆毁。现存遗迹以原僧舍以东的建筑群为主，包括主殿、神殿、灵塔殿、经堂、望楼等。建筑群依山势错落分布，三道高墙穿插其中，气势非凡。

主殿位于建筑群东北部，占地面积约1570平方米，平面近方形，坐东向西，门开在西墙南侧。主殿建立

在峭壁之下，峭壁距外墙只有很窄的距离，形成了主殿的外转经甬道。高耸的殿墙和陡峭的山壁使这个甬道显得格外阴深、庄严。但现在的主殿只有北墙是历史遗存，其余部分在"文革"中被毁，1992年开始重建。殿内设有纪念帕木竹巴修行洞的蓬屋，蓬屋平面为圆形，屋内供有9位高僧塑像，墙上绘有壁画。

主殿西侧为神殿，平面亦呈方形，南墙西端辟门，占地面积约300平方米。其南侧有两座佛塔。

主殿南侧有一塔殿，平面为长方形，内建灵塔两座，其一为帕木竹巴灵塔。

主殿殿南侧20米处为经堂，坐北向南，平面近方形，占地面积300平方米，殿墙厚约1.1米。经堂建有门廊，门廊左面是上楼的梯子。

寺院的最南端是一个建在小山头上的望楼。望楼形如碉堡，站在其上，前可望雅鲁藏布江，后可观丹萨梯全寺风貌。

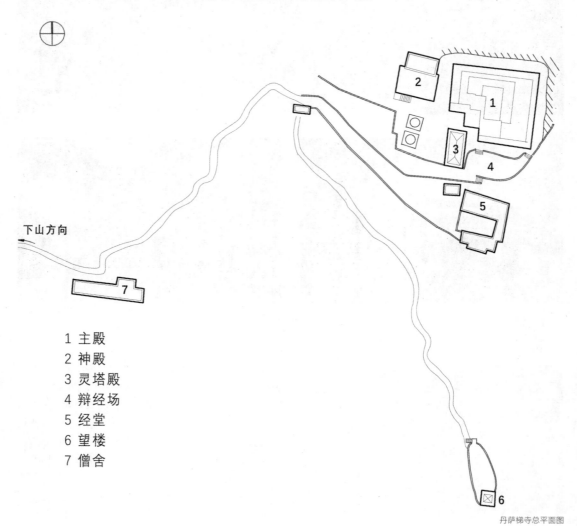

下山方向

1 主殿
2 神殿
3 灵塔殿
4 辩经场
5 经堂
6 望楼
7 僧舍

丹萨梯寺总平面图

秋天的丹萨梯寺

丹萨梯寺在帕木竹巴政权时期得到明朝政府的大力支持，其宗教造像完全仿造明代造像，具有很高的艺术水平，被称为丹萨梯造像，可以说是西藏明代造像的精品。可惜在"文革"时期遭到毁坏或流往国外，现寺中已无存，只可散见于西方的各大小公私博物馆、私人收藏、艺术市场和拍卖会上，据初步统计，总数约 100 余尊。

大殿北壁和山壁之间的转经甬道

灵塔殿殿门

帕木竹巴蓬屋内部

山南市

望楼和山下的雅鲁藏布江

25 增期寺

Zengqi Lamasery

文物级别	自治区级
开放方式	免费参观
地 址	桑日县增期乡驻地东
年 代	吐蕃分治时期
推荐指数	★★★★★

藏语中"增期"的意思是"水塘之外"的意思，因寺院建在村中一个水塘而得名，寺院所在村庄也引用了寺名而称增期村。

10世纪，西藏佛教历史进入后弘期。就在这一时期，噶当派僧人噶米·云丹雍仲修建了增期寺。1393年前后，宗喀巴大师云游卫藏时在增期寺讲经说法，在当时沃卡宗本南喀桑布的资助下，对增期寺进行了一次大规模的维修，并在维修开光大典上大传戒律。后来宗喀巴改革宗教，创建格鲁派后，增期寺也就改奉格鲁派。"文革"期间增期寺作为区粮仓而得以保存，但经堂及佛殿甬道被拆毁，寺内文物殆尽。1986年国家拨款维修了增期寺，使之得以佛光重现。

现存主殿坐北向南，占地面积200余平方米，高三层。底层由经堂和佛殿。经堂设有内、外两重大门，外门有门廊及门阙，两门之间距离为2.6米。进门后

主殿外景

经堂内景

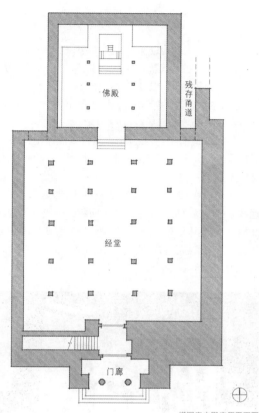

增期寺主殿底层平面图

经堂的双重大门

经堂立 5 排共 20 方柱，柱下皆有直径 0.6 米的覆钵状仰莲纹石础，第三、四排当中 4 柱撑起亮棚式天窗。殿内四壁有护法神像、高僧大德、佛本生故事等壁画，大部分都是 11、12 世纪所绘。经堂后为佛殿，佛殿内立 3 排共 6 柱，殿中主供三世佛。与一般寺院佛殿不同，增期寺佛殿的佛龛立在殿中偏后的位置，而不是紧靠后墙。与佛殿大门并排的两边是佛殿甬道的进出口，甬道被拆除后，进出口也被封堵。

主殿底层以上部分均为现代重建。主殿东面约 20 米处原有一处喇让，但已倒塌。寺中原有的僧舍也全部被拆除，现在的僧舍都是现代重建。

该寺在建筑风格上吸收了一些吐蕃早期寺院的形式，例如其主殿大门与吐蕃时期所修建的桑耶主殿大门极为相似，建有门阙，佛殿有甬道等。

经堂内的壁画

曲松县

26 拉加里王宫遗址

Site of the imperial palace in Lhagyal Ri

文物级别	国家级
开放方式	购票参观
地 址	曲松县城西南侧
年 代	元—明
推荐指数	★★★★★

　　拉加里王宫是山南法王拉加里的宫殿建筑群，雄踞于河谷高崖之上，面临色曲河，背依开阔的平原，是西藏目前保存不多的藏式结构古代宫殿建筑群之一。

　　宫殿现存建筑及遗存由三部分组成，大致可以分为早、中、晚三期。早期为旧宫"扎西群宗"。13世纪之后，吐蕃王朝后裔拉加里王系从山南泽当迁至曲松县境内，开始营建早期宫殿建筑。中期为新宫"甘丹拉孜"。约在15世纪，拉加里王室分为三支，由长房一支继承王位，并开始修建新宫。晚期为夏宫。其始建时间不详，但现在的建筑风格系模仿明、清以来汉地的北方住宅建筑，似近代所建造。

　　旧宫扎西群宗位于遗址西缘，占地范围南北长100米，东西宽70米，平面呈不规则形，坐北朝南。原建筑由宫墙、南北大门、宫殿等建筑物构成，现除少量宫墙和南大门得以保存外，其余皆已毁颓不存。

　　新宫甘丹拉孜又称拉加里上颇章，是拉加里王宫中最为宏伟的部分。位于遗址东部，包括王宫、大仓库、甘珠尔拉康、广场等遗迹，占地范围南北长120米，东西宽130米，面积近1.6万平方米。

　　王宫占地面积约5000平方米，坐北朝南，平面呈长方形，分为东、西楼两部分，其间底层以甬道式过洞连接。

　　西楼又称白宫，是王府成员的生活起居以及处理政务的场所。原有五层，最上面两层曾遭拆毁，自2010年开始国家投资修缮，目前已恢复到四层。一层为多间长条形酒窖和仓库，第二层南面辟门，有门廊、会议厅、赤恰康（办公厅）、充钦（礼会厅）等单元。

拉加里王宫

1 旧宫扎西群宗　　8 马厩
2 南外门　　　　　9 甘珠尔拉康
3 南内门　　　　　10 王府作坊
4 北内门　　　　　11 工匠住所
5 北侧门　　　　　12 广场
6 新宫甘丹拉孜　　13 日果曲德寺
7 大仓库

拉加里王宫遗址总平面

门前多级石阶进入8柱门廊，会议厅位居门廊东侧，办公厅位居门廊西侧，礼会厅位于门廊北侧。礼会厅是王室举行礼佛法事活动及每年征收租税之所，是该层的主要殿堂，内立16方柱，当中两长柱撑起采光天窗，天窗东面墙体上有4平方米左右的壁画，主尊为松赞干布像。第三层中央为天井，环绕其四周建有申穷切姆（经书殿）、嘎当颇章（接待厅）、申穷布（修行殿）、龙神殿和4间小仓库。第四层建有法王、王后的念经修习室、卓玛拉康，另外还有王母居室及王族成员聚会厅、舞乐厅。五层北部原有拉加里护法神殿"绒拉坚赞"，以及王宫成员的起居室、厨房等附属生活设施，现已不存。从二层起，建筑内部所有隔墙皆用牛粪砖砌成，外抹泥皮，以减轻楼层承重量。

东楼又称红宫，现存三层建筑。底层也是仓库杂房。二层主要为护法神殿，西墙辟门，殿内立3排9方柱，北侧6柱撑起亮棚式天窗。第三层也有护法神殿，殿内现存11方柱，南、东两壁绘有各种依怙神像的壁画。

王宫的东面为大仓库，是王室储存每年征收的粮食、酥油、马料等物品的地方。其建筑式样为藏式平顶屋，共有两层。新宫南面为甘珠尔拉康，是法王礼佛朝拜的重要宗教场所。

新宫的中央为宽阔的广场，广场地面采用精心拣选的白色、青色两色石块加以拼砌，并嵌出莲花、佛教八宝等吉祥图案，但大都已经漫漶不清，无法辨识。过去王宫每逢重大宗教活动与节日、祭日均在此举行盛大仪式，在修缮工程结束后，当地政府也常在这里举办活动，让这片广场重现生机。

在新宫地下还开辟有一条秘密的地下通道。这条地道有两个洞口，一个在新宫西楼酒窖地下，另一个在今日果曲德寺（即拉加里寺）的西北隅。两个洞口均有通道与地道相通，可直通山下的罗布林卡。地道在砾岩层中开凿，宽约1.5~2米，高约2米，长度达800米左右。地道内设有石阶，可拾级而下。

旧宫南内门遗迹

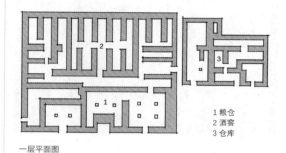

1 粮仓
2 酒窖
3 仓库

一层平面图

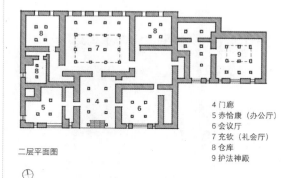

4 门廊
5 赤恰康（办公厅）
6 会议厅
7 充钦（礼会厅）
8 仓库
9 护法神殿

二层平面图

新宫王宫一层、二层平面图

新宫王宫修缮后立面图

208

夏宫原为王府人员消夏避暑之处，位于新宫甘丹拉孜东面约900米处（现县行政大院内）。原建筑包括宫墙、浴室、多座宫殿，现仅存小型四合院建筑一处。四合院坐北朝南，院内北面为正房一排三间，东、西各有厢房一间，中央为庭院。其屋顶及墙体结构皆为藏式平顶风格，但所有门窗及彩绘都是汉地明、清时代的式样。

拉加里王宫不同于一般的寺院建筑，它是以政治为主的王宫建筑，从地形选择、建筑形式、功能布局等都能看出其明显的军事防御意义和财物聚集的功能，是研究西藏割据势力的政治、军事、生产、生活及节日庆典的典型建筑。

新宫三层申穷布北壁上的壁画

夏宫四合院建筑外景

27 朗真寺

Langzhen Lamasery

文物级别	自治区级
开放方式	免费参观
地　址	曲松县县城东面约4公里处下江乡拉珍村
年　代	元、清
推荐指数	★★★★★

朗真寺全名"朗真曲德寺"，地处江扎普久河（幸福渠）右岸高台地上，其东、南皆临崖壁。

朗真寺始建年代在13世纪后半叶至14世纪初，据传为噶玛噶举派第四代活佛乳必多杰主持修建，原属噶举派寺庙。其时的建筑仅存主殿西北侧一段夯土残墙。17世纪，朗真寺改宗格鲁派，吉·尊丹益西活佛任寺院堪布期间进行扩建，建成杜康大殿和护法神殿吉康。"文革"期间大殿作为粮库而幸免于难，其建筑及壁画得以保存至今。现存建筑主要包括杜康大殿、护法神殿吉康、僧舍、伙房等，占地面积1500平方米。

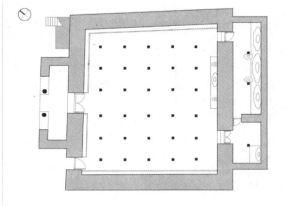

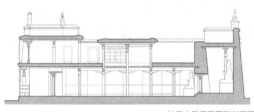

杜康大殿平面图和剖面图

杜康大殿位于寺庙建筑群东部，坐东朝西，共二层，平顶，平面呈长方形。底层包括门廊、大殿（集会堂）、佛殿三部分。门廊有八面棱形柱 2 根。大殿面阔七间 17.4 米，进深六间 13.6 米，内立 5 排共 30 方柱，当中 2 长柱撑起天窗。殿内四壁及天棚壁面皆有壁画，主要有各类护法神像、释迦佛像、八大罗汉像、宗喀巴像、格鲁派历代高僧像、固始汗像、五世达赖像等。经堂后壁供三世佛像。二层有活佛寝宫及库房等。

护法神殿吉康位于大殿西北侧，为一层平顶式建筑，分内外两间。外间 6 柱，面积 30 平方米，四壁以黑底绘出各种依怙神像，用红、黄色线条勾绘形象；内间 2 柱，面积 10 平方米，供有各类宗教服装及面具等。

寺内藏有造于明宣德年间的铜钹 1 对、3 尊石雕像以及大威德 13 尊唐卡等珍贵文物。

杜康大殿外景

大殿内精美但剥落严重的壁画局部

大殿内景

护法神殿内景

隆子县

28 仲嘎曲德寺

Zhongga Qude Lamasery

文物级别	国家级
开放方式	免费参观
地　址	隆子县日当镇驻地东北约12.5公里处雪村中
年　代	吐蕃王朝一吐蕃分治时期
推荐指数	★★★★★

隆子县日当镇雪村地处山峦之间的谷地，一条色曲河自东向西流过村庄，藏民们在河两岸顺应平缓的山势修建住宅院落。在河北岸的民宅之中，隐藏着一座千年古寺——仲嘎曲德寺。

仲嘎曲德寺简称"曲地寺"。在吐蕃时期为苯教寺庙，在前弘期时受佛教影响并逐渐与之融合。11 至 13 世纪，佛教后弘期中，印度僧人阿底峡及其弟子仲敦巴创立发展噶当派，仲嘎曲德寺也在这一时期改宗藏传佛教噶当派。15 世纪后，由宗喀巴创立的格鲁派势力日炽，附近的卡定寺（仲嘎曲德寺西面约 8 公里处的坡努村中）首先改宗格鲁派，仲嘎曲德寺受其影

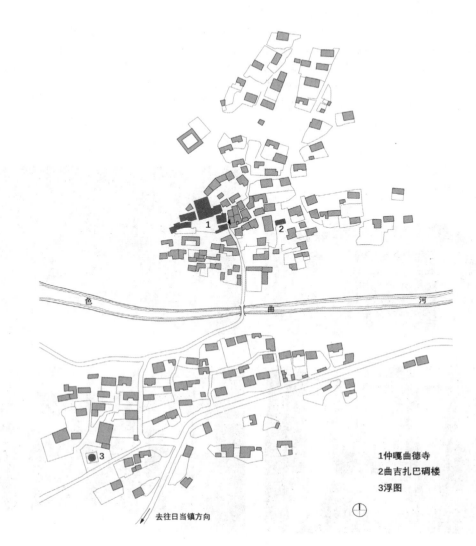

1仲嘎曲德寺
2曲吉扎巴碉楼
3浮图

去往日当镇方向

村庄总平面图

村庄全景

响也改宗格鲁派，并与之形成当地东、西两大寺。

　　该寺原来的主要建筑有祖不拉康、拉玛拉康、贡康、扎夏（僧舍）等，仅祖不拉康保存至今，现寺中的其他建筑都为近代重建。

　　祖不拉康坐北向南，平面呈长方形，高二层，占地面积约660平方米。石砌墙体，一层由门廊、杜康大殿及其后的三间佛殿构成，上层为拉康殿及数间库房。

　　门廊有柱2根，面阔8.6米，进深4米，东西两侧有配室。立柱为八棱形柱体，下有石质莲花柱础。

　　杜康大殿面阔七间19米、进深六间16米，共有柱30根，均为方柱，中央2柱直接承托上层顶部面积6平方米的天井。杜康大殿四壁、顶部均绘有壁画。大殿内的西北角有一排经橱，摆放着超过百卷的经书，经整理的有《十万经卷》等二十多部经籍。

　　经堂北侧正中为占康（佛殿）。长7米，宽6.2米，面积43.4平方米，有柱2根。殿内北壁设有佛坛，原来主供三世佛，两侧为八大随佛弟子泥塑像。佛殿中央原来有一座铜质灵塔，约两层楼高，左右各有四臂依怙合金像一尊。如今这些神像和灵塔均已无存。西壁现存有面积约4平方米的吐蕃王朝时期壁画，画幅分上、中、下三段：以莲花为主的装饰图案位于上端，中间为一骑马人及其数位侍从，下为牵马人、佛像等。

　　占康东西两侧的佛殿均是在原佛殿外周转经回廊的基础上改建而成。西侧为却康，长6.6米，宽3米，原用以存放经书，后因年久失修、漏雨潮湿，现已废置。东面为强康，长6米，宽2.2米。殿内北壁供奉强巴佛泥塑像，脚踩莲台立于须弥座上。强康西墙上残存几幅壁画，采用"游丝描"线条勾勒人物，与汉地唐代壁画风格类似，属于西藏佛教前弘期的壁画遗存。

　　在仲嘎曲德寺西南约350米处还有一座浮图遗迹，推测其年代大致与寺庙始建年代相当。塔身用土夯筑而成，方形塔基。据调查，此塔原有9层，形制据说比著名的江孜白塔还要大，内供大量珠宝、金属佛缘、

寺院入口门洞

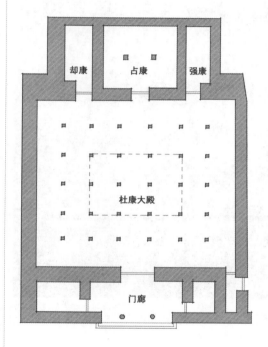

祖不拉康一层平面图

祖不拉康外景

强康西墙上残存的早期壁画

山南市

金玉经卷及用桦树皮抄写的经书。现塔内供物除大量"擦擦"（小泥佛）外均已不存。

在仲嘎曲德寺东面约80米处有曲吉扎巴碉楼遗址。相传其为"涅"地方（即今隆子）一名为曲吉扎巴的小土王所建，建造年代大约在13至15世纪之间。碉楼墙体保存完好，用石块砌筑而成，方整严实，厚

约1米，残高约35米，由下至上现存7层，每层高4～5米不等。平面结构呈长方形，各层之间原设横梁、木枋等，上置楼板，现均已折毁，仅剩构件残部及洞柱。原碉楼内部还设有木质架梯，可上通下达，现已不存在。各层均辟有采光亮窗，在北、南两面的墙上还设有竖长方形的射孔或瞭望孔。

浮图遗迹

曲吉扎巴碉楼遗迹

29 日当寺

Ridang Lamasery

文物级别	自治区级
开放方式	免费参观
地 址	隆子县日当镇驻地西约1.5公里处
年 代	吐蕃王朝、吐蕃分治时期、明
推荐指数	★★★★★

日当寺，全称"甲措日当寺"。寺庙地处河流平原地带，海拔4000米，涅曲（隆子河）在其北面约1公里外由西向东流过。

日当寺在吐蕃王朝时期为苯教寺庙。"甲措"意

为海洋，意指在这里还是一片汪洋之时，苯教教徒已在大海之中建起了这座寺庙。11世纪后西藏佛教进入后弘期，一位名叫坎哲·日吾坚赞的活佛将其创建为噶当派寺庙。15世纪后由于格鲁派的兴起，又改为格鲁派寺庙。

日当寺建筑分布早、晚两期：早期建筑包括寺墙、杜康大殿、日吾坚赞灵塔等，建于吐蕃王朝至吐蕃分治时期；晚期建筑包括新杜康大殿、德吉拉康等，多建于明代。

寺墙所围平面略呈椭圆形，南北长120米，东西宽70米。墙体用土分层夯筑而成，残高5米，厚约1.3米。

杜康大殿位于院中西北角，由门廊和殿堂两部分

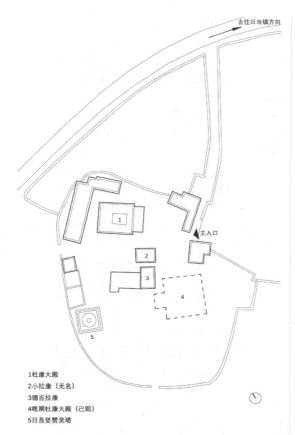

1 杜康大殿
2 小拉康（无名）
3 德吉拉康
4 晚期杜康大殿（已毁）
5 日吾坚赞灵塔

日当寺总平面图

组成，门廊为后期加建。门廊内有柱4根，两侧有廊房。殿堂坐西朝东，殿内现存4排8根圆柱，柱径0.4米，前三排6柱撑起天窗。柱上设十字形替木，替木向殿中央的一面遍饰卷草、缠枝、莲荷等精美浮雕图案。殿堂四壁遍绘壁画，题材有释迦牟尼及其侍从、护法神、菩萨等，线条细腻流畅，技艺高超。

日吾坚赞灵塔位于院中西南隅，塔基为方形，上承圆形塔身，其上有十三天相轮及伞盖、日月宝珠等，塔中供有坎哲·日吾坚赞活佛的肉身。"文革"时期灵塔上部曾遭到破坏，于1989年依原貌进行了修复。

新杜康大殿位于寺院南部东侧，坐西朝东。现已倾颓，只余夯土残墙。

德吉拉康位于早期杜康大殿东南侧，坐西朝东，有柱4根，内供宗教法器等物。

在寺院内东、南两侧还有大面积的夯土墙体建筑遗迹，为各个时期废弃的扎厦（僧舍）遗址。

杜康大殿

日吾坚赞灵塔

杜康大殿门廊

晚期杜康大殿遗迹

洛扎县

30 拉隆寺

Lhalung Lamasery

文物级别	国家级
开放方式	免费参观
地　　址	洛扎县驻地西约20千米处扎日乡拉隆村
年　　代	吐蕃分治时期—明
推荐指数	★★★★★

拉隆寺坐落在一片开阔的河谷台地上，扎雄曲从寺前咆哮东流，寺院周围古树参天，风景宜人。

"拉隆"藏语意为"神的旨意下"。相传拉隆寺最早与松赞干布时期修建的镇魔寺有关。吐蕃王朝末期，刺杀末代赞普朗达玛的拉隆·贝吉多杰就出自该

寺。1155年，噶举派创始人都松钦巴正式修建该寺，使其成为洛扎一带著名的噶举派道场。16世纪中叶，噶举派高僧巴卧·祖拉陈瓦对其进行维修扩建，形成现在的格局。巴卧·祖拉陈瓦在主持该寺期间，还写成了著名的藏族历史文学名著《贤者喜宴》。五世达赖时，该寺被改为格鲁派，并册封了庄园、土地、属民。现在，该寺仍然属于格鲁派寺院，但同时也有噶举派和宁玛派的教法传承，各派均有一名活佛传承。

拉隆寺建在一个呈不规则长方形的大院内，占地面积约1.37万平方米，寺院院墙由夯土筑成。主殿位于大院前部正中。

主殿高三层，平面呈方形，坐北向南，占地面积约823平方米。

一层前为6柱门檐。门檐后为门廊。门廊内立四

一层平面图

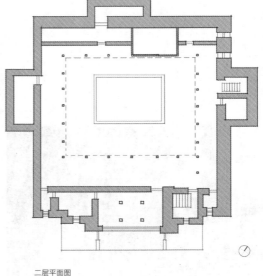
二层平面图

主殿一层、二层平面图

主殿外景

主殿门廊

柱，门廊东侧为楼梯间，西侧为值日僧舍。门廊后经堂面阔21米，进深20米，内立4排共20方柱，当中2长柱撑起亮棚天窗。方柱上方顶立着木构斗栱，斗栱式样丰富，有"十"字形，有"一"字形，还有"十"字斗栱上面再承接"一"字形的多重斗栱。斗栱的各个栱翼上绘满了五彩绚丽的图案。这些柱子的细长比、柱子和斗栱的高度比均符合明代建筑特征。主殿西墙原建在一条泉眼很多的小河上，填河筑墙后，因地面潮湿，地基下陷，为防止倒塌，在西墙边增加了8根起加固作用的圆柱。柱上的斗栱为"十"字形斗栱，并且在正常斗栱之上又有附加斗栱。两者总高几乎与圆柱高度相等，体现出唐宋时期汉地建筑的比例特征，证明这是寺庙早期的建筑构件。在西墙和圆柱之间有一排宽1.4米、高1.25米的佛台，原供七世佛泥塑5尊，原佛像已毁，现在供奉的佛像为近几年重塑。

主殿第二层前为三间阳台。阳台后为4柱佛殿，佛殿东侧为楼梯间，西侧为一间库房。其后为亮棚。亮棚四周立柱形成明廊。

第三层前为无顶凉台。凉台后为活佛夏舍，其东侧为度母殿，供银质灵塔，西侧为护法神殿。其后为天井，天井东侧为八变莲花生殿，西侧为德钦拉康，北侧为僧舍。

经堂内景

西墙前的8根圆柱及斗栱

斗栱上的彩画

二层亮棚四周的明廊

主殿一层中的壁画

山南市

底层大殿、二层明廊、三层活佛夏舍内皆绘壁画，其中部分壁画绘于明代。"文革"时期，拉隆寺受到冲击，为了保护二楼明廊东南西三面的壁画，几个僧人用石灰水加稀黄泥把壁画覆盖。动乱结束后，归寺的僧人又仔细地把涂层刮掉。虽然壁画是保存了下来，但却受到了相当大的损坏。

拉隆寺大殿外墙上还有极具特色的花岗石刻骷髅。骷髅形象以透雕形式刻在30厘米见方的石头上，砌墙时将石刻骷髅一面向外与墙糅为一体，远远望去就像一排排骷髅深嵌在墙中。

主殿东侧是18世纪时由不丹国王出资修建的不丹经堂，名为喜珠拉康（也译作写追拉康），四柱殿堂，是不丹云游僧学经及该国商人朝佛之处。殿内的壁面并非绘制壁画，而是用大批石刻贴在墙上，形成

外墙上的骷髅装饰

了"立体壁画"。壁画上雕刻有佛、菩萨、祖师、弟子等形象，周围环绕着青山绿水及树林，后世给石刻涂绘了彩色。

31 吉堆吐蕃墓群

Jidui Tubo Tombs

文物级别	国家级
开放方式	免费参观
地　　址	洛扎县驻地西约5公里处吉堆村南
年　　代	吐蕃王朝时期
推荐指数	★★★★★

吉堆吐蕃墓群位于吉堆村三组南侧拉恰萨山北麓中部坡面上，坡势整体较陡，自下而上（自北向南）可分为两道相对平缓的坡面，墓葬主要分布在第二道坡面上。墓葬区东侧为一南北向大冲沟，北侧为洛扎雄曲"V"字形河谷。河谷内洛扎怒曲与洛浪公路自西向东贯穿村庄通往洛扎县城。河流南、北两侧分布民居、农田、水利设施以及煨桑小塔等宗教设施。

墓群经调查确认墓葬68座，殉牲坑36座，石墙1道，在东西660米、南北500米的范围内，以M1号大墓为中心，呈放射状分布。墓葬均为石板夹层的夯土封土，封土为覆斗状，平面为梯形。

墓地保存状况整体较差。多数墓葬封堆尚存，顶部多有盗扰的凹坑，封堆周缘风蚀加水土流失的情况严重；部分墓葬封堆仅残存底部或局部夯土断面；个别墓葬封堆已无存，仅见基础部分的残迹。构筑封堆的石块大部无存，主要是由20世纪六七十年代筑梯田及居民建房时取石所致。由于墓地所在区域为斜坡面，水流冲沟也是破坏墓葬的一大因素。

在墓群东北、东南两个方向，各有一处摩崖石刻，

吉堆古墓群和摩崖石刻的分布

为得乌琼石刻和门塘石刻。得乌琼石刻位于吉堆墓地东北直线距离4公里处，在吉堆村二组（得乌琼组）境内普曲河谷东岸崖壁上。门塘石刻位于吉堆墓地东南直线距离11公里处，在门当村境内门当曲与洛扎怒曲交汇处以北约55米处的门当曲河谷东岸崖壁下部。两处石刻内容基本一致，记录吐蕃时期一位藏王（赞普）和大臣得乌琼之间的誓文。汉文译文为：

天神之子赞普驾前，德门得乌琼忠贞不贰，对赞普的身与政，曾作殊胜功德。为此诏敕曰：为得乌琼之父洛朗之子孙繁衍，若社稷之永固，其所属奴户、封地决不减少；得乌琼之营葬法应法事优隆。在任何

吉堆古墓北侧的山谷景象

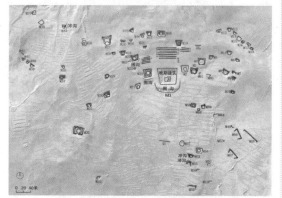

吉堆古墓群墓葬、殉牲坑、石墙分布图

赞普后裔掌政期间，其墓如有毁损，由东岱专事修建，为得乌琼之父洛朗子孙繁衍立盟誓。天神赞普之亲属贡格布王，臣以及四子舅臣均参与盟誓。

根据刻字字体书法及所用语词特点，刻石年代应在吐蕃赞普赤德松赞（798—815 年在位）至赤祖德赞（815—838 年在位）时期。

吉堆墓地是洛扎县境内及周边地区发现的唯一一处大型吐蕃墓地，土石构筑的梯形封土与藏王墓、烈山墓地等基本相同，封土内的墓室结构特征及封土前的殉牲坑等附属遗存也是吐蕃时期高等级墓葬的特征之一。墓地内以最早的中心墓 M1 为中心，大、中、小型墓葬成组交叉分布，表明其布局上的家族墓地特征与时代上的延续性。两处古藏文石刻则为我们提供了墓地营建、管理及相关历史背景等方面的重要信息，据此确定吉堆墓地为吐蕃王朝时期敕封到洛扎东岱的高级贵族得乌琼及其家族成员的墓葬群。

山南市

仰望吉堆古墓群

门塘摩崖石刻局部

得乌琼摩崖石刻全貌

32 赛卡古托寺

Saika Gutuo Lamasery

文物级别	国家级
开放方式	免费参观
地　址	洛扎县色乡驻地
年　代	吐蕃分治时期
推荐指数	★★★★★

　　赛卡古托寺（色喀古托寺）位于洛扎县南部的色乡，"色"在藏语里是"公子"的意思，色乡也就是公子的故乡，而"赛卡古托"则意为"为公子而建的九层城堡"。1080年前后，西藏著名佛学大师、噶举派塔布噶举支派奠基人玛尔巴为了驱孽，出资命弟子米拉日巴为自己的公子达玛多德修建一座公子塔。米拉日巴历时6年修筑了赛卡古托碉楼和碉楼下的葛哇久尼殿（意为"十二柱殿"），赛卡古托寺也成为噶举派祖寺。16世纪上半叶，噶举派高僧巴卧·祖拉陈瓦对该寺进行了大规模的维修扩建，形成了现在的规模。五世达赖执政时期，碉楼加盖了金顶，并且规定对该寺每一绕回（60年）进行一次维修。1944年，桑珠寺的活佛主持了该寺最后一次维修。这次维修以后，赛卡古托寺开始了以格鲁派教法为主的佛事活动。

　　现存寺院占地总面积为4700多平方米，东西长98米，南北宽48米。寺院平面呈长方形，其中碉楼高九层，所以又被称为"四方九层宫"。建筑群主要包括赛卡古托碉楼、葛哇久尼殿、杜康大殿。

　　赛卡古托碉楼在寺院中部，现存九层，一、二层皆为地下库房，三至七层为原建筑，八、九层为1985年重建。除地下两层外各层都供有佛像，第三层至第六层皆保存有壁画，题材包括各种佛像、高僧、吐蕃赞普、

唐卡中的赛卡古托寺

山水花卉等。各层面积的三分之一均为楼梯部分，梯道左右相错。朝拜者顺着楼梯向上攀登可到达碉楼的顶层，在没有围栏的塔顶转经三圈。据说此举被视作完成了佛教中短暂的轮回之旅，可获得一切解脱。

　　葛哇久尼殿在碉楼东面，坐北朝南，高二层。一层由8柱经堂、4柱佛殿、佛殿外环回廊等单元构成。

　　杜康大殿在碉楼西面，坐北朝南，高二层。一层前为2柱门廊。其后为面阔七间，进深五间的经堂。殿中四壁皆绘壁画：南壁进门两侧为四大天王像；北

赛卡古托寺全景

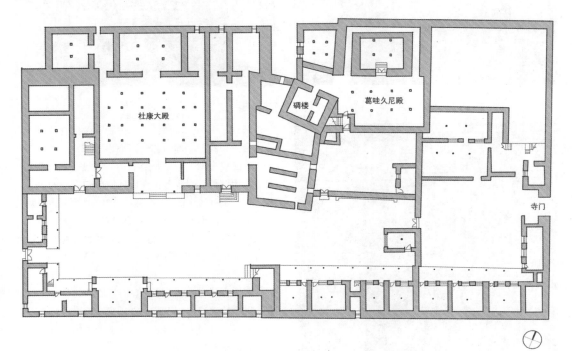

杜康大殿

碉楼

葛哇久尼殿

寺门

赛卡古托寺一层平面图

碉楼近景

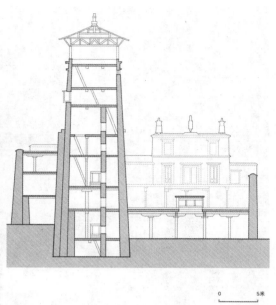

碉楼和曷哇久尼殿经堂剖面图

0   5米

碉楼中的护法神像壁画

杜康大殿外景

杜康大殿内的壁画

壁东部的正中为一菩萨像，周围密密簇拥着数百尊它的化身像；西壁北部与北壁西部为十二罗汉像，西壁南部有 2 尊大像，分别是金刚持与度母；东壁有 5 尊大像，为度母、观音等；在西壁南部与东部的大像之间，有一系列传记故事的壁画，内容包括贵族或赞普拜见高僧、高僧收徒讲法、僧侣辩经、战争、地狱、农家小景等。经堂后为佛殿，内立 2 排 4 柱。佛殿西侧为 2 柱密宗殿，内供各类密宗塑像，像高 2.4 米左右。二层为僧舍及库房。

赛卡古托寺的始建者米拉日巴在藏传佛教中占据十分重要的地位，所以赛卡古托寺在整个藏传佛教界和藏学界也有很大的影响。寺院地处中国、不丹的边境地区，在不丹一带也具有很高的知名度，每年洛扎县人民政府在赛卡古托寺举办边贸会时，都有大量的不丹边民前来朝圣。

山南市其他主要文物保护单位列表

名　称	级　别	类　别	年　代	地　址
甘丹曲德寺	县级	古建筑	清	乃东县泽当镇东侧
昌果沟遗址	自治区级	古遗址	新石器时代	贡嘎县昌果乡驻地东
热麦寺	县级	古建筑	元、明	贡嘎县吉雄镇
枕久沟墓群	自治区级	古墓群	吐蕃王朝时期	琼结县加麻乡怎久沟西缘
鲁定颇章	自治区级	古建筑	清	桑日县桑日镇东 1.5 公里
井嘎塘墓群	自治区级	古墓群	吐蕃王朝时期	曲松县曲松镇西北 1 公里
扎架杂遗址	县级	古遗址	吐蕃王朝时期	措美县哲古镇扎村东
扎西曲林寺	县级	古建筑	吐蕃王朝时期	措美县雪拉村
觉康拉康寺	县级	古建筑	吐蕃分治时期	措美县哲古镇
卓德寺	自治区级	古建筑	吐蕃分治时期	措美县哲古镇卓德村
乃西寺	县级	古建筑	元	措美县乃西乡乃西村
玛揩觉寺	县级	古建筑	元	措美县措美镇东北
当巴寺	县级	古建筑	明	措美县乃西乡当巴村东南 5 公里
枯定拉康及卡久寺	自治区级	古建筑	吐蕃王朝时期、元、清	洛扎县拉康镇南
提吉寺	自治区级	古建筑	吐蕃分治时期	洛扎县边巴乡驻地东
杰顿珠宗遗址	国家级	古建筑	元、明	洛扎县边巴乡杰麦村
洛扎古碉楼群遗址	国家级	古建筑	元	洛扎县洛扎雄曲河及其支流河谷
达拉岗布寺及寺院遗址	自治区级	古建筑	吐蕃分治时期	加查县冷达乡计村北
邦达墓群	自治区级	古建筑	吐蕃王朝时期	加查县冷达乡邦达村西
觉拉寺	自治区级	古建筑	吐蕃分治时期	错那县觉拉乡扎洞村南 400 米
扎西通门寺	自治区级	古建筑	明	错那县觉拉乡扎洞村北侧
兴玛寺	自治区级	古建筑	明	错那县曲卓木乡建巴村
卡达扎西曲德寺	自治区级	古建筑	明	错那县卡达乡学村东
多泵墓地及祭坛	自治区级	古墓群	吐蕃王朝时期	浪卡子县张达乡驻地东北
绒布拉康石刻群	自治区级	石刻	吐蕃王朝晚期	浪卡子县多却乡绒波村

6
日喀则市
RIKAZE

日喀则市古建筑分布图
Historical Architectural Map of Rikaze

1. 扎什伦布寺
2. 夏鲁寺
3. 纳塘寺
4. 甘丹热布杰寺
5. 热拉雍中林
6. 梅日寺
7. 达那寺
8. 甘丹曲果林寺
9. 江孜宗山抗英遗址
10. 白居寺
11. 帕拉庄园
12. 乃宁曲德寺
13. 艾旺寺
14. 东嘎寺
15. 噶举寺
16. 乃甲切木石窟寺
17. 羌姆石窟
18. 萨迦寺
19. 萨迦卓玛拉康
20. 平措林寺
21. 拉孜曲德寺
22. 曾桑钦寺
23. 日吾其寺金塔
24. 昂仁曲德寺
25. 朗果荡芭寺
26. 绒布寺
27. 喇普寺（喇普德庆寺）
28. 吉隆曲德寺
29. 吉隆卓玛拉康
30. 大唐天竺使出铭
31. 强准祖拉康
32. 帕巴寺
33. 恰芒波拉康

藏 S（2019）004 号

概　述

日喀则市位于青藏高原西南部，西接阿里地区、北靠那曲市、东邻拉萨市与山南市，南与尼泊尔、不丹、印度接壤，国境线长 1753 公里，面积 18.2 万平方公里，平均海拔 4000 米以上。

日喀则大体处于喜马拉雅山脉中段以北，冈底斯山—念青唐古拉山中段以南，地形包括南北两侧的山脉和中间众多的河谷、高原、盆地。8000 米以上的山峰有 5 座，即珠穆朗玛峰、洛子峰（8516 米）、马卡鲁峰（8463 米）、卓奥友峰（8201 米）、希夏邦玛峰（8012 米），还有 7000 米以上的高峰 14 座。

日喀则原称"年曲麦"或"年麦"（即年楚河下游的意思），从 7 世纪吐蕃王朝建立开始，成为后藏重镇。到元、明时期，最后一个宗是桑珠孜宗，全称改为溪卡桑珠孜，简称溪卡孜，汉译为日喀则，因而得名。日喀则气候温和、日照充足、农业发达，是西藏主要的农业区，也是西藏自治区商品粮生产基地之一。经济以农牧业为主，是西藏的"粮仓"之一。

桑珠孜区

1 扎什伦布寺

Tashilunpo Lamasery

文物级别	国家级
开放方式	购票参观
地 址	桑珠孜区西北尼玛山南麓
年 代	明
推荐指数	★★★★★

扎什伦布寺意为"吉祥须弥山寺",全名为"扎什伦布拜吉德钦却勒纳巴杰瓦林",意为"吉祥宏图资丰福聚殊胜诸方洲",是西藏日喀则地区最大的寺庙,为四世之后历代班禅喇嘛驻锡之地,与甘丹寺、哲蚌寺、色拉寺合称为藏传佛教格鲁派四大名刹。

寺院由宗喀巴弟子根敦珠巴1447年创建,并任首任法台(1447—1474年),后被追认为第一世达赖喇嘛。当时建有7座佛殿和三大显宗扎仓。1601年四世班禅洛桑曲吉坚赞主持期间进行了大规模扩建,达

扎什伦布寺

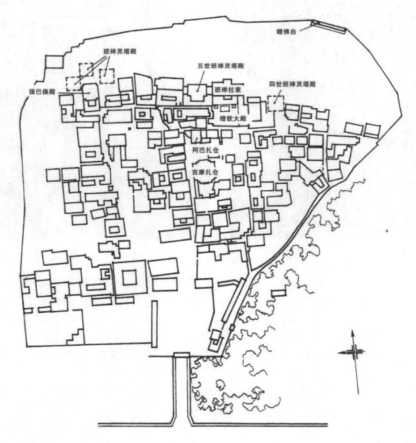

扎什伦布寺总平面示意图

扎什伦布寺入口广场全景

扎什伦布寺及四世班禅灵塔殿

扎什伦布寺强巴佛殿外观

到了经堂 56 座、宫殿 6 座、僧舍 6000 余间，以措钦大殿为核心下设显密四大扎仓。1713 年清康熙皇帝册封五世班禅为"班禅额尔德尼"并赐金册金印，从此扎什伦布寺也成为班禅驻锡之地。

扎什伦布寺占地面积 23 万平方米，建筑面积 15 万平方米。周围筑有宫墙，宫墙沿山势蜿蜒逶迤，周长 3000 多米。整个寺院依山而建，坐北朝南。从南侧几吉朗卡路向北不远，便是全寺的正门。进入门内，整个建筑群便展现在眼前。正对大门是一条南北主干道，沿山坡而上直通北侧高处一字排开的四间红墙金顶大殿，自西向东分别是强巴佛殿（弥勒佛殿）、十世班禅灵塔殿（释颂南捷）、四世班禅灵塔殿（曲康吉）和五世至九世班禅东陵灵塔殿（扎什南捷）。金殿周围也散布着一些佛殿和扎仓，东侧最高处是宏伟的白色展佛台，其下则是漫山遍野、鳞次栉比的数千间僧房和零散佛殿，蔚为壮观。

四座金殿均为金顶红墙黑色檐口，装饰华丽，体量高耸。空间最为丰富的则是班禅东陵灵塔殿前的立体辩经场，如同一座现代化的中庭，四周是高低各异的回廊和佛殿，空间错综复杂，内部空间也丰富变化，

扎什伦布寺强巴佛殿壁画 1

扎什伦布寺强巴佛殿内景

扎什伦布寺强巴佛殿壁画 2

扎什伦布寺强巴佛——世界第一大铜佛

扎什伦布寺尊胜殿外观

日喀则市

扎什伦布寺尊胜殿仰视　　扎什伦布寺四世班禅灵塔殿外观

并与西侧的措钦大殿及班禅寝宫连成一片由室内外各
种巷道、庭院、殿堂、露台组成的奇妙迷宫，值得细
细玩味。

　　其下的僧舍则如藏族山村般星罗棋布，形成种种
街巷、广场、绿地和庭园，其间也散布着吉康扎仓、
阿巴扎仓等较大的建筑和白塔群。

　　整个扎什伦布寺气势宏伟，布局活泼中有秩序，
空间丰富，是藏传佛教寺院的杰出代表作。

扎什伦布寺五至九世班禅灵塔殿

扎什伦布寺五至九世班禅灵塔殿及讲经场

扎什伦布寺巷道 1

扎什伦布寺巷道 2

扎什伦布寺巷道 3

扎什伦布寺巷道 4

2 夏鲁寺

Shalu Lamasery

文物级别	国家级
开放方式	购票参观
地　址	桑珠孜区甲措雄乡夏鲁村
年　代	吐蕃分治时期、元
推荐指数	★★★★★

夏鲁村位于桑珠孜区东南约 20 公里、年楚河南岸的一处南北向的山谷中,海拔约 3850 米,周边田野景色优美,村落中心区方圆约 500 米,夏鲁寺就位于村落的中部。

寺院据传由喇嘛吉尊西绕琼乃始建于 1087 年,1329 年毁于山洪,1333 年由布顿大师主持重建。

主体建筑群坐西朝东,由西部四合院和东部方形院落两部分组成,东西长 75 米,南北宽 44 米,主院门朝东。院落东侧是紧靠村落中心道路的前广场,较为宽阔,广场西端一座白塔正对寺门。

从东门进入前院,正对面就是主建筑的灰色正立面,主建筑呈"凸"字形平面,突出部分为门楼。南侧和东侧为两层外廊,北侧为僧舍用房,进入二层的楼梯入口也在北侧。

夏鲁寺以藏汉结合的建筑风格而享誉西藏,在藏式楼体上覆盖汉式斗栱与绿色琉璃瓦大屋顶,形成独特的汉藏组合。

夏鲁寺

夏鲁寺入口

夏鲁寺大殿正门

夏鲁寺二层庭院

夏鲁寺东望村落和远山

主体建筑为三层四合院格局，首层前为门道殿，中部为典型的集会大殿（经堂）并升高到二层庭院内，后为佛殿，左右为配殿。二层中部为露天庭院，四面藏式回廊。庭院中可见四面佛殿，东侧为重檐歇山形式，其余均为单檐歇山，屋檐飘逸深远，彩画精美，与红黄色藏式墙面形成鲜明对比。建筑外围为封闭的红色高墙，与周边藏式民居形成高耸狭长的街巷。

夏鲁寺保存有大量元代原绘壁画，包含印度、尼泊尔、汉地、藏地多种风格，尤其是二层北配殿的坛城，具有很高的艺术和历史价值。

夏鲁寺汉式屋顶

夏鲁寺屋顶庭院

夏鲁寺屋顶庭院东望

3 纳塘寺

Narthang Lamasery

文物级别	自治区级
开放方式	购票参观
地　址	桑珠孜区曲美乡那塘村
年　代	吐蕃分治时期—清
推荐指数	★★★

　　纳塘寺藏语意为"象鼻平地寺"，位于桑珠孜区西南 13 公里的 318 国道旁，由著名佛教学者朗董敦罗追札主持修建并担任第一任堪布（1221—1235年），为噶当教典派发源地，也是西藏历史上雕印佛经、幡画的重要制作地。经 20 任师徒传承至五世班禅时期，该寺改奉格鲁派并成为扎什伦布寺的属寺。一世达赖喇嘛根敦珠巴曾在这里受戒，并研学佛法长达 17 年。

　　纳塘寺位于那塘村北侧，坐西朝东，门前小河流过。寺院有三重方形夯土围墙，现仅有中墙保存较好，墙厚 2.4 米，残高 10 米，占地 45 000 平方米。围墙内原有多组小型方形院落，但近年来改建较大，形成一个不完整的大型院落，主要原建筑仅余中间大殿、南侧墙边的两层塔殿和少量遗址，已经不复旧观。

　　纳塘寺设有著名的"纳塘印经院"，它是西藏最早的一座印经院。18 世纪雕印业大发展后，19 世纪后逐步衰落，20 世纪印经院在"文革"中被毁，寺内印经板尚存 8500 多块。1988 年在原措钦大殿西侧新建了两层大殿。

纳塘寺大殿

纳塘寺

纳塘寺白塔

纳塘寺围墙遗迹

南木林县

4 甘丹热布杰寺

Ganden Rebujie Lamasery

文物级别	自治区级
开放方式	免费参观
地　址	土布加乡玛格达村
年　代	吐蕃分治时期
推荐指数	★★★

甘丹热布杰寺位于南木林县土布加乡政府驻地，雅鲁藏布江北岸。从318国道与304省道路口北行过江，沿江北岸土路西行约20公里再向北，便可到达土布加乡，寺院就位于村落中心。此处正是两条河流交汇之处的北岸，河水在此合流后向南流入雅鲁藏布江，地形颇富意趣。

寺院初名乃西赤丹寺，1051年由麦墩村波索南坚赞创建，尊奉达波噶举派。原寺由大殿、殿前广场、拉章及80多间僧舍组成，18世纪准噶尔部入藏时被

甘丹热布杰寺大殿

甘丹热布杰寺大殿东侧

甘丹热布杰寺南侧沿街立面

甘丹热布杰寺大殿东侧僧房

甘丹热布杰寺寺外古树

毁，遂改名为甘丹热布杰寺，改宗格鲁派。拉章于20世纪70年代被毁，僧舍成为民居，仅大殿保存较好，现已在修复中。

寺院坐北朝南，村中主要道路从门前通过。寺院西部为大殿及其南部前院，东部是一组庭院式两层僧房。入口位于东南角街口，要通过狭长的院落，才能到达大殿前院。大殿两层，成坛城布局。周边一些僧房也在陆续修建中。

寺院规模不大，格局简单。但值得一提的是，村落北侧沿路种有一大批造型遒劲的古树，由此向北正是通往梅日寺的道路。

5 热拉雍中林

Gyung Drung Gling Lamasery

文物级别	自治区级
开放方式	购票参观
地 址	奴玛乡热拉村
年 代	清
推荐指数	★★★★★

热拉雍中林寺藏语称"热拉雍中林"，位于南木林县奴玛乡热拉村，海拔3750米。寺北紧靠维拉杰桑山，"维拉杰桑"是十三护法神之一，盘踞此山护法，故此山因而得名。寺院正位于318国道与304省道交叉口的东北方位，雄踞于雅鲁藏布江与其北侧直流交汇处东北侧的山脚台地之上，位置显要，绵长的轮廓线成为江边的一道靓丽风景。

寺院相传创建于松赞干布时期，1835年江衮·达瓦坚赞改建成现状，是后藏地区最大的苯教寺院。寺中僧人有外出经商的传统，赴江孜、日喀则、拉萨、藏北从事贸易，甚至远赴锡金、印度销售西藏的农畜土特产，并将外面的工业品带回西藏。所以该寺的财力十分雄厚，在后藏仅次于扎什伦布寺。

从318国道过江北行3公里，再向东过桥，折返向南，穿过江边的热拉村，才能到达寺院门前。寺院坐北朝南，高居台地之上，地势开阔，向南俯瞰江面和对岸的拉日铁路，景观极好。

寺院最北部高处是一高三低四组佛殿，位于北侧山坳之中。殿前是东西向的平台，视野开阔。南侧向下是一组大殿，以及围绕布置的几十组僧房，沿坡地逐级降低，空间错落有致，绿树成荫，环境幽静。再往南是大片的空旷场地，外围是围墙和寺门。寺院北侧背后雄伟的山坡上，佛塔和嘛呢堆围出了极大的区域，最高处超过200米。

作为苯教大寺，寺内供奉有苯教祖师年美·喜饶坚赞（梅日寺的创建人）、本寺创建人江衮·达瓦坚赞的镏金铜像。

寺院规模宏大，地势险要，空间丰富，建筑精美，是具有代表性的苯教寺庙，非常值得参观。

热拉雍中林隔江远眺

热拉雍中林院内全景

日喀则市

热拉雍中林大殿前广场

从大殿南望

6 梅日寺

Smanri Lamasery

文物级别	自治区级
开放方式	免费
地　　址	土布加乡顶布村
年　　代	明
推荐指数	★ ★ ★ ★ ★

　　梅日寺，全称扎西梅日寺，位于南木林县土布加乡顶布村境内，距县城102公里，海拔4700米。从大竹卡过雅鲁藏布江，沿江北向西到土布加乡政府，再向北9公里到顶布村。梅日寺就在顶布村以东2公里的山坡之上。但机动车无法从顶布村到达梅日寺，只能从顶布村南3公里的岗嘎村向东，沿盘山公路翻越山谷才能到达。

　　梅日寺是苯教祖寺之一，是藏区最大、最早的苯教寺庙，被称为苯教"母寺"。1029年由珠钦雍仲喇

梅日寺远眺

嘛创建于夏曲河东岸，称"耶如本色寺"，后毁于山洪。明永乐三年（1405年），第十九任主持年美·喜饶坚赞将寺址迁到现在的位置。历史上，该寺分有上、中、下、边4个分寺及若干个康赞，曾有智、西、辛、巴、美、琼六大氏祖传16位大法王，33代堪布主持。寺内供有以二世法王喜饶坚赞的灵塔为代表的众多历史文物。

　　寺院建筑位于坐东朝西的一条山谷中，与西端谷底的顶布村落差高达500米，从寺院望向西侧河谷，景色非常壮观。两千米长的山坡巨大的落差，使人有身处天上的感觉。远远的谷底绿色的梯田和金黄的油菜花又仿佛世外桃源，令人心旷神怡。寺院的选址不但保持了神圣感，也引入了田园之美，令人惊喜。

　　寺院原有建筑在1959年后逐渐被毁坏荒废，但明代的大殿基本保存，1983年之后逐步修复，现状建筑除了大殿外，还包括了新建的护法神殿、甘珠尔殿、喇让殿、僧舍等，占地1.2万平方米。现状建筑分作两组，被一条冲沟分开。北侧是坐北朝南的一组大殿，以及周围依山而建的几十栋僧房，沿着陡峭的山坡层层跌落。南侧是一组大殿和几栋僧房，也沿着山坡自东向西叠落。整个建筑群本身也算完整而丰富。寺内还存有明代的摩羯鱼石雕，长达5米，造型古朴。

　　梅日寺位置险要，气势极其宏伟，深得藏传建筑山形地势布局之精华，再加上其深厚的历史内涵，是不容错过的寺院之一。

梅日寺全景

梅日寺大殿

日喀则市

7 达那寺

Tana Lamasery

文物级别	自治区级
开放方式	免费
地　址	达那乡驻地以南1公里
年　代	元
推荐指数	★★★★★

达那寺位于南木林县政府以东15公里的达那乡驻地，海拔4000米。东南、西南和北方三条河谷交汇于此，在南侧形成了一处引人注目的三角形小山，达那寺就雄踞于山顶。向北望去是延绵的丰饶谷地和远处的群山，西侧山脚下是达那村密集的藏式民居和河畔开阔的田野，东侧是沿着河谷向远山延伸的织锦般的黄绿梯田，整个环境和地势浑然天成，令人叫绝。

达那寺于13世纪由却格措创建，尊奉噶玛噶举派。

达那寺主体建筑为卓玛拉康和祖拉康。卓玛拉康为早期建筑且保存完好，居于寺院正中，山顶最高处，殿门朝南，高二层，建筑面积约150平方米。南侧是一层回廊围合成的前院。底层由门廊、小经堂、佛殿组成。卓玛拉康北侧向下是祖拉康，位于山顶北端，与南侧僧房形成一组长方形院落，拱卫着南侧的卓玛拉康。祖拉康西侧是入口庭院，院中有方形佛塔。

虽然新修的机动车道可以从南侧沿山坡到达卓玛拉康门前，但寺院本来的道路，却更富趣味。从西南侧村落中穿过，沿山坡上至小山西南角，再向东北方，沿着从岩石中开凿的步道上山，直达寺院西北角的佛塔处，再折向东南拾阶而上进入庭院，一路上仰望山顶的寺院，步移景异。庭院中继续沿坡而上，转过大殿背后的转经道，瞥见东侧河谷的梯田、激流，才从侧门进入回廊，直面大殿，豁然开朗。这一路曲折往复，峰回路转，空间和景致交替变化，将建筑群的有机形态和空间变化展现得淋漓尽致。建筑群虽然规模不大，空间景观却极为精彩，堪为小型藏地佛寺结合地形设计的典型代表。

达那寺上山古道

自达那寺北望河谷

达那寺西侧仰望

自达那寺仰望山顶

自达那寺远眺东南河谷

自达那寺远眺西南河谷

242

242

242

8 甘丹曲果林寺

Ganden Quguolin Lamasery

文物级别	自治区级
开放方式	免费参观
地　　址	南木林镇
年　　代	元
推荐指数	★★★★★

甘丹曲果林寺位于南木林县南木林镇中心北部。南木林镇位于香曲北岸，是四条河谷交汇之处，中心是一处方圆 500 米、高 100 米的小山丘，寺院就依托山丘南坡而建。

甘丹曲果林寺于 14 世纪初由噶玛噶举派第三世黑帽活佛襄君多吉的弟子却格洛珠创建，原名噶玛松多林巴寺，后改宗格鲁派。20 世纪六七十年代原建筑多有损坏，只有中心大殿底层基本保存，20 世纪 80 年代以后又经修复，恢复了原寺规模的三分之一。

寺院现状建筑主要建在半山腰处，面朝西南方向开阔的河谷和香曲南流的方向。从山脚下的广场进入寺门，拾阶而上，转折多次方到达中心大殿。大殿三层，门廊、经堂、佛殿依次升高，气势宏伟，视野开阔。两侧数十栋僧房层层叠叠围绕大殿而建，形成大片形态丰富的建筑群。山顶之上是天葬台的遗迹。整个建筑群狭长而高耸，组成一片充分展开的立面，规模宏大，地势险要，生动丰富，朝向下方河谷的市镇，气势宏伟逼人，非常精彩。

甘丹曲果林寺远景

甘丹曲果林寺东南侧入口台阶

甘丹曲果林寺西侧主入口

甘丹曲果林寺大殿东南侧广场　　　　　　　甘丹曲果林寺大殿前窄巷

江孜县

9 江孜宗山抗英遗址

Site of anti-British battles on Mount Zong in Gyangtse County

文物级别	国家级
开放方式	购票参观
地　　址	江孜镇中心
年　　代	吐蕃分治时期—清
推荐指数	★★★★★

　　江孜宗山抗英遗址位于江孜镇中心一座独自矗立的小山之上，俯瞰整个低缓开阔的江孜古城，并于北方山脚下的白居寺遥相呼应，在群山、古城、田野的烘托下，气势磅礴，蔚为壮观。

　　遗址据传始建于967年，是吐蕃王朝末代赞普朗达玛（9世纪在位）之孙贝考赞在山顶修建的宫殿，后由江孜法王帕巴贡桑布（14世纪）在其旧址上修建了"江喀孜"城堡，到清代为江孜宗宗府所用，其山也就被称为宗山。藏语"宗"意为城堡，也是原西藏地方行政单位的名称，相当于县。

　　光绪三十年（1904年）英军入侵西藏，江孜作为拉萨门户，西藏军民在江孜依托宗山修筑工事，与英国侵略者进行了长期殊死搏斗，最后全部牺牲，写下了光辉而悲壮的爱国篇章，江孜也因此被称为英雄城，电影《红河谷》就取材于这段史实。1961年被列为首批全国重点文物保护单位。

　　宗山西高东低，遗址东西长360米，南北宽80米，海拔4022～4140米，高差近120米。遗址分布面积近3万平方米。现存遗址分为早、晚两期。早期部分为原江孜宗宗府建筑群的墙体残迹，现已修复一部分，包括早期孜杰拉康殿、哲拉康大殿、哲布岗会议厅、宗本（县长）官邸、宗府宿舍、仓库、马厩以及驻藏大军巡边石碑。晚期部分即为1904年为抗击英国侵略军所修建的土石防卫墙、炮台、堡垒，以及抗英勇士跳崖纪念碑等。防卫墙沿山顶周围用土石夯筑，遗迹高4米，厚1米。堡垒炮台皆为块石砌筑，圆角方形，面积50平方米以内。

　　宗山南侧就是开阔的三角形广场，中心竖立着江孜宗山英雄纪念碑，从广场北望，整个宗山一览无余，修复后的城堡层层叠叠的雄踞于宗山之上，皴裂陡峻的悬崖上，白色的墙体和红黑两色的檐口纵横交错，顶部的白塔金顶直指天际。

　　整个遗址都建造在宗山山脊的南半部，外围墙沿东西山脊和南坡中上部修筑，主入口位于东侧英雄北路上，入口南侧是江孜历史文化陈列馆。从东入口来到山脚下，迎面是一条登山道沿南坡曲折而上，通往山腰东侧的宗本官邸和宗府。也可以乘车从北坡后修的车道到达此处。

　　再往上的山腰南侧，则是早期遗迹中留存较好的哲拉康殿遗迹，建造于吐蕃分治时期，坐西朝东，块石砌筑，面积360平方米，经过多次整修，经堂和佛

殿都保留了原建墙体，经堂内立有 16 柱，柱头和斗
栱雕饰精美，四壁存有原绘壁画，其风格与白居寺措
钦大殿内壁画类似。佛殿内立 2 柱，供奉释迦牟尼像。

　　山腰西侧有抗英烈士跳崖处和炮台。山顶最高处
设有佛堂和顶峰白塔，还建造了纪念神女的三层神女

塔，成为整个宗府的制高点。还可以四面俯瞰整个江
孜古城，包括北侧的白居寺。整个遗址依山而建，气
势宏伟，外部视野开阔，内部复杂精巧，也是西藏唯
一保存比较完整的宗府遗址，具有很高的历史价值。

江孜宗山抗英遗址西侧远景

从白居寺远看宗山

江孜宗山抗英遗址南广场

10 白居寺

Phalkor Lamasery

文物级别	国家级
开放方式	免费参观
地　　址	江孜镇北侧白居路北端
年　　代	明
推荐指数	★★★★★

　　白居寺位于江孜镇西北侧，山脉边缘的一处小山丘南坡及其南侧平地上，海拔3900米。全寺坐北朝南，寺前白居路向南延伸700米就是宗山抗英遗址，两座小山之间有连绵的矮丘相接，互成掎角之势，浑然一体，也体现出政教合一的意味。

　　白居寺全称"吉祥轮上乐金刚鲁希巴坛城仪轨大乐香水海寺"，简称"班廓德庆"，由江孜法王热丹贡桑帕巴及第一世班禅克珠杰创建，1418年建成桑披仁波林大殿，1425年前后建成白居塔。原建有17个扎仓，现存的包括措钦大殿、白居塔、仁定扎仓、古巴扎仓、甘登拉康、玛尼拉康等，其余已毁或改建。

　　白居寺建于西藏各教派势力均敌时期，所以成为藏传佛教的萨迦派、夏鲁派、格鲁派三大教派共存的一座寺庙，各派在寺内均拥有六七个扎仓。

　　主体建筑群位于小山南坡脚下，东西北三面环山，整体被围墙环绕，场地正中并列两座核心建筑，东侧是措钦大殿，正对寺门以及门外的白居路，路两旁的民居和林荫道共同构成了全寺的主轴线；西侧是白居塔。两栋核心建筑周围建有众多扎仓和附属建筑，形

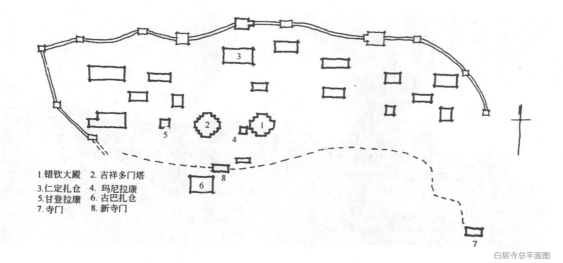

1.错钦大殿　2.吉祥多门塔
3.仁定扎仓　4.玛尼拉康
5.甘登拉康　6.古巴扎仓
7.寺门　　　8.新寺门

白居寺总平面图

日喀则市

江孜县白居寺

白居寺全景

白居寺（左）与江孜宗山（右）全景

白居寺东侧僧房和城墙

成主次分明但又非常活泼的布局。

外部围墙建于 1425 年，整体红色，南段围墙较为平直，其余三面围墙沿山脊修建成高低起伏的折线型。围墙周长 1440 米，残高 3 米，厚 2～4 米，夯土为主，局部使用块石，留存角楼遗址 13 处，东北角建有 10 米高白色石砌晒佛台一处，整个围墙现已基本修复。

从白居路来到寺前，红墙中间是白色的寺门，七段叠落的黑色檐口和黑色门柱庄严肃穆，门内外路两侧均有一排转经筒，强化了轴线。沿路向北，穿过广场和一对大树，轴线尽端便是措钦大殿。大殿坐北朝南，平面呈"坛城"形，藏式平顶土石结构，红墙，檐口上黑下白，高三层，门廊后为前堂，前堂西接西殿和护法神殿，东接仓库，北接经堂，经堂 48 柱，中部 8 柱升起天窗。经堂两侧接东、西净土殿，均 2 柱，北接佛殿，内 8 柱，供三世佛铜像。二层正中为天窗，南为库房和拉基大殿，东西为郎斋夏殿和登觉殿，另有弥勒殿和小经堂。三层为夏耶拉康，位于北部，四

白居寺维修中的城墙

白居寺措钦大殿南面外观

白居寺措钦大殿内景 1

白居寺措钦大殿内景 2

白居寺措钦大殿内景 3

壁彩绘坛城。

　　大殿西侧紧邻的是白居塔，全称吉祥多门塔，号称藏有十万佛像，因而又称十万佛塔。1427 年开工，1436 年建成，平面也为坛城形，塔有 9 层，高达 42.5 米，地面直径 62 米，主体白色，金顶，各层檐口均有大量彩绘，非常壮丽。底部为塔基，其上塔座四层，逐层收分。第五层为圆柱形塔瓶，直径 20 米，内有佛殿四间。第六层呈四方形，位于塔瓶之上，内为一中心柱式佛殿。第七、八层为金色十三天相轮部分，内均设有佛殿；第九层为塔顶伞状部分，其上为最顶

日喀则市

白居寺措钦大殿内景 4

端金幢。全塔有 77 间龛室、108 个门，各层皆有石砌回廊，内壁有壁画，壁画有明显的南亚尼泊尔风格。白居塔是江孜的标志性建筑，以立体的曼荼罗为原型，构图严谨，造型优美，综合了藏、汉及尼泊尔建筑特征，兼具丰富的佛教象征含义，堪称"西藏塔王"。

白居塔北侧山坡上是仁定扎仓，属于噶当派，上下两层，25 柱，是原建的 17 个扎仓中规模较大的一个，保存也较为完好，下层为地下室，上层有贡觉殿、斋康、护法殿、集会堂等，位置颇为显要。根据史料，原本山坡上有大量建筑，但多数已毁，只剩下仁定扎仓等少量建筑。

紧贴措钦大殿西南角有一组很小的佛殿，是玛尼拉康，内有巨大转经筒。白居塔西侧的红色建筑，层层叠落造型颇为优美，是格鲁派的甘登拉康，供奉宗喀巴大师坐像。白居塔以南正对的是古巴扎仓，规模较大，坐西朝东，两层，一层为佛殿，二层为僧舍。措钦大殿东侧的一组藏式建筑，则主要是僧人日常居住的康村，多为一层，与普通藏族民居类似。

白居寺不但寺中有塔，塔中有寺，寺院规模宏大，遗存完整，而且拥有大量精美的雕塑和壁画，是西藏历史艺术文化的杰出案例，具有极高的学术和艺术价值。

白居寺十万佛塔

白居寺十万佛塔顶层塔门雕刻 1

白居寺十万佛塔塔刹

白居寺十万佛塔顶层塔门雕刻 2

白居寺十万佛塔壁画 1

白居寺十万佛塔壁画 2

白居寺十万佛塔塑像 1

白居寺十万佛塔塑像 2

白居寺十万佛塔塑像 3

白居寺十万佛塔塑像 4

白居寺十万佛塔塑像 5

11 帕拉庄园

Pala Manor

文物级别	自治区级
开放方式	购票参观
地　　址	江孜县江热乡班久伦布村
年　　代	清
推荐指数	★ ★ ★ ★

　　帕拉庄园又称班久伦布庄园，位于江孜县城以西
3 公里，年楚河西南平坦的河谷上的一小片居民点之
中，庄园的主建筑、内部陈设、后花园、农奴院以及
4 公顷的沙棘林基本保存完整，是西藏保存最好的
农奴主庄园。

　　帕拉家族是西藏十二大贵族之一，拥有 400 多年
的历史，在西藏民主改革前，在西藏拥有 37 座庄园。
江孜的帕拉庄园原建在江孜城以东 1 公里处的江嘎村，
1904 年第二次英国侵藏战争时被英军焚毁。战争后由
帕拉旺久在现址建造了今天的帕拉庄园。1959 年帕拉
旺久外逃，庄园被政府没收，作为历史建筑保存至今。

　　帕拉庄园主建筑群包括一组三层院落和附属花园
及花园中的零散建筑。主建筑南侧是一方前院，院门
临街，也是庄园的主入口。院门不算高大，但五段叠
落的山墙和一对双层斗栱引人注目。进入院内，便看
见三层白色的主体建筑。主院落由一大一小两个方形
内院组成，东北部较大的内院成长方形，西南部小内
院则为方形，两院隔廊相望，空间颇为有趣。大内院
三面是外廊，北侧是藏式建筑主立面。小内院四面环廊。

　　主体建筑首层空间低矮，主要为各种库房和用人
房，西南内院还有一处马厩。二层包括议事厅、神殿、
管家用房以及库房、厨房等服务用房，并设有环廊和
露台。三层面积较小，只占据了院落北部，主要是领

主生活的区域，包括日光室、卧室、会客厅、经堂、
阳台等生活用房，西南露台上还有一处格拉祭台。

　　院落东北角有入口通往北侧的花园，园中林木茂
密，正中设有一座木亭，供领主夏季饮宴之用。东侧
设有一层的厨房和下接待室。院落东墙是原来的领主
出入的主门，并设有门房。现状南门原为朗生用的后
勤入口。庄园南门对面是朗生院，也就是农奴的住处，
仍然保持原貌，低矮阴暗，与领主的房屋对比鲜明。

　　整个建筑群空间丰富、功能完备、壁垒森严、等级
清晰、体量宏大、保存完整，尤其是其中大量的生活用
品陈设装饰都保存了下来，能够充分再现历史原貌。

帕拉庄园正门

帕拉庄园主庭院

帕拉庄园小庭院

帕拉庄园北侧花园

康马县

12 乃宁曲德寺

Naining Qude Lamasery

文物级别	国家级
开放方式	购票参观
地 址	康马县南尼乡南尼村
年 代	吐蕃王朝时期、明、清
推荐指数	★★★★★

乃宁曲德寺，又名南尼寺，位于年楚河上游的康如普曲河西岸河谷地带的南尼乡，寺庙北距江孜县城10公里，南距康马县城40公里，西靠郎钦山（意为

大象山），东临年楚河，距离 S204 公路 200 米，海拔 4100 米。

寺院创建于吐蕃王朝时期，创建人为阿羌甲·强拜桑布。传说阿羌甲·强拜桑布为古印度僧人，莲花生大师的弟子。他在莲花生大师建立桑耶寺以后来到年楚河上游的谷地，见河西岸的山势犹如一头匍匐在地的大象，是弘扬佛法之地，即主持修建了乃宁曲德寺。

乃宁曲德寺开始尊奉宁玛派，到阿底峡时期改宗噶当派，后在宗喀巴时期改宗格鲁派至今。寺院原有三道围墙，占地 9 万平方米，现存内墙及内部建筑，南北 384 米，东西 170 米，占地 6.5 万平方米。现存建筑 30 余个单元，分为三组，分别位于西边、东南

乃宁曲德寺东侧全景

254

角和东北角。这些建筑分别建造于吐蕃王朝、宗喀巴时期、19世纪前期、十三世达赖四个时期。

围墙内北侧为林卡，林卡南边是建于吐蕃分治时期的三座白塔，精美壮丽。西南侧是大片的废墟遗址。东南部为现存主要的建筑群，多为十三世达赖时期所建，包括主殿乃宁大昭寺及其庭院、乌孜大殿等。

1904年英军侵略西藏，为防守江孜，藏军与乃宁曲德寺的喇嘛以乃宁曲德寺为据点，依靠该寺高厚的围墙阻击英军，做出了巨大的牺牲。至今乌孜大殿门上还有英军的弹痕。战争结束后，十三世达赖为表彰该寺喇嘛的贡献，在原吐蕃时期兴建的佛殿东侧新建一座大殿，即"乃宁大昭寺"，坐北朝南，由经堂、佛殿、僧房等部分组成。

东侧为寺院入口，入口外还有罗布水塘。围墙西侧是高耸的郎钦山，山顶尚存天葬台遗迹。每年藏历四月十五，寺内都要举行"南尼颂珠文化节"，包括佛教跳神和罗布水塘骑马挂经幡等活动，至今已经延续了500多年。

乃宁曲德寺规模宏大，景观空间丰富，并承载了深厚的历史底蕴，值得一游。

乃宁曲德寺西侧废墟

乃宁曲德寺大殿前庭院

乃宁曲德寺北侧殿堂

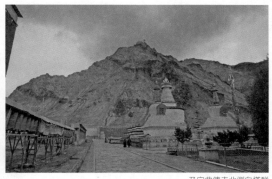

乃宁曲德寺北侧白塔群

13 艾旺寺

Aiwang Lamasery

文物级别	自治区级
开放方式	免费参观
地　　址	萨马达乡沙鲁村
年　　代	吐蕃王朝时期
推荐指数	★★★★

艾旺寺位于日喀则地区康马县驻地以南的萨马达乡萨鲁村东北，冲堆村西北900米，距离康马县驻地15公里，距离S204公路300米。寺院位于冲巴涌曲河岸和公路北侧的山坡低处，依山面水，海拔4400米。

艾旺寺传为吐蕃王朝时期康马所建的红寺，因外墙为红色著名。

寺院建筑坐西朝东，东西长37米，南北宽25米，占地925平方米，外围有长方形围墙，墙顶108座石砌小塔。围墙全部为红色，顶部小塔为白色，材料均为碎石垒砌而成，风格粗犷厚重。因山坡高差，围墙东西向逐级抬高，形成丰富的外观。

艾旺寺北侧全景

艾旺寺远景

　　南墙东端开寺门，门内三间殿堂也为红色，平顶，呈"品"字形分布，并与东侧内墙组成又一层内庭院，与外围墙之间形成一圈转经回廊。中间为主殿，殿内东西长 11 米，南北宽 5.5 米，面积 60.5 平方米，1966 年主殿顶部被拆毁，但墙体和内部泥塑保留，现已修复。南北两侧为配殿，三间殿内均有较多精美泥塑。寺院南侧有一组院落，为管理用房。

　　艾旺寺以精美的泥塑造型和南亚、中亚、汉地混合风格在西藏佛教艺术研究中有特殊意义，造型和颜色也颇具特色。

艾旺寺南侧入口

艾旺寺东北侧

艾旺寺石塔

亚东县

14 东嘎寺

Dungkar Lamasery

文物级别	自治区级
开放方式	免费参观
地　址	上亚东乡日丙岗村
年　代	清
推荐指数	★★★★

东嘎寺西南侧

东嘎寺全称"东嘎·扎什伦布寺",为日喀则扎什伦布寺的分寺。位于亚东县上亚东乡政府西面的东嘎山山顶,距离亚东县城 13 公里,海拔约 3000 米。

东嘎寺由噶举派僧人竹巴格隆君乃仁宝钦建于 17 世纪初,仅有一间小经堂。四世班禅时扩建,改宗格鲁派,是亚东县规模及影响最大的格鲁派寺庙。东嘎藏文含义是"海螺",据说在此山上曾发现天然海螺,因此得名。寺院 19 世纪初毁于地震,后重建。20 世纪初大规模扩建,1937 年在大殿后新建灵塔殿,寺前山石上刻有宗喀巴说法像。20 世纪六七十年代寺院彻底被毁,1987 年按原有规模形制重修。

从河谷底部的 S204 公路向西南侧行进,穿过东嘎山西南侧山坡上的村落,即可从背后绕到寺前,也有步道可从东面上山。东嘎寺位于山顶,东、南、西三面俯瞰下方河谷,扼守通往亚东和印度的交通要冲,位置十分重要。寺院朝向东南,呈四合院形制,占地超过一万平方米。经过门楼即为庭院,四周为回廊。庭院后部中间是措钦大殿。措钦大殿于 20 世纪初由第一世活佛阿旺格桑·白桑布主持扩建,高二层,长、宽各 20 米,下层为经堂,上层为佛殿,之上为金顶。大殿西北侧建有白塔。

东嘎寺在历史上有重要意义:1951 年西藏和平解放前夕,十四世达赖喇嘛到达亚东,中央任命张经武为代表,携带毛主席的亲笔信来到亚东会见达赖,并达成协议,说服了达赖喇嘛返回萨拉,实现了西藏的和平解放。东嘎寺以此政治意义被载入史册。

东嘎寺远景

257

东嘎寺顶部

东嘎寺内庭院

东嘎寺入口

15 噶举寺

Kagyu Lamasery

文物级别	自治区级
开放方式	免费参观
地　　址	下亚东乡仁青岗村
年　　代	清
推荐指数	★★★★

　　噶举寺位于下亚东乡政府西侧1公里的山体之上，海拔3000米。山体东侧是亚乃路所在的康布麻曲河谷，南侧是一条东西向支流，噶举寺就位于河谷交汇处的西北方位的山上。从亚东县沿亚乃路南行，在下亚东乡以北1.5公里的切马村路口向西上盘山道，行进至高处，便可见噶举寺雄踞于山脊之上，俯瞰东南面的下亚东乡，非常险峻。从此路继续向西，便可到达印度。

　　噶举寺于1747年由噶举派高僧珠旺苍巴阿达、贡玛丹增尼达二人创建，噶举寺活佛传承了11代。该寺于20世纪六七十年代曾被损毁，1985年后逐步

修复。

　　建筑群东西长70米，南北宽40米，东西侧是围墙和僧房，南侧为平台，西南侧为院门。主殿坐北朝南，位于庭院中部北侧偏东，呈"凸"字形，面积500平方米。主殿中部为经堂，西侧为噶举派护法神殿，其中保存有原壁画。东侧为格鲁派护法神殿，是为原"巴夏贡巴寺"迁入噶举寺而建。

　　寺院规模不大，但地势险要，气势雄壮，环境优美。

噶举寺西侧全景

噶举寺远景

噶举寺入口

噶举寺大殿

噶举寺大殿远眺

岗巴县

16 乃甲切木石窟寺

Naijia Qiemu Cave Lamasery

文物级别	国家级
开放方式	免费参观
地 址	岗巴县昌龙乡乃甲村
年 代	吐蕃王朝时期
推荐指数	★★★

乃甲切木石窟寺位于岗巴县城以西23公里，昌龙乡政府西北6公里，叶如藏布河北岸的乃加村，海拔5000米左右。

昌龙乡南侧接壤锡金，喜马拉雅山脉锡金段的雪山南坡脚下是一片极为开阔的河谷，水草丰美，东西宽约100公里，南北约20～30公里，如一片巨大的树叶躺在雪山脚下。雪山融水由北到南流过河谷，汇聚到北边缘的叶如藏布河。乃甲切木石窟寺正位于谷地的中部北端一片小山的南壁之上，而羌姆石窟则位于谷地西端边缘。两处石窟朝向一片河谷，恐非偶然。

石窟寺开凿于吐蕃时期，为西藏发现的第二座石窟寺。现状石窟外修筑了一圈围墙，墙内场地建有一组佛塔。从场地内经由一段台阶可上至石窟前。石窟外平台上修筑了部分建筑以保护石窟。崖壁上共有5座洞窟，洞口均向西南，距地面约10～15米。其中K1、K2、K5洞窟均保留不完整，且洞内无雕像、壁画。K3、K4洞窟保存完好。石窟内部空间不大，窟内佛像均为在崖壁上雕凿出大致轮廓，抹泥成型，属石胎泥塑造像方法，整体雕塑风格与印度古典主义雕刻风格相同。从石窟外平台上，可以远远看见南方印度锡金—尼泊尔交界处8586米的干城章嘉峰，并俯瞰整个河谷，蔚为壮观。

从南侧路上远看

远景

寺院入口

寺院院内

定结县

17 羌姆石窟

Qiangmu Grotto

文物级别	自治区级
开放方式	免费参观，洞窟内不开放
地　址	琼孜乡羌姆村南3公里
年　代	吐蕃王朝时期
推荐指数	★★★★★

羌姆石窟位于定结县东南、嘎定线南侧的琼孜乡羌姆村南3公里，喜马拉雅山脉中段的中尼边界果美山的南北向山脊的东侧崖壁，海拔4500～4600米。

羌姆石窟大约开凿于唐代，1968年以前，给曲河上游的雪山堰塞湖和冰湖的湖岸没有坍塌之前，羌姆村的全村人都住在羌姆石窟里，牛羊等牲畜也关在专为牲畜开凿的大型石窟里。之后才迁移到公路边现在的羌姆村。

从定结县向东南沿嘎定线行驶约60公里，穿过S型的河谷，就到达羌姆村。穿过村庄再向南，沿着叶茹藏布的支流给曲河西岸行进3公里，迎面一座白塔矗立在河边，右侧就是羌姆石窟。

石窟群南北长约900米、东西宽约65米，总占地面积超过5万平方米。整个石窟群大约有105座洞窟，分作三区，其中Ⅰ区有29座，Ⅱ区有35座，Ⅲ区有41座。石窟距地面30余米，攀登道路险峻曲折，山崖洞窟形态各异，石窟洞口皆向东，面向开阔的河谷，景象十分壮观。窟内有泥雕佛像，残体泥塑镀金佛像。羌姆石窟寺是继岗巴乃甲切木石窟寺之后，在日喀则地区发现的第二座石窟寺，扩大了西藏乃至中国石窟的分布空间，特别是Ⅰ区主要3个窟内存留的泥塑、壁画具有独特的艺术风格，是探讨西藏早期佛教艺术的重要资料。

羌姆石窟南段壁画和白塔遗迹

羌姆石窟山崖上的洞窟

羌姆石窟北望河谷

羌姆石窟北侧入口区

萨迦县

18 萨迦寺

Sakya Lamasery

文物级别	国家级
开放方式	购票参观
地 址	萨迦镇西侧
年 代	宋—元
推荐指数	★★★★★

萨迦寺是萨迦派的主寺，位于萨迦县政府所在地的萨迦镇，海拔约4300米，建筑群分列仲曲河南北两岸，一般被分别称为南寺和北寺。北寺位于北岸的仲堆本波山南麓，南寺位于南岸的平坝之上。全寺依山傍水，规模宏伟，蔚为壮观。

萨迦，意为灰白土，因所在之处土色灰白而得名。萨迦北寺由昆·贡却杰布奠基于北宋熙宁六年（1073年），之后其子贡嘎宁布、孙子杰尊扎巴坚赞增加了部分殿堂，成为寺院最早的建筑。南寺在元代至元五年（1268年）由第一任本钦释迦桑布奠基，经过萨迦五祖续建成为庞大建筑群。北寺大部分建筑在"文革"期间被毁，仅存遗址。南寺建筑分布范围约4.5万平方米，呈曼荼罗布局，保存较好。

萨迦北寺建筑群依山而建，气势宏伟。北寺曾经建有拉康、贡康、颇章、拉章等建筑108座，最早的建筑是乌孜大殿东侧的南朔拉康，其后建有喜多拉章、都却拉章、仁钦拉章、仁钦岗拉章，以及历代法王和本钦的灵塔殿等50多个单元，成为僧俗上层聚集的政教重地。虽然多数建筑已经在"文革"间被毁，仅存遗址，但仍可见当年盛况。山脚下的村落历史悠久，其中部近期新建了西藏佛学院的萨迦分院，为三层佛殿带两层前院，规模宏大。其西侧是朗加拉康，东侧为都却拉章，北侧为拉章夏，拉章夏西侧是引人注目的五祖灵塔，其上为乌孜大殿遗址。东侧是扎西孜拉康和夏典拉康。整个山坡西北高处是曲米增卡（胜乐宫），东侧高处是仁钦岗拉章，两边高处均设有观景台，可以俯瞰整个萨迦。

南寺现为一座正方形城堡，边长200米，四周为3米宽、8米高的灰色城墙，四角设高大角楼，东面中间设城门，其余三面中间设敌楼。城外西侧还存有部分城壕遗迹。城堡内中部偏北是宏伟的拉康钦莫大殿，平面呈方形，边长80米，高达三层24米，外围是全封闭的厚重墙体，底部灰色，上部红色，周围设转经道，与周围僧舍相比显得极为雄伟高大。大殿东侧凸出部分为主入口，中间是露天的天井。大殿内最著名的是首层大经堂的经书墙和四根巨柱。经墙满墙经书架上放满了数万经书，非常壮观，因而号称"第二敦煌"。4根巨柱则各有故事，分别是"猛虎载"（相传该柱由一只猛虎负载而来）、"野牛牵"（相传该柱由一野牦牛用角顶载而来）、"忽必烈柱"（相传

日喀则市

萨迦南寺

萨迦南寺全景

萨迦南寺南侧城墙及角楼

萨迦南寺大殿前广场

萨迦南寺大殿

萨迦南寺院内东南角

萨迦南寺八思巴殿庭院

萨迦南寺解脱梯

是忽必烈所赐）、"墨血柱"（相传是海神送来的流血之柱）被称为"四大名柱"。从东门外南侧解脱梯上至屋顶，可以俯瞰全镇。

大殿西侧和东南侧是整齐的一层僧舍，南侧是拉康拉章，据传八思巴圆寂于此，亦称"八思巴殿"，"文革"中被毁，近年恢复重建。

萨迦寺规模宏大，历史悠久，寺中壁画也非常珍贵，散布于寺内各建筑中，包括南寺大殿的坛城图、北寺乌孜大殿的文殊像等。全寺粉刷为灰、红、白三色，与一般藏地的红白色不同，成为萨迦寺的标志色彩。

萨迦北寺全景

萨迦北寺殿堂

19 萨迦卓玛拉康

Sakya Dolma Lhakhang Lamasery

文物级别	自治区级
开放方式	免费参观
地　　址	萨迦镇南部
年　　代	11世纪
推荐指数	★★

卓玛拉康入口

卓玛拉康位于萨迦镇南部边缘一片民居之中，是原来的卓玛颇章（度母宫）的主要建筑，从镇区宝钢南路南口偏东的路口向南 80 米，在三岔路口西侧可见寺门。进门 30 米才见到三栋连在一起的红色佛殿。

现存的二层佛殿组合有卓玛拉康（度母殿）、江白央拉康（文殊殿）、次巴麦拉康（无量寿佛殿），这三殿的壁画保存较好，绘制精美。其中卓玛拉康的萨迦法王夫妇供养图、度母救八难图，次巴麦拉康的萨迦法王世系图等壁画均是萨迦南寺少见或未见者。

建筑周边环境较为杂乱，整体维护情况不佳。

卓玛拉康入口内街巷

卓玛拉康主殿

拉孜县

<table>
<tr><td colspan="2">20 平措林寺
Pingcuolin Lamasery</td></tr>
<tr><td>文物级别</td><td>国家级</td></tr>
<tr><td>开放方式</td><td>购票参观</td></tr>
<tr><td>地　址</td><td>拉孜县彭措林乡驻地以南一公里</td></tr>
<tr><td>年　代</td><td>明</td></tr>
<tr><td>推荐指数</td><td>★★★★★</td></tr>
</table>

平措林寺位于日喀则拉孜县城东北方 46 公里的彭措林乡，海拔 4100 米。从柳乡附近路口下 318 国道，沿河谷中的拉柳公路向西北行进 40 公里，沿途的雅鲁藏布江峡谷视野开阔，风光优美，平措林寺就位于雅鲁藏布江一处大拐弯东侧的小山端部。寺院坐西朝东，俯瞰广阔的江岸滩涂和奔腾的江水，气势雄浑，宛若天成。

平措林寺于 1615 年由多热却塔创建，原信奉觉朗派，是目前西藏现存唯一的古代觉朗派寺院，但到

平措林寺远景

五世达赖喇嘛执政时期改奉格鲁派。寺院曾有 30 多个殿堂，3000 多名僧人，并在山顶处修建了九层高的达耶拉塔卧室，如今多数仅存遗址。寺中保存有以佛本生故事、传记为题材的壁画和雕刻，较为著名。

寺院规模宏大，主体建筑群约 170 米见方，南侧紧靠小山，山上尚有较多遗址。建筑群与山体外筑有方形围墙。主入口设在北侧中部。从雅鲁藏布江北的拉柳公路向南，跨过彭措林大桥，向南一公里沿山坡而上，才到达寺院正门。进门之后是一条南北主路，两侧是数十栋僧房，较为整齐地占据了寺院北部。路南段是集会大殿院落的入口，穿过入口建筑的一层门洞，就进入到主庭院中。

主庭院为东西向长方形，西高东低。院落东半部是开敞的庭院，周围设有一层环廊，石块铺砌的院中有几棵茂密的古树。主体的集会殿坐落在院落西半部宽阔的台阶之上，居高临下俯瞰东部庭院和院外的广阔农田与滩涂。集会殿三层，红色外墙深红色檐口，平面呈较为标准的坛城式样，风格朴拙，简洁方整。周围留有宽敞的转经道。整个院落围墙外贴墙建有十多座小拉康，成众星拱月之势。

平措林寺寺前中景

平措林寺北侧入口

平措林寺主入口

平措林寺大殿前广场和山顶

日喀则市

庭院南侧紧靠小山，有曲折的山道通往山顶的一片保存较好的宗堡建筑遗址，形成全寺的最高点和中心，仍能想见当年的气势。

整个平措林寺选址精当，布局开阔，气魄宏大，既与苍茫的山脉、江水融为一体，又能掌控整个江湾区域，体现了西藏古代建筑高超的规划设计水平。

平措林寺大殿前广场

平措林寺大殿

平措林寺北侧僧房街巷

平措林寺大殿西侧

平措林寺山顶遗迹

21 拉孜曲德寺

Lhaze Qude Lamasery

文物级别	自治区级
开放方式	免费参观
地　　址	拉孜县拉孜镇
年　　代	清
推荐指数	★★★★★

拉孜曲德寺位于拉孜县县政府所在的曲下镇以北9公里，雅鲁藏布江东岸，拉孜镇镇区西部，海拔4010米。

寺院于17世纪由五世达赖阿旺罗桑嘉措创建，这是其亲自创建的13座寺庙中的第四座，奉格鲁派。七世达赖喇嘛格桑嘉措（1708—1757年）为了答谢六世班禅罗桑·班丹益西（1738—1780年）给他传戒，便将此处赠送给他作为扎什伦布寺的分寺。

从曲下镇东侧下318国道，沿拉柳公路向北行进不远，公路左侧便出现雅鲁藏布江向北大拐弯的广阔河谷，江水四散奔流，形成三角形的滩涂，大片林地散布其间，景色非常壮观。江面最终收窄北流之处，东岸有一处拔地而起的屏风般的小山扼守江边，小山原为江孜宗山，历史悠久，山下便是曲德寺的所在。寺院周围是拉孜镇主要镇区。

穿过一公里见方的拉孜镇区，来到江边，便看见曲德寺的大门，和围墙之内高耸的宗山。正面岩石皲裂如斧劈刀砍，之上连绵的建筑遗迹险峻壮观，如同巨大的扇面，展开在开阔的江边。山上有一处修行石窟，保存有一些浮雕佛像。

寺院围墙内占地约200米见方，曾有18个殿堂、2座扎仓和1个大经堂，近500名僧人。现存大殿位于寺院北侧中间，坐北朝南，远眺江水北流。殿前为方形院落，大殿平面呈坛城形，建筑原物保持完好，殿内立28根柱，内部保留着上师殿、度母殿、密宗殿、未来殿、十世班禅寝宫等殿堂。殿内原壁画完好，内容为释迦牟尼功德颂和尊胜佛故事等。大殿周围散布数十栋僧房院落。西南侧为宗山，山前较为开阔。

拉孜曲德寺与宗山相互依存，地形位置显要，格局宏大，扼守雅鲁藏布江要冲，周边河谷村庄平坦开阔，整体景观别具一格。

拉孜曲德寺正门

拉孜曲德寺寺门内

拉孜曲德寺大殿

22 曾桑钦寺

Zengsangqin Lamasery

文物级别	自治区级
开放方式	不开放
地　　址	拉孜县锡钦乡下拉索村
年　　代	吐蕃王朝时期
推荐指数	★★

曾桑钦寺原名贡桑钦塔林，又称增桑钦德确林寺，位于拉孜县县政府所在地曲下镇以东 4 公里、318 国道边下拉索村南部的山谷中，海拔 4350 米。曾桑钦寺最初于 11 世纪由宁玛派僧人强色达娃坚赞创建。

寺院从公路上便能远远看见，从公路向南穿过下拉索村，沿新修的道路顺山坡行进 1 公里，就来到寺院前的广场。主体为一座红色方形院落，位于山谷西侧，依山而建，坐西朝东面朝河沟，前部两层，后部三层。院落北侧有一座白色小型院落，院落以北是新修复的晒佛台。周围还有一些零散的院落。

佛寺尚未对外开放，也没有详细指示，形式简单，规模较小。

曾桑钦寺前广场

曾桑钦寺远景

昂仁县

23 日吾其寺金塔

Pagoda in Riwuqi Lamasery

文物级别	自治区级
开放方式	不详
地　　址	昂仁县日吾其乡日吾其村
年　　代	吐蕃王朝时期
推荐指数	★★★★★

日吾其村地处昂仁县南端，雅鲁藏布江北岸，雅鲁藏布江在此 90 度大拐弯，北岸形成尖角朝南的大片江滩，日吾其村就位于江滩北部三角下。日吾其寺位于村落西北角，最低处海拔约 4200 米。从 219 国道桑桑镇东侧路口沿小路向西南行进约 40 公里可达。

日吾其寺建于 14 世纪，也叫炯日吾其寺或白日吾其寺，是香巴噶举派大师唐东杰布（1361—1485 年）修行的地方，尊奉宁玛派。"文革"期间遭损毁，但大部分建筑基本保存。寺院由山顶的殿堂建筑与山下大金塔组成，分布范围东西 140 米，南北 500 米，占地约 7 万平方米。

金塔位于寺院最南端，西临雅鲁藏布江，东侧背靠大山末端，南侧接村落。其西北江上有日吾其铁索桥。

金塔属于吉祥多门塔，与白居寺塔类似，建成时间略早（1390 年），平面为坛城形。塔高 35 米，外有围墙，塔座四层，逐层缩小，墙体白色。五层为圆形黄色塔身，六层为坛城形白色，顶部为塔刹"十三天"

及伞盖、日月火珠等，合计为 7 层。因塔顶为黄铜铸成，金碧辉煌，故称"金塔"。塔顶以下各层都有内部空间，内有 10 层，每层都设有中空环形甬道和上下楼梯，多数甬道内都有精美壁画，主体包括各种坛城、佛像、花草、护法神像等。原塔顶筒瓦、板瓦皆不存。

从雅鲁藏布江西岸远看，黄白相间的高大金塔矗立在绿色的树林与白色村落中，醒目壮观。其后是陡峻的山坡与顶上的古寺遗址，蓝天之下将金塔烘托得更加醒目。

日吾其金塔远景

日吾其金塔近景

24 昂仁曲德寺

Ngamring Qude Lamasery

文物级别	自治区级
开放方式	免费参观
地 址	昂仁县驻地东南
年 代	明
推荐指数	★★★★★

昂仁县政府驻地位于拉萨以西 400 公里、219 国道北侧的昂仁金错湖东岸的湖畔谷地上，距国道 5 公里。昂仁曲德寺则位于县城东端的一处小山坡上，距湖岸 1.2 公里，海拔 4400 米，也叫昂仁寺、绛昂仁大寺。

昂仁曲德寺建于 13 世纪初，初奉萨迦派，14 世纪进行了大规模扩建，17 世纪改宗格鲁派，是日喀则扎什伦布寺四大分寺之一，"文革"中遭损毁，1986 年改建原拉章为措钦大殿。近年来对该寺做了全面修复。

昂仁曲德寺入口

昂仁曲德寺大殿东北角

　　全寺有围墙环绕，呈西北—东南长条形。主要建筑群集中在西北侧小山坡顶部，围绕一片广场而建，方圆约150米。建筑群西南侧是大片山坡，山坡下部是层层升高的僧舍群，山腰上建有一座展佛台，山顶上存有部分建筑遗迹，山坡其余部分基本为空地。

　　全寺入口位于主体建筑群西南，从县城东端多雄路向东南沿弯路上坡，进入寺门。寺门内正对着东南侧的大片山坡和展佛台、山顶遗址，景观宏伟，遗迹散布其中，其视线设计颇为巧妙。进门沿路左转便是中心广场，广场西侧是主要佛殿，北侧是修建中的一栋佛殿，西北侧是一组院落僧房，东侧一组阶梯台地之上是山坡下部的大片僧房，东南侧是一组方形院落。西侧主殿是全寺中心，坐北朝南，位于台地之上，北半部是红色两层曼茶罗平面的佛殿，南侧一层白色回廊庭院。殿外周围有转经道。转至西侧是面向整个县城和昂仁金错湖的陡崖顶部，也是全寺景色最佳的观

从山坡上鸟瞰大殿

景处。西南、西北两角临崖之处还分别设有一方一圆座白塔，成为景观的亮点。

　　往西南经过层层僧房，沿盘山道上至展佛台，回看西侧昂仁金措湖烟波浩渺，全寺建筑高低错落，景色极佳。

定日县

25 朗果荡芭寺

Langguo Dangba Lamasery

文物级别	自治区级
开放方式	维修中
地　　址	定日县岗嘎镇朗果村
年　　代	吐蕃王朝时期
推荐指数	★★★★★

　　朗果荡芭寺位于定日县岗嘎镇以西12公里、318国道南侧的参木达村向南直线距离约9公里的朗果村，亦称"定日寺"或"朗果寺"，海拔约4500米。从参木达村向南沿路行进，穿过一片开阔河谷，跨过一条东西向河流，再沿山坡东侧的河岸行进，就到达朗果村。

　　朗果村位于喜马拉雅山脉南麓，海拔7367米的拉布吉康峰的冰川融水流向东南，与海拔8201米的卓奥友峰南侧的冰川融水汇集于一处，形成广阔的河谷。朗果村就位于河谷西侧山脚下，方圆约400米。朗果

朗果荡芭寺

荡芭寺则位于村落中心。

　　朗果荡芭寺创建于 12 世纪，创建人是古印度高僧帕·当巴桑杰。朗果荡芭寺是早期西藏佛教与印度佛教的联结之地，曾为息结派的主寺，现尊奉宁玛派。寺院现无常驻僧人，每年藏历六月十四、十五两日举行朗果娘曲节，据传此节日起源于当巴桑结圆寂后，全村人非常悲伤，藏历六月十四日帕·当巴桑杰显灵，劝说大家不要悲伤，要快乐生活，从此形成了这个属于全村人的节日。

　　从村口河边向西北进入村庄，在村口就能远远看见寺院的红墙白塔矗立在白色的村落中。走过约 200 米曲折的缓坡道路，便是寺院的正门。现状寺院建筑于 1992 年调查发现，寺院基本完好，但没有僧人居住，寺院规模不大，南北进深约 50 米，东西面宽 25 米，

为三进院落布局，由南往北依次为门廊、庭院和主殿，地形逐级升高，主殿东侧是高大的白塔。

　　主殿门上悬挂着清代光绪年间守边将领赵世蜀赠送的一块匾额，正中刻写着"荡芭寺"三个红底蓝色大字。村落西北山顶上是著名的朗果神山天葬台，现状仅存遗址。传说当巴桑杰在此找到了佛陀从印度抛出的神石，寺院建成前在这里修行。在当地人们的传说中帕·当巴桑杰是定日的创建者，朗果则是定日的发祥地。

　　朗果荡芭寺规模不大，却是整个朗果村的中心。它依山面水，向南俯瞰广阔河谷，碧草连天，激流清澈，周围是延绵的群山，南方远眺喜马拉雅雪山，气势磅礴，景色极佳，沿途风光也非常优美。

朗果荡芭寺东南角街巷

朗果荡芭寺南望雪山

26 绒布寺

Rongbuk Lamasery

文物级别	未定级
开放方式	购票参观
地 址	扎西宗乡曲宗村
年 代	清
推荐指数	★★★★

绒布寺，全称"扎绒布·冬阿曲林寺"，位于定日县城西南直线距离 60 公里，珠穆朗玛峰西北侧山谷中，绒布冰川末端，绒布沟东侧的"卓玛（度母）"山顶，东南方距离珠穆朗玛峰顶 25 公里，海拔约 5100 米，是世界上海拔最高的寺庙。

绒布寺 1901 年由高僧第十世扎珠洛活佛阿旺丹增罗布创建，尊奉宁玛派。另有旧寺遗址位于寺院以南 3 公里处，尚存莲花生大师当年的修行洞，以及印有莲花生手足印的石头和石塔等。

从定日县西南行 10 公里下 318 国道，沿珠峰路向南进入珠穆朗玛峰自然保护区，翻过加乌拉山口，穿越河谷，行进 98 公里后到达珠峰脚下，绒布寺就在公路东侧山坡上。

原建筑规模宏大，"文革"间遭损毁，现存杜康殿、甘珠尔殿、护法殿等殿堂 4 间，僧舍 114 间，建筑 8000 平方米，寺院周围有一条转经道。

现状绒布寺规模不大，建筑较为普通，但地理位置独特，是前往珠峰的必经之路，并且从寺院向南可远眺珠峰，因而这里成为必游之地。寺前有石砌菩提佛塔，常被作为拍摄珠峰的前景。

绒布寺入口

绒布寺南望珠穆朗玛峰

聂拉木县

27 喇普寺 (喇普德庆寺)

Lapu Lamasery (Lapu Deqing Lamasery)

文物级别	自治区级
开放方式	免费
地　　址	聂拉木县波绒乡拉普村
年　　代	吐蕃王朝时期
推荐指数	★★★★

　　喇普德庆寺位于聂拉木县西北角，佩枯措东岸中部的波绒乡罗布村，与位于西岸的吉隆县恰芒波拉康隔湖相望，东南距波绒乡府所在30公里，海拔4610米。

　　喇普德庆寺最初建筑由巴桑吧喇嘛创建于1231年前后，初为苯教寺院，后为谢通门县达顶寺属寺。该寺为巴姓各祖师的根本道场，又称"巴喇普达日贡"，意为"巴姓喇嘛的寺院"。巴氏家族是苯教六大氏族之一。传说，巴氏家族在喇普德庆寺生活13代，被罗布村人尊称为"巴桑喇嘛"。至今，德庆寺内的壁画仍有巴氏画像，虽然已无巴氏嫡系传人，该寺也依然为巴氏家族举办法会。

　　从公路北侧5公里的波绒乡政府往西北30公里，便是湖畔东侧位于山脚下的罗布村，方圆不过200米，几十户人家。寺院位于村东山坡上的一块巨石顶部，三面陡坡，朝向西方湖面。从村中可沿碎石路步行至坡上寺院门前。

　　寺院建筑曾在"文革"中被损毁，原建筑仅余主殿，东面是大面积的遗址。主殿坐东向西，前部为门廊，后为经堂，经堂内3排10方柱，中间4柱升起为中庭，周围墙壁上保留有原绘壁画，具有东南亚风格，大约为13世纪前后。经堂后为回廊式佛殿。主殿南侧后加建了厨房和储藏间。

　　现喇普德庆寺是西藏现存历史较为悠久的一座苯教寺院，其壁画可列入西藏现存最早的苯教壁画之一。建筑本身小而简单，但面对佩枯措风光优美，且苯教寺院留存较少，也值得一观。

吉隆县

28 吉隆曲德寺

Gyirong Qude Lamasery

文物级别	国家级
开放方式	维修中
地　　址	吉隆县宗嘎镇
年　　代	吐蕃王朝时期
推荐指数	★★★★★

　　吉隆曲德寺，亦称"曲丹伦布什寺""沃日仲觉·甘丹陪觉林寺"，位于吉隆县驻地宗嘎镇南端，海拔4050米。

　　寺院相传创建于10世纪末，最初信奉宁玛派，1643年改奉格鲁派，受辖于拉萨色拉寺吉扎仓。"文革"期间多数被损毁，仅保留了部分墙体，后进行了多次修复，现总面积达到1800平方米。

　　宗嘎镇是吉隆县政府驻地，镇区轮廓接近正三角形，边长一公里，位于两条河交汇处北侧的三角形小

吉隆曲德寺前小巷

吉隆曲德寺大殿

山之上，俯瞰东南西三面宽阔河谷，从南侧河谷北望，最南端高处矗立着一座白塔，气势恢宏。镇区南半部为古城区，同时也是贡塘王城遗址保护区域，东西各有一条南北主路，延伸至南端交汇。街巷纵横交错，空间非常丰富。

曲德寺位于古城区中心，现存前庭、门廊、主殿、塔殿及附属建筑，多为明代遗存。主殿长方形，三层，坐西朝东，中有内院，前部有门廊。门廊东侧为临街庭院，院北侧有一小组方形庭院。院南侧是新建的寺院管理用房。

吉隆曲德寺北侧广场

29 吉隆卓玛拉康

Gyirong Dolma Lhakhang Lamasery

文物级别	国家级
开放方式	维修中
地 址	吉隆县宗嘎镇
年 代	吐蕃分治时期
推荐指数	★★★

吉隆卓玛拉康位于贡塘王城遗址内中部，海拔4160米，在曲德寺南侧30米。

卓玛拉康藏语意为仙女的神殿，该寺创建于1274年第十一代贡塘王彭德衮时期。现存大殿为原神殿的主体部分，平面呈长方形，坐北朝南，面宽16米，进深25米，包括门庭、中庭、正殿三部分。门庭进深6米，中央现存整石凿成的大水缸一口。中庭进深10米，中部四柱升高为两层高，四周为高侧窗。后部正殿进深7米，梁柱斗栱雕饰精美。

建筑东西两侧均紧邻其他建筑，南北面临街，南立面临街是正门。整个建筑较为简单。

吉隆的曲德寺和卓玛拉康均规模不大，但两者共同构成了贡塘王城的中心区，整个王城形式独特，选址巧妙，气势宏伟，自古是通往印度的重要关口，非常值得参观。

卓玛拉康正门

卓玛拉康门前街巷

贡塘王城南向河谷

30 大唐天竺使出铭

Inscription in Commemoration of Envoy of the Great Tang to India

文物级别	国家级
开放方式	不开放
地 址	宗嘎镇北3公里
年 代	吐蕃王朝时期
推荐指数	★★

大唐天竺使出铭位于吉隆县宗嘎镇以北约3公里处，在通往318国道的希峰岔路西侧，从公路岔口向西北500米，坐落于溪谷西侧的阿瓦呷英山嘴崖壁上部，海拔4130米。

石刻是唐显庆三年（658年）朝廷使臣出使天竺经此地时所刻下的，是西藏迄今发现最早的汉文石刻。

崖壁面阔约1.5米，高约4米，距地表高度约5米。碑刻现存文字24列，311字，字体为汉文楷书。铭文为阴刻，铭文宽度81.5厘米，残高53厘米，题铭额题为隶篆，字约5厘米见方，上书"大唐天竺使出铭"7字。文中记述了唐代使节王玄策出使天竺（今印度），途中经过吉隆的过程。这一珍贵题铭对进一步研究古代唐蕃、中外关系等问题，具有极为重要的价值。

目前已经在山崖下筑起高台，台上建造方形混凝土建筑，将石刻保护在室内。建筑前有溪水流过，面对东侧开阔的三角形谷地。建筑前修筑了水泥路直通东侧公路。

大唐天竺使出铭远望

日喀则市

31 强准祖拉康

Qiangzhunzu Lhakhang Lamasery

文物级别	自治区级
开放方式	维修中
地　　址	吉隆县吉隆镇邦兴村
年　　代	吐蕃王朝时期
推荐指数	★ ★ ★ ★

强准祖拉康

　　强准祖拉康位于吉隆县吉隆镇西北 5 公里的邦兴村，吉隆镇往宗嘎镇的公路东北方向 250 米，喜马拉雅山脉的雪山脚下，海拔约 2800 米。

　　据《西藏王城记》记载，松赞干布时期曾建有一批镇边和镇压"罗刹魔女"的神庙，其中一座名为"绛真格杰寺"，位于吉隆县南，接近尼泊尔处，据传就是此寺的前身。16 世纪后信奉格鲁派。

　　下公路向北沿一条两边种有高大柳树的小路行进 50 米，再折向东 200 米，便是寺院正门。现存寺院现状为 50 米见方的庭院，外围有石砌矮墙。院落正中是仅存的一座石木结构楼阁塔，塔高大约 16 米，底层最大宽度为 22 米。塔身呈正方形，坐东朝西，院门与塔门均朝西。建筑共分 4 层，逐层收分，层层出檐，每层均设有门窗。底层以片石垒砌墙体，周围用木栏杆环绕形成外环廊，外环廊周原来设有 108 个转经筒。以上各层以红砖砌筑墙体，木质屋檐用斜杆支持，上铺石板瓦。整体为尼泊尔风格，显然与其临近尼泊尔的地理位置有关。

　　寺院经过多次修葺，各层佛殿与回廊的壁画大部分保存完好，是该寺壁画的精华。建筑也保留了部分唐代遗存。2015 年尼泊尔大地震影响了寺院的建筑结构，现已基本修复。

　　寺院周围是开阔的农田和部分散布的民居，因为地处喜马拉雅山脉南坡的深切河谷之中，海拔仅有不

强准祖拉康东北角

到 3000 米，两侧则是海拔 6000 米以上的雪山，气候温暖湿润，农业树木和雪山形成强烈的对比，景色独具一格。

32 帕巴寺

Pakba Lamasery

文物级别	国家级
开放方式	免费参观
地　　址	吉隆镇政府东30米
年　　代	吐蕃王朝时期
推荐指数	★ ★ ★ ★ ★

　　帕巴寺位于吉隆县吉隆镇中心区北侧高处中部，过境公路南侧 100 米，海拔 2850 米。

　　帕巴寺传为松赞干布迎请尼泊尔尺尊公主进藏后，依照她的建议修建的镇边寺庙之一。历代曾进行过多次修葺，但其主体建筑却依然保存了历史旧貌，具有浓郁的南亚风格。"文革"期间寺院被毁，但主体结构和部分壁画得以保存，20 世纪 80 年代进行了重建。受 2015 年尼泊尔大地震影响，寺院建筑出现裂缝，现已逐步修复。

帕巴寺南立面

帕巴寺东北侧

278

帕巴寺上部屋檐

　　吉隆镇中心区大约 500 米见方，寺院坐落在北侧中间的一片方形公共绿地之中，外围是栅栏围合的方形庭院，中间是一座方形石木结构楼阁塔，坐北朝南，为尼泊尔寺庙建筑风格。也形成了吉隆镇镇区的中轴线北端。建筑平面接近正方形，边长 12 米，塔身四层，层层出檐，逐层收分，每层均设有壶门、小窗，塔心有楼梯可盘旋至顶。

　　首层出檐很大，形成外廊，一、三、四层均以木斜撑支持屋檐出挑，且墙面有较为丰富的壁画。二层出檐较小，没有斜撑，也没有壁画。屋檐上部以铜片覆盖，檐角也以黄铜装饰。顶部有铜制圆光、仰月、宝盖、宝珠组成的塔刹。

　　底层是佛殿，由门廊、主殿组成，外部环绕着内回廊、外回廊，供信众转经。佛殿平面呈正方形，面阔三间，进深三间，有柱 14 根。门廊、佛殿、回廊均保存有大量壁画，早期壁画为 12 世纪前后，晚期壁画为 14 至 15 世纪，非常珍贵。

　　帕巴寺与临近的强准祖拉康较为类似，建筑造型古朴且具尼泊尔风情，与西藏其他地方的大部分佛寺不同，虽然规模不大，形式也较简单，但其所在的吉隆沟纵贯喜马拉雅山脉，南接尼泊尔，北接 318 国道直通日喀则和拉萨，海拔从 4000 米以上的高原迅速下降至不足 3000 米，气候也从寒冷干燥变成温暖湿润，紧邻海拔 6000 米以上的雪山，自然环境的急速变化带来了奇妙的特殊景观，非常值得体验。

帕巴寺外檐壁画

帕巴寺主入口

33 恰芒波拉康

Qiamangbo Lhakhang Lamasery

文物级别	自治区级
开放方式	免费
地　　址	吉隆县差那乡恰芒波村
年　　代	12世纪
推荐指数	★ ★ ★ ★

恰芒波拉康

恰芒波拉康位于吉隆县差那乡恰芒波（恰芒巴）村，处在距离吉隆县城东方 45 公里处的佩枯措西岸湖中部半岛的南岸，海拔 4600 米。

依据托木形制以及木构件装饰特征判断，建筑年代应当在 12 至 13 世纪。相传该拉康最初建筑是由藏医大师新宇拓·云登贡波（1126—1201 年）出资，恰芒波地方的恰·桑杰噶玛伏藏师修建，目前没有僧人，由村里代管。

从佩枯措西南角公路向北，沿湖西岸的小路行进约 10 公里，便到达恰芒波村。恰芒波拉康位于村中，现存建筑坐西朝东，长方形平面，包括一座佛殿、两间储藏室、一间厨房，佛殿部分原为二层，上部残破，建筑面积 500 多平方米。佛殿由后庭的佛堂和前庭的经堂组成。佛堂原为二层，经堂为一层。两间储藏室接建在前庭经堂的左边，形成类似"耳室"的布局。

厨房接建在大殿的东南角。

恰芒波拉康仍然保存着带有印藏风格的古建筑木构架，同时还有汉式古建筑木构形制之影响。木雕具有 12 至 13 世纪时期的风格特征。现存木构件的托木形制与风格，以及托木枋椽之上及门楣部位置出檐之木质卧狮等构架的整体形式，与吉隆县宗噶镇卓玛拉康和曲德寺的建筑构件形式相似，保存也较为完好，类似的木构在藏区较为罕见，具有较高的历史价值。

虽然恰芒波拉康建筑较小，本身可看性不强，但所在恰芒波村位处日喀则第一大湖佩枯措中心半岛南侧，不但佩枯措本身风光极为优美，而且更为重要的是可以从恰芒波村隔湖南望希夏邦马峰的皑皑雪顶，角度极佳。

日喀则市

7

阿里地区

A'LI

阿里地区古建筑分布图
Historical Architectural Map of A'LI

1. 古格王国遗址
2. 托林寺
3. 科迦寺
4. 古宫寺
5. 扎西岗寺

藏 S（2019）004 号

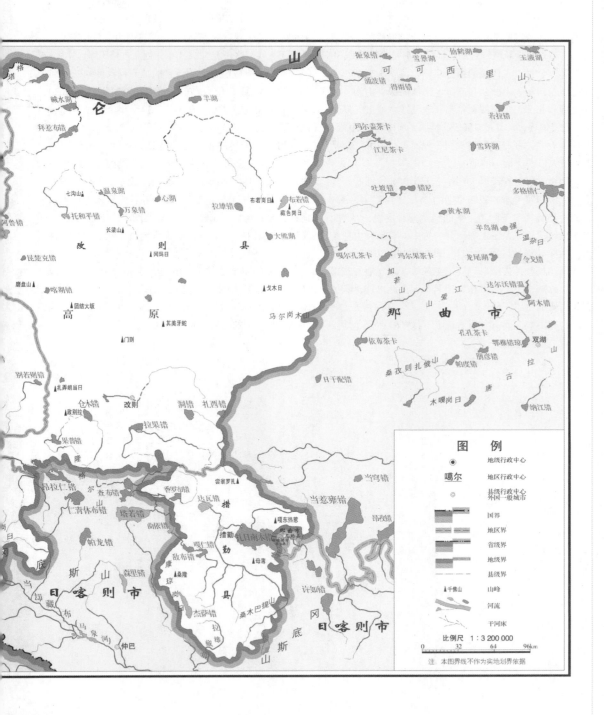

昆仑山

碱水湖
拜惹布错
格塔

振泉错
雪晃湖
仙鹤湖
玉液湖
可 可 西 里 山
涌波错
得雨错
若拉错

羊湖
玛尔盖茶卡
雪环湖
江尼茶卡

七沟山
温泉湖
心湖
布若岗日
布若错
吐坡错
错尼
多格错仁

托和平错
万泉错
拉博错
藏色岗日
黄水湖
改
长梁山
则
县
半岛湖
强
温杂日
阿鲁错

昆楚克错
高
原
大熊湖
嘎尔孔茶卡
玛尔果茶卡
龙尾湖
令戈错

磨盘山
略湖错
团结大坂
戈木日
加
若
山
爱
江
达尔沃错温
阿木错

其美牙蛇
马尔岗木错
山
那
曲
市
孔孔茶卡
鄂穆错琼
双湖
别若则错
门则
依布茶卡
桑孜则扎俄山
帕度错
明彦错
山
拉
古
唐
纳江错

扎弄朗当日
日干配错
木嘎岗日

仓木错
改则
洞错
扎西错

政别拉
拉果错

果根错
云着罗扎
当穹错
当惹雍错
昂拉仁错
尔
查布错
达瓦错
措
香罗尔错
昂孜错

仁青休布错
塔若错
嘎东热惹
那曲市
曲依错
槽勤
那日南木错
嘎仁错
勤
日
喀
则
市
敌布错
康
桑隆
母湾
斯
山
敦里错
琼
许如错
杰萨错
桑木巴捏山
县
冈
底
拉雄
日 喀 则 市
藏布
马泉河
仲巴
斯
山

概　述

阿里地区位于西藏最西端，北侧的昆仑山脉、中间的冈底斯山脉和南侧的喜马拉雅山脉交汇于此。东临那曲市，西接尼泊尔、印度及克什米尔地区，南连日喀则市，北接新疆维吾尔自治区。阿里全区面积 30 多万平方公里，占西藏的四分之一，共辖 7 个县，主要地形包括三大山脉及其支脉，南部的深切山沟、河谷地带和北部、东部的宽谷与高原戈壁。阿里气候恶劣，位置偏远，因而人口稀少，整体平均海拔 4500 米，寒冷多大风，日照多而降水少，因而人口仅 8 万，是世界上人口密度最小的地区。

阿里地区早在距今大约一二万年以前，即有人类活动。最初属于藏族地区早期的"十三小邦"之一，汉族史籍称为"羊同"。羊同经过逐步发展，在约 4 至 5 世纪建立了象雄王国，分为内中外三部，内象雄大体为今阿里地区所辖范围。9 世纪中叶以后，末代赞普朗达玛曾孙吉德尼玛衮逃至象雄，建立地方割据政权，称阿里王，阿里作为地名一词由此出现，藏语意为"属地""领地"。

吉德尼玛衮将其长子日巴衮、次子扎西衮、幼子德祖衮先后派往玛尔玉（今拉达克）、布让（今普兰）和桑噶（今克什米尔南部）三地治理，后形成三个王系，史称"上部三衮占三围"。北宋乾德四年（966 年），普兰王扎西衮次子松艾在扎布让创立古格王系。元代，阿里成为中央政府在西藏设置的地方行政区划的一部分。明袭元制，设俄力思军民元帅府。崇祯三年（1630 年），拉达克进占古格，统治阿里 50 余年。清康熙年间，地方政府收复阿里，直到 1951 年和平解放。

阿里最著名的山峰是冈底斯山脉主峰冈仁波齐峰，也是藏族圣山，四大圣河由此流向四方。象泉河向西经札达县流向印度，是印度河最大支流萨特累季河的上游；狮泉河向西北经革吉和日土流入克什米尔地区；孔雀河向东南经普兰和尼泊尔汇入印度恒河；马泉河向东进入日喀则后即为雅鲁藏布江，它是雅鲁藏布江的源头。

阿里的主要文物建筑集中在传统的阿里三围地区，即"普兰雪围""札达土围""日土湖围"这南部三县以及噶尔县的范围。北部革吉、改则两县的北部则是广阔的羌塘高原无人区。

札达县

1 古格王国遗址

Site of Guge Kingdom

文物级别	国家级
开放方式	购票参观
地 址	札达县扎不让村
年 代	11—17世纪
推荐指数	★★★★★

古格王国遗址位于札达县城以西18公里的札布让村以南一公里、象泉河南岸的一座南北向山体的西北分支上，是古格王朝都城的遗址，东西两侧均为狭长河谷，南侧与主山相连，北望象泉河畔的开阔河谷，海拔3750米。

古格王国由吐蕃王室后裔普兰王扎西衮的次子松艾于10世纪在札布让创建，传承了16代国王，17世纪亡于拉达克的进攻。王城营建持续了600年，最终土崩瓦解，沦为废墟。

遗址所在的札达地区，古称"札达土围"，以遍布壮观的土林著称。王城当年正是依托大片的土林地貌建造而成。

现存王城遗址位于山体北端一整座土山之上，东西宽约600米，南北长1200米，占地总面积72万平方米，高差175米，依山就势，规模庞大，虽然已是断壁残垣，但仍然可以想见当年的盛况。

现存遗迹群包括王宫、民居、寺院、石窟、工事等，包括445间房屋殿堂遗址、880孔洞窟、58座碉堡、28座佛塔、4条暗道和10道防卫墙，根据地形分作8

古格王国北侧远眺

古格王国顶部宫殿

古格王国顶部遗址

古格王国山坡中部

古格王国通往顶层的阶梯

山坡上东南望

北望入口

个遗迹区域。

现存较为完好的，包括北坡底部的白殿、度母殿，中部的红殿、大威德殿、上部的坛城殿，以及顶部南侧的依怙窟，内部存有不少壁画和泥塑，内容丰富，

风格受卫藏地区、尼泊尔、印度及中亚地区的影响，有较高的艺术和历史价值，是古格王国时期艺术的代表，在西藏美术史上占有重要地位。

王宫之下的山坡上遍布层层叠叠的民居，依山而建，拱卫王宫，颇为壮观。遗址周围散布有铁盔甲、马甲、盾牌、箭链等遗物。

顶部的王宫遗址东西宽 60 米，南北长 120 米，占地约 7200 平方米，三面临悬崖，四面砌土坯墙防卫，并有暗道与下部相通。其南部为集会厅和国王、王妃居室等王室用房；中部为佛殿和诵经殿、僧舍等

寺院建筑；北侧为武器库、卫士侍从住房等军事人员居住区。

整个古格王国都城遗址规模宏大，地势险要，空间形态丰富多样，整体格局气势磅礴，蔚为壮观；同时也承载了大量的历史和艺术信息，是研究西藏建筑历史不可多得的重要材料。

东北方向的象泉河河谷

山坡上北望

阿里地区

2 托林寺

Tholing Lamasery

文物级别	国家级
开放方式	购票参观
地　　址	札达县城西北、象泉河南岸台地
年　　代	11世纪
推荐指数	★★★★★

托林寺又名托定寺、脱顶金寺等，意为"飞翔空中永不坠落之寺"，位于札达县城西北、象泉河南岸台地上，海拔 3700 米。

托林寺由古格王国第一代王德尊衮的长子意希沃创建于北宋时期，是古格王国在阿里地区建造的第一座佛寺，作为古格高僧、西藏佛教后弘期著名译师仁钦桑布（958—1055 年）译经授徒的场所。1036 年，古格王沃德及其兄绛曲沃从印度迎请阿底峡大师进藏，在托林寺讲经传法，寺庙也随之扩建，初具规模。

托林寺

托林寺塔墙

托林寺塔林

托林寺坛城殿

托林寺坛城殿角部的高塔

托林寺佛塔 1

托林寺佛塔 2

由于阿底峡大师的住锡和火龙年大法会的召开，成为西藏西部名寺。托林寺在西藏佛教后弘时期具有重要地位，对于研究古格王国历史具有重要价值。

托林寺外围是一圈长方形低矮围墙，东西长200米，南北宽140米。原有大小殿宇13座及佛塔、经堂等，格局仿桑耶寺。院内中部偏西是主体建筑坛城殿，平面呈曼荼罗样式，边长50米，主入口朝向东北，内部分为23座小殿。四角还各有一座红白相间的高塔，是典型的吐蕃时期佛殿结构。

坛城殿东南是集会殿，平面呈"凸"字形，入口朝东。集会殿东北方位是白殿，呈长方形，入口朝南，两殿内墙壁上绘有精美壁画。

托林寺最具特色的是在北侧围墙外、象泉河岸边的塔林。塔林分为两组，除了常见佛塔类型外，每组都包含有多条塔墙，每条塔墙由数十、上百座白色小塔串连而成，最长的接近200米，造型朴拙，极为壮观。

托林寺佛塔3

普兰县

3 科迦寺

Khojarnath Lamasery

文物级别	国家级
开放方式	购票参观
地 址	普兰县科迦乡科迦村
年 代	996年
推荐指数	★★★★★

科迦寺，藏语"定居"之意，位于普兰县城东南18公里的科迦村，孔雀河东岸高地之上，临近尼泊尔边界。

科迦寺由大译师仁钦桑布于996年所建，是藏传佛教后弘期的主要寺庙之一。科迦寺早期为阿底峡传承教派，13世纪初改为直贡噶举派，15世纪普兰被木斯王管辖，归萨迦派管辖至今。15世纪时，普兰阿滚王下令沿孔雀河筑坝护寺，并添银制文殊菩萨3尊。"文革"中部分建筑被毁，现已陆续修复。

科迦寺外围筑有方形围墙，边长110米，围墙内现存两座主要殿堂：觉康和百柱殿，均为二层建筑，平面均为曼荼罗形式。二殿朝向同一小广场，广场上有水井、塔群和香炉以及转经墙，是寺院宗教活动、庆典聚集的主要空间。两座大殿外围设有转经道。

觉康（释迦殿）位于广场南侧，入口朝北，由廊院、门廊和大殿三部分组成。廊院和门廊较小，大殿体量较大，面宽20米，进深30米。百柱殿位于广场西侧，门朝东，体量很大，面宽30米，进深40米，据记载

是科迦寺最早的建筑。

寺内存有早期壁画、木构件及造像，风格鲜明，与古格王城、托林寺是同一时期建造，木结构构件和殿内壁画都与之相似，对于研究藏传佛教后弘期历史、建筑、绘画、雕塑等有重要的历史、艺术与科学价值。

科迦寺觉康殿

科迦寺百柱殿

科迦寺佛像

4 古宫寺

Gugong Lamasery

文物级别	自治区级
开放方式	免费
地　址	普兰县普兰镇
年　代	明
推荐指数	★★★★

古宫寺位于普兰镇北侧、孔雀河西岸的山崖上，高出河岸台地30米，当地俗称"故宫"或悬空寺。

寺院由直贡寺活佛拉嘛坚噶、多增·郭亚岗巴创建，信奉直贡噶举派。

石窟寺由开凿在砾岩山崖上的一组石窟构成，前部互相贯通，占地700平方米，建筑面积144平方米。崖壁外还搭设了部分栈桥作为通道。洞窟包括杜康殿（集会殿）、申夏（住持的住所）、甘珠尔拉康、修行室等。杜康殿保存了部分壁画。

古宫寺规模不大，但类似悬空寺的形态较为有趣，并且从高处俯瞰整个县城，遥望喜马拉雅山脉，视野开阔，景色壮观。

古宫寺全景

噶尔县

5 扎西岗寺

Khojarnath Lamasery

文物级别	自治区级
开放方式	免费参观
地　　址	噶尔县扎西岗区
年　　代	14—15世纪
推荐指数	★★★

扎西岗寺位于噶尔县县城以西60公里的扎西岗乡，狮泉河西岸的一座小丘之上。

扎西岗寺由拉达喇嘛达仓哇创建，历经7年建成，还从洽米寺迎请13位喇嘛住寺。该寺曾一度属于拉达克管辖。1679年，噶丹泽旺打败拉达克入侵者后改宗格鲁派，属拉萨色拉寺吉扎仓分寺，由托林寺法台管理，该寺堪布由色拉寺直接委派。

扎西岗寺外围围绕一周壕沟（宽1～1.5米）；壕沟之内为多边形的夯土防护墙，墙之四角及两中腰有凸出的角楼及碉楼，西南及西北角建有2座圆形的碉楼，碉楼墙体高6～8米。

主殿位于围墙内中部，平面呈曼荼罗形，周围设有转经道和一些附属用房。"文革"期间被毁，1985年重建。

扎西岗寺规模虽小，但形式独特，周围景色优美。

青海省
QINGHAI

青海省古建筑分片索引
Map Index of Qinghai

① 西宁市

② 海东市

③ 海北藏族自治州

④ 海西蒙古族藏族自治州

⑤ 海南藏族自治州

⑥ 黄南藏族自治州

⑦ 果洛藏族自治州

⑧ 玉树藏族自治州

青S（2019）102号

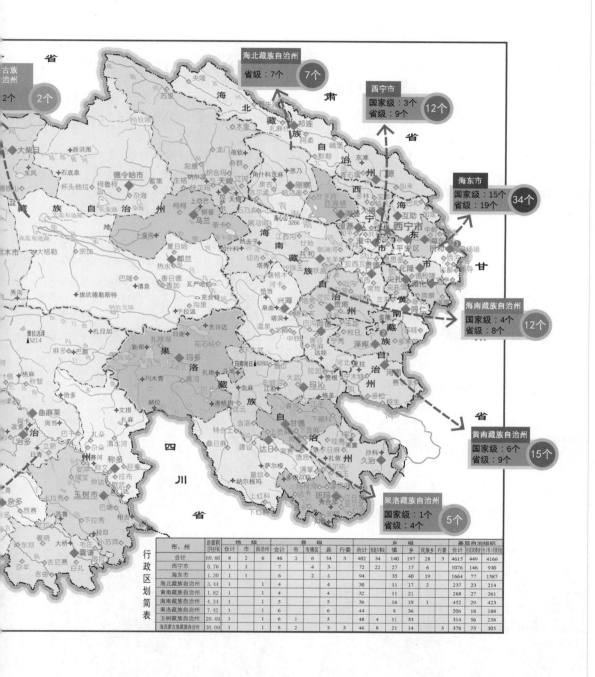

海北藏族自治州
省级:7个　　7个

西宁市
国家级:3个
省级:9个　　12个

海东市
国家级:15个
省级:19个　　34个

海南藏族自治州
国家级:4个
省级:8个　　12个

黄南藏族自治州
国家级:6个
省级:9个　　15个

果洛藏族自治州
国家级:1个
省级:4个　　5个

古族
治州
2个　　2个

行政区划简表

市、州	总面积(万平方千米)	地级			县级					乡级						基层自治组织		
		合计	市	自治州	合计	市	市辖区	县	行委	合计	街道办事处	镇	乡	民族乡	行委	合计	社区居委会	村民委员会
合计	69.66	8	2	6	46	3	6	34	3	402	34	140	197	28	3	4615	449	4166
西宁市	0.76	1	1		7		4	3		72	22	17		6		1076	146	930
海东市	1.30	1	1		6		2	4		94		35	40	19		1664	77	1587
海北藏族自治州	3.44	1		1	4			4		30		11	17	2		237	23	214
黄南藏族自治州	1.82	1		1	4			4		32		11	21			288	27	261
海南藏族自治州	4.34	1		1	5			5		36		16	19	1		452	29	423
果洛藏族自治州	7.42	1		1	6			6		44		8	36			206	18	188
玉树藏族自治州	20.49	1		1	6	1		5		48	4	11	33			314	56	258
海西蒙古族藏族自治州	30.09	1		1	8	2		3	3	46	8	21	14		3	378	73	305

青海古建筑概略

一、自然地理

青海位于中国西部，雄踞世界屋脊青藏高原的东北部，因境内有国内最大的内陆咸水湖——青海湖而得名。

青海全省地形差异显著。境内山脉高耸，昆仑山横贯中部，唐古拉山屹立于南，祁连山矗立于北，横断山脉和秦岭余脉划出其东界。境内地理环境可分为三部分：一是青海湖东部的河湟地区，海拔1650～2800米，是全省海拔最低的地方，也是青海传统旱作农业地区；二是处于青海南部的高山地区，海拔3000～6000米，是长江、黄河、澜沧江的发源地，被称为"三江源"；三是位于青海西部的柴达木盆地，海拔在2600～3500米之间，干旱少雨，人烟稀少，是典型的荒漠地区。

正是这块充满多样性的土地孕育出了无比斑斓的民族文化，成为青海古建筑产生、发展的前提。本书选取青海各个地州、市区县的古建筑，希望描绘出一幅绚丽的青海古建筑文化长卷。

为了更好地了解青海古建筑，需要先回顾一下波澜壮阔的青海历史。

"羌笛何须怨杨柳，春风不度玉门关。"此句唱的虽是凉州，但诗中的"羌笛"之声也曾飘扬在青海的土地上。

羌，是我国西部一个古老的民族。上古时期黄帝和炎帝部落的主要发祥地就在今青海湟水和甘肃渭水之间。5000年前，炎帝部落与黄帝部落大战，炎帝战败后率其大部与黄帝部落融合，形成华夏族，少部分西迁南迁，形成羌族。

西汉初，北方匈奴强大，河湟羌人臣服于匈奴。汉武帝为经营西域，于元狩二年（公元前121年）遣骠骑将军霍去病出兵开通河西走廊，隔绝匈奴与羌人的联系，诸羌归附西汉。其后经过数代征战，青海东部地区开始纳入中原封建王朝的郡县体系之中，羌、汉人民的联系和交往也日益增多。东汉置西平郡，领西都（今西宁）、破羌、临羌、安夷四县，开通羌中

青海湖风光

道（亦称青海道），成为丝绸之路的组成部分。

魏晋南北朝时期，西北地区群雄割据，政权频迭，前凉、前秦、后凉、南凉、西秦、北凉等相继统治过青海东部地区。由于政局长期分裂混乱，各民族迁徙杂居等原因，曾在青海活动过的羌族、月氏、匈奴、鲜卑、氐等民族，或发展演变为其他新的民族，或在与汉族杂居中受汉族经济文化的影响，与汉族融合同化。

就在东部经历着战争洗礼时，在青海西部、南部的广大地区上，又出现了一个新的政权——吐谷浑。吐谷浑原是辽东鲜卑慕容部的一支，西晋永嘉末年南下，占据了今青海、甘肃、四川的部分地区，以青海西部、南部为活动中心。随部族势力的发展，他们通过多种方式兼并以羌族为主的当地民族，建立起了吐谷浑政权。吐谷浑政权利用地理优势，广交周邻，先后与前秦、西秦、刘宋、北魏、东魏、西魏、齐、北周等政权有频繁的贸易往来，为丝路畅通和东西方经济文化交流做出了极大贡献。

而中原地区经过四百年的战乱，终于又迎来了一个统一的王朝——隋朝。隋文帝开皇三年（583年），在青海东部置鄯、廓2州。同时，隋朝派兵攻打吐谷浑，吐谷浑归降。

唐初，吐谷浑乘唐朝初兴无暇西顾，不断侵扰沿边州郡，唐太宗遣李靖率军征讨，从此吐谷浑归附于唐。此时，松赞干布统治下的吐蕃已然崛起，位于唐蕃之间的吐谷浑成为两国互通的必经之道。松赞干布去世后，唐蕃友好关系破裂，吐谷浑又成为吐蕃向外扩疆和唐安边的必争之地。高宗显庆三年（658年），吐蕃进犯吐谷浑，五年后再次北侵，占领了今青海的大部分地区。龙朔三年（663年），繁荣了三个半世纪之久的吐谷浑最终亡国。

吐蕃占据吐谷浑后，直接威胁着唐朝领土。安史之乱时，吐蕃趁机攻陷鄯州、廓州等地。宣宗大中五年（851年），沙州（今甘肃省敦煌市）汉族人张义潮起兵反对吐蕃统治，陆续收复了鄯、廓、河等11州，今甘青大部地区名义上又重归于唐。这次的战乱使得西藏地区的吐蕃族进入青海，青海的羌人、鲜卑人和部分汉人融入吐蕃族中，逐步发展形成了现在青海的藏族。

唐末五代，中原又进入动乱时期，吐蕃也因内乱而分裂。吐蕃分裂后，青海地区种族分散。直到11世纪初，湟水流域才重新由吐蕃王室后裔确厮罗控制，建立起以吐蕃人为主体的地方政权，以青唐城（今西宁）为政权中心。此时中原地区已进入宋朝，确厮罗继承唐蕃友好关系的传统，与宋互通茶马贸易。当时西夏国崛起，控制了河西走廊一带，来往于宋朝与西夏之间的商队常常遭到掠夺，于是绕道走青唐城，青唐城一度成为东西方贸易的要冲。

之后的河湟地区又在宋、金、西夏之间几易其手。到13世纪初，北方的蒙古族强盛起来。蒙古通过军事征服，先后消灭了西夏、金、南宋等，建立了元朝，结束了长期以来青藏高原分裂割据的局面。元代在青海东部设西宁、贵德二州，属甘肃行省，西北部属甘肃沙州路辖，其余为吐蕃、朵甘思等处宣慰使司。元世祖忽必烈重佛教，以宗教势力统治藏区，即位之初就封八思巴为国师，青海玉树地区成为八思巴的领地之一。

这时的青海又迎来了一个民族交融的高峰期。大量的中亚、西亚穆斯林迁入中国，其中的回回人成为现在的回族，原居西突厥乌古斯部的撒鲁尔部落中的

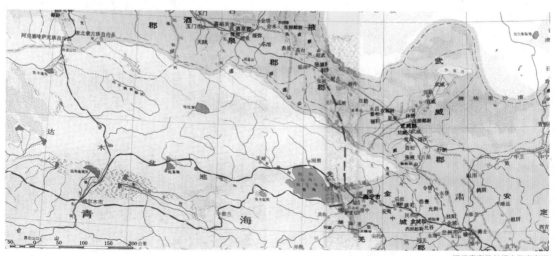

汉代青海及丝绸之路青海道

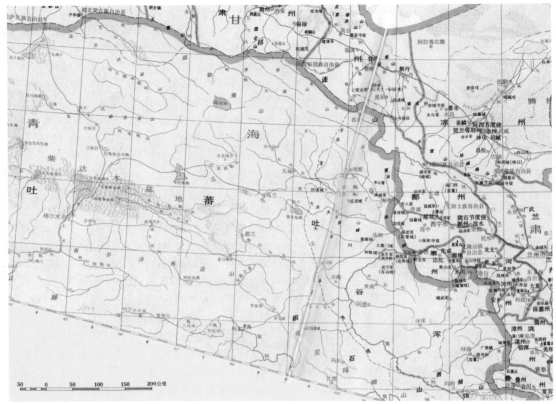

唐代青海地区地图

一支成为现在的撒拉族。吐谷浑人的后裔和蒙古人通过长期密切的交往，成为现在的土族。

14世纪下半叶，明朝成立。洪武六年（1373年），改元西宁州为西宁卫，下辖六千户所。在青海西部、南部民族地区也设有一些卫所，主要实行"怀柔"和"以夷制夷"的政策，对各族首领封以官位，授以名号，以管理该地。

明代中期，蒙古部落大批向青海迁徙。明末，厄鲁特四部之一的和硕特蒙古从伊犁地区移牧青海，进而进据卫藏，其首领固始汗于崇祯十五年（1642年）登上藏区大汗的最高位，坐镇拉萨，而青海等地区则分给他的十个儿子驻牧。固始汗及其子孙自此成为统治青藏高原的蒙古汗王。

到清兵入关前，青藏高原的宗教首领达赖喇嘛和实际统治者固始汗，已与满族统治者建立了密切友好的关系。清朝建立后，顺治九年（1652年），固始汗促成五世达赖到北京朝觐，清廷正式确认达赖宗教领袖的地位，承认固始汗对藏区的统治权力。固始汗去世后，藏区陷入蒙藏统治者争权夺利的斗争中，新疆准噶尔部乘机率军占领拉萨。康熙五十八年（1719年），清军入藏清除了准噶尔军，和硕特蒙古对青藏的统治

也随之结束。这引起了和硕特蒙古贵族罗布藏丹津（固始汗之孙）的极大不满，雍正元年（1723年），他召集青海蒙古台吉诸起兵反清。次年，清廷命川陕总督年羹尧督大军进剿，经一年多时间平息了叛乱。

雍正三年（1725年），清廷改西宁卫为西宁府，设青海办事大臣，常驻西宁，管理蒙古各扎萨克和果洛、玉树等藏族部落。这项措施为后来青海建省铺平了道路。

清朝统治期间，青海各族人民爆发了多场反抗斗

宋代青唐城遗址

明代西宁卫周边军事聚落分布图

争。乾隆四十六年（1781年），青海循化爆发了苏四十三领导的撒拉族、回族反清斗争。同治年间，爆发了青海回族、撒拉族参加的西北回民反清起义。光绪年间，爆发了由教派之争转化而形成的河湟地区回族反清斗争。

1911年辛亥革命爆发，次年由军阀马麒任西宁总兵。1929年，国民政府正式成立青海省，以西宁为省会，青海版图范围就此大致确定。到1949年，青海才终于脱离马氏家族的残酷统治，进入到新的时代。

三、建筑文化

青海的历史就是一部民族融合的历史。而青海现存的古建筑大多建于明清以降，正处于这部融合史的末章，多元民族带来的多样性在建筑中得到了充分的体现。

青海的古建筑主要可以分为古城古聚落、宗教类建筑、居住类建筑这三大类。下面分别介绍。

（一）古城古聚落

自汉武帝在西宁设西平亭起，青海省的城镇体系在历朝历代的演变中逐渐成形，留下了大量古城古聚落遗迹。催化这些城镇成形的因素主要有四：

（1）地理条件。青海省境内自然条件差异巨大，人口主要集中在海拔较低、气候较好的东部河湟地区，城镇聚落的密度高，而海拔高、气候干旱、自然环境恶劣的地区，城镇聚落的数量则明显减少。

（2）政治军事。中央政府和少数民族为了拓展与防御，设置郡县，直接推动了城镇的建设，西宁古城、海南州的贵德古城、黄南州的保安古屯田寨堡群都属于这一类型，后文会重点介绍。另外，明代中叶，为防御西海蒙古入侵，中央政府还围绕西宁卫修筑长城，西宁市湟中县的明长城大闇门、总寨堡及门楼就是当时的遗迹。

（3）商业贸易。农、牧业产品的贸易推动了"城市化"的进程，强化了乡村和城镇间的商业联系。这方面的代表是西宁市湟源县的丹噶尔古城，城内贸易兴盛，有"小北京"之称。

（4）民族宗教。寺院是民族集会、庆典、祭祀以及宗教活动的中心，周围也成为商贸活动的市场和人们生活的聚集地。青海有大量以寺院为中心的村落，比如海东市循化县以清真寺为中心形成的回族村落，而随着聚落规模变大，又会形成城镇，比如黄南州以隆务寺为中心形成的隆务镇。

（二）宗教类建筑

不同的民族有不同的宗教信仰。藏、土、蒙古族信奉藏传佛教，汉族信奉汉传佛教、道教及儒家思想，回、撒拉族信奉伊斯兰教，这些共同组成青海特有的地域文化。所以青海的宗教类建筑大致可以分为藏传佛教寺院、伊斯兰教寺院和宗观坛庙三类。

1. 藏传佛教寺院

青海藏传佛教寺院历史久远，数量众多，截至2011年，统计数量已达890余座，在青海古建筑史中占据了绝对的重要地位。

唐代，随着文成公主、金城公主进藏和吐蕃势力东渐，青海藏区已有佛塔和小型佛堂寺院出现，比如今玉树州的贝大日如来佛堂和今海南州贵德县的乜纳塔都建于唐代。到9世纪时，吐蕃末代赞普朗达玛灭佛，后世所传的"三贤者"辗转逃至青海，在今阿琼南宗、互助白马寺、乐都杨宗寺、化隆丹斗寺一带传教，使藏传佛教再度复兴，其中的丹斗寺也成为藏传佛教后弘期的发祥地。到元代以后，青海的藏传佛教寺院进入了更快的发展。由于元代统治者笃信喇嘛教，西藏僧侣经青海往来内地络绎不绝，黄南隆务寺、玉树尕藏寺等一批寺院均建于这个时期。到明代，进入

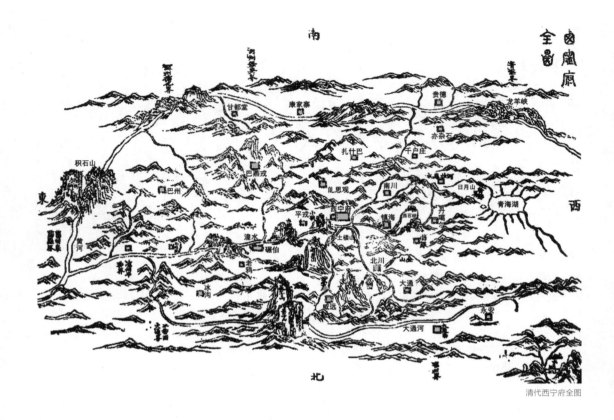

清代西宁府全图

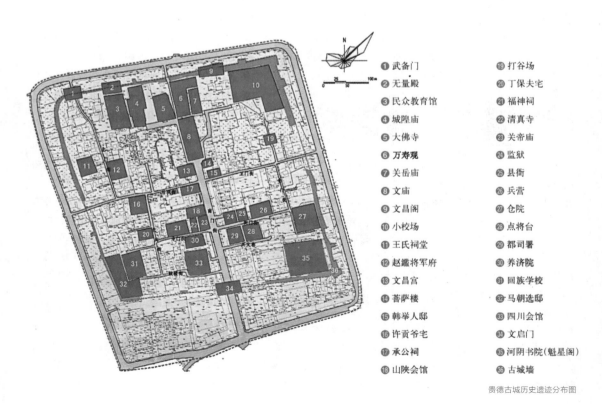

N

❶ 武备门	⓳ 打谷场
❷ 无量殿	⓴ 丁保夫宅
❸ 民众教育馆	㉑ 福神祠
❹ 城隍庙	㉒ 清真寺
❺ 大佛寺	㉓ 关帝庙
❻ 万寿观	㉔ 监狱
❼ 关岳庙	㉕ 县衙
❽ 文庙	㉖ 兵营
❾ 文昌阁	㉗ 仓院
❿ 小校场	㉘ 点将台
⓫ 王氏祠堂	㉙ 都司署
⓬ 赵鑑将军府	㉚ 养济院
⓭ 文昌宫	㉛ 回族学校
⓮ 菩萨楼	㉜ 马朝选邸
⓯ 韩举人邸	㉝ 四川会馆
⓰ 许贡爷宅	㉞ 文启门
⓱ 承公祠	㉟ 河阴书院(魁星阁)
⓲ 山陕会馆	㊱ 古城墙

贵德古城历史遗迹分布图

从玉皇阁俯瞰贵德古城中轴线

藏传佛教寺院建设的高峰，乐都瞿昙寺、湟中塔尔寺、互助佑宁寺、大通广惠寺等一批赫赫有名的寺院都在这时建立起来。清代，虽然受罗布藏丹津事件以及多次回民起义影响，部分寺院受到了损毁，但屡废屡建，佛光得以延续。在 20 世纪 60 年代的"文革"中，大量寺院被拆毁，部分建筑因为作粮仓等功用而得以幸存，但也遭到了不同程度的损坏。20 世纪 80 年代后，寺院相继恢复开放，僧人、信众及政府筹资时寺院进行修复和重建。

由于位于汉藏交界之处，在保留西藏佛寺传统的同时，青海的藏传佛教寺院也受到了很多汉族寺院风格的影响。

总体布局上，这些寺院大多由一个个独立的单体建筑围绕核心建筑，自由布局。青海大多数的藏传佛教寺院都依山而建，在用地不规整、地势起伏很大的情况下，这种做法既减少了施工难度，又不影响群体建筑的丰富组合。塔尔寺就是这种做法的典型代表，主要建筑分布于莲花山的一沟两面坡上，高低错落，交相辉映。但也有两个特例，就是由明太祖敕建的瞿昙寺和清乾隆皇帝许建九龙壁的却藏寺，都采用了汉族常用的中轴对称布局。

建筑外观上，青海地区的藏传佛教寺院有三种主要形式：藏式、汉式和汉藏结合式。总体上，越靠近西藏地区的寺院就越偏藏式，越靠近河湟地区的寺院就越偏汉式。三种形式中，最具青海特色的就是汉藏结合风格——采用藏式围墙和门窗加上汉式的"金顶"。青海最早的寺院是没有金顶的，比如建于唐代的贝大日如来佛殿，早期是平顶，现在的金顶是 20 世纪 80 年代加建的。金顶是元代以后受汉族文化影响而大量出现的，其形式也有地区之分。在靠近西藏的玉树、果洛等青南地区，金顶一般较小，设置在平顶的建筑后部，走近就看不见了，而在东部河湟地区，金顶逐渐变大，有的甚至完全盖住下面的主体建筑，成为建筑的视觉中心。这也符合青南寺院偏藏式、河湟寺院偏汉式的规律。

建筑装饰上，青海的藏传佛寺具有色彩鲜明、下简上繁、外朴内华的特点。在色彩鲜明这点上，比如墙面常大面积使用红、黄、白三色，映衬在青海的碧空下，对比强烈，分外艳丽。在下简上繁这点上，寺院建筑通常有重点地装饰建筑的上部，用叠涩的檐口及砖石压顶，女儿墙或顶层窗间墙用边玛、铜镜做出象征挑檐阴影的檐墙。在外朴内华这点上，寺院建筑从廊下到大门再到室内，都会使用大量精巧的雕刻、鲜艳的彩画，通过装饰将人心吸引到内部。值得一提的是黄南州同仁一带的"热贡艺术"。同仁一带在藏语中称"热贡"，从 17 世纪中叶起，这里聚居着大

塔尔寺自由的布局

瞿昙寺严整的中轴对称

典型的汉藏结合样式（塔尔寺小金瓦殿）

隆务寺大经堂

塔尔寺大金瓦殿重檐歇山屋顶

文都寺某殿外墙上部装饰

批从事美术活动的民间艺人，长年在外从事藏传佛寺的绘画、雕塑工作，其技巧结合藏传佛教艺术与中原工笔重彩技法，作品色彩艳丽、笔法细腻，独具特色，遍布青、藏、川、滇、甘等地区，甚至传播到印度、缅甸、尼泊尔等国，蜚声中外。

虽然历史久远，数量众多，但由于20世纪60年代"文革"时期遭受的破坏，我们现在看到的很多藏传佛寺建筑都已不是古代原物。并且由于修缮和重建的文物保护意识缺失，施工质量参差不齐，很多殿堂采取仿古风格，却又覆盖金属框架分隔的玻璃立面，形式古怪，叫人叹惋。

2. 伊斯兰教清真寺

伊斯兰教进入青海源于丝绸之路的出现，一些信奉伊斯兰教的商人留居青海，他们沿丝绸之路青海道，东起民和、化隆，北到祁连、门源，在青海形成了一条明显的聚居带，为后来伊斯兰教和寺院的发展奠定了基础，现有的清真寺基本上都分布在这条聚居带上。元代，大批西亚人因蒙古军的征战而滞留青海、甘肃一带，清真寺在这时开始初具规模。元末明初，青海各穆斯林民族——回族、撒拉族、保安族相继形成，

文都寺华丽的殿门

伊斯兰教由外来宗教转化为本土宗教，带来了明清时期清真寺的兴盛。

与藏传佛寺采用的自由式布局不同，发展成熟后的清真寺多采用中轴对称的四合院布局形式，建筑配置也非常统一：前部布置照壁、山门，中间为唤醒楼，唤醒楼两侧为南北向配房，唤醒楼后为礼拜大殿。少数寺院因用地限制而布局略有不同，但变化不会太大。

单体建筑的风格多为汉式。唤醒楼为传统楼阁式建筑，大多高三层，底层为水磨青砖砌成的砖墙，上层为木质结构，覆六角攒尖顶。礼拜大殿一般采用"一卷一殿一后窑殿"的标准格局，前出廊，前廊顶部做内卷棚或外卷棚，紧接其后的大殿架歇山式大屋顶，再后为纵向配置的双坡屋顶或四坡顶后窑殿，正中置圣龛。南北配房则屋面简单，一般用单坡或双坡。在建筑装饰方面，更是有大量精美的木雕与砖雕，令人叹为观止。

青海现存的古清真寺主要集中在海东市，另外在

热贡彩绘

西宁、海北也有少量分布。近年来，少数清真寺新建了一些穹顶式样的建筑和极高的唤醒塔，比如西宁的西关清真大寺，循化的街子清真寺、苏志清真寺等，虽然外观宏伟，但其实已经与青海清代以前的古清真寺意趣相去甚远了。

除了清真寺外，伊斯兰教还有一种特殊的陵墓建筑形式——"拱北"，意为先贤陵墓上的圆顶建筑。

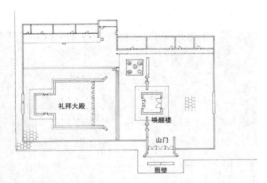

洪水泉清真寺（平安区）

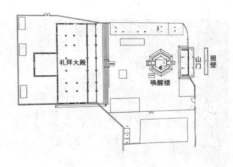

阿河滩清真寺（化隆县）

孟达清真寺（循化县）

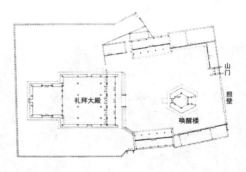

科哇清真寺（循化县）

海东市主要清真寺布局对比图

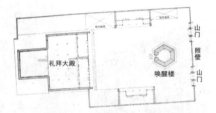

张尕清真寺（循化县）

清水河东清真寺（循化县）

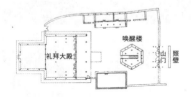

塔撒坡清真寺（循化县）

海东市主要清真寺布局对比图

几处著名的拱北有海东平安区的上马家拱北、循化县的街子拱北、马尔坡拱北以及西宁的凤凰山拱北。

3.宗观坛庙

青海的宗观坛庙主要集中在河湟地区，尤其是西宁、湟源、碾伯、贵德、同仁等古城，城内建设城隍庙、文庙、关帝庙、二郎庙、道观等。虽然比起前两种寺院而言，数量上并不多，但大都处于较完整的古建筑群落中，有很好的历史氛围和极高的观赏价值。另外

清水河东清真寺唤醒楼

清水河东清真寺照壁砖雕

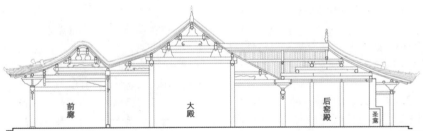

典型的礼拜大殿横剖面图

几座古城中的宗观坛庙

少数村庄中也会自行筹资修建庙宇供奉神明，比如湟中县的班沙尔关帝庙和贵德县的亦什扎村关帝庙。

这些庙宇大多供奉神像和伟人，是民间进行宗教活动的场所，承载了人们对生活的美好愿望，并不会排斥其他宗教，甚至是主动地融合。比如始建于北魏时期的西宁的北禅寺，就是青海最早的集佛、道、儒三教于一体的宗教寺观。在几座古城中，也常常是道教、儒家、藏传佛教、伊斯兰教等多种宗教建筑共处的局面。

（三）居住类建筑

居住类建筑在青海古建筑中也有相当大的数量，但因为规模普遍较小，保存情况不佳，所以本书只选取了少量进行介绍。虽然量少，但也都极具特色。它们大体上可以分为两类：民居和府邸。

1. 民居

青海的民居包括庄廓、碉楼与碉房、帐房等。庄廓主要分布在河湟地区，是汉族、土族、回族和撒拉族人民居住的宅院形式，是中国北方最常见的合院式建筑的变体，海东循化县街子镇的撒拉千户院是这种类型的重要代表。碉楼与碉房主要分布在果洛州班玛县和玉树州澜沧江上游扎曲和通天河的河谷地区，是当地藏族民居的主要形式，后文将重点介绍玉树州的碉楼建筑。而帐房是青南牧场上游牧生活的建筑形式，随牧民的迁移而搬迁，在海北州祁连县的阿柔大寺中，还可以看到一顶为纪念寺院历史而设置的黑牛毛帐房。

2. 府邸

府邸是有地位的人物生活、办公的宅院，这些宅院又可以分为两类：

一类是明清时期册封的藏族、土族千百户和蒙古族的"扎萨克"（每旗旗长），他们的宅院宽大、住房精致，典型实例有黄南州尖扎县的昂拉千户院、玉树州玉树市的隆宝百户府邸。

另一类是活佛的住所和行宫，是藏传佛教寺院的附属部分，建筑十分精美，典型的实例有隆务寺夏日

撒拉族庄廓形态

仓行宫、德千寺赛赤活佛行宫等。

　　上述几种类型基本涵盖了本书将介绍的青海古建筑，此外还有少数其他类型的文物，如会馆、石窟、石经墙、嘛呢石堆等，不再一一赘述。希望通过以上对青海省的历史沿革、主要古建筑类型和特点的简略介绍，帮助读者建立对青海古建筑的大体认识。下面，将重点介绍青海省各类古建筑共计 115 处，此外还对其他 215 处古建筑进行列表说明。

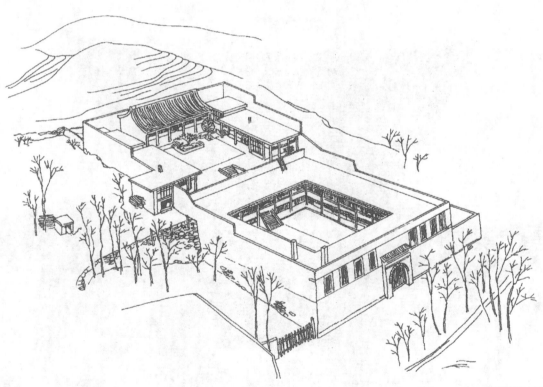

典型的贵族庄园

西宁市古建筑分布图
Historical Architectural Map of Xining

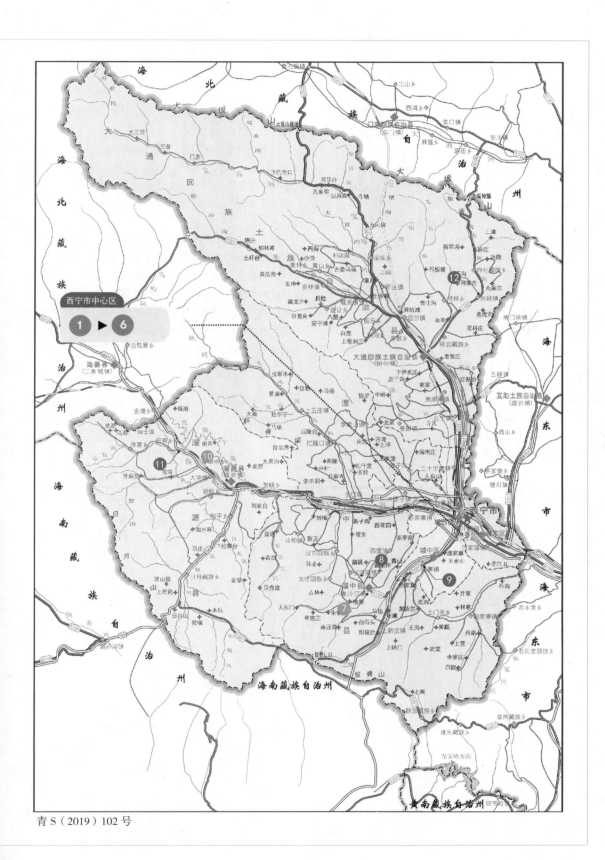

概 述

西宁市是青海省的省会，位于青海省东北部，下辖城东、城中、城西、城北4个区，大通、湟中、湟源3个县。

这一区域古称"三河间"，三河指的是大通河、湟水以及黄河上游。秦汉以前，这里是羌戎之地。西汉时，汉军进据湟水流域，在今西宁设西平亭，此地纳入中央政权版图。汉朝将领赵充国在向汉宣帝上疏时，首次使用"河湟"代指此地。此后，"河湟"这一地名广泛使用，并且逐渐演变为一个涵盖更广地域的概念。今天，我们一般将包括青海日月山以东，祁连山以南，西宁四区三县、海东以及海南、黄南等地的沿河区域和甘肃省的临夏回族自治州统称为"河湟地区"。所以西宁市，正是追寻河湟文化的重要源头。

从汉朝到唐朝，不断的政权更迭使得河湟地区的建置不断改变，留下了大量古城遗址，大多荒废已久，难以辨识，唯有从北魏时期开始修凿的北禅寺石窟仍兴盛不衰，是这一时期宗教建筑的代表。唐朝末年，湟水流域被吐蕃占领。宋朝初期，吐蕃后裔确厮罗在今西宁市确立政权、建设城市。那时候的西宁四周山上林木参天，青翠葱茏，所以确厮罗称之为青唐城，

至今可见城墙遗址。后宋军攻占青唐城，更名为西宁州，西宁一名也沿用至今。

明洪武六年（1373年），改西宁州为西宁卫，下辖西宁、镇海、北川、南川、碾伯、古鄯六千户所。清代改西宁卫为西宁府，行政建制基本沿用明朝制度。明清时期在河湟地区进行了大量建设工程，大致可分为三类：

一、军事设施。明朝视西宁为"西夷重地""河西巨镇"，在河湟地区展开了大规模的筑城运动。除了中心卫所外，还设置了大量军事城镇、堡寨和墩台。这些城镇共同构筑起遥相呼应的城镇网络，与今日河湟地区城镇分布网络已相差无几。同时，为防御西海蒙古入侵，嘉靖年间开始围绕西宁卫修筑长城。这些军事设施的遗址至今仍分布在西宁市、海东市的土地上，本章介绍的明长城大闇门、总寨堡及门楼即是其中一二。

二、贸易城镇。清代在西宁设置了一府（西宁府）、三县（西宁县、大通县、碾伯县）、四厅（丹噶尔厅、巴燕戎厅、循化厅、贵德厅）。其中，新设的大通县和丹噶尔厅分别对应了现在的大通县和湟源县。同明

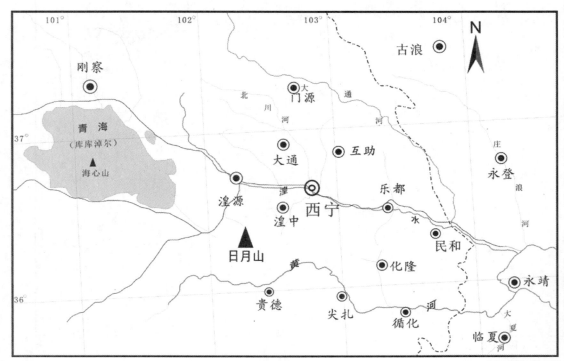

河湟区域范围示意图

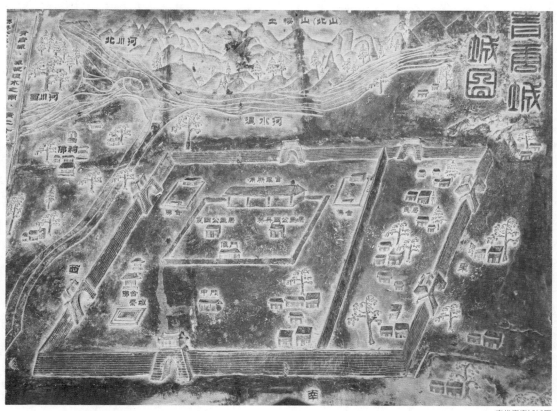

宋代青唐城城图

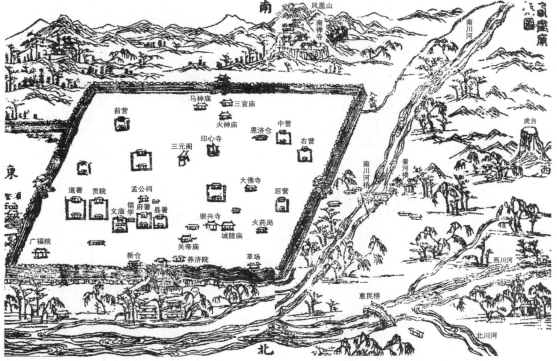

清代西宁府城图

代的军事城镇不同，这两个行政中心的设立主要受到贸易活动的影响。大通在明末清初就已是青藏高原甚至西域诸民族贸易的重要集散地，丹噶尔则是清朝特为各族通商所设立的贸易市场，时称"小北京"。而西宁城内也有极为兴盛的贸易，是农牧产品的交换地，现城中区的山陕会馆便是反映西宁清末繁荣商业的重要古迹。

三、宗教建筑。明政府积极推动河湟地区佛教寺院的兴建，藏传佛教寺院数量急剧增长。今湟中县鲁沙尔镇的塔尔寺就是其中声望最高的一座，时至今日，塔尔寺不仅是藏传佛教信徒心中的圣地，也是整个青海省古建筑的名片。到清朝，河湟地区出现了寺院林立的局面，大通县的广惠寺，湟源县的东科尔寺、扎藏寺，均是这时的重要寺院。光是在西宁城内，就有雷鸣寺、印心寺、南寺、葆宁寺、崇兴寺、大佛寺、洪通寺、宏觉寺、金塔寺、毛家寺、汪家寺、藏经寺这12座佛寺，惜大部分已湮灭无存，存有名号的大佛寺、宏觉寺、金塔寺内也都是近代重建的建筑。

除了藏传佛教寺院外，河湟地区也兴建了其他类型的宗教建筑。比如伊斯兰教的清真寺，民间信仰的城隍庙、关帝庙，以及儒家建筑文庙，后文将一一讲解。

本章共计介绍全国重点文物保护单位3处、省级文物保护单位9处，并对其他41处文物古迹进行了列表说明。

西宁市

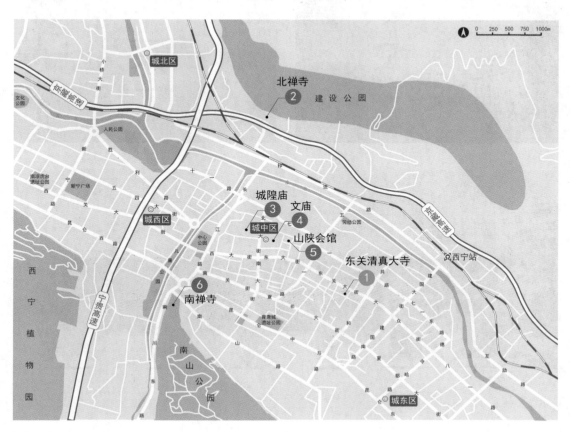

城东区

1 东关清真大寺

Grand Mosque on Dongguan Street

文物级别	国家级
开放方式	免费参观。周五为主麻日，12:30至14:15为礼拜时间，不能入内。
地 址	西宁市城东区东关大街路南侧
年 代	吐蕃王朝时期—清
推荐指数	★★★★★

　　西宁东关清真大寺历史悠久，是中国伊斯兰教著名寺院，与西安化觉寺、兰州桥门寺、新疆喀什艾提尕尔清真寺并称为西北四大清真寺，也是青海省伊斯兰文化交流中心。

　　东关清真大寺因地处回族、撒拉族聚居的东关大街而得名。相传该寺始建于明洪武年间，清朝时三次遭兵燹被毁，民国三年（1914年）的重建形成了前三

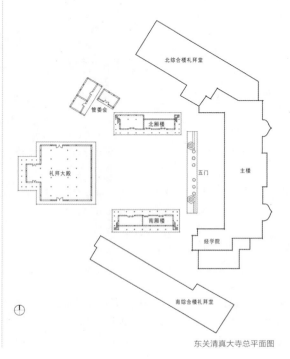

东关清真大寺总平面图

主楼正立面

中五门

礼拜大殿正立面

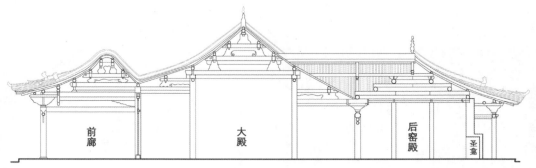

前廊 大殿 后窑殿 圣龛

礼拜大殿横剖面图

门、中五门、礼拜大殿及南北厢楼的格局，1998 年寺院自筹资金，对北、南、东三面危房拆除重建，建成主楼及南北侧楼，形成了现在的格局。

现在的寺院总占地面积 1.36 万平方米，整体坐西向东，由主楼（前三门）、中五门、南北厢楼和礼拜大殿组成。

主楼正立面由三层带有折形拱廊的门楼和两个高45 米的唤醒楼组成，形成东关大寺的正门，气势恢宏。

中五门由一大四小并联的 5 个拱形门洞组成，两

旁紧贴六角攒尖顶的唤醒楼。

礼拜大殿在寺内建筑群中居主体位置，面积 1102平方米，可容纳 3000 人做礼拜。其外形和内部结构完全仿照中国传统的金銮殿式的建筑特点。整个大殿分前卷棚、大殿、后窑殿三部分。前卷棚原本是横向柱廊，但最外一排柱间加装了钢化玻璃感应门，柱廊的感觉不太明显。粗壮的木柱间连以额枋，枋上安放五踩斗栱。卷棚的廊心墙为砖雕九扇屏，采用历史悠久的河州回族砖雕工艺，内容为花卉植物，造型优美，

为上乘之作。大殿内部铺以木地板，上铺一排排整齐的礼拜毯。后窑殿后墙正中处的拱门"米哈拉布"为落地槛窗装修，顶部饰以浮雕阿拉伯文作证词："万物非主，唯有真主，穆罕默德是真主的使者。"大殿屋顶装饰着彩色的琉璃瓦和小青瓦，上置一组"二龙戏珠"陶制装饰和甘肃拉卜楞寺赠送的三个镏金宝瓶。

南北厢楼为两层歇山卷棚建筑，各面阔九间，高二层，对称而立。现在南楼一、二层均为礼拜殿，北楼一层为大学班满拉教室、文物展览室，二层为藏经室、接待室、会议室。南北厢楼中间是宽敞的广场，铺满青石板和大砖，可供万人同时礼拜。

东关大寺在不同时期进行了重建扩建，形成了古典式、欧式、阿式等多种建筑风格，奇特瑰丽，典雅和谐，是西宁古城一处亮丽的景观。

礼拜大殿正面的斗栱

卷棚廊心墙的砖雕

后窑殿的米哈拉布

西宁市

城北区

2 北禅寺

Northern Temple

文物级别	省级
开放方式	免费参观
地　　址	西宁市城北区北山上
年　　代	北魏—清
推荐指数	★★★★★

北禅寺位于城北区北山，俗称"北山寺"。北山是西宁市的名山，历来备受人们喜爱。特别是在雨天时，远望北山，薄雾层层缭绕，恍如一幅水墨画，被誉为著名的西宁古八景（古湟中八景）之一——"北

北禅寺主要建筑总平面示意图

318

北禅寺山腰建筑群全景

山烟雨"。

早在北魏时,北山就因其山崖呈浮屠状而有"土楼神祠"之称。僧人在山崖间修洞窟、塑佛像、作藻井绘画,信徒登山朝拜,盛行一时。洪武年间,驻兵西宁的千户张铭整修了崖间洞窟,并在北山顶上建宁寿塔。明永乐十四年(1416年),青海高僧桑尔加朵应诏入京,明成祖朱棣亲敕寺名为"永兴寺"。清朝时,陕甘总督、抚远大将军年羹尧镇压罗卜藏丹津时将该寺烧毁。清宣统元年(1909年),西宁商人魏儇等捐资重修。次年,西宁名僧徐仁溥拆来河北祁家禅院楼房三间,改为佛阁,并添修山门、斋舍。此后道教渐入北山,北山成为佛、道混合的宗教活动场所。此后的战乱使寺庙一度倾颓,到1949年后,才渐有改善,

20世纪50年代曾辟为北山公园。自1983年起,西宁市政府将北山的殿宇亭洞划归道家使用并定名为"土楼观",但群众相沿成习,仍称之为北禅寺。

现存的北禅寺建筑群主要可分为三个部分:

第一部分在山麓,主要包括四组建筑,由西向东分别为玄女宫、万圣殿、王母大殿、无极殿。其中,除王母大殿外,其他几组建筑都是近年来新建或从别处搬迁而来。王母大殿建筑群是魏儇于宣统二年(1910年)捐资修建,但2007年王母大殿曾失火,现在的大殿是2008年重建的。王母大殿两侧是财神殿、城隍庙,前有钟、鼓楼,南面为灵官殿,左右为东西厢房。

沿王母大殿后的天梯攀登,便来到北禅寺的第二部分——"九洞十八窟"。这些古老的洞窟分布在绛

王母大殿

西段洞窟

露天金刚

红色的峻岩陡壁之上，大小不一，深浅有别，殿中有洞，洞内套洞，洞窟之间还有栈道回廊相连，有"中国第二大悬空寺"之称。洞内塑有玉皇、观世音、文殊、普贤、关云长等神佛像。洞壁上绘有壁画，多出于北魏、隋唐、五代、宋元时期，大致可辨认出西段洞窟壁画为汉族佛教风格，东段洞窟为藏传佛教风格，有"西平莫高窟"的美称。在东、西洞窟之间，有一座笔直陡险的崖体向外突出，高百米，经过历代人工雕琢，成佛形，被人们称作露天金刚（又称"闪佛"，意为从崖上忽然闪出的佛像）。金刚原有两尊，因年久剥蚀，西边的一尊已被破坏，现仅存东边一尊，其头、身躯、下肢俱全，

面部五官隐约可辨，雄浑粗犷，颇有唐代风格。

在洞窟西面为北禅寺的第三部分建筑群，从东至西依次是奎星阁（土楼观）、斗母殿、后城隍、玉皇阁、斋堂。在众多洞窟陪衬下，显得奇巧古雅。

经过这组建筑后继续向上攀登，可到达北山顶峰的宁寿塔。该塔为六面形五层翘角塔，塔中实心，青砖砌成。这里是西宁市区内的最高点，可以俯瞰整个西宁市区。

北禅寺建筑精巧，宏伟壮观，是西宁市内古代宗教建筑中保存最完整的建筑群，曾被誉为"湟中第一寺"。

城中区

3 城隍庙

Town God's Temple

文物级别	省级
开放方式	鉴心殿外部可免费参观，鉴心殿室内、内院和后寝宫都不对外开放
地　　址	西宁市城中区解放路中段路北
年　　代	明—清
推荐指数	★★★★

据顺治《西镇志》记载："城隍庙，城西北隅、洪武十九年（1386 年）指挥李实重建"。乾隆《西宁府新志》称："城隍庙在城西隍庙街北，康熙三年（1664年）总镇柏永馥加菁，六十年（1721 年）西宁道副使赵世锡……重建，至雍正元年（1723 年）工竣。" 乾隆四十一年（1776 年），西宁官绅又捐资重建，形成了1958 年以前的格局。

1958 年以前，城隍庙为一座五进式的院落。山门为三楹大牌坊，对面有一砖雕大照壁。进入山门后

来到第一进院，东西两侧建有钟楼和鼓楼。过了"彰善""瘅恶"二门后进入第二进院，院内的戏台是庙会的主要举办场所。第三进院主要建筑为香厅大殿，香厅东西两侧各建房屋 18 间，俗称东西廊房，内有栩栩如生的泥塑群体。穿过香厅大殿进入第四进院，也是城隍庙的核心——鉴心殿。鉴心殿的两侧各有院落一处，并建有廊房三间。由鉴心殿进入第五进院，就是后寝宫。院内有一座花池，侧柏 4 株，寝宫东西有廊房各三间，东为乡贤祠，西为名宦祠（后二祠并入文庙内）。

1958 年以后，在宗教改革和"文革"时期，砖雕大照壁、山门、钟鼓楼、戏楼、香厅、廊房等都以"破四旧"为名而尽数拆除，只留下了鉴心殿与后寝宫。

鉴心殿坐北向南，为硬山式大屋顶，屋面覆盖大式灰瓦，两侧水磨砖山墙与屋面齐平。平面为长方形，面宽三间，进深五间。正中檐下悬挂"鉴心殿"大匾。鉴心殿中的大神龛内供奉着管辖西宁府暨青海河湟的城隍——"威灵公"邓训的高大坐像，两旁二书童各捧茶具而侍，前置朱红大公案。龛台前沿悬黄色帐帷，上挂祸福先知木匾，龛下分塑判官、鬼卒立像。殿内山墙全是壁画，内容包括二十四孝图等。

旧时的城隍庙山门

鉴心殿

通往后寝宫的西偏门

鉴心殿斗栱结构

鉴心殿西侧有一扇小门，可通往后寝宫。后寝宫面宽三间，进深二间，灰瓦歇山顶，镂空雕花卉砖起脊。宫门两旁有拱形小门两处，配有对开门扇。在寝宫正中的神龛内，塑城隍夫妇便衣并肩坐像。东隔室为卧室，西隔室放有木坐轿一顶。后寝宫院落现已作为市文物管理所的办公地点，不对外开放。

曾经的城隍庙不仅殿宇弘丽，而且香火旺盛，是西宁最热闹的地方。每逢节日，热闹非凡，农历八月十八举行城隍会，神像出巡，更是万人空巷。但这样的盛况如今已不复存在。城隍庙所在之地已改为少年宫大院，前几进院落成为广场，只余几株沧桑的古榆。晴朗的日子里，阳光透过树叶洒下斑驳，孩童们在广场上嬉戏玩闹，家长们坐在鉴心殿前的台阶上闲话家常。或许，城隍仍然以他的方式，继续守护着一方子民。

4 文庙

Temple of Confucius

文物级别	省级
开放方式	免费参观
地 址	西宁市城中区文化街西端路北
年 代	明—清
推荐指数	★★★★

西宁文庙于明宣德三年（1428年）由都督史昭所创建。此后，经明清两代多次扩建修缮，形成占地八十余亩的规模，史誉"缭以墙垣，益于丹碧""官墙岩岩，廊庑翼翼""明兴一百六十年，文教大明于世"。

从乾隆《西宁府新志》中的文庙图可以看到，过去的西宁文庙严格遵从了传统文庙的布局方式，坐北朝南，以大成殿为中心，南北成一条中轴线，左右对称排列。由南向北中轴线依次为万仞宫墙（照壁）、泮池、棂星门、戟门、大成殿、明伦堂、崇圣祠。照

大成殿

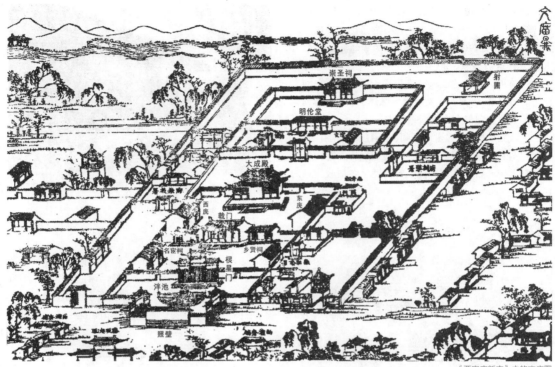

《西宁府新志》中的文庙图

西宁市

大成殿前廊

大成殿翼角木结构

壁连接了两个牌坊门，门楣上面分别写有"道冠古今"和"德配天地"。戟门前东西各有乡贤祠、名宦祠。大成殿前有东、西两庑殿。后来文庙历经战乱、"文革"，大部分建筑被拆改。20世纪90年代，文庙所在的勤学巷整体被拆除，建成城中文化娱乐城，即现在的文化街。2004年10月，在文庙原址修建了酒吧、店铺、广场等设施，现仅存大成殿一座古迹。

大成殿面阔五间，进深五间，歇山顶，四周有回廊。屋面覆灰瓦及绿釉瓦，黄绿琉璃砖起脊，原有屋脊宝瓶、脊兽皆已毁。东西廊内，有从西宁各地收集来的10余通古石碑。

西廊内的石碑

5 山陕会馆

Shanxi-Shaanxi Guild Hall

文物级别	省级
开放方式	免费参观
地　址	西宁市城中区兴隆巷22号
年　代	清
推荐指数	★ ★ ★ ★ ★

西宁最早的山陕会馆始建于清光绪十四年（1888年），由山陕商人集资在青海省西宁古城的东门外（今东关大街路北"义乌商城"地址）创建，1895年7月遭焚。1899年，由山西、陕西商人再度筹资，在现址重建。

现存山陕会馆总面积5900平方米，整体坐北朝南，东西对称。中轴线上由南向北依次为山门前广场、山门及八字墙、钟鼓楼、戏楼、东西厢房、香厅、关爷殿、陕西馆和山西馆、三义楼，另外还有东西跨院。

山门为硬山顶建筑，面阔、进深皆三间，有前后檐柱。山门明间房檐下悬挂于右任先生书写"山陕会馆"匾额。进入山门后左右两侧有钟鼓楼，由砖结构楼身和四角亭顶组成，楼梯安置在砖结构楼身之内，直通楼亭。钟鼓楼再北侧原有戏楼，其后墙朝向山门，作为内影壁。戏楼是为酬神唱会戏而设，过去每逢农历五月十三的关帝会、七月二十二的财神会等，还有五月端午节、八月中秋节，都会连唱三天，观者甚多，繁华一时。但戏楼现已无存。

再往北便是会馆的核心建筑——关爷殿。关爷殿前的香厅（也称过厅、献殿、拜殿）屋檐与关爷殿屋檐仅有80厘米的间距，是其辅助建筑。关爷殿为硬

山顶，面阔三间，进深四间。大殿正檐上悬挂"中立不倚"匾额。殿内塑关圣帝君像，绿袍金甲，左手捋长髯，右手执《春秋》，两边是关平和周仓的塑像。在关帝后面靠后墙处，塑有一尊诸葛亮塑像，身穿八

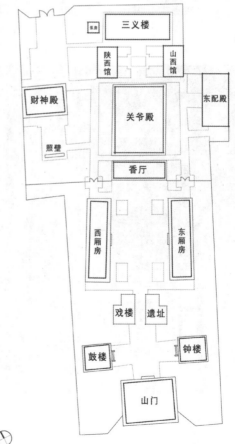

山陕会馆总平面图

山门

鼓楼

香厅

从香厅看关爷殿

西宁市

卦道袍，手持羽扇，前面也设有香炉供桌。

关爷殿北面为三义楼，是山陕商会聚会议事之处。三义楼面阔五间，进深两间，高两层，但高度没有超过关爷殿。

关爷殿西面有独立的财神殿院。财神殿面阔三间，进深两间，建筑体量比两层高的三义楼还要高大一些。20世纪70年代曾被拆毁，经重建后再次开放。

与城隍庙和文庙相比，山陕会馆实在幸运很多，建筑与院落都得到了较好的保存。经过2008年和2014年两次修缮，自2016年元旦起，山陕会馆正式向市民全面开放，成为展示河湟文化、开展文化培训的主要阵地。东西厢房开设静态展览，山西馆、陕西馆辟为图书阅读场所，三义楼作为文化交流场所，让来到这里的市民和游客可以体验传统文化，共享文化大餐。

6 南禅寺

Southern Temple

文物级别	省级
开放方式	免费参观
地　　址	西宁市城中区南山北麓
年　　代	清
推荐指数	★★★★★

西宁城南有南山，又称凤凰山。据民间传说，当年有一只凤凰曾落于山头，落凤之处被称为"凤凰台"，曾以"凤台留云"被列为西宁古八景（古湟中八景）之一。

早期这里是民间信仰的关帝庙，明永乐八年（1410年）开始建立佛教寺院，永乐十四年(1416年)完工。同年，寺院主持僧人舍剌藏卜向明朝皇帝奏请寺名，明成祖朱棣曾敕赐寺名为"华藏寺"。又因其与北山的北禅寺遥遥相对，故也被称为南禅寺。明朝御史李素来西宁后曾写有《西平赋》，赋中就盛赞西宁"有大石小石之峡口，有南禅北禅之招提"。

南禅寺经明清两代维修、扩建，达到了相当大的规模。佛教、道教及民间信仰共存，但殿堂整体保持了汉佛寺的风格，有名可考者有萧曹殿、关帝殿、三义殿、老祖殿、桓侯殿、财神殿、三清殿、秋水阁、孔雀楼、小西天，等等。这些建筑大多在光绪二十一年（1895年）被焚毁。其后又陆续恢复了一部分，现存的南禅寺古迹为清末建筑。改革开放后，政府在山下建起了公园丁香园，2003年法幢寺也搬迁至此，形成了现在的寺院建筑群，成为本地及周边地区汉传佛教信徒进行宗教活动的重要场所。

南禅寺总体坐南向北。寺院山门在山根，左右立钟鼓楼。从山门西侧一门可进入居士林院落。山门后为大雄宝殿。大雄宝殿后为千佛殿所在的院落，院中植有大量花卉，每到花开时节，有大量市民来此游玩赏花。

南禅寺东侧是法幢寺。法幢寺是青海省最大的汉传佛教比丘尼寺，原位于城西区园树庄，2003年为给西塔高速公路建设让路而搬迁至此。其山门和大雄宝殿均为新建，为歇山式重屋顶，雕梁画栋，彩绘炫目。法幢寺院落中的财神殿和玉佛宝殿为清末建筑遗存。

1 丁香园牌坊
2 南禅寺山门
3 钟楼
4 鼓楼
5 南禅寺大雄宝殿
6 千佛殿
7 居士林院落
8 法幢寺山门
9 法幢寺大雄宝殿
10 财神殿
11 玉佛宝殿

南禅寺建筑群总平面图

山门

大雄宝殿

千佛殿所在院落

财神殿和玉佛宝殿

湟中县

7 塔尔寺

Kumbum Lamasery

文物级别	国家级
开放方式	购票参观
地 址	湟中县鲁沙尔镇南部
年 代	明—清
推荐指数	★ ★ ★ ★

　　在湟中县鲁沙尔有一座莲花山，其山峰形似八瓣莲花。在莲蕊之中，便是藏传佛教格鲁派创始人宗喀巴大师的诞生地。

　　"宗喀"是青海历史上的藏语古地名，青海湖与日月山以东，湟水南北的山川、河流、峡谷统称为宗喀，"巴"为人称代词，"宗喀巴"即意为"宗喀地方的人"。宗喀巴的父母都是放牧人，"鲁沙尔"即意为"新牧场"。宗喀巴年少时赴卫藏学法，其母甚为思念，

托人送去书信，并告诉他在他出生之处长出了一棵菩提树。宗喀巴为了慰藉母亲，托她在菩提树处建一座佛塔。母亲依照宗喀巴的嘱托，用那株菩提树和十万尊狮子吼佛像（释迦牟尼第七幻身）作胎藏建成了一座莲聚宝塔。

正门及前广场

塔尔寺全景

八宝如意塔

西宁市

326

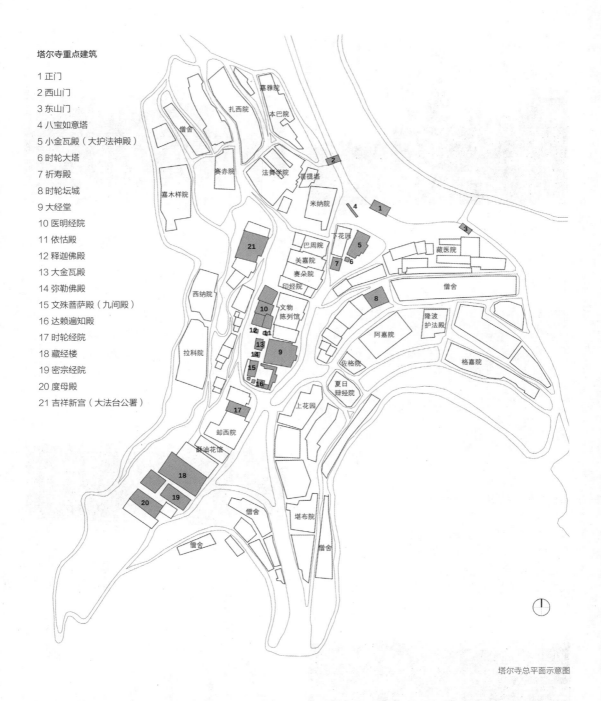

塔尔寺重点建筑

1 正门
2 西山门
3 东山门
4 八宝如意塔
5 小金瓦殿（大护法神殿）
6 时轮大塔
7 祈寿殿
8 时轮坛城
9 大经堂
10 医明经院
11 依怙殿
12 释迦佛殿
13 大金瓦殿
14 弥勒佛殿
15 文殊菩萨殿（九间殿）
16 达赖遍知殿
17 时轮经院
18 藏经楼
19 密宗经院
20 度母殿
21 吉祥新宫（大法台公署）

塔尔寺总平面示意图

　　这便是塔尔寺历史上的第一座建筑，其时为明洪武十二年（1379 年）。约 200 年后，高僧仁钦宗哲坚赞在莲聚塔南侧兴建了一座佛、法、僧俱全的弥勒佛殿。因先有莲聚塔，后有弥勒佛殿，所以汉语称为"塔尔寺"。藏语则名为"衮本贤巴朗"，意思是"十万狮子吼佛像的弥勒寺"。

　　自此，塔尔寺成为格鲁教的中心，藏传佛教的圣地。400 多年以来，经不断增建，形成了一座占地 40

余万平方米的建筑群。其主要建筑按时间可分为四个历史时期：早期（17 世纪之前）包括大金瓦殿、弥勒佛殿、依怙殿、文殊菩萨殿、达赖遍知殿；中期（17—18 世纪）包括释迦佛殿、小金瓦殿（大护法神殿）、隆波护法殿（小护法神殿）、大经堂、大拉让宫（吉祥新宫）、大吉哇（现文物陈列馆）、祈寿殿（花寺）、密宗经院、医明经院、法舞学院；后期（19 世纪）包括时轮经院、印经院、酥油花院；现代（1980 年以后）

小金瓦殿北面

小金瓦殿局部

时轮大塔

包括山门、藏经楼、度母殿、时轮坛城、藏医院等。
下面按照一般的游览顺序对主要建筑进行介绍。

塔尔寺正门前为八塔广场，广场中有一座藏汉风
格结合的山门。该山门建于 1992 年至 1996 年，墙体
为藏式，顶部建有中间高两边低的歇山顶式楼阁 3 座。
山门的东西两侧分别建有一座藏式和汉式的牌坊。

进入山门后首先看到六座洁白的佛塔。它们是善
逝八塔，又称八宝如意塔、如来八塔，是用来纪念佛
祖释迦牟尼从诞生到涅槃的八件大事，分别名为莲聚、
菩提、转法轮、神变、天降、息诤、尊胜、涅槃。八
塔建于清乾隆四十一年（1776 年），是依照宗喀巴幼
年在此垒塔的传说修建而成，1991 年曾进行修缮。每
座塔高 6.4 米，塔底边长 2.3 米，塔基相同，塔身按
照《佛塔尺度经》的要求制造。洁白的瓶形塔身象征
着"善业"，十三法轮（刹式杵杆）为橙色，分 13 层，
代表佛教的 13 天。

经过八塔后可来到小金瓦殿。小金瓦殿藏语称"赞
康钦莫"，意为大护法神殿。相传于崇祯元年至崇祯
三年（1628—1630 年）由西纳活佛初建于东拉山下，
后因与寺院建筑群相距较远，故迁至现今地址。小金
瓦殿一进两院，藏式墙体，主殿为歇山式三层重檐铜
瓦镏金建筑。殿内供奉着事业明王护法神及其明妃五

大金塔

西宁市

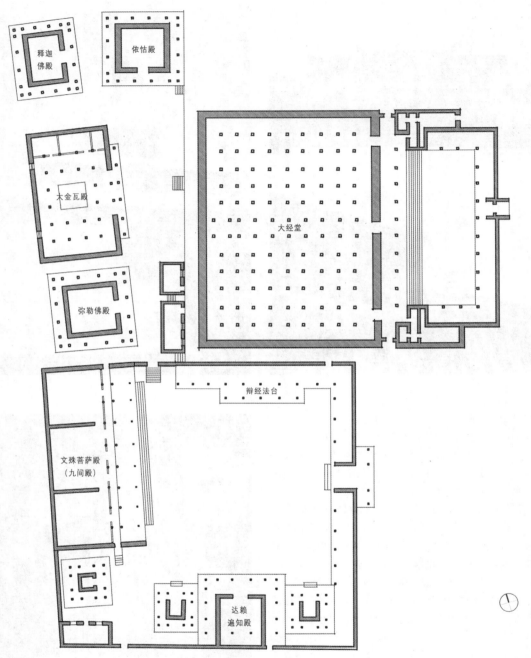

释迦佛殿

依怙殿

木金瓦殿

大经堂

弥勒佛殿

辩经法台

文殊菩萨殿
（九间殿）

达赖
遍知殿

大金瓦殿及周边建筑平面图

尊的金身。外院和里院之间建有一座小巧玲珑的歇山式门楼。门楼下面和回廊底层是嘛呢经轮。回廊的墙壁上布满了绚丽的间堂壁画。在二层回廊里陈设着熊、野牛、羚羊等动物标本，据传是护法神的坐骑。小金瓦殿南有一座时轮大塔，高 13 米，边长 9 米，建于 1942 年，为纪念九世班禅于 1935 年在塔尔寺讲授时

轮大灌顶法而修建。

自小金瓦殿后向西南方向行进便来到寺院正中，这里是早期主要建筑物所在之处。这组建筑以大金瓦殿为中心。大金瓦殿是寺内最早的建筑，最初是为了保护莲聚塔而修建的塔殿，后于 1711 年用黄金 1300 两、白银一万多两改屋顶为金顶，形成三层重檐歇山

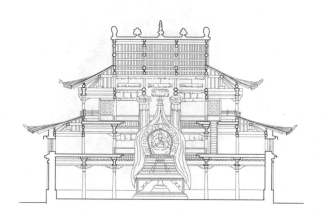

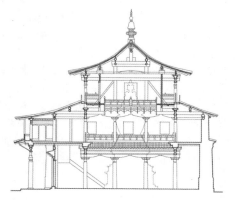

大金瓦殿剖面图

大金瓦殿及周边建筑

依怙殿东面

西宁市

式金顶,阳光之下,金光灿烂。殿中的大金塔莲聚塔即宗喀巴的诞生之处。塔高 11.26 米,塔底边长 5 米,矗立在大殿正中,塔顶直通三层。塔基与塔身以纯银制作外壳,镀以黄金,并镶嵌各种珠宝,挂满洁白的哈达,是塔尔寺中最为珍贵的圣物。

大金瓦殿南侧为弥勒佛殿,北侧为依怙殿和释迦佛殿。弥勒佛殿藏语简称"贤康",初建于明嘉靖三十九年(1560 年),面阔、进深皆五间。其内柱中右前方一根是原天然生长在此处的大树,施工时在原树位置放线建殿,该柱因经过防腐处理,现仍完好无损。殿内正中塑有一尊弥勒佛 12 岁等身的药泥镀金坐像,另外还供有仁钦宗哲坚赞灵塔。依怙殿藏语称为"贡康",是一座护法神殿,又因供有一尊宗喀巴大师镏金铜像,又被称为"宗喀巴殿"。初建于明万历二十二年(1594 年),面阔五间,进深四间,为单层青瓦歇山顶。释迦佛殿藏语简称"觉康",始建于明万历三十二年(1604 年),清同治十三年(1874 年)进行过一次大修,为二层檐廊重檐歇山顶,举架较缓,

廊檐、门窗均带有清制作法。

从弥勒佛殿旁的小门往南,便来到宽敞的辩经院。西面是文殊菩萨殿,南面是达赖遍知殿。文殊菩萨殿由 9 个开间组成,故又俗称"九间殿"。该殿初建于明万历二十年(1592 年),原为三世佛殿,1776 年改建为九间殿格局,每三间组成一个佛殿,三个点又并联成一个整体。达赖遍知殿是一座二层重檐歇山式建筑,建于明万历十八年(1590 年),面宽、进深皆五间,殿内正中共有三世达赖的木质镀银灵塔。

在大金瓦殿的东侧为大经堂,始建于明万历四十年(1612 年),为两层藏式平顶,面宽十三间,进深十一间,正中 18 根通柱直托二层殿顶。大经堂是全寺建筑面积最大、装饰最豪华的殿堂,是全寺僧人集体听经、诵经和进行其他佛事活动的重要场所。

除了上面介绍的建筑外,塔尔寺还有大量精美的建筑,而且风格各异。这是因为塔尔寺的建筑在不同时期、不同程度地受到了不同建筑文化的影响,所以形成了藏式建筑、藏汉结合建筑、汉宫殿式建筑、甘

青地方四合院式建筑等多种建筑形式。这些建筑依山就势，分布于莲花山的一沟两面坡上，红墙碧瓦，金顶绿树，构成了一幅神圣而壮丽的佛刹景观。

除了建筑艺术外，塔尔寺还有珍贵文化遗产。酥油花、壁画和堆绣被誉为"塔尔寺艺术三绝"，另外寺内还珍藏了许多佛教典籍和历史、文学、哲学、医药、立法等方面的学术专著。塔尔寺还设有显宗、密宗、天文、医学四大学院，造就了大批藏族知识分子。每年举行的佛事活动"四大法会"，更是热闹非凡。总而言之，塔尔寺凝聚了历代高僧、学者、匠人的心血，堪称一座艺术的宝库。

大经堂

8 班沙尔关帝庙

Temple of Guan Yu in Bansha'er

文物级别	省级
开放方式	免费参观
地 址	湟中县甘河滩镇上营村
年 代	清
推荐指数	★★★★★

上营村所在地古称"班沙尔"，意为"夏季牧场"。早在汉代这里就有人类活动的足迹，属于卡约文化。元代，西纳族兴盛起来，管辖着河湟地区，班沙尔就是西纳族下辖的隆奔十八族之一"隆奔措哇"。

明朝初年，政府施行"移民充边"之策，移民不断进入班沙尔，开荒屯田，繁衍生息。明嘉靖年间，为防御吐蕃入侵，在青海修筑长城，其中一段就在班沙尔，目前仍有遗迹。万历元年（1573年），在班沙尔段长城建成闇门一座。闇门又名暗门，为在长城沿

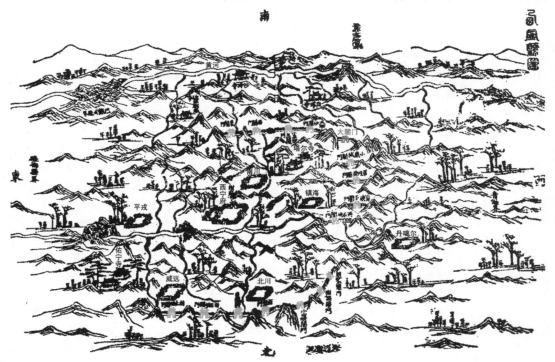

清代西宁周边的长城闇门

山门

线重要交通要处开的方便进出之门，规模较小。而此门在这段边墙中最为高大气派，故称"大闇门"。《西宁府新志》舆图中标注长城闇门16座，目前仅存这1座，2008年被公布为省级文物保护单位。

至明末清初，该地户籍人口增加，自成一村，因有土城营盘一座，所以取名为"上营"。乾隆二十二年（1757年），该村集资在村中心创建关帝庙。同治二年（1863年）因遭变乱，焚毁无存。光绪元年（1875年），村民在残垣上重修圣殿，次年塑造金身，并于殿内两壁绘画了关帝生平壁画。

明代长城遗迹、大闇门和关帝庙都位于现在的村中心。现存长城长50多米，用夯土筑成，高6米，宽4米。大闇门外呈拱形，内呈长方形，青砖包砌。门宽3.1米，高3.5米，门道长7.55米，以毛石垒砌，顶部横置木椽棚顶。两厢各有门房一间。城门顶上有木结构门楼一间，面阔三间，进深一间，硬山式屋顶。大闇门至今仍是上营村村民进出的通道。

穿过大闇门便来到关帝庙。关帝庙呈四合院式布局，坐东朝西，由照壁、山门、大殿及厢房组成。照壁为仿木砖结构。山门为卷棚顶。大殿面宽三间，进深三间，灰瓦歇山顶，八字墙上有龙凤砖雕。

大闇门

大闇门内侧

西宁市

关帝庙照壁

关帝庙照壁内侧

9 总寨堡及门楼

Zongzhai Fortress and gate tower

文物级别	省级
开放方式	免费参观
地　　址	湟中县总寨乡总南村总丹段路西侧
年　　代	明
推荐指数	★★★★

总寨堡为青海明长城的附属寨堡之一。青海明长城自嘉靖二十五年 (1546 年) 开始修建，至万历二十四年 (1596 年) 全部建成，主要防御西海蒙古对西宁卫的侵扰。其主线围绕西宁卫，从西、北、东三面整体呈半圆拱卫状，向东延伸与明长城主干线相汇合，是明长城的重要组成部分。

为便于防止敌人入侵，控制交通往来，在长城的防守重点、交通要冲处，建立了能驻军、具有军防设施的寨堡。明代《西宁卫志》以西宁卫治为辐射中心，

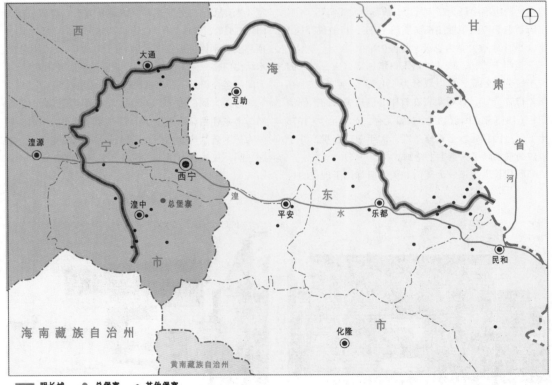

明长城　　● 总堡寨　　• 其他堡寨

青海省明代长城和堡寨分布示意图

城墙遗迹

城门外侧

城门内侧

按沟谷方位分南川、西川、北川、威远（东北方向）、城东 5 个方向详细记载了寨堡的分布情况，共有 240 座之多。但是这些寨堡大多已损毁消失，现有迹可循者仅 46 座。随着人们的生产和生活活动，大部分寨堡都保存较差，堡内的设施也几乎全部消失。

总寨堡为明代西宁卫所领寨堡之一，驻兵防守。总寨堡地处村庄之中，人为破坏严重，基本格局仅隐约可辨。堡平面呈正方形，边长 150 米。堡内遗迹损毁无存，堡墙仅残存五段，共长 52.9 米。其中，南墙消失无存，东墙仅存城门南侧一段，西墙和北墙各残存两段。

城墙夯筑，残高 6 米，基宽 4 米。东开一门，建有城门楼，名曰三官殿，始建于明万历二十年（1592 年）。门楼面宽、进深均为三间、歇山顶。西侧有一座面宽三间的硬山顶配楼，名曰玉皇阁。

西宁市

湟源县

10 丹噶尔古城建筑群

Dangel Ancient City complex

文物级别	城隍庙为国家级，火祖阁为省级
开放方式	古城中城隍庙、丹噶尔厅署、文庙、城关第一小学（海峰书院）、仁记商行购票参观，其他景点免费参观。
地　　址	湟源县城关镇
年　　代	清
推荐指数	★★★★★

湟源县古称丹噶尔，自西汉以来，便成为藏汉商贸要地。唐宋时期，这里的茶马互市热闹非凡。但丹噶尔真正发展成为一座集镇，还是在明朝。明洪武年间，丹噶尔隶属西宁府西宁县，开始建城，建成后的丹噶尔城成为西宁的主要卫城之一。清朝雍正五年（1727 年）大规模修建，使丹噶尔城扩展成占地 25 万平方米的市镇；道光九年（1829 年），清政府在这里设丹噶尔厅，为清代在边疆设定的县级政权建制，其长官为知府的佐官同知或通判，正六品，仍隶属西宁府。民国二年（1913 年）丹噶尔厅改为湟源县。至 1924 年，丹噶尔古城商业贸易达到高峰，城内商贾云

集，贸易兴盛，有了"茶马商都""环海商都""小北京"的美称。

修复后的丹噶尔古城，以全长 800 米的丹噶尔大街和丰盛街为主，重现了东西城门、城隍庙、丹噶尔厅署、仁记商行、文庙、海峰书院、火祖阁等主要景点。其中，城隍庙被列为国家级文物保护单位，火祖阁被列为省级文物保护单位。

城隍庙位于丹噶尔大街西端北侧，始建于清乾隆四十一年 (1776 年)，距今已有 200 多年的历史。城隍庙占地面积 6000 平方米，是西北地区保存最为完整的城隍庙之一。主体建筑依次有：照壁、山门、戏楼、钟鼓楼、东西厢房、东西配殿、牌坊（楼）、大殿（正殿）、东西厢房、寝宫。

照壁和山门隔街相对。照壁立面分为三间，下肩

部分做琴棋书画、竹兰梅菊等传统砖雕，上身部分仅明间做团龙砖雕图案。山门殿结构奇特，主体面阔三间、进深三间，而前廊部分却改为两端出翼角，密致

城隍庙山门

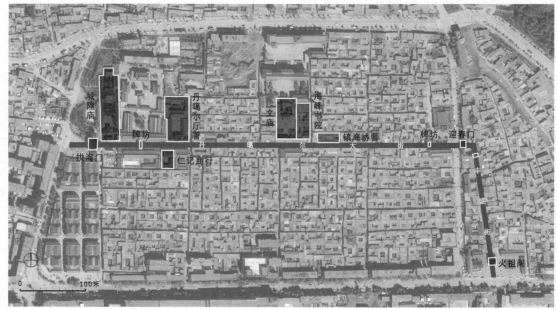

丹噶尔古城主要古街和古建筑示意图

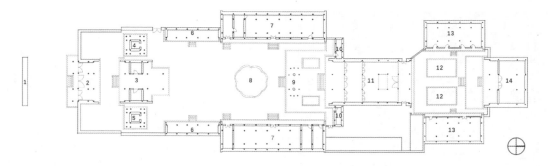

1照壁 2山门 3戏楼 4钟楼 5鼓楼 6东西厢房 7东西配殿 8花坛 9牌楼 10东西耳房 11正殿 12花坛 13东西书房 14后寝宫

城隍庙平面图

斗栱，以显示华丽高贵。进入山门殿，前院狭小，十步开外便是过厅带戏台。过厅面阔、进深各三间，平面呈"凸"字形，正面为两面带廊的两层硬山建筑，后廊明间接两层十字脊顶戏台。过厅东侧为鼓楼，西侧为钟楼，平面都为正方形，高两层，底层每面三间，上层收为一间，覆四角攒尖顶。

过了戏台进入中院，空间开阔。院内铺地就地取材，用河卵石铺成甬道和海墁，拼对成菊兰各式图案，古朴美观。正前方为牌坊，牌坊后为城隍殿（亦称鉴心殿、正殿），两侧有东西厢房和配殿。牌坊为四柱三楼，九踩斗栱，木作复杂，细腻华美。城隍殿面阔三间、进深五间，前廊做卷棚顶，后起正脊，殿内空

间深广，大木梁架，用材硕大。

东西厢房各五间，左右对称，上侧供奉土地爷爷、土地奶奶，中间塑鬼役，下侧塑神骏。东边土地爷爷

土地奶奶塑像

过厅正面

城隍庙戏楼和钟鼓楼

西厢房

土地爷爷塑像

336

慈眉善目，西边土地奶奶狰狞凶狠，寓意神灵对善恶的两种态度。与厢房相连为配殿，也称十王殿，各面阔五间，进深两间。殿内供奉十殿阎罗王，每间后壁画一尊阎君，壁画笔墨流畅、技艺高超，为清代壁画不可多得之精品。

城隍庙建筑精美，庙内所有举架、斗栱均属清式手法，在汉式风格的基础上融进了藏式风格，展示了地方能工巧匠的聪明智慧。同时，城隍庙文化蕴含着中国古代忠孝仁义的儒家思想，寄托着百姓对执政者主持正义公道的殷切期盼，体现了对社会安宁的强烈向往。

火祖阁位于丰盛街南口，是为纪念火神炎帝而修建的阁楼，里面塑有火神的塑像。该阁楼距今有200多年的历史，主体建筑高14米，建筑面积为201.64平方米。平座四阿重楼式，灰瓦砖木结构。始建于清乾隆年间，时修时停，至道光年间竣工。同治及光绪二十一年，两遭兵火，光绪三十年（1904年）筹集重建，民国二十年（1931年）县政府悬一木匾，上书"明耻教战"，遂改为"明耻楼"。1949年后沿用火祖阁原名，被称为"湟水上游第一阁"，火祖阁已成为丹噶尔古城的标志性建筑。

西配殿中的壁画

牌坊

火祖阁南立面

城隍庙大殿正立面

火祖阁北立面

11 扎藏寺

Zhazang Lamasery

文物级别	省级
开放方式	免费参观
地　址	湟源县巴燕乡下寺村
年　代	清
推荐指数	★★★★

扎藏寺地处巴燕峡，坐落在莫吉河北岸，前后有山林树木，西通青海湖圣水，东望丹噶尔要塞，是青海著名的以蒙古族为主要僧源的藏传佛教寺院。

当地传说早在东汉时期该地就有佛教僧人活动，但其正式建寺是在明末清初。明崇祯十年（1636年），五世达赖派其弟子嘉央喜饶前来会晤当时青海的统治者固始汗，并请固始汗作施主，建成了一所规模宏大的格鲁派寺院，全称为"扎藏寺噶丹群科林"，意为"扎藏寺具喜法轮洲"。至此，扎藏寺成为安多地区十三大寺院之一。清雍正元年（1723年），扎藏寺因罗布藏丹津事件被毁，乾隆年间重建。同治年间在河湟回族反清斗争中，扎藏寺再次被毁，除三世佛殿外，其余殿堂尽皆烧毁，文物典籍全部化为灰烬。光绪元年（1875年）由却藏活佛主持重建，主要的佛教建筑有大经堂、三世佛殿、弥勒佛殿、塔雁经堂、贝勒经堂，曲结、赤哇囊谦各一座，措钦和经堂的吉哇各一座。除佛教建筑外，还在寺院附近修建了贝勒、柯柯、贝

斯、哈日却等7座囊谦，即7座和硕特蒙古王公的府邸，俗称"衙门"，扎藏寺也由此成为青海蒙古联合协商政务的中心。此外还有僧人宅院若干，总建筑600多间，扎藏寺一时间规模空前。这些建筑一直保存到1958年前。十年浩劫期间，该寺再次被拆毁，且是历次破坏中最为惨重的一次，该寺自此停止宗教活动近20年。

1984年5月，经湟源县人民政府批准，扎藏寺重新开放。2010年政府拨款45万元，新筑山门，修葺经堂、耳房、佛殿，更换朽蚀的木构、重绘剥落的壁画，2011年竣工。

重建的大经堂仍用原来的柱顶石，大小样式同前，屋顶为重檐歇山式，南北7间，东西6间，内有四根通天柱，塑有佛祖释迦牟尼、迦叶、弥勒、度母、宗喀巴大师等塑像。三世佛殿，通称"小经堂"，规模小于从前，仅3间。另建僧人宅院5院37间，内现有僧人13名。

北侧耳房

大经堂

三世佛殿

经堂门廊

寺旁残墙

大通县

12 广惠寺
Guanghui Lamasery

文物级别	省级
开放方式	免费参观
地　　址	大通县东峡乡东北约900米处衙门庄村
年　　代	清
推荐指数	★★★★★

广惠寺背依黄柏牙山，面朝万顷鹞子河松林，东峡河从寺前流过，环境极佳。

广惠寺始建于清顺治七年（1650年），与互助县的佑宁寺、却藏寺、化隆县的夏琼寺共同被誉为安多地区古老的四大寺院。在300多年的历史中，经历了三起三落。

该寺最初为西藏大喇嘛赞波·端珠嘉措奉四世达赖之命来到青海修建的寺院之一，后经敏珠尔诺门汗扩建。各经院均采用哲蚌寺郭莽扎仓教程，尤以寺僧多通藏医而闻名远近。其时，该寺有赞波寺、赛柯寺、赞波具喜圣教洲、郭莽寺等多种称呼，尤以郭莽寺的称呼最为通行。郭莽寺和塔尔寺、佑宁寺、隆务寺等齐名，为青海著名黄教寺院。雍正元年（1723年），青海蒙古亲王罗布藏丹津叛清，郭莽寺大喇嘛率僧众助叛军作乱，清军遂破郭莽寺，毁焚圣塔、佛殿和经堂，此为其第一次衰落。

雍正十年（1732年）奉旨重建，赐题"广惠寺"，重建寺址即是现在广惠寺的位置。广惠寺在清政府的稳定政策下逐渐兴旺起来。但在同治五年（1866年），广惠寺被反清回军马文义部攻陷，毁于兵燹，此为其第二次衰落。

光绪元年（1875年），五世敏珠尔噶桑图登赤列嘉措从西藏返寺，主持广惠寺重建。所用木材均取之于鹞子沟，历时三年，费银五万七千两，费工十万多，

由甘肃临夏工匠建成三层九间楼大经堂一座、五层木结构佛堂一座、僧舍600余间。新中国成立前夕，广惠寺备受侵夺排挤，僧众锐减。而后十年浩劫使所有经堂、僧舍被拆毁一空，此为其第三次衰落。

1981年寺院重新开放，翌年，通过国家投资、各族信众捐资的方式，在原址修建觉康（释迦佛殿）、贤康（弥勒佛殿）、赞康（护法神殿），静房院3间，僧舍97间。其中，觉康建于原五层佛堂旧址，高两层，赞康、贤康分列其左右，均为亭式小庙。

其后，多方继续集资筹款、扩建寺院。1995年11月，九世敏珠尔洛桑华旦依西在广惠寺坐床，恢复了活佛转世制度。1998年在寺院大巷道出口处修建了佛塔两座，并在觉康院中重树雍正皇帝敕赐广惠寺碑。2000年，应僧众和各族信众的要求，大经堂得以重建。新建的大经堂坐落在40多年前被毁的九间楼大经堂原址，规模格局、外部装饰、内部陈设都基本恢复了原样，是一座融藏汉特色为一体、以藏式特色为主的宫殿式建筑。

除觉康、大经堂外，寺中陆续复建了三世佛殿、曼巴扎仓（医明学院）、卓玛拉康（度母殿）以及麻拉浪、囊拉浪、大拉浪等16个活佛府邸，还有500多间僧舍，散布于上述建筑物的适当空隙处。建筑群依山就势，错落有致，远远望去，风景如画，令人心醉神迷。

大经堂

西宁市其他主要文物保护单位列表

名　称	级　别	类　别	年　代	地　址
朱家寨遗址	省级	古遗址	新石器时代、青铜时代	西宁市大堡子乡朱家寨北村南
下孙家寨遗址	省级	古遗址	新石器时代	西宁市甘里铺乡下孙家寨村西

名　称	级　别	类　别	年　代	地　址
花园台遗址	省级	古遗址	新石器时代	西宁市廿里铺乡花园台村西
西杏园遗址	省级	古遗址	新石器时代、青铜时代	西宁市马坊乡西杏园村东
沈那遗址	省级	古遗址	新石器时代、青铜时代	西宁市马坊乡小桥村西北
虎台	省级	古遗址	南凉	西宁市彭家寨乡杨家寨村东南
南滩古城	省级	古遗址	宋、元	西宁市城中区南滩省体育场南部
西宁故城	市级	古遗址	明	西宁市城中区、城东区
刘家寨墓群	省级	古墓群	汉	西宁市彭家寨乡刘家寨村南
彭家寨墓群	省级	古墓群	汉	西宁市彭家寨乡彭家寨村东南
陶家寨墓群	省级	古墓群	汉	西宁市廿里铺乡陶家寨村西
吴仲墓群	省级	古墓群	汉	西宁市大堡子乡吴仲村西
大佛寺	省级	古建筑	元	西宁市城中区
宏觉寺街古建筑群	省级	古建筑	明、清	西宁市城中区宏觉寺街
泰山庙	市级	古建筑	不详	西宁市城中区南庄子巷子山陕台
李九村古建筑群	省级	古建筑	明、清	湟中县甘河滩镇李九村
侍郎庙	省级	古建筑	清	湟中县田家寨镇田家寨村
宗喀巴母亲故居	省级	古建筑	明	湟中县共和乡苏尔吉村
两其堡	县级	古建筑	明、清	湟中县西堡乡西两其村
西堡城门楼	县级	古建筑	清	湟中县西堡乡西堡村西
君灵塔	县级	古建筑	清	湟中县多巴镇王家庄村西南
纪功碑	县级	石刻	明	湟中县多巴镇双寨村
清真大寺	县级	古建筑	清	湟中县鲁沙尔镇西山村
土门关	县级	古建筑	清	湟中县土门关乡土门关村
佛爷崖岩画	县级	石刻	明、清	湟中县李家山乡峡口村
积善塔	省级	古建筑	清	湟中县海子沟乡阿滩村西
"儒林郎"碑	县级	石刻	清	湟中县海子沟乡阿滩村
水峡石刻	省级	石刻	清	湟中县上五庄乡水峡林场
东科尔寺	省级	古建筑	清	湟源县日月乡寺滩村
开元分界碑	县级	其他	唐	湟源县日月乡青藏公路日月山口
东峡佛尔崖石刻	县级	石刻	明、清	湟源县东峡乡响河村东
湟源峡题字石刻	省级	石刻	清、民国	湟源县几处峡谷公路旁山崖
后子河遗址	省级	古遗址	新石器时代	大通县后子河乡东村
寺沟遗址	省级	古遗址	新石器时代、青铜时代	大通县后子河乡东村西南
长宁遗址	省级	古遗址	新石器时代、青铜时代、汉	大通县长宁乡长宁村西
山城遗址	省级	古遗址	青铜时代	大通县景阳乡山城村东北
贺家庄遗址	省级	古遗址	青铜时代	大通县青山乡贺家庄村南
长城遗址	省级	古遗址	明	大通县桥头镇
平乐（甲）遗址（平乐墓群）	省级	古遗址	青铜时代	大通县清平乡平乐村南
八寺崖墓群	省级	古墓群	青铜时代	大通县鸯沟乡八寺崖村北
会宁寺	省级	古建筑	明	大通县景阳乡土关村

2
海东市
HAIDONG

海东市古建筑分布图
Historical Architectural Map of Haidong

1. 洪水泉清真寺
2. 夏宗寺
3. 上马家拱北
4. 白马寺
5. 佑宁寺
6. 威远镇鼓楼
7. 却藏寺
8. 甘禅寺
9. 瞿昙寺
10. 药草台寺
11. 杨宗寺
12. 石沟寺
13. 关帝牌坊
14. 赵家寺
15. 羊官寺
16. 塘尔垣寺
17. 马营清真大寺
18. 卡地卡哇寺
19. 丹斗寺
20. 阿河滩清真寺
21. 支哈加寺
22. 乙沙尔清真寺
23. 夏琼寺
24. 文都寺
25. 街子拱北
26. 街子撒拉千户院
27. 清水河东清真寺
28. 孟达清真寺
29. 塔撒坡清真寺
30. 张尕清真寺
31. 科哇清真大寺
32. 旦麻塔
33. 古雷寺
34. 张沙寺

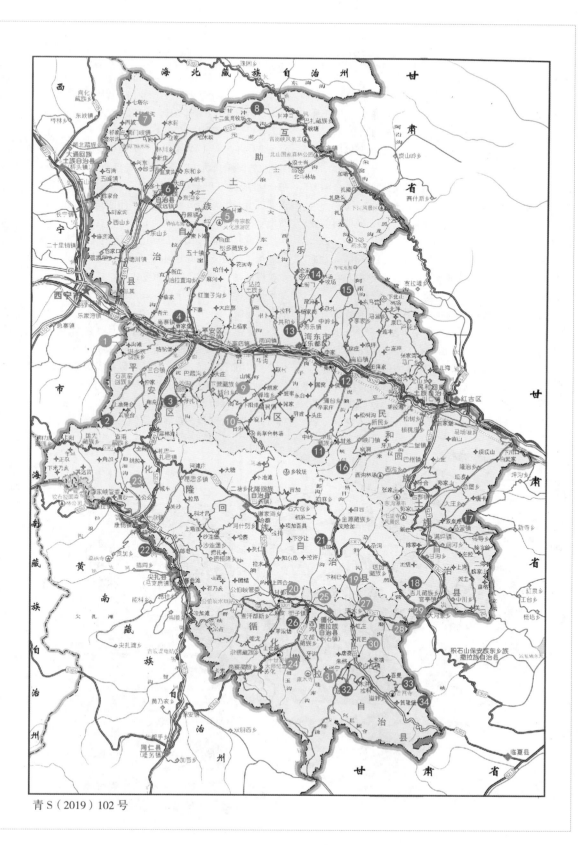

概　述

海东市因地处青海湖东部而得名。现辖2区4县，即乐都区、平安区、民和回族土族自治县、互助土族自治县、化隆回族自治县和循化撒拉族自治县。

海东市位于西宁市以东，和西宁一样同属历史悠久的河湟地区。

西汉时，中央政府在河湟地区设置临羌（今湟源县）、安夷（今平安县）、破羌（今乐都区）、允吾（今民和县）四县，属金城郡。东汉时，析金城郡西部置西平郡，河湟各县改属西平郡。

隋唐时，乐都先后被作为西平郡、鄯州、陇右道治所，一度成为陇右乃至西北地区的政治中心和军事重地。

北宋时河湟地区为确厮啰政权所辖，在定都青唐城（今西宁市）前，曾先后以宗哥城（今平安区）、邈川城（今乐都区）为统治中心。后宋军攻占青唐城，更名为西宁。元代袭旧制，海东大部分属于西宁州，循化等地则隶属于河州（今甘肃临夏回族自治州）。

明代洪武六年（1373年），改西宁州为西宁卫，下辖6个千户所，今海东市有碾伯（今乐都区）、古

鄯（今民和县）2个千户所。同时，设置大量军事城镇，今海东市有平戎（今平安区）、威远（今互助县威远镇）等多处重要堡寨。

清雍正三年（1725年），改西宁卫为西宁府，废碾伯、古鄯千户所，置碾伯县。乾隆九年（1774年），在今化隆县置"巴燕戎格抚蕃厅"（今化隆县巴燕镇）。乾隆二十七年（1762年），移河州同知于循化，改置循化厅。

至此，今海东市的几个主要行政中心基本定型。

由于历史上的重要地位，海东市范围内进行过大量建设活动，留存了很多重要古迹。其中数量最多、种类最繁的是宗教建筑，本章将主要介绍海东各区县的宗教建筑。

自宋元以来，藏传佛教和伊斯兰教逐渐在海东地区盛行，两教都在海东修建了大量寺庙。

藏传佛教方面，9世纪时吐蕃末代赞普朗达玛禁佛，在西藏曲沃山静修的藏·饶赛、尤·格琼、玛尔·释迦牟尼三人辗转逃到青海，居住在金源乡丹斗一带，后丹斗寺成为藏传佛教后弘期的发祥地之一。元代以

清代碾伯县图

后，藏传佛教发展更快，乐都瞿昙寺、药草台寺，互助佑宁寺、却藏寺，循化文都寺，化隆夏琼寺，都是海东地区有影响的藏传佛教寺院。这些寺院规模庞大，选址考究，结合自然地形，建造藏汉结合式的建筑，形成青海独特的藏传佛教寺院风格。

伊斯兰教的传入则源于丝绸之路的出现。一些信奉伊斯兰教的商旅来到青海，他们沿着商路，东起民和、化隆，北到祁连、门源，形成了一条明显的居住带。元代初期，跟随成吉思汗来中国的西亚人大批滞留青海、甘肃一带，形成回族、撒拉族等穆斯林民族。伊斯兰教渐渐由外来宗教转化为本土宗教，带来了明清时期清真寺院的兴盛。平安洪水泉清真寺、化隆阿河滩清真寺都是有名的伊斯兰教寺院，而循化县更是几乎每一场镇都有自己的清真寺。除了寺院外，穆斯林还修建了一种特殊的陵墓建筑"拱北"，后文将以具体实例作进一步介绍。

海东市古建筑数量繁多，但经调研发现很多建筑都缺乏保护，质量堪忧；或是翻修过甚、面目全非。后文将介绍的古建筑属于其中整体面貌较好、文物价值较高的古迹，但仍有不少存在保护不当的问题，值得反思。

本章共计介绍全国重点文物保护单位 15 处、省级文物保护单位 19 处，并对其他 50 处文物古迹进行了列表说明。

海东市

平安区

1 洪水泉清真寺

Mosque at Hongshuiquan Hui Autonomous Prefecture

文物级别	国家级
开放方式	免费参观
地 址	平安区洪水泉回族乡洪水泉村
年 代	清
推荐指数	★★★★★

洪水泉清真寺全景

洪水泉清真寺位于宁静祥和的洪水泉村中，是全国范围内难得一见的保存完好的古清真寺建筑。寺院坐西向东，入口朝南，占地5000余平方米。整体布局分为两进，有照壁、山门、礼拜殿、唤醒楼、净房及阿訇、满拉宿舍等建筑，建筑总面积约1600平方米。

清真寺始建于明代，后经5次扩建，于清乾隆年间形成现在的规模。寺院地处深山，地形窄偏，寺院布局小而精、精而美，完美地融入村野风光之中。整体采用中国传统的汉式建筑风格，与伊斯兰教早期传统建筑有较大差异。

清真寺入口山门殿位于寺院东南角，坐北朝南。相传建寺之初本想将山门建于东侧中轴线位置上，但东侧一位独居老妇不肯搬迁，便只好将山门建于南侧。山门前有一砖雕大照壁，宽9米，高4.8米，南侧中心雕"凤麟呈祥"纹样，北侧池子中雕百花图，檐部以砖雕仿木结构，做工极为精美。山门面阔、进深各三间，单檐歇山顶。室内并无前后通长的大梁，而全由短横梁相互叠交承受负荷，该工艺精巧复杂，俗称"猴子担水"。山门正面两侧接八字影壁并施砖雕，左侧为"鼠偷葡萄"，右侧为"蝙蝠桂花"，寓意福贵。

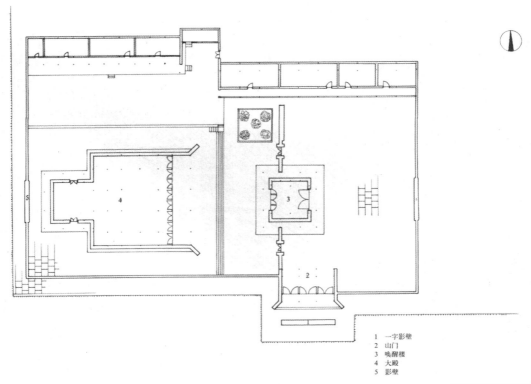

1	一字影壁
2	山门
3	唤醒楼
4	大殿
5	影壁

洪水泉清真寺总平面图

影壁和山门

唤醒楼

山门殿八字影壁砖雕

礼拜殿东立面

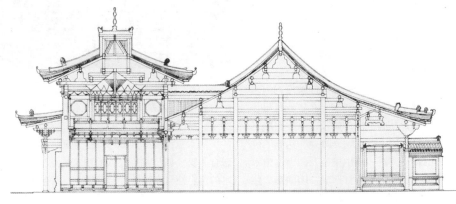

礼拜殿横剖面图

礼拜殿廊心墙砖雕

礼拜殿斗栱

礼拜殿前殿梁架结构

前院主体建筑为唤醒楼，共三层，底层为四方形，二、三层均为六边形，盝顶。底层四周砖墙均刻砖雕，大量使用猫蝶图（谐音"耄耋延年"）、兔子白菜（谐音"宏图有财"）等民间吉祥图案，打破了伊斯兰教建筑不能出现动物眼睛的戒律。室内有南北两根内柱为三层通高，增强了楼阁的稳定性。二、三层设有环廊，外柱间安装使用"步步锦"图样的木栏杆。室内楼板中心做六边井栏式天井，在底层通过天井可直接看见三层顶部的雷公柱，不仅美观，也保证了唱经时的音响效果。

洪水泉清真寺中的主体建筑为唤醒楼后的礼拜殿，它由前殿与后窑殿两个建筑组合而成。前殿面阔、进深各五间，单檐歇山顶；后窑殿上下两层，面阔、进深各三间，重檐十字脊屋顶。前殿木构总体采用甘青地方做法，梁柱硕大，室内空间开阔。但前檐木构形制带有藏式建筑的痕迹，在雕刻精美的梁枋之上置七踩斗栱，交错安置，更显繁华密致。前殿前廊两侧廊心墙做四条砖雕屏，雕刻喜鹊登梅、孔雀戏牡丹、仙鹤莲花和博古图案，其前方两侧砌干摆八字影壁，砖缝细如丝，砖面平如镜，雕花婉转玲珑，达到了传统建筑砖砌墙体的最高等级。殿中梁架及门窗遍施木雕，且广泛使用蝙蝠、团寿等吉祥图案，明间梁架还

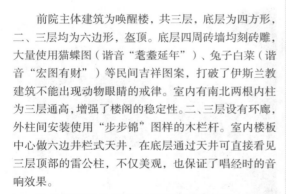

礼拜殿后窑殿藻井

绘有彩画。后殿顶部有巨大的木雕八角藻井，俗称天罗伞，复杂精致，美轮美奂。

洪水泉清真寺规划严谨、平面方整、做工精细，融合了汉、回、藏等民族的建筑特点，体现了建筑艺术的包容性与完整性，匠心独运，巧夺天工。

2 夏宗寺

Xiazong Lamasery

文物级别	省级
开放方式	购票参观
地　址	平安区三合镇瓦窑台村
年　代	明—清
推荐指数	★★★★★

夏宗寺是元代末年藏传佛教格鲁派始祖宗喀巴受居士戒（尚未出家的人受的戒）之所。该寺依山崖而建，气势非凡，古柏苍松，风景秀丽。夏宗寺与乐都区的普拉央宗（杨宗寺）、海南州兴海县的智革央宗（赛宗寺）、黄南州尖扎县的阿琼南宗并称为"安多四宗"[①]。

夏宗寺始建于元末。1359 年，西藏著名僧人噶玛噶举派四世活佛乳必多杰奉召赴大都途中在此驻足，为年仅三岁的宗喀巴授戒。此后藏族历史名僧如瑞珠仁钦、俄赛嘉措、罕达隆等陆续在此修行，使该寺逐渐成为藏传佛教界的名刹。建寺初期修建了乳必多杰的灵塔，1746 年左右新建了经堂，1779 年二世达彩活佛噶桑主持夏宗寺，塑造大量佛像。夏宗寺鼎盛时期曾有殿宇及僧舍共计 400 余间。该寺曾于 1955 年获拨款维修，但在"文革"期间被拆毁，1985 年起再度获拨款重建。

寺院中现有山门、弥勒殿、大经堂、八卦亭等主要建筑。山门坐北朝南，底层三开间，重檐歇山顶。

大经堂

山门

大经堂后的嘎玛区

弥勒殿

崖壁与建筑

海东市

---

① 元代时，藏族将藏区划分为卫藏、康和安多。安多的地理范围包括青海果洛、海西、海南、海北、黄南，甘肃省甘南、天祝，四川省阿坝等地区。藏语"宗"本指"石寨""山寨"，这里指藏僧修静地。

进入山门后，对面为弥勒殿，二层三开间重檐歇山顶建筑。右手边为大经堂所在院落。大经堂坐东朝西，共两层，底层面阔五间，上层面阔三间，重檐歇山顶宫殿式建筑。经堂后依山建有佛宇，是将乳必多杰居住过的石窟扩建而成，称作"噶玛区"。噶玛区中最高处为八卦亭，初建于乾隆年间，三面临崖，上下两重檐，下层檐平面呈长方形，上层则为八角攒尖顶，是寺中览物观景的好去处。

整个建筑群依山而建，错落有致，彩画精美，与寺前清溪和山间翠柏相互映衬，独具美感，已成为著名旅游胜地。

3 上马家拱北

Qubbah at Shangmajia Village

文物级别	省级
开放方式	免费参观
地　　址	平安区巴藏沟回族乡上马家村
年　　代	清
推荐指数	★★★★★

"拱北"是阿拉伯语，意为伊斯兰教先贤陵墓上的圆顶建筑。上马家拱北为"鲜门拱北"，属伊斯兰教苏菲派四大门宦之一——虎夫耶门宦。

苏菲派是伊斯兰神秘主义派别的总称。明末清初海禁开放后，西亚和中亚的一些苏菲派传教者来到中国西北地区，同时也有中国穆斯林因朝观麦加及游学阿拉伯各国，接受苏菲主义思想后回国传道，兴起了"门宦"制度，先后形成大小门宦有33个，按其宗教主张，主要分为戛迪林耶、哲赫林耶、虎夫耶和库布林耶，习称"四大门宦"。门宦创始人在世时受到教众的崇敬，殁后要在其墓地修建"拱北"建筑，信徒每年在其忌日前往拜谒、念经等。

四大门宦中的虎夫耶，阿拉伯语意为暗藏、隐藏、低念，因主张道乘修持默念赞词而得名。虎夫耶最早由一位叙利亚人在康熙初年于西宁市传授于八位受传者，其中就包括虎夫耶鲜门的创始人——鲜美珍。鲜美珍于康熙二十八年（1689年）在西宁创立了鲜门门宦并开始传教。鲜美珍临终前因其长子鲜华哲尚幼，便将教权暂时授予其第一门徒马殿功，待鲜华哲成人后再正式继任为二辈道主。马殿功于乾隆九年（1744年）逝世，鲜门后裔为纪念其代掌教权，在上马家村的卧牛山山顶为其修建了拱北，俗称"上拱北"。鲜门三辈教主鲜诚德病逝于巴藏沟乡，其门徒遵其嘱在上马家村凤凰川为其修建拱北，位于上拱北东北，俗称"下拱北"。

上拱北为砖木结构，坐北朝南，由前后两个院落组成。院门位于院落西南角，南侧有一砖雕照壁。经二道门进入后院，正中为三开间悬山顶祭殿，殿中有马殿功的"古土卜"（阿拉伯语，意为坟墓）。院中

上拱北照壁

上拱北二进院门

两侧有东西厢房，院中松柏参天，环境优雅。

　　下拱北为砖木结构，坐北朝南，由前后两院组成。院门位于院落西南角，门前有一字照壁。第一进院落东北角有一边门，院内原有建筑已不存。二进院大门为门楼式建筑，歇山顶，上有砖雕阿拉伯文匾额。大门两侧各有一百花图案照壁，照壁两侧各置一边门。

二进院正中为拱北大殿，面阔五间，单檐歇山顶，前接一间方形盔顶抱厦作为入口门楼。院落东、西、北三面院墙由大小各异的照壁组合而成。整个建筑群布局严谨，砖雕、木雕繁多，工艺精美。

　　下拱北西南另有一六边形二层重檐盔顶建筑，为鲜门六辈教主鲜玉凤之拱北。

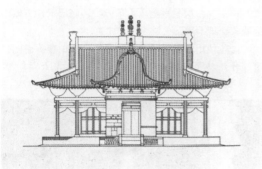

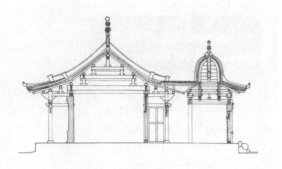

下拱北大殿立面与剖面

下拱北二进院门

下拱北大殿背面

鲜玉凤拱北

下拱北大殿入口门楼

海东市

互助土族自治县

4 白马寺

White Horse Lamasery

文物级别	省级
开放方式	免费参观
地　　址	互助土族自治县红崖子沟乡白马寺村
年　　代	宋
推荐指数	★★★★★

白马寺虽位于互助县，但与平安区中心平安镇相距不远。在平安镇隔着湟水向北望去，远远就能看到一块巨大的红砂岩崖壁中，有一片被刷成了白色，而在白色之中，就镶嵌着白马寺。

关于白马寺的寺名，说法有四：一是三世达赖途经此地时坐骑死去，遂塑白马像于此，故名；二是该寺是安多地区最早建立的佛寺，其地位相当于河南的白马寺；三说该寺在山崖下塑有金刚像，故原名为金刚崖寺；四说西藏佛教后弘期鼻祖藏·饶赛、尤·格琼、玛尔·释迦牟尼三人曾于此地"自觉""化众"，故该寺也称"觉化寺"，藏语称"玛藏观"。

白马寺的创建史无记载，普遍认为其始建于宋代。寺庙历经清代、民国、"文革"三度被毁，于1980年重新开放，并修建了经堂、僧舍等建筑。寺院面积4000余平方米，由山门、经堂、石窟、金刚像、佛塔和僧舍等组成。

山门为两层三重檐歇山顶方亭，底层梁柱、檐口为藏式建筑手法，上层为汉式建筑。

经堂依山凿孔而建，砖木结构，歇山顶，面阔、进深各九间，前部设廊厦。经堂共三层，中部六柱升高，

经堂门上的雕刻

远眺白马寺

金刚亭

仰望经堂

白塔

形成采光天井，一层绘有白马奔驰壁画。

金刚亭位于经堂左下方，为三开间披檐歇山顶木构，实为窟檐。窟中有石雕金刚坐像，雕像轮廓粗犷、古朴浑厚，左手托钵、右手做推移湟水状。佛像后的窟壁上依稀有宋代壁画，为佛本生故事。

另有一座白塔位于山脚下的湟水河边，与主建筑群遥相辉映。

白马寺建筑群布局紧凑和谐，色彩简练。虽在历代均有修葺，但较好地保持了原貌，是青海著名的宋代文物旅游景点。

5 佑宁寺

Youning Lamasery

文物级别	国家级
开放方式	免费参观
地　　址	互助土族自治县五十镇寺滩村
年　　代	明
推荐指数	★★★★★

佑宁寺，藏语称"郭隆弥勒洲"，因处于郭隆地区，故又称"郭隆寺"。佑宁寺与同县的却藏寺、大通县的广惠寺、化隆县的夏琼寺共同被誉为安多地区古老的四大寺院，始建于明万历三十二年（1604年），是土族地区十三部落的代表进藏求建的寺院。清康熙年间，寺庙规模宏大，院落、建筑众多，寺僧多达7000余人，寺庙设显宗、时轮、密宗、医明四个学院，并有五大佛府、九小佛府，管辖着周围49个中小寺院，有"湟北诸寺之母"之称，其影响力一度超过塔尔寺。

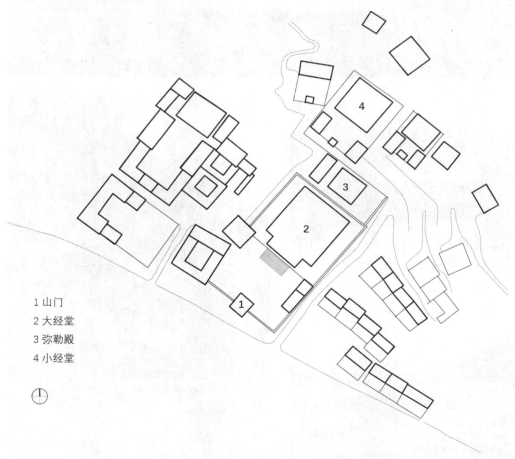

1 山门
2 大经堂
3 弥勒殿
4 小经堂

佑宁寺主要建筑平面示意图

雍正二年（1724年），因受到罗布藏丹津事件牵连，寺庙被清军烧毁。在章嘉和土观呼图克图的请求下，雍正十年（1732年），雍正敕令重建，并御赐"佑宁寺"匾额。同治五年（1866年），因西北回民反清，该寺再次毁于兵燹。光绪年间，在第六世土观活佛的请求下，清廷主持修复寺庙。

直至1957年，寺庙中有大小经堂及其他建筑1696间。"文革"期间，寺庙再度被毁，除李家囊外其余建筑几无所存，寺内佛像文物被荡涤一空。1980年寺庙获准重新开放并重建，现有大经堂、小经堂、弥勒殿、日月神殿、度母殿、噶当殿、护法神殿、空行神殿、嘉色寝宫、土观囊等建筑及僧舍470余间。每年农历正月、四月、六月、腊月寺庙举行四次较大规模的法会。

佑宁寺建筑因山就势，主要建筑布置于沟底，一些静房悬于半山，随沟谷东西向展开。进入山门后迎面便是大经堂。大经堂为显宗学院，面阔七间、进深五间，共两层，采用歇山顶，建筑形体复杂，其后有

山门

大经堂

鸟瞰大经堂和弥勒殿

小经堂

山间小路通向山腰的各个殿堂。弥勒殿位于大经堂后方，建筑面阔五间，三重檐歇山顶，殿内供奉弥勒佛、四大天王及护法神像。弥勒殿后左侧为小经堂。小经堂是密宗学院，殿内藏有大量经书。

历史上佑宁寺学风浓厚，名僧辈出，寺中的三世章嘉、三世土观与松布堪布等均是知名高僧。章嘉佛是清王朝册封的仅次于达赖、班禅的大国师，三世土

观著有《诸派源流》，松布堪布著有《中印蒙藏佛教史》，寺中还藏有明宣德时手抄的藏文《大藏经》。寺庙因此声誉极高，被宗教界公认为佛学研究胜地。

佑宁寺所在山坡松柏参天，山下河谷地带居住着民风纯朴的土族同胞，宗教寺院、优美的自然风光与土乡风情融为一体，使此处成为极具吸引力的旅游风景区。

山坡上的静房

鸟瞰山谷

6 威远镇鼓楼

Drum Tower at Weiyuan Town

文物级别	省级
开放方式	免费参观
地　址	互助土族自治县威远镇十字街中心
年　代	明
推荐指数	★★★★

威远镇鼓楼位于互助县威远镇十字街中心。威远镇为互助县城所在地，宋时为"牧马苑""牧马营"。明嘉靖十四年（1535年）修建城垣并定名为"威远堡"，此后威远堡逐渐成为军事要塞，设"游击营"，又称"威远营堡"。

鼓楼始建于明天启四年（1624年），其原始功能为军事设施。鼓楼共三层，为歇山十字脊木构建筑，具有浓郁的民族风格。一层原是十字形券洞，因其处于十字路中心，因此底层兼做过街楼，20世纪90年代落架维修时将鼓楼基础进行了抬高，因此券洞已不复存在。现状一层面阔、进深各五间，二、三层面阔、进深各三间，逐层内收，且各层均有回廊。每层檐下用重翘五踩斗拱，梁架施木雕与彩画，四角悬风铃，脊上饰以琉璃走兽，精美华丽，蔚为壮观。

海东市

威远镇鼓楼

威远镇鼓楼平面图、立面图、剖面图

7 却藏寺

Quezang Lamasery

文物级别	国家级
开放方式	免费参观
地　址	互助土族自治县南门峡镇
年　代	清
推荐指数	★★★★★

　　却藏寺，藏语称"却藏具喜不变洲"，后易名为"佛教弘扬洲"，清廷曾赐名"广教寺"。寺院东西有二山环抱，右如盘龙绕卧，左似凤凰展翅，山上松柏苍翠，

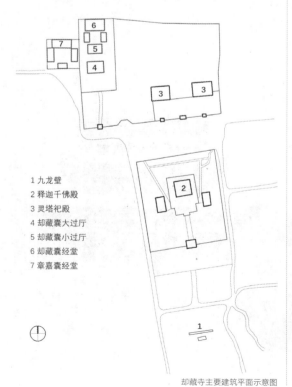

1 九龙壁
2 释迦千佛殿
3 灵塔祀殿
4 却藏囊大过厅
5 却藏囊小过厅
6 却藏囊经堂
7 章嘉囊经堂

却藏寺主要建筑平面示意图

寺前良田千亩，一片翠绿。

　　却藏寺与前文介绍的佑宁寺同属于安多地区古老的四大寺院之一。寺院始建于清顺治六年（1649 年）。雍正元年（1723 年）因罗布藏丹津事件被毁，后重建。乾隆三十年（1765 年），御赐"广教寺"匾额，敕建九龙壁一座，随后再赐"祥轮永护"匾额。清同治年间，寺院再次毁于兵燹。光绪十三年（1887 年）再度重建。

　　1958 年前，寺院中有大经堂、小经堂和千佛殿，另有章嘉、却藏、赛驰、归化、莲花、丹德、阿群、木干、夏日、贾赛、拉科等活佛囊谦，宏伟壮观。1958 年，除却藏囊和章嘉囊的一部分外，其余建筑均被拆毁。1980 年寺院获批重新开放，并开始重建工作。寺院目前整体格局坐北朝南，以释迦千佛殿、却藏囊和章嘉囊为主，另有灵塔祀殿、僧舍、佛塔、九龙壁遗址等。

　　释迦千佛殿为该寺主体建筑，砖木结构，平面呈方形，上下两层共 42 间，坐落于高 1 米余的台基之上，为藏式建筑，墙体用藏式边玛墙，但借鉴了汉式歇山屋顶形式。殿前有山门一座，面阔、进深各三间，单檐歇山顶。殿东侧有厨房五间。

　　却藏囊位于山前的缓坡之上，坐北朝南，前后两进院，由大过厅、小过厅、经堂及配房组成。大过厅面阔七间、进深四间，明间为过厅，两侧有卧室。经大过厅进入第一进院，东西两侧各有配房，正面为小

释迦千佛殿

过厅。小过厅面阔五间，单檐歇山顶，阶前有一对红砂岩狮子。自小过厅进入二进院，东西各有面阔三间、进深二间、带前廊的配房，正面为经堂。经堂面阔五间，上下两层，单檐歇山顶，室内供奉释迦牟尼、宗喀巴铜像，二层藏有《大藏经》等经书。

章嘉囊在却藏囊西侧，为一进四合院，坐北朝南。经面阔、进深各三间的硬山顶院门进入院中，东西有配房，北面为经堂。经堂面阔七间、进深三间，带前廊，上下两层，硬山顶，二层结合地形在土崖之上修建后

廊，独具匠心。

九龙壁遗址位于千佛殿与山门的轴线南距山门约50米处。该九龙壁是全国唯一一座在寺庙中的敕建九龙壁，壁芯为灰土夯筑，墙体前后原各有砖雕的九条龙，后遭到破坏。调研现场发现已不见原九龙壁的痕迹，取而代之的是一座灰砖垒砌、池子刷红的全新影壁，从历史感与美感上而言，其价值均大打折扣，令人对寺庙的文物保护状况感到心寒。

却藏囊大过厅

却藏囊经堂

却藏囊小过厅

章嘉囊经堂

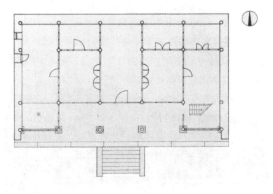

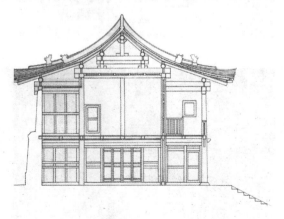

却藏囊经堂平面图与横剖面

海东市

九龙壁旧照

九龙壁现状

8 甘禅寺

Ganchan Lamasery

文物级别	省级
开放方式	免费参观
地 址	互助土族自治县巴扎藏族乡驻地西5公里处
年 代	清
推荐指数	★ ★ ★ ★

大经堂

甘禅寺，藏语称"甘禅大乘解脱洲"。清顺治十一年（1654年），四世班禅的弟子建经堂，内供以嘉赛头盖骨为内藏的镀金铜塔，为建寺之始。后建讲经院，并历经多代活佛的扩建，寺院渐成规模。寺庙兴旺时建有大经堂、胜乐学院、续部学院、法舞学院、医药学院、密集学院、护法殿、丹麻囊、巴扎囊及佛塔、僧舍等建筑。1958年，寺庙被拆毁。1981年寺庙重新开放并进行重建。

寺庙现有建筑以经堂为主体。经堂面阔七间、进深五间，共三层98间，一层前檐出五间前廊，重檐歇山屋顶。一层大殿中供奉大量佛像及唐卡，并藏有三世达赖圣足踩过而留有足印的石块。二层为欢贡大神殿，殿内存放有跳观经（举行祈愿法会跳法舞）时用的旦坚曲加、欢贡等护法神面具与晒佛法会时用的弥勒佛像案，并藏有拉萨版藏文大藏经《甘珠尔》、德格版藏文大藏经《丹珠尔》各一套及其他经卷。

经堂后有小经堂院，小经堂为二层五开间重檐歇山顶建筑，下层周围建有约3米宽的嘛呢环廊，共设有嘛呢轮子268个。

寺院中另有丹麻囊，是在原囊谦基础上重新修建

小经堂嘛呢环廊

丹麻囊正房

的，为一四合院。主要建筑为二层五开间的正房，并建有院门、两侧配房。正房的柱间加装了玻璃围护，特别是一层的前廊，玻璃围合被粗大的白色铝合金框分隔，实在有碍观瞻。

寺后山坡上建有晒佛台一处。寺院每月均举行若干场法会，信众众多，香火旺盛。

晒佛台

乐都区

9 瞿昙寺

Qutan Lamasery

文物级别	国家级
开放方式	购票参观
地　　址	乐都区瞿昙镇新联村
年　　代	明
推荐指数	★★★★★

瞿昙寺位于乐都区南山地区瞿昙镇新联村，背靠罗汉山，面临曲坛河，左右两山如青龙、白虎护卫寺院。瞿昙寺是西北地区保存最好的明代汉式建筑风格的藏传佛教寺院，藏语名为"卓仓拉康果丹代"，又称"卓仓多杰羌"，意为"卓仓持金刚佛寺"。

瞿昙寺始建于明洪武二十五年（1392年），为敕建寺院，创寺僧三罗喇嘛被封为西宁卫僧纲司都纲，朱元璋御题的"瞿昙寺"匾额至今仍悬挂在瞿昙殿中。瞿昙寺历经35年的营建，至宣德二年（1427年）隆

国殿落成，方形成如今气势恢宏的建筑面貌，被称为青海的小故宫，寺内现存有5通皇帝御碑，详细记述了其营建往事。

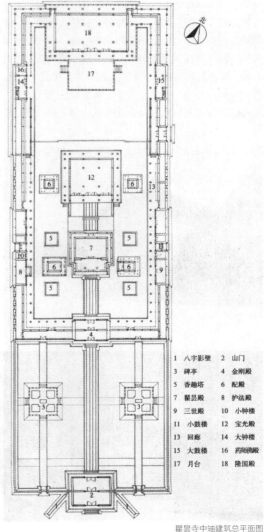

1	八字影壁	2	山门
3	碑亭	4	金刚殿
5	香趣塔	6	配殿
7	瞿昙殿	8	护法殿
9	三世殿	10	小钟楼
11	小鼓楼	12	宝光殿
13	回廊	14	大钟楼
15	大鼓楼	16	药师佛殿
17	月台	18	隆国殿

瞿昙寺鸟瞰

瞿昙寺中轴建筑总平面图

海东市

寺院东侧另有一所囊谦，两进院落，一度是青海境内最大的囊谦院。寺院与囊谦院合计占地 52 亩，建筑面积 8446 平方米。瞿昙寺为三进院落，中轴对称，纵列布置，轴线上依次分布山门、金刚殿、瞿昙殿、宝光殿和隆国殿，两侧对称分布御碑亭、钟鼓楼、配殿、佛塔、游廊等。

寺院前院疏朗开阔，仅有山门与东西御碑亭三座建筑。山门前两侧为砖雕八字影壁。山门面阔三间，进深二间，融合了官式与地方两种建筑手法，单层灰瓦歇山顶；中一间设板门，室内置永乐年间石碑两通，正中悬挂宣德二年敕谕瞿昙寺四至地界木匾。碑亭对称设于前院中，砖木结构，重檐歇山十字脊，四面均开拱门，东亭内立明洪熙元年"瞿昙寺碑"，西亭内为宣德二年"御制瞿昙寺后殿碑"。

第二进院落布局即为紧凑，建筑体现明显的地方风格。金刚殿作为一、二进院落的分割，为过厅式硬山顶建筑，面阔三间、进深二间，其后为瞿昙殿。瞿昙殿位居全寺中心，面阔五间，带前廊，单层重檐歇山顶，殿内悬挂朱元璋御赐匾额，东西两壁残存部分壁画。瞿昙殿两侧各有一配殿，回廊式，单层歇山顶，两配殿前后各有一座镇煞佛塔。瞿昙殿后为宝光殿。宝光殿面阔、进深均五间，重檐歇山顶，前檐两边檐

碑亭

山门

瞿昙殿

金刚殿

香趣塔

柱前接影壁，影壁间设月台。殿内供奉三世佛，殿中须弥座为花斑石雕刻而成，上有汉、梵、藏三种文字的"大明永乐年施"题记，花斑石原料均由河南浚县运送而来。宝光殿两侧亦各有一配殿，形制同瞿昙殿配殿，规模略小。

第三进院落的主要建筑为隆国殿。隆国殿面阔七间、进深五间，四周设回廊，为单层重檐歇山顶建筑，前有月台，月台高2米余。隆国殿两侧有抄手游廊，是国内现存的唯一一组抄手游廊实例。寺院自金刚殿北至隆国殿，四周建有50余间双坡顶回廊，南北向回廊中夹杂建有大小钟楼、大小鼓楼、护法殿、三世佛殿及藏经楼。第三进院落中即对称分布大钟楼与大

鼓楼，二者均面阔三间、进深二间，重檐庑殿顶，下层檐上设平座层。隆国殿、大钟楼、大鼓楼与抄手回廊的组合关系正是模仿明代故宫奉天殿及两侧的文楼和武楼而建造。

瞿昙寺的建筑中汇集了官式与地方两种手法，使其成为古建筑研究难得的实物资料。寺中石雕数量、种类繁多，且有大量官式须弥座形象，雕刻细腻，精美绝伦，是明初石雕不可多得的珍宝。寺院回廊绘有大量壁画，故又称壁画廊，刻画内容以佛教故事为主，构图严谨，用笔工整细致，形象生动，是全国范围中难得一见的艺术珍品。瞿昙寺以其在历史与艺术领域的辉煌，被古建专家罗哲文先生誉为"国宝中之国宝"。

宝光殿

大钟楼

隆国殿

隆国殿两侧廊道

海东市

瞿昙寺壁画1

瞿昙寺壁画2

10 药草台寺

Yaocaotai Lamasery

文物级别	国家级（瞿昙寺附属）
开放方式	免费参观
地　址	乐都区瞿昙镇西南8公里处的台沿村
年　代	明
推荐指数	★★★★★

药草台寺，藏语称"卓仓大寺"，《西宁府新志》载其为瞿昙寺下院，"依山临流，多产药草，因为寺名云"。

明万历年间，三世达赖到瞿昙寺布经释法时提出瞿昙寺与村庄相连，不利于僧人习法，应另辟学经之所。遂经30余年筹措与建造，于万历四十七年（1619年）建成药草台寺，建筑具有典型的汉藏风格，与瞿昙寺遥相呼应。寺庙请来时任佑宁寺堪布的夏尔·尕让噶居·彭措南杰大师任药草台寺寺主，此后寺庙的法事活动和寺院建造都有显著发展。明清两代寺庙鼎盛时期有僧侣近500人，寺院中建有山门、大经堂、讲经学院、弥勒殿、彭措衮迥四佛殿、吉哇院、印经院等建筑及众多活佛囊谦、僧舍和佛塔。

过去的药草台寺不仅建筑规模宏大，而且寺藏文物丰富，价值极高。寺内珍藏有众多法器法物、壁画佛像，其中最引人瞩目的当属全套《甘珠尔》《丹珠尔》大藏经印经版、五世达赖亲手撰写的寺规及历代皇帝与各代达赖、班禅馈赠之物。1958年至"文革"期间，寺庙遭难，除贡哇囊谦外均沦为废墟。

药草台寺主要建筑总平面图

大经堂

三世佛殿

山门

菩提佛塔

菩提佛塔

山门

20 世纪 80 年代后，寺庙开始进行重建工作，现已建成佛塔、山门、三世佛殿、经堂、弥勒殿、尕让囊谦等建筑，并对贡哇囊谦进行了修复保护。

现存建筑整体坐北朝南，分三进院落，中轴对称，轴线上依次布置菩提佛塔、山门、三世佛殿、大经堂，轴线长达 180 米。轴线起点为菩提佛塔，高 18 米，四面均置转经筒并设回廊。佛塔与山门相对，山门正面有八字影壁。进入山门后为三世佛殿，佛殿后为藏汉结合式风格的大经堂。

目前寺庙有两大主要佛事活动：正月十五"酥油花供灯会"和六月"毛兰姆祈愿大法会"。祈愿大法会持续的时间较长，包括初六念经祭俄博，初七转香巴，初八晒佛，初九跳牛，为周边村镇中的一大盛事。

三世佛殿

11 杨宗寺

Yangzong Lamasery

文物级别	省级
开放方式	免费参观
地　　址	乐都区中坝藏族乡西南5公里的杨宗沟
年　　代	宋一清
推荐指数	★★★★★

崇山中的杨宗寺一角

杨宗寺，藏语称"普拉央宗静房"，亦名"班摩曲宗"，意为山沟中险峻的神地。杨宗寺与前文介绍的夏宗寺一样，属"安多四宗"之一。

据传，早在唐代便有僧人在此开凿修行法洞。9 世纪中叶，吐蕃赞普朗达玛禁佛，著名僧人藏·饶赛、尤·格琼、玛尔·释迦牟尼三人辗转来到青海，曾到此地传教。后来，暗杀朗达玛的拉隆·贝吉多杰也曾逃到杨宗寺躲灾修行。由于三僧使佛教历经危难之后，又从青海藏区传到西藏，出现了蓬勃发展的后弘期，所以此地名扬藏区，成为佛教圣地。

明万历年间，杨宗寺成为瞿昙寺、药草台寺僧人闭关静修的主要静房。在清光绪年间建成无量佛殿 9

间，到全盛时期，仅修行洞就多达 30 多处，僧过半百。但在"文革"中，寺内经堂、佛殿、僧舍、禅房、佛塔、桑墩、佛像、经典等全部被毁。直到 1984 年才开始了重建工作，到 1995 年，建成一转三式大经堂一座、小经堂一座、一转三式弥勒佛殿一座、佛塔一座、僧舍 4 间，并塑有佛像。

杨宗寺位于红砂石山峰的围护之中，通往寺院仅有一条蜿蜒于峭壁间的曲径。沿小径行至山林深处，但见云雾氤氲、崖红树绿、流水淙淙，佛殿、僧舍忽

隐忽现，几处古洞隐约可见。著名的四处洞窟包括："胜乐洞"，为唐代吐蕃圣僧德木却乎修行法洞，洞内有清泉从顶壁滴落，民间传说此水可治百病；"三贤洞"，为藏·饶赛、尤·格琼、玛尔·释迦牟尼共同修行的洞府；"贝吉多杰洞"，为拉隆·贝吉多杰修行法洞；"光照天女洞"，为唐代吐蕃僧人多杰帕毛修行的洞府，位于悬崖上，攀援石壁才能到达洞口，洞内仅容一人，以险著称。此四洞被后人视为仙洞，不少僧人慕名在此修炼。

洞窟外景

佛殿

白塔

12 石沟寺

Shigou Temple

文物级别	省级
开放方式	免费参观
地 址	乐都区洪水镇姜湾村
年 代	明
推荐指数	★★★★★

石沟寺位于乐都县县城东偏南 9 公里处的姜湾村南峡谷中，峡谷名"石沟"，故名石沟寺。寺庙坐落

于山崖之上，需经由一条蜿蜒狭窄的崖边小路方能到达。据清乾隆年间碾伯举人吴木式所撰《石沟寺序》，该寺始建于明代万历年间。此后在乾隆年间和民国二十一年（1932 年）两度进行修缮。

关于寺庙建造有一传说。相传万历年间有牧羊人每天闻石壁中有人大呼"我要出来！"遂应答"你出来"，霎时间山崩地裂、飞沙走石；牧人疾呼"不要出来！"瞬间崩停声静、尘雾顿消，一石手伸出壁外。村民认为此地灵验，常来求卜，后便在岩崖下修建庙宇，为建寺之始。

石沟寺原有山门、歇马殿、韦陀殿、菩萨殿、百

子宫、药王殿等殿宇，后在"文革"中被毁，石手亦被砸毁。1981年起对寺庙进行重建，至2000年建成了山门、百子宫、药王宫、观音殿、关圣殿、护法殿、钟亭、三星阙牌坊等建筑。寺庙依山势而建，层叠错落，多为汉式建筑，施彩画砖雕，殿内供奉神像。

寺庙香火旺盛，农历每月的初一、十五香客蜂拥而至。农历五月端午节，寺庙会举行盛大的"青海花儿"表演，届时商家云集，人来人往，场面十分热闹。

山下牌坊

全景

观音殿

海东市

观音殿前廊

钟亭

13 关帝牌坊

Memorial Archway to Guan Yu

文物级别	省级
开放方式	免费参观
地　　址	乐都区古城大街
年　　代	明
推荐指数	★★★★

正面

　　碾伯镇是河湟地区有名的历史古城。过去的碾伯镇和西宁、丹噶尔古城一样，城内建有大量官署、庙宇和宅院。走在今日的碾伯镇古城大街上，仍然能找到诸如西来寺、关帝庙、城隍庙、文庙、吕祖庙等建筑的遗址。其中，位于大街中部的乐都关帝牌坊无疑是这些古迹中最为精美的一件。

　　乐都关帝庙始建于明万历二十年（1592年），初建成时，有牌坊、戏楼、庙门、正殿、寝宫等建筑，后庙宇被毁，现仅存牌坊一座。

　　关帝牌坊也称"八卦绰楔"，当地人俗称"八卦楼"。为六柱七楼三重檐庑殿顶式牌楼，坐落于长11.2米、宽7米、高0.5米的台基之上。一层牌楼为相对主体结构以45度角向四角方向撇出的次楼，二、三层牌楼均由主体结构承托。三层檐下有一竖幅匾额，正面为楷书"关帝庙"三字，背面为关羽画像。两个主柱下有抱鼓石一对，其余四柱下亦有方形夹杆石，均雕有花纹。

　　此牌坊造型奇特，结构精巧，彩画绚丽，独具特色。通过双"Y"形平面柱网，不仅增加了结构稳定性，而且丰富了建筑造型，不论观赏角度如何变换，都透着一种灵动的立体感。

局部

牌匾

彩画

海东市

14 赵家寺

Ancestral Temple of Chieftain Zhao

文物级别	省级
开放方式	免费参观
地 址	乐都区寿乐镇赵家寺村
年 代	清
推荐指数	★★★★

赵家寺最初称"广济寺"，明清至民国时期青海省东部土司——赵土司将其作为家庙，因而更名为"赵家寺"。赵家寺始建于明代，为汉式风格建筑。同治年间曾遭兵燹，光绪年间又修葺一新。

赵家寺坐东朝西，地势东高西低，修建在长方形城堡内。前后共三进院落，现存照壁、山门、钟鼓楼、西殿、大雄宝殿、南北二殿等建筑，保存较为完整。

山门对面为照壁。照壁雄伟高大，气势磅礴，正面有砖雕"福禄寿"三大财神，后面雕刻"八洞神仙"（"文革"时已毁），照壁周围有砖雕对联一副，上联"儒教发明传释教"，下联"禅心活泼出文心"，横额"福缘善庆"，原砖雕对联已毁，现对联为寺管会主任赵以连老人用红漆描上去的。底座仍残存部分雕刻花纹图案，造型美观精湛，工艺技术高超，是乐都地区保存最为完整的一座照壁。山门面阔三间，前檐檐下用五踩斗栱，梁架上绘有彩画。山门后为面阔三间的钟鼓楼，南间置钟、北间置鼓，正中一间为过廊。

山门后为鼓钟楼，宽三间，中间走廊，北间座钟一口越重一吨，可惜在1958年被毁。

西殿位于钟鼓楼之后，面阔三间，殿内原悬挂有乾隆御题给赵土司的"宗烈清风"匾额，后已遗失。殿中有泥塑四大天王神像，因此又名天王殿。

院落最后一进为大雄宝殿，面阔、进深各三间，歇山顶。内有两根更二人合抱的大柱子，正中九色莲华座上塑有佛教创始者释迦牟尼，如来佛、弥勒古佛和燃灯古佛三大古佛。左右两侧莲台共塑十八罗汉。十八罗汉上面墙壁上，八大菩萨彩色画像，惟妙惟肖。

南北二殿面阔三间、进深一间，歇山顶。

寺院中砖木雕刻精细，有较高的艺术价值。

山门殿梁柱木雕

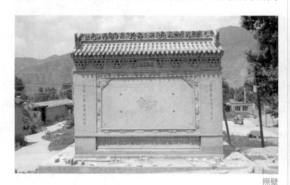

照壁

钟鼓楼

山门

西殿

15 羊官寺

Yangguan Lamasery

文物级别	省级
开放方式	免费参观
地　址	乐都区寿乐镇东羊官沟
年　代	明
推荐指数	★★★★★

羊官寺又称"寿乐寺"，藏语名为"东霞扎西曲林"，清廷曾赐名"福祥寺"。寺院坐落在凤凰山的山坳里，山呈"凹"字形，北面山峰高高耸起，如同凤头；两边山沟形同凤须，微微翘起；东西两山形同凤翼，当地人称此为"凤凰三点头"。南面照山名曰"狮子拜佛"。山上古树参天，郁郁葱葱，峡谷间泉水潺潺奔流，清澈见底，极为幽静秀丽。

相传羊官寺始建于明朝永乐年间，为噶举派寺院。据《西宁府新志》记载，明嘉靖三十七年（1588年），该寺曾遭哈咂部劫掠。《安多政教史》记载，康熙年间佑宁寺僧人根教罗哲对寺院进行了扩建，建立显宗学院并改宗为格鲁派寺院，并由此确立了该寺的"贡

山门

大经堂

海东市

依仓"转世系统。

羊官寺鼎盛时建有大经堂、大佛殿、护法殿三大主殿，囊谦9座及僧舍若干，寺僧多达330人。清末民初，寺庙逐渐衰落。1958年被关闭，1962年一度开放，1966年被拆毁。1981年，羊官寺重新开放，并按照

护法殿

原建筑形式陆续对寺庙进行重建。现已建成山门、护法殿、大经堂、大佛殿、僧舍等建筑。大经堂前方为护法殿，后为大佛殿，两侧为囊谦。山门位于护法殿前，门前立方斗椾杆两根。

大经堂原来由一世活佛修建于上拉尹，二世活佛搬迁于现在位置。当时受经济条件限制，小而简陋。后由六世活佛拆除原建筑，新建五转七藏汉式殿堂，约1100平方米，三重檐九脊顶，共118柱，内有24根通天柱，用彩色绣龙毯包裹，气势宏伟，巍峨壮观。可惜在"文革"中拆毁。1981年，寺院重新开放，信教群众自发组织起来，1988年在原址废墟上建起了五转三砖木结构平房，但由于过于简陋，再加上年久失修，成为危房。2013年4月开始拆除重建，2014年6月底全部竣工。重修大经堂为三层歇山顶式五转五藏汉合璧殿堂，面阔五间，进深五间，总高16米。

寺庙的佛事活动近年来也逐渐恢复，主要有观经、供芒加、晒大佛、跳欠、诵大经等。

大佛殿檐下结构

民和回族土族自治县

16 塘尔垣寺

Tang'eryuan Lamasery

文物级别	省级
开放方式	免费参观
地　　址	民和回族土族自治县李二堡镇松山村
年　　代	明
推荐指数	★★★★

塘尔垣寺亦称"龙合寺""隆和寺""隆会寺""松山寺""滩儿寺"等，藏语称"塔尔垣具喜讲修洲"。原址在今破门乡寺口滩，清同治年间迁至今址，即今

李二堡镇（原塘尔垣乡）西南4.5公里的松山村。

据《安多政教史》记载，加哇喇嘛根敦仁钦于万历四十七年（1619年）建成塘尔垣寺，并建显宗学院，采用哲蚌寺郭莽扎仓教程，寺僧最多时传有900人。其香火地为米拉、松树、巴州三沟，即后来的民和塘尔垣、新民、芦草沟、峡门等乡。历史上传有属寺24座，是民和地区的格鲁派大寺。

该寺自清末以来日趋衰落，部分属寺消亡。据民和县委统战部档案资料，1954年全寺有土地300亩，僧房273间，森林100亩，寺僧58人，当地信仰者约520户。1958年后该寺被关闭，"文革"期间拆毁。1980年批准开放，1986年重修殿堂25间，僧会9院

75 间，现有寺僧 23 人（其中活佛 2 人）。

近十余年来，该寺活佛一直致力于主寺的重修及属寺的再建，主寺于 2015 年 8 月 15 日竣工，属寺恢复重建了 6 座。现在的主寺依山势而建，平面布局严整，总体呈矩形，坐西朝东偏北，东西长约 120 米，南北宽约 70 米。

塘尔垣寺有三进大院，呈中轴对称，中轴线上依次为山门、噶丹协珠林、大经堂，地势逐渐升高。建筑整体呈木质金色，规模庞大气势恢宏。第一进院子中有两排转经筒，侧厢也各有转经筒。寺院香火不断，十里八乡的老百姓不断来此祈福。

山门

噶丹协珠林

大经堂

大经堂的雕刻

17 马营清真大寺

Grand Mosque at Maying Town

文物级别	省级
开放方式	免费参观
地　　址	民和回族土族自治县马营镇东街
年　　代	清
推荐指数	★★★★★

马营清真寺始建于清咸丰年间，同治年间及 1933 年曾翻修，1966 年在"文革"中被拆毁，1984 年重建。现存寺院占地面积 2270 平方米，建筑面积

1780 平方米。主要建筑包括山门牌坊、唤醒楼、礼拜殿及廊房。

礼拜殿糅合了中国古典式和阿拉伯式建筑风格，为七转五砖木结构，由前卷棚、大殿、后窑殿三部分组成，规模宏大，殿内可容 2000 人礼拜。唤醒楼在礼拜殿东，为三层木质塔亭式，高 4 层 18 米。天井南侧为二层学房楼，北侧为三层楼房，东南角和西北角分别为沐浴室和伙房等。整个清真寺布局严整，雕饰细腻，工艺精致。"文化大革命"中部分建筑被拆。1983 年重建。

该寺在历史上经堂教育比较有名，在甘、青地区有一定声望，现仍招收满拉，教习阿拉伯文和经典。

宣礼楼

牌坊

礼拜殿

宣礼楼内部

礼拜殿檐下结构

18 卡地卡哇寺

Kadikawa Lamasery

文物级别	省级
开放方式	免费参观
地 址	民和回族土族自治县甘沟乡南3.3公里处静宁村四社
年 代	明
推荐指数	★★★★★

卡地卡哇寺，明代藏传佛教格鲁派在民和地区所建的三大寺之一，因地处民和县甘沟乡南的静宁村，故又称静宁寺。相传明永乐年间，一位名叫却吉加布的出家人手持锡杖，来到一个叫静宁村的地方，想找个地方栖宿，正在村头四顾，突然看到雪地上有孩童足迹，和尚寻去，发现一株旃檀树，树梢上有一只乌鸦鸣唱，口水如一缕金线顺嘴而下，夕阳下成悬彩佛幡状。却吉加布以为吉祥之兆，遂在此地建寺，取名为"卡地卡哇寺"，意为"乌鸦嘴寺"。

该寺原在一座城堡内，城堡占地约60余亩，城墙东西约 190 米，南北约 210 米，基厚约 6 米，残高约 9 米，设南门，有瓮城，据说已有 600 的历史，城墙虽有坍塌，但基本完好，满城都是丁香和木瓜树。鼎盛时期有大小殿堂 13 座，寺僧近千名，下辖 6 座属寺。寺内藏有明廷敕赐的封诰和石碑。清朝同治年间毁于兵燹，后由寺主辛家活佛从内蒙古地区募化布施重建，但规模小于此前。寺门外有八座石筑的浮屠如意八塔，寺门正上方有一座笑殿，是很新奇的做法。主体建筑有大经堂、护法神殿、关帝庙、鼓楼、客房、茶房、僧舍等共计 267 间。

残存城墙

寺内最大的建筑是大经堂，经堂内陈设富丽堂皇，十分壮观。殿顶华美精致，金碧辉煌，大师的佛像上方吊有黄绸制作的法幢，佛龛前供台上供着圣水、藏香、鲜花以及数百盏大小不一的银、铜供灯。大经堂南侧为护法殿。卡地卡哇寺的护法神名谓"桑给拉吉"，汉译为"狮子护法"。殿中左右两侧的墙上曾绘有精美的壁画，但在 1958 年被刷上白粉，只有外侧门楣上、窗框上依稀能看到当时彩绘的一些痕迹。

寺内文物甚多，现存两件镇寺之宝：一是法会上晒佛用的一件特制的堆绣佛像，长 86 尺，宽 55 尺，名冠藏区；二是一幅宗喀巴大师的自画像，为该寺的主供佛像。此像为布面卷轴面，长二尺，宽一尺半，是以宗

如意八塔

寺门

大经堂

护法神殿

海东市

喀巴诸经师及其弟子为陪衬的宗喀巴全身像。宗喀巴大师居中，结跏趺坐于莲花宝座上，头戴黄色班智达帽，身着法衣，双手做表示讲经的法轮印，双目微启，神态安然，背光处奇花摇曳，祥云缭绕。这幅画像以绿色为底色，衬托出主尊的绛红色，结构严谨，对称典雅。

传说明朝永乐年间，当地商人仓环诺日桑布（乔国师）去西藏经商时会晤宗喀巴大师时将其母亲带给的一缕白发和口信交给大师。返回时大师以自己的鼻血掺和其他颜料绘成此像，让他带给母亲香萨阿切，并给母亲捎口信说：见到此像如见到我本人，它会叫您一声阿妈的，会和您说上三天三夜的话。商人觉得此像非凡，另绘一幅给大师的母亲（现存塔尔寺），而将大师亲手所绘的像带到卡地卡哇寺供养。从此，卡地卡哇寺蜚声藏区，成为藏传佛教圣地之一。以致西藏僧侣对去西藏朝拜的安多藏、蒙古、土族信徒有"不拜卡地卡哇，何来三大寺"之说。宗喀巴大师自画像经当地僧俗群众用性命保护，在历史战乱及"文革"中得以幸免，成为全藏区唯一保存完整的珍稀文物。

化隆回族自治县

19 丹斗寺

Dandou Lamasery

文物级别	国家级
开放方式	免费参观
地 址	化隆回族自治县金源藏族乡南14公里的下科巴村南4公里处
年 代	宋-清
推荐指数	★★★★★

丹斗寺亦称"丹笛寺""旦斗寺""丹豆寺""旦兜寺"等、藏语称"丹斗谢吉央贡"。9世纪中叶，吐蕃赞普朗达玛禁佛，在曲卧山修行的藏·饶赛、尤·格琼、玛尔·释迦牟尼三人逃来青海，曾在此居住，收附近甲徐村的喇勤贡巴饶赛为徒。喇勤成名后，在这里建立道场，招徒弘法，特别是向卢梅·楚臣喜饶等卫藏十弟子授戒，使西藏佛教再度复兴。因而，此寺作为西藏佛教后弘期的发祥地，在藏传佛教史上占有重要位置。

明清以来，西藏各派到内地朝贡，途经青海，不

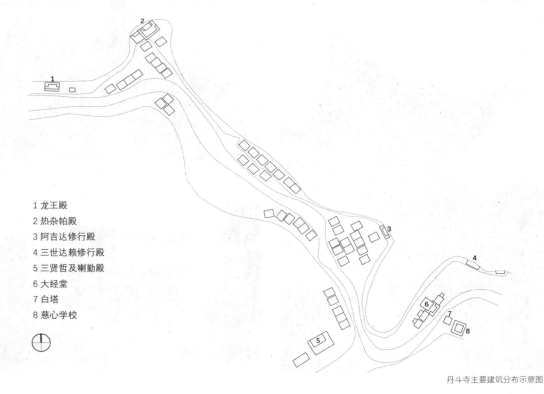

1 龙王殿
2 热杂帕殿
3 阿吉达修行殿
4 三世达赖修行殿
5 三贤哲及喇勤殿
6 大经堂
7 白塔
8 慈心学校

丹斗寺主要建筑分布示意图

少人都来此朝拜，有的甚至长住修持。历史上，该寺属民和才旦寺系统，清末以来，直接受才旦夏茸管辖。1958年后关闭，1962年开放，有寺僧18人。1967年再次关闭。1980年重新开放，寺周林木近千亩，由寺僧管护。

"丹斗"在藏语里是歇下来的意思，寺院四周悬崖陡立，隐秘而静闭，是一处绝好的修行地，与寺名十分贴切。约1公里长的岩壁凹处有几十个从古到今由修行者开辟的修行岩洞和圣殿，经过历代的修葺完善，如今显得格外威严而神秘。现存的建筑包括龙王殿、热杂帕殿、比丘阿吉达修行殿、三世达赖修行殿、三贤哲及喇勤修行殿、大经堂、弥勒殿、阿柔格西修行殿、释迦殿、才旦夏茸拉章、叶东佛塔及僧舍、大厨房等，共约200余间，是一个完整而宏大的建筑群。下面介绍其中一些主要殿堂。

龙王殿：又称阿尼鲁加殿。内供释迦牟尼佛、持金刚、无量寿等佛像。正殿背后有一小殿高约2米，内供龙王，为当地神祇之象征，平时殿门关闭，仅在农历四月十一日，才开门让人朝拜。

热杂帕殿：相传热杂帕为古代叶波国王子，崇信佛教，喜好施舍，曾将所有财物乃至国宝白象都施舍给穷人，因此惹恼国王，被发配到檀特山（今丹斗寺）住居12年，后来人们在太子住过的地方建成此殿，以示纪念。

阿吉达修行殿：为纪念该寺阿吉达修士所建。修行殿为钟鼓楼式样，内供三世佛、妙音天女、阿吉达修士、米拉日巴上师等像。

三世达赖修行殿：明万历年间，三世达赖曾来该寺朝拜，并一度闭关修持，后来在三世达赖修行处建成此殿。内供释迦牟尼、持金刚、无量寿、弥勒、四臂观音、白度母以及三世达赖喇嘛像。殿内仍存有当年三世达赖闭关的岩洞和手迹。

三贤哲及喇勤殿：内供有弥勒佛、三贤哲、喇勤大师和西藏鲁梅等十人的塑像。

寺院大经堂：是全寺僧众集体诵经的地方，建筑规模最大。

上面介绍的这些殿堂大多都建于绝崖险峰上的洞穴中，从一处殿堂到另一处殿堂，需要沿山谷峭壁上的小路攀行。僧人每天就在这样的峭壁间行走，颇有修行之古意。同时，几乎每每天都会有村民背负着牛奶、酥油、馍馍和柴草等，翻山越岭，走到丹斗寺进香，丹斗寺的香火就这样延续了千年。

大经堂柱子雕刻

仰望丹斗寺岩洞

大经堂

三世达赖修行殿

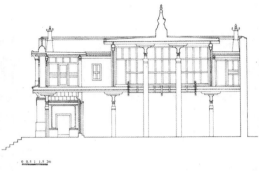

大经堂横剖面图

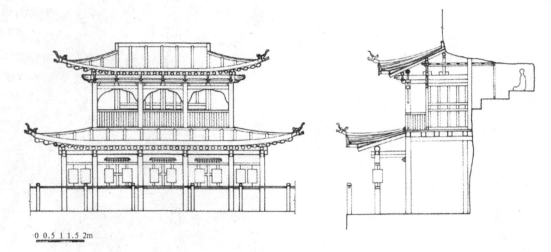

0 0.5 1 1.5 2m

比丘阿吉达殿立面图和剖面图

20 阿河滩清真寺

Mosque at Ahetan Village

文物级别	国家级
开放方式	免费参观
地　址	化隆回族自治县甘都镇阿河滩村
年　代	元、明
推荐指数	★★★★★

　　阿河滩清真寺始建于元至治三年（1323年），明万历年间进行了扩建，至今保留了元明时期的建筑风格。占地面积2000平方米，由照壁、牌坊、唤醒楼、学房楼、礼拜殿组成长方形四合院。

　　照壁正对牌坊式寺门，照壁长11米，宽1米，高5.5米。牌坊为三门三楼式牌楼，南北长16米，东西宽8

照壁

米，高9米。四根非冲天式立柱，外加四根戗柱，立柱上面起楼，未加任何油饰，其风格与乐都关帝庙相似，气势犹胜关帝庙。寺门上方横书有"念、礼、斋、课、朝"5字，体现出清真寺的教义精神。

进入寺门，为三层塔亭式唤醒楼，高18米，砖木结构，基座由大青砖结构砌筑，呈六角形，周长30米，每层高5米，龙首飞檐，未上油漆更显古风。

院内正中央为礼拜殿，大殿为明代建筑，歇山式屋顶，共540平方米。大殿分前后殿，前大后小，呈"凸"字形。前殿有东廊，面阔七间，其中南北稍间是1988年增建的，风格与原先建筑融为一体。大殿屋脊高耸，

内部厅堂宽敞，吸收了河湟地区多民族建筑艺术的精华，散发着浓浓的河湟文化气息。和青海其他地区的一些古建筑一样，礼拜殿也曾被加上塑料顶棚和玻璃门等现代建筑构件，使古寺的原有风格遭到了极大的破坏。但在近几年的修复中，这些后加建筑材料被全面淘汰，使大殿得以恢复到初建时期的风貌，叫人拍手称快。

寺门

寺门上"念、礼、斋、课、朝"5字

唤醒楼

唤醒楼翼角

修复中的礼拜殿一角

海东市

21 支哈加寺

Zhihajia Lamasery

文物级别	省级
开放方式	免费参观
地　址	化隆回族自治县金源藏族南1.5公里处支哈加村
年　代	清
推荐指数	★★★★

支哈加寺又称"支哈加俄康"，为化隆县最主要的宁玛派寺院。相传初建于明朝中叶，现存建筑为清末民国初年建。

整体为小院落布局，坐北朝南，由山门、三面回廊、大经堂组成。山门为过亭式砖木结构，山门前有经幡幢。回廊为平顶式。大殿为歇山顶建筑，由前后殿组成，前殿面宽五间，进深七间，平梁密檐，天花饰有彩绘、佛像图案，后殿面宽五间、进深两间。寺内存有"大明宣德五年内加金银造"乐器三付。

寺院现有的宗教活动，除每月称为"才具"的纪念莲花生圆寂活动外，农历四月三日至九日、十一月三日至九日有两次大型集会。

山门

大经堂

佛塔

回廊

22 乙沙尔清真寺

Yishaj'er Mosque

文物级别	省级
开放方式	免费参观
地　址	化隆回族自治县群科镇乙沙二村
年　代	清
推荐指数	★★★★

该寺初建于明代，现存建筑为清末民初时重修，由唤醒楼、配房、大殿组成。

大殿由前廊、前殿和窑殿组成。前廊面宽五间、进深一间，卷棚式屋顶，有看墙和八字墙，砖雕荷花、松树图案。前殿面宽五间、进深三间，七架梁，八角藻井。窑殿面宽五间、进深三间，四抹角梁莲花柱。前后殿为勾连搭歇山顶，山花墙有砖雕悬鱼图案。

唤醒楼和配殿为1980年后重建。

唤醒楼

唤醒楼屋顶局部

礼拜殿正面

礼拜殿侧面

23 夏琼寺

Jakyung Lamasery

文物级别	国家级
开放方式	免费参观
地 址	化隆回族自治县查甫乡南10公里处夏琼山上
年 代	元一清
推荐指数	★★★★★

夏琼寺地处高山，"夏琼"是藏语，意为大鹏，乃附会山形之势以命名。东西北三面峰峦重叠，南山悬崖百丈，险峻异常，肚口下的黄河如碧带蜿蜒东去，坎布拉山与寺院隔河相望，雄伟壮观。

夏琼寺始建于元至正九年（1349年），与互助县的却藏寺、佑宁寺、大通县的广惠寺共同被誉为安多地区古老的四大寺院。其创建者为宗喀巴大师的启蒙老师曲结顿珠仁钦，宗喀巴大师即在此剃度出家。1623年，该寺法台强巴林巴·丹巴仁钦创建显宗学院。1747年，由拉萨下密院高僧曼仁巴·阿旺扎西建成密宗学院。1797年，由三世西纳活佛崔臣达吉建成医明学院，后于1802年改为时轮学院。该寺原有大小建筑群27处，占地面积300多亩，有佛殿、僧舍

海东市

共 2260 多间，木式楼房 26 座，有"文殊修行洞""弥勒望河"塑像等古迹。1958 年后，夏琼寺为保留寺院，但大部分建筑被附近群众拆除。1966 年寺院关闭，僧人遣返回乡。1980 年批准重新开放。

夏琼寺自 1349 年创建至今，寺院建筑不断发展，佛殿佛塔，梵宫僧社，鳞次栉比，错落有致地分布于山谷之中，令人叹为观止。现存主要建筑有大经堂、大乘殿、大金瓦殿、弥勒殿、小金瓦殿、文殊殿等，开设有密宗学院、时轮学院等。

大金瓦殿，又名金塔殿，因殿内供有顿珠仁钦大师的铜质班全灵骨大塔而得名。1385 年，夏琼寺的创建者顿珠仁钦圆寂后，信徒们以他的遗体装藏，造立了一座灵塔。后来阿卓曲杰·喜饶坚赞将灵塔用火砖砌筑，并以金粉涂饰。1583 年，三世达赖去呼和浩特

1 大经堂
2 财神殿
3 大乘殿
4 弥勒殿
5 大金瓦殿
6 小金瓦殿
7 文殊殿
8 医学院
9 密宗现觉院
10 密宗学院
11 佛学院
12 八塔

夏琼寺总平面示意图

大经堂门廊壁画

从夏琼寺南眺黄河

参加俺答汗的葬礼，途经夏琼寺，献了大量黄金，指示铸造铜贡灵塔，饰以黄金。后来，拉卜楞活佛晋美成列嘉措将大灵塔扩建成如今的规模。1698年，夏琼寺第二十六任堪布罗桑萨珠以大灵塔为中心，建起一座琉璃瓦殿宇，即今大金瓦殿。1717年，七世达赖至夏琼寺，赏赐黄金五百两，修建大金瓦殿屋顶。1748年，甘丹寺赤钦阿旺曲丹送给堪布阿旺端珠一个金顶，安置在大金瓦殿脊上。

弥勒佛殿位于大金瓦殿右面，1698年由第二十六任堪布罗桑萨珠创建；小金瓦殿位于大金瓦殿左面，

是以阿卓曲杰·喜饶坚赞的囊金灵塔为中心建立起来的一座小殿；文殊菩萨殿位于大金瓦殿后方，由第二十三任堪布于1675年倡建，经1742年和1908年两次重修，形成现在的规模。

大经堂初建于1623年，是由堪布索南仁钦倡建，1773年，第三十九任堪布耗资白银四千多两维修大经堂。夏琼寺的大经堂既是全寺的经堂，也是显宗学院的经堂，用于僧侣进行多种宗教仪式，宏伟壮观。它以学习"五部大论"为主要内容，学成后通过答辩，成绩良好者方可进入密宗学院学习续部密法。

大经堂

大经堂山门

密宗现觉院

仰望大乘殿

医学院

海东市

循化撒拉族自治县

24 文都寺

Wendu Lamasery

文物级别	国家级
开放方式	免费参观
地　址	循化撒拉族自治县文都藏族乡拉代村北侧山坳
年　代	元
推荐指数	★★★★★

文都寺亦称"边都寺""边垛寺"，藏语称"文都贡钦扎西曲科尔朗"，意思为"文都大寺吉祥法轮洲"。

文都寺是循化县境内最大的寺院，其历史最早可追溯到元代以前。萨迦派第四代祖师萨班·贡嘎坚赞（1182—1251年）时期，萨迦派僧人在今街子村建一护法殿，后撒拉族迁居街子村，该护法殿被迁至文都寺，这就是今文都寺护法殿的前身。该殿所供灵塔，传以萨迦派高僧衣物装藏，具有萨迦派特点。明建文

文都寺全景

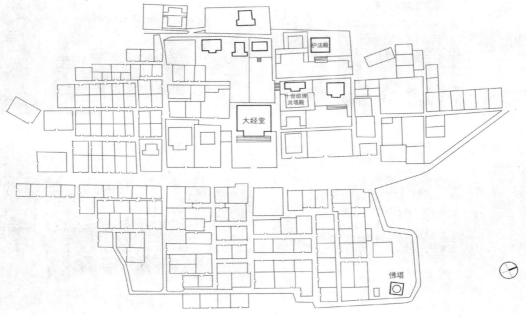

文都寺总平面图

四年（1402年），宗喀巴弟子噶西巴·东宗喜饶坚赞将寺院改宗为格鲁派寺院。1967年，文都寺被拆毁。1980年7月25日，重新批准开放，成立了由11人组成的寺管会，在叶雄活佛主持下，重树法幢，复修殿宇，日益壮观。

寺院坐西面东，占地约130余亩，群山环抱，气势恢宏，规模庞大。主要建筑包括大经堂、护法殿、弥勒殿、三世佛殿、宗喀巴殿、多哇灵塔殿、十世班禅灵塔殿和多座活佛囊谦、僧院、佛塔及转经廊道。该寺是十世班禅额尔德尼确吉坚赞大师幼年学经的地方，也是他回乡后进行宗教活动的主要场所。

重建的大经堂在青海近年来新建的经堂中首屈一指。该经堂仿原来建筑，面阔十一间，进深九间，共两层。大殿全部为木梁柱结构，120根藏式楞柱对称排列，构成内外两圈柱网，外圈上铺楼板成为回廊，回廊中间构成上下贯通的天井，用来通风采光，使大殿显得宏伟宽畅。殿内正中是十世班禅大师的铜像，像高丈余，坐在莲花台之上，造型精美生动，堂内班禅大师铜像左右两侧有众多精美塑像和铜像，殿外还

有精致的壁画。这些佛像和壁画大多出自著名的工艺美术大师文都乡牙兄村的宗泽拉杰之手，保持了藏传佛教的艺术风格。

大经堂北侧为十世班禅灵塔殿，殿中供有十世班禅大师灵塔。灵塔建成于1996年，高7米，纯银制作，是十世班禅大师爱国爱教、普度众生的无边行愿的象征。塔中供有舍利13粒，塔前立有汉、藏、蒙、英文的十世班禅大师纪念塔碑共4块。

大经堂内景

大经堂外景

十世班禅灵塔殿

护法殿

海东市

寺内壁画　　　　　　　　　　　　　　　　　　　　　　木构件上的彩画

25 街子拱北

Qubbah at Jiezi Township

文物级别	国家级
开放方式	免费参观
地　址	循化撒拉族自治县街子镇街子中心小学北约200米处
年　代	清
推荐指数	★ ★ ★ ★ ★

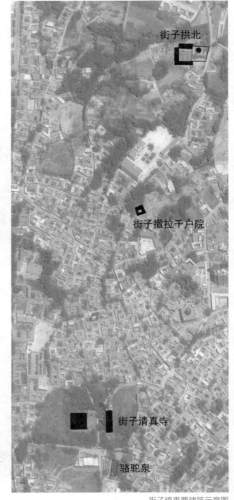

街子镇重要建筑示意图

　　循化县是我国撒拉族的故乡，而街子镇更是撒拉族的圣地。700多年前，撒拉族的先祖是生活在乌兹别克斯坦撒马尔罕城中的古乌古斯部落的一支，因不堪忍受统治者欺凌，部落首领尕勒莽、阿合莽两兄弟带领170多户族众，向东迁徙。传说，他们牵着白骆驼，驮着《古兰经》，向着太阳升起的方向，跋山涉水，艰难前行。在爬上又一座高山时，忽然狂风大作，白驼走失。人们打着火把找了整夜，最后发现山下有一泉口。原来白驼已化为了石头，而《古兰经》安然无恙地置于双峰之间。人们相信这是真主的意愿，于是在此定居。这座山就是奥土斯（意为"点燃火把"）山，这口泉就是骆驼泉，而这个地方就是街子。人们在骆驼泉北面建立了清真寺，清真寺几经兴衰，现已成为仅次于西宁东关大寺的全省第二座清真大寺。尕勒莽带来的《古兰经》至今仍保存在街子清真寺中，是整个伊斯兰世界的珍宝。

　　在街子清真寺北约900米，有一处国家级文物保护单位——街子拱北。拱北内埋葬着韩穆撒与兄弟哈克目及其家人。韩穆撒，原名韩呈祥，是清末循化地区伊斯兰教苏菲派戛迪林耶门宦的创立者与传播人。光绪二十六年（1900年）归真后，原葬在街子清真寺北侧的公墓中，1950年迁到现址并修建拱北。"文革"期间遭到破坏。1984年重建了砖木结构的穹隆虹顶拱北。1998年再次重建，成为现在的形式。

现在的街子拱北处于一个两进的院落中，共占地3亩，红砖围墙，内有房屋20多间。拱北在第二进院中，为八角三重檐楼阁式形制，高30多米。砖木雕饰精细，图案丰富新颖，宝瓶上端插不锈钢星月，显示出中国伊斯兰教历史人文及建筑艺术价值。拱北的北面墙为照壁，照壁用青方条砖砌成，高6米，宽7米，雕饰名花异树，图案逼真动人。

院中还有学房、办公室等其他新建建筑，每年农历十二月二至五日，院内举行隆重的诵经祈祷、赞主赞圣等活动。从甘肃、青海、新疆、宁夏、陕西、云南、江苏、福建等省区的回、保安、东乡、撒拉、维吾尔、哈萨克等民族人民，络绎不绝地来到拱北诵经祈祷，场面甚是壮观。

街子拱北风格独特，是青海高原亮丽的伊斯兰宗教文化景观，也是研究撒拉族社会历史、宗教文化活动的实物资料，具有重要的民族历史、文化艺术、科学研究和利用保护价值。

从骆驼泉看街子清真寺的邦克塔

街子拱北院落入口

第二进院入口

海东市

街子拱北屋顶

街子拱北

照壁

26 街子撒拉千户院

Salar qianhu's (a government official) residence at Jiezi Township

文物级别	省级
开放方式	免费参观
地　　址	循化撒拉族自治县街子镇团结村82号
年　　代	清末民国初
推荐指数	★ ★ ★ ★ ★

　　在街子拱北南约360米，有一处典型的清代撒拉族夯土围墙古民居庭院建筑——街子撒拉千户院。

　　撒拉族民居的建设始于尕勒莽兄弟率族人在街子定居后。其总体形式一般是一户一院，院内由厢房（即汉族四合院中的正房）、配房、伙房、仓库、大门等组成。历史上，形成了两大类撒拉族民居建筑：一类以黄河沿岸、街子沟和清水沟等地的民居建筑形式为代表，高筑围夯黄土方墙，庭院式布局；另一类以孟达、旱平、木厂地区为代表，篱笆墙建楼成院。街子撒拉千户院属于前者。

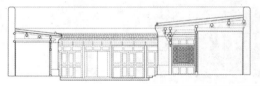

街子撒拉千户院平面图、剖面图

街子撒拉千户院始建于清末民国初。占地面积361平方米，四合院式建筑，坐北朝南，西面开门。正房为典型的"虎抱头"平面。所谓"虎抱头"，是指三开间中，正间向内凹进，整个平面呈"凹"字形。其中不设隔断，两端凸出部分分别在屋内设炕，中间凹进的区域作为室内与院子的过渡空间，用来乘凉或晒太阳。正房的高度高出其他房间，既可最大限度地利用冬季光照，保持室内冬暖夏凉，又可观察院内的环境和人畜活动状况，极具气派。庄廓东北角起楼，做诵经或读书之用。

正房的建筑装饰也很有特点。房屋正面装修木板，正间开棋盘双门，稍间设置方格支摘窗。柱顶设置厚长雀替，屋檐下有雕饰精细的花板檐，图案多为植物花卉，木质本色，不重彩画，禁绘人物兽类图案。

院门

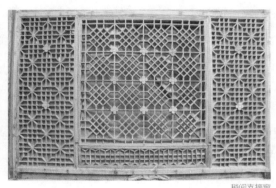

稍间支摘窗

正房

东北角楼

雀替与木雕

海东市

27 清水河东清真寺

Mosque on the eastern bank of Qingshui River

文物级别	国家级
开放方式	免费参观
地　　址	循化撒拉族自治县清水乡东约1公里的河东上庄村
年　　代	清
推荐指数	★★★★★

影壁

　　清水河东清真寺依山傍水，风景优美。但由于用地限制，寺院中轴线上依次只排列着影壁、牌楼门和大殿。唤醒楼在大殿前南侧约9米处，北配房在礼拜殿前北面。这种布局在青海省内的清真寺非常少见。

　　影壁为一字影壁，总长12米，高7.4米，由主壁和次壁组成。主壁为大式庑殿顶，壁心为砖雕花草图案，次壁为小式硬山顶。

　　牌楼门宽10.2米，高8.4米，为四柱三楼牌楼式门，主楼和次楼均用十一踩斗栱。

　　唤醒楼为三层重檐六角攒尖式，由六根通柱支撑，

牌楼门

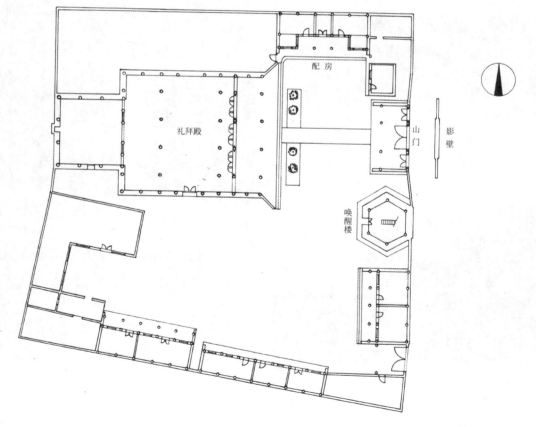

清水河东清真寺总平面图

向内倾斜，高17米，登临其上，可尽观黄河之涛浪、积石之险峻。一层用须弥座砖墙围护，西面开门，每面砖墙均有砖雕图案，砖雕斗栱用三踩。二、三层用木栏杆围护，二层斗栱五踩，三层斗栱七踩。

礼拜殿面阔、进深皆五间，分前后两殿，整个大殿由42根巨柱支撑。殿中木雕工艺精湛，在青海省清真寺中绝无仅有，具有极高的欣赏和研究价值。前殿与后殿之间的木板上刻有相互连接的菱形花纹，花纹玲珑剔透，刀法精细流畅。后殿正中壁龛拱门两边，用阿拉伯文体在柳木上刻火焰纹，刀法极其细腻。旁边两壁木板上，刻有各种花草。初看之下，两边花草刻法与形状相似，但细细观察可以发现，左边墙壁所刻只有花草，而右边墙壁在花草间隐约显出棋、琴、琵琶的模样，构思巧妙，令人叹为观止。据此可推测出此雕刻不是出自一人之手，且工匠的手艺也有高低之分。

礼拜殿侧面

礼拜殿内景

唤醒楼

礼拜殿

礼拜殿壁龛的木雕

海东市

28 孟达清真寺

Mosque at Mengda Township

文物级别	国家级
开放方式	免费参观
地　　址	循化撒拉族自治县清水乡大庄村
年　　代	清
推荐指数	★★★★★

孟达清真寺位于循化县清水乡（原孟达乡）大庄村，大庄村也是省级文物保护单位孟达撒拉族古民居群的所在地，清真寺就被簇拥在一座座用篱笆墙搭建的撒拉族民宅中。该寺建于明天启（1621—1627 年）年间，是撒拉八工之一——孟达工的主寺。

寺院总占地面积 1344 平方米，坐西向东，中轴线上依次排列影壁、唤醒楼、礼拜殿，影壁两边设左右牌楼门，礼拜殿前两侧有左右配房，礼拜殿后偏北有拱北。

影壁在寺院最前面，紧贴唤醒楼，为一字影壁，宽 7.6 米，高 3 米。影壁壁心分为三块，每块上均有砖雕图案。影壁两侧是两个四柱三楼牌楼式门，木结构，中间升起呈屏风式，左右开门，小屋檐顶。

唤醒楼为三层通柱造，高 14.5 米，六角攒尖式屋顶。底座用须弥座砖墙围护，二层斗栱为五踩，三层斗栱为七踩。

影壁与牌楼门

村落中的孟达清真寺

山门斗栱

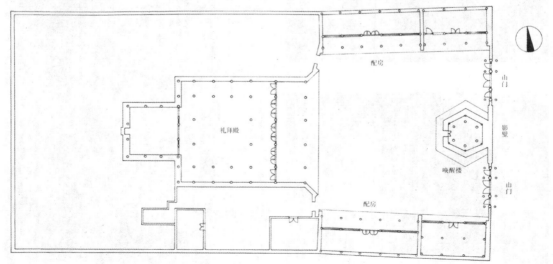

孟达清真寺总平面图

礼拜殿由一卷一殿一后窑殿组成。卷棚和前殿面阔五间，进深六间，前带廊，五架梁，减柱造。后窑殿面阔、进深皆三间，用井字梁和抹角梁层层叠加，使屋顶呈庑殿顶式。三个部分组成多脊式歇山屋顶。殿内内檐装饰一周小型昂斗，后窑殿正中设圣龛，墙壁绘有中堂式壁画。

南北配房对称，面阔五间，进深两间，前带廊，单坡屋顶，作为学房、浴室、厨房。

礼拜殿后偏北有历代大阿訇坟墓5座。此寺与拱北组成一个院落，这在青海境内的清真寺内尚属孤例。

唤醒楼

礼拜殿

南配房

拱北

29 塔撒坡清真寺

Mosque at Tasapo Village

文物级别	国家级
开放方式	免费参观
地　址	循化撒拉族自治县清水乡东约4.8公里塔沙坡村
年　代	明
推荐指数	★★★★★

塔撒坡清真寺南眺风光妩媚的孟达国家级自然保护区，东临蜿蜒黄河，北靠巍峨大山。建筑占地1840平方米，布局合理，形体多变，用材较大，砖刻木雕刀法细腻，是典型的中国传统殿院式建筑。寺内主要建筑有影壁、牌楼门、唤醒楼、礼拜殿，以及南北配房、沐浴室等。

清真寺牌楼门前，建"一"字形影壁，高约6米，由青砖、灰瓦砌建。底座由方青砖构成，雕饰八宝图案，壁身以方青砖堆砌，壁顶呈"人"字形，宝瓶脊。壁照东侧生一苍劲山榆，横遮寺门，挡风遮雨。

海东市

寺门东开，为四柱三楼式木质结构，顶边盘龙，正门为双扇高阔式，边开小门，门两侧墙壁内外装饰成影壁，雕二龙图案，形式精美、生动。

院中矗立唤醒楼，占地面积65平方米，高17米，三层，六角形，六通柱，翼角呈宝瓶状。底层以青砖砌表墙，内用土坯砌实，每面饰以砖雕图案，围檐装饰砖雕，斗昂飞檐。楼西开拱形小楼门，北侧砖面刻有"大清乾隆二十年八月"字样。二、三层为木质结构，内外双层围栏。三层楼内顶部装修精雕藻井，结构重叠复杂。整个楼体结构复杂，气势雄伟。

礼拜殿为明代建筑，坐西向东，建于高1.3米的土台阶上，平面为"凸"字形布局，建筑面积537平方米，高17米，气势宏伟。前殿面阔、进深皆五间，抬梁式木构架。前廊为卷棚式木构架，殿顶建成歇山式。柱间各开四扇六抹格扇门，格心为三交六椀菱花心。后殿面阔、进深皆三间，井架式梁架，庑殿式顶。内壁南、北、西三面均以木板装修，雕饰花树云纹，西壁正中为拱形壁龛，外围精雕凸起。

南北配房各面阔五间、进深两间，带前廊，单坡屋顶。

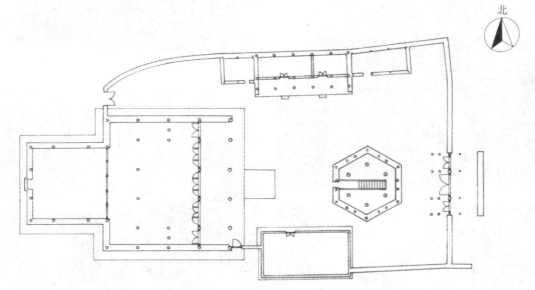

塔撒坡清真寺总平面图

影壁与牌楼门

唤醒楼

唤醒楼檐下结构

礼拜殿侧面

礼拜殿东立面

礼拜殿门扇

30 张尕清真寺

Mosque at Zhangga Village

文物级别	国家级
开放方式	免费参观
地　　址	循化撒拉族自治县白庄镇张尕村
年　　代	清
推荐指数	★★★★★

海东市

　　和迁居街子的古乌古斯部落一样，"张尕"也曾是乌兹别克斯坦撒马尔罕城中的一个部落。元朝时，他们随同尕勒莽一起迁到这里，在漫长的历史发展中，形成了新的村落共同体，"张尕"这个名称也沿用了下来。张尕清真寺始建于明末清初，是撒拉八工之一——张尕工的主寺，占地面积2275多平方米。寺院坐西朝东，布局与孟达清真寺相似，中轴线上依次有影壁、唤醒楼、礼拜大殿，影壁两侧有牌楼大门，大殿前两侧是南北配房。

影壁和牌楼门

影壁由主壁和次壁组成，均为硬山式顶，壁心为砖雕花草图案，总长 12 米，高 3 米。

唤醒楼为三层六角攒尖式建筑，高 23 米。一层用须弥座砖墙围护，西面开门，每面砖墙均有砖雕图案，砖雕斗栱用三踩。二、三层用木栏杆围护，两层斗栱均用七踩。中有木梯盘旋而上，登临其上，微风吹拂，村庄、小河、红山由近到远，景色尽收眼底。

大殿由前殿和后窑殿组成。前殿带前廊，面阔七间，进深五间。正面柱间设木花栅栏门五间，明、次、

稍间开四扇六抹隔扇，尽间开两扇六抹隔扇。正中挂有清朝兰州都督赠送的"道冠古今"的匾额。值得一提的是前殿特殊的内部结构：中柱上设一横梁贯通大殿，明次间横梁上又设两根横梁，横梁中间有两个木制圆环相互套接，据当地人说，这两个圆环是撒拉族和汉族团结友谊的象征。后窑殿面阔、进深皆三间，用抹角梁和井字梁层层叠起，组成庑殿顶建筑。整个后窑殿墙壁和前檐用极其精美的小木装修装饰，西面壁龛的两旁刻有条幅中式经文图案。

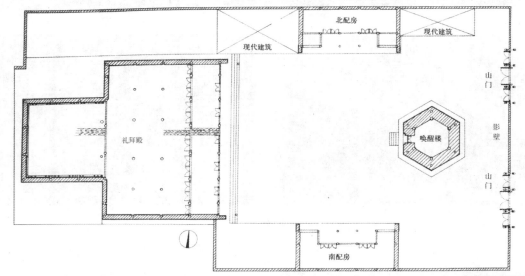

张尕清真寺总平面图

唤醒楼

唤醒楼木质结构

礼拜殿

礼拜殿前廊

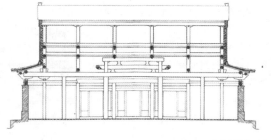

礼拜堂纵剖面图

31 科哇清真大寺

Grand Mosque at Kewa Village

文物级别	国家级
开放方式	免费参观
地　　址	循化撒拉族自治县白庄镇西约3公里科哇村
年　　代	清
推荐指数	★★★★★

科哇清真大寺于清代开始兴建，是撒拉八工之一——乃曼工的主寺。该寺坐西向东，中轴线上依次排列着影壁、山门、唤醒楼、南北配房、礼拜殿，影壁北侧有山门，礼拜殿前两侧各有南北配房。

影壁砖作仿木结构，束腰式基坐，顶为砖作屋檐、斗栱上覆小筒瓦，壁心为圆形砖雕龙凤图案花纹。影壁北侧为山门，单檐硬山顶，面阔一间，进深两间，双扇板门，额枋门楣雕云形纹。

唤醒楼居影壁后正中，平面六角形，三重檐通柱

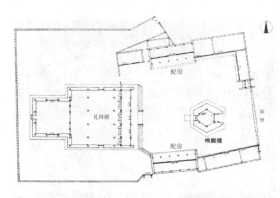

科哇清真大寺总平面图

影壁

山门

海东市

造，六角攒尖顶，高 18.1 米。底层前后各开一门，用须弥座砖墙围护，外墙面饰有砖雕。二层用五踩斗栱，三层用七踩斗栱，二、三层均设栏杆。

礼拜殿建在高约 0.8 米的台基上，由前殿与后窑殿组成。前殿面阔、进深皆五间，后窑殿面阔、进深皆三间。前廊作卷棚式，下设栅栏。前殿为五架梁，五铺作斗栱。殿内木板铺地，内檐下装饰一周小巧三昂斗栱，梁柱及四壁皆绘以用阿拉伯文组成的奇花异样图案。后窑殿由斜叉式梁组成"井"字形藻井，内檐及四壁装饰与前殿相同，西壁正中设置圣龛。

南北配房均为面阔五间、进深两间，带前廊，单檐一面坡式屋顶。

据说，建寺时，斜昌沟内藏族对该寺大力支持，赠送主要木料，并出工协助。因此该寺除在整体布局及主要建筑为传统的汉式外，在内部装修方面则大部采取藏式手法。如垫板用藏式惯用的蜂窝装饰，殿内绘画采用藏式鲜明对比强烈的重彩。

礼拜殿

唤醒楼

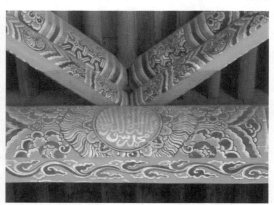

后窑殿中的重彩彩绘

南配房

32 旦麻塔

Pagoda at Danma Village

文物级别	省级
开放方式	免费参观
地　　址	循化撒拉族自治县道帏藏族乡西北8公里的旦麻村
年　　代	清
推荐指数	★★★★

旦麻古塔又名安多天然佛塔，藏语称"安多乔坛"。《安多政教史》记载："这座宝塔位于道帏地方的藏族和撒拉族交界处。据说，过去由80位成就者修建。塔内有一钵迦叶佛的舍利作为内藏，因而，被称为'秘密埋藏的伏藏物'"。这里所说的宝塔指的是露出地面的正方形土丘。土丘四边各长44米，高18.8米，匀称规范。在清嘉庆或道光年间，赛康巴大师在此方丘上建了日月宝瓶。赛康巴本名罗桑丹增嘉措（1780—1848年），是安多藏区很有影响的高僧。而现在塔顶的日月宝镜，是民国三十三年（1944年）由甘肃夏河县华迟喇嘛亲自配制。土丘的四周设有嘛呢经轮304个。

佛塔现由其南侧的旦麻尼姑寺经管。该寺历史悠久，属宁玛派，原规模较大，但1958年后被拆毁，1985年重新开放。现尼姑寺为一四合院，院之中央为经堂，共3间，经堂面朝佛塔，内供宁玛派祖师莲花生及其二明妃药泥像，右侧供有宗喀巴师徒三尊塑像。现寺中有尼姑20余人修行，早晚诵经，青灯金钟，体验着人生的因果业缘。

至今常有来自藏区的朝拜者磕头、诵经、转经轮、绕转。在藏族群众中流传说：谁要是不朝拜安多乔坛，就好像穿了一件没有领子的衣裳。

土丘四周的转经廊道

土丘上的旦麻塔

塔顶的日月宝镜

旦麻尼姑寺经堂

海东市

33 古雷寺

Gulei Lamasery

文物级别	省级
开放方式	免费参观
地　　址	循化撒拉族自治县道帏藏族乡驻地东侧虎头山下
年　　代	元—清
推荐指数	★★★★

　　古雷寺创建于元代，原属萨迦派。清顺治元年（1644年），同仁寺法台罗桑噶哇主持寺院后，改宗格鲁派。寺院过去规模很大，寺中喇嘛获得"拉让巴格西"（藏传佛教的最高学位）的有五名。其中，近代著名的佛教大师喜饶嘉措是最为杰出的一位，古雷寺也作为喜饶嘉措故居而闻名于世。

　　喜饶嘉措大师是道帏乡贺庄村人，出生于光绪十年（1884年），5岁入古雷寺，14岁到甘肃拉卜楞寺学习，20岁赴藏，曾主持校勘编订《甘珠尔》。新中国成立后，担任中国佛教协会会长、中国佛学院院长，成为中国佛教界众望所归的一位领导人。他博学多才，在宗教事业上造诣极深，在爱国和平事业中也做了很多贡献。毛主席曾夸赞他是"藏胞中有学问的人，是爱国老人"，周总理曾赠他明代大铜钟。但大师在"文革"中不幸被迫害致死，享年85岁。

　　1980年8月，古雷寺重新开放。为纪念喜饶嘉措大师的丰功伟绩，僧俗群众于1987年捐资为大师修建纪念堂，落成后，成为全寺的主要建筑。纪念堂为

两层藏式阁楼建筑，堂正中是大师舍利灵塔，塔内保存有缅甸总理送给大师的金印等珍贵文物。灵塔前，灯光摇曳，经幡垂挂，酥油飘香，庄严肃穆。纪念堂南北各有偏房一座，一为会客室，一为护法殿。除了大师纪念堂外，寺中还有大经堂、小经堂、僧舍等建筑，在山坡上也分布着一些静房。

大经堂

小经堂

喜饶嘉措大师纪念馆屋檐

山坡上的静房

34 张沙寺

Zhangsha Lamasery

文物级别	省级
开放方式	免费参观
地　　址	循化撒拉族自治县道帏藏族乡东南8.5公里的张沙村
年　　代	明
推荐指数	★★★★

　　张沙寺，藏语称"张沙寺具喜吉祥法洲"。和民和县的卡地卡哇寺相似，张沙寺也建于城堡上，至今仍残存部分城廓。此城东枕大里加山，西瞰起台河，依山傍水，景观优美。

　　据《安多政教史》记载，该寺由卡家头人索南扎西和法王衮噶勒巴初建于明天启六年（1626年）。历史上，道帏地区只有此寺不是古雷寺属寺，而是一座独立寺院，具体寺务由大小张沙活佛管理。

　　寺院占地面积20亩，建有经堂1座、佛堂1座、佛塔一座、囊谦1院。

　　1980年11月、1987年10月，十世班禅额尔德尼·确吉坚赞曾专访该寺并讲经灌顶。

佛堂

残存城廓

大经堂

佛塔

海东市

海东市其他主要文物保护单位列表

名　称	级　别	类　别	时　期	地　址
石家营遗址	省级	古遗址	新石器时代	平安县小峡乡古城崖村南 500 米
三合遗址	省级	古遗址	新石器时代、青铜时代	平安县三合乡三合村东北约 1 千米
东村遗址	省级	古遗址	新石器时代、青铜时代	平安县三合乡东村东北
寺台遗址	省级	古遗址	新石器时代、青铜时代	平安县巴藏沟乡下星家村寺台
三十里铺墓群	省级	古墓群	青铜时代	平安县小峡乡三十里铺村南
上滩墓群	省级	古墓群	汉	平安县平安镇上滩村北
寺台石窟寺	省级	石刻	宋	平安县寺台乡寺台村西
峡峻寺	县级	古建筑	宋	平安县寺台乡瓦窑台村北 500 米
东寺	县级	古建筑	宋	平安县沙沟乡尕庄村东北
西寺	县级	古建筑	宋	平安县沙沟乡大寨子村东北
柳湾遗址	国家级	古遗址	新石器时代、青铜时代	乐都县高庙镇
晁马家遗址	省级	古遗址	新石器时代	乐都县高庙镇晁马家村北
蒲家墩遗址	省级	古遗址	新石器时代、青铜时代	乐都县高庙镇蒲家墩村东北
白崖子遗址	省级	古遗址	新石器时代	乐都县高庙镇白崖子村北
双二东坪遗址	省级	古遗址	新石器时代、青铜时代	乐都县洪水乡双二村南的旱台上
汉庄子遗址	省级	古遗址	新石器时代、青铜时代	乐都县雨润乡汉庄子村
西来寺	省级	古建筑	明	乐都县碾伯镇古城大街东端
城隍庙	省级	古建筑	明	乐都县碾伯镇古城大街西端
红卡寺	省级	古建筑	明	乐都县芦花乡营盘湾村
贡巴昂（芦花寺）	省级	古建筑	清	乐都县芦花乡芦花村
三官庙	县级	古建筑	明	乐都县岗沟乡七里店村
寿乐王佛寺	县级	古建筑	明	乐都县寿乐乡王佛寺村
高庙八卦楼	省级	古建筑	明、民国	乐都县高庙镇西村
柳湾王佛寺	省级	古建筑	明、清	乐都县高庙镇柳湾村
鲁班亭	县级	古建筑	清	乐都县高庙镇老鸦村东
延福寺	县级	古建筑	清	乐都县高庙镇老鸦村
南山寺	县级	古建筑	清	乐都县高庙镇新盛村下石嘴
保安庙	县级	古建筑	清	乐都县高庙镇扎门子村
红崖洞窟	县级	石刻	宋	乐都县碾伯镇县城北裙子山下
马厂（场）塬遗址	国家级	古遗址	新石器时代、青铜时代	乐都县川口镇边墙村
五峰寺	省级	古建筑	清	互助土族自治县五峰寺乡白多俄村北五峰山坡
章嘉寺	省级	古建筑	清	互助土族自治县李家乡北 6 公里的东马营村
威远镇文昌阁	省级	古建筑	明	互助土族自治县威远镇大寺路村
扎隆寺	省级	古建筑	清	互助土族自治县加定镇扎隆口村
姚马村龙王庙	省级	古建筑	清	互助土族自治县东沟乡姚马村

名　称	级　别	类　别	时　期	地　址
广福寺	省级	古建筑	清	互助土族自治县东沟乡大庄
互助总寨关帝庙	省级	古建筑	明、清	互助土族自治县沙塘川乡总寨村
惠宁寺	省级	古建筑	清	互助土族自治县松多乡十八洞沟村
丹阳故城	省级	古遗址	宋	民和回族自治县中川乡辛家村北
鸿化寺古城	省级	古遗址	明	民和回族自治县转导乡寺滩村东
东塬古塔	省级	古建筑	明	民和回族自治县川口镇东塬村
宏善寺	省级	古建筑	明	民和回族自治县西沟乡凉平村
乙什扎寺	省级	古建筑	清	化隆回族自治县石大仓乡石大村
城车清真寺	县级	古建筑	不详	化隆回族自治县黑城乡城车村
扎巴清真寺	县级	古建筑	清	化隆回族自治县扎巴乡扎巴村
奄古录拱北	省级	古遗址	清	循化撒拉族自治县查汗都斯乡大庄村
苏志清真寺	省级	古建筑	清	循化撒拉族自治县查汗都斯乡苏志村
合然寺	省级	古建筑	清	循化撒拉族自治县尕楞乡合然村
孟达撒拉族古民居群	省级	古建筑	明、清	循化撒拉族自治县孟达乡大庄村
塘坊清真寺	县级	古建筑	清	循化撒拉族自治县街子乡塘坊村

海东市

3
海北藏族自治州
HAIBEI

海北藏族自治州古建筑分布图
Historical Architectural Map of Haibei Zang Autonomous Prefecture

1　白佛寺
2　沙陀寺
3　阿柔大寺
4　下阴田清真寺
5　岗龙沟石窟寺
6　仙米寺
7　珠固寺

青 S（2019）102 号

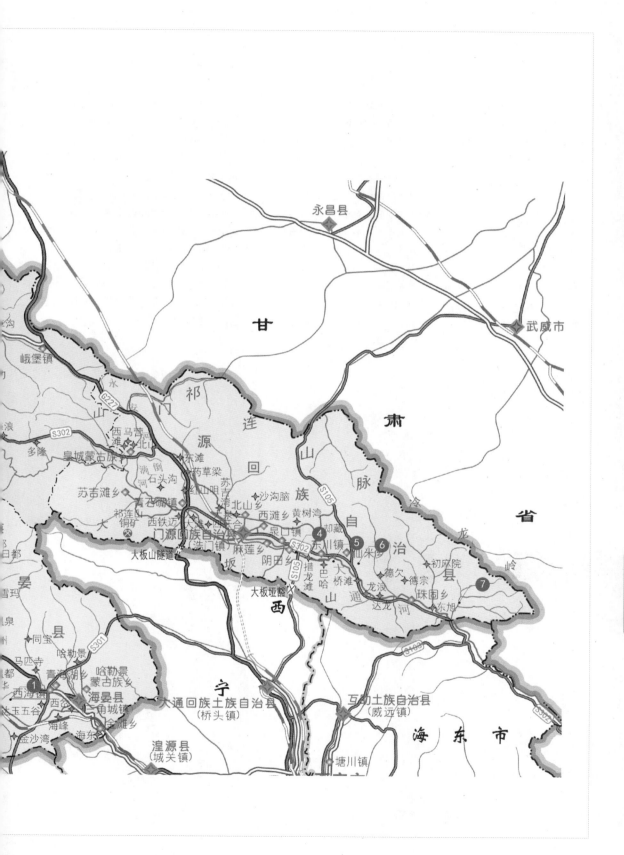

概 述

海北藏族自治州位于青海省东北部，地处青藏高原北部边缘，南临青海湖，祁连山脉由西北向东南横贯自治州中部。现辖门源回族自治县、祁连县、海晏县、刚察县。

西汉时期，海北州为西羌故地。汉平帝元始四年（公元4年），王莽在今海晏县设置西海郡，现仍存遗址，被评为国家级文保单位。后河湟地区的行政中心被转移回湟水河沿，海北州重回边缘位置。后历代先后为鲜卑族、吐谷浑、吐蕃、蒙古各部所据。清雍正三年（1725年），门源设立大通卫，属西宁府辖治。乾隆九年（1744年），移大通卫于今大通县城关镇。民国后陆续确立门源、刚察、海晏、祁连四个行政点，形成现在的海北州。

由于长期以来处于青海行政布局的边缘地带，海北州古建筑的数量不算太多。在类型上以宗教建筑为主，包括藏传佛教寺院、伊斯兰清真寺，以及一处石窟寺。其中藏传佛教寺院在"文革"时期基本全部被毁，现在的建筑都是20世纪80年代后重建。但海北州有着绚丽的自然风光：湛蓝深邃的青海湖，绿草如茵的湖滨牧场，金黄似锦的门源油菜花海，古老苍劲的仙米原始森林，雄奇挺拔的祁连山雪峰，使人应接不暇。游览这些奇景时，不经意地遇到一处故城遗址，一座古刹大寺，看到苍茫大自然中这一点点人类的痕迹，反而会生出更大的敬意来。这便是海北州古建筑的魅力。

本章共计介绍省级文物保护单位7处，并对其他7处文物古迹进行了列表说明。

海晏县

1 白佛寺

White Buddha Lamasery

文物级别	省级
开放方式	免费参观
地 址	海晏县青海湖乡同宝村
年 代	清
推荐指数	★★★★

白佛寺，藏语称"拉莫尕托根德代维林"，意为"拉莫府邸永安洲"。位于青海湖北岸的同宝山下，海北藏族自治州海晏县城西南29公里处。寺院东南距青

如意八塔

海湖约9公里，四周水草丰美，是天然牧场。

明万历年间，西藏哲蚌寺郭莽扎仓高僧措尼嘉措受命于三世达赖，来安多地区弘扬格鲁派教法。措尼嘉措来青海后受到土默特蒙古首领火洛赤的供养，常驻黄南尖扎县阿嘎绎曲林寺，后受封为"察罕诺们汗"，汉译为"白佛"。据说措尼嘉措曾在尖扎县境内建帐房寺一座，约在清嘉庆年间，该帐房寺随同达如玉部落迁到今海晏县境内，并由五世拉莫活佛赐寺额为"堪松南杰林"，意为"三界尊胜洲"。1916年，七世白佛在达如玉7个部落头人及信教群众的援助下，于现址开始兴建土木结构的经堂、佛殿、白佛府邸及80余人的僧侣住宅，成为环青海湖地区具有规模的格鲁派寺院之一，但在"文革"期间遭受严重毁坏，除如意八塔、白佛府邸外，其他建筑多被拆毁或占用。

现存的如意八塔位于公路边，均为方形底座、圆身，为典型的藏式塔。这种塔普遍见于藏传佛教庙宇的进门部位，通常内部是空的，装进成千上万个小小泥佛像。但是，白佛寺的这8个塔内埋着该寺历代高僧的衣冠。各地信徒常来这里绕塔参拜，虔诚有加。

1981年7月2日寺院被批准开放后，新建了大经堂、护法神殿、法舞院、灵塔佛堂和活佛院及僧舍。近年来又多次扩建，新建的殿堂大多加有大片玻璃门

小经堂

大经堂

山坡上的静房

窗，形式不佳。

现在全寺各个佛堂殿内藏有《大藏经》《金刚经》《甘珠尔》全套经法、大小佛像千余座、唐卡千余幅、金顶、镀金铜屋顶、如意宝珠、麟祥法轮、长号角、镏铜狮子及大象、景泰蓝器皿等，其藏品之多不亚于藏区六大藏传佛教寺院。此外有历辈夏茸尕布佛（拉莫活佛）的御帐。

当人们登上大小经堂坐落处极目眺望，便是"水天一色万顷波，千片碧涛浮白雪"的青海湖。白佛寺是一个令人驻足朝圣拜佛、流连忘返的避暑胜地。

寺院鸟瞰

刚察县

2 沙陀寺

Shatuo Lamasery

文物级别	省级
开放方式	免费参观
地　　址	刚察县西南46公里吉尔孟乡秀脑秀麻村北面
年　　代	清
推荐指数	★★★★

沙陀寺亦称"沙托寺""尕旦寺"，藏语称"扎西群科林"，意为"吉祥法轮洲"。位于县治西南46公里青海湖西岸的黑土根，在今吉尔孟乡境内的秀脑秀麻村北面，西距青海湖约9公里。

最初该寺并不在现址，而是在今泉吉乡西南6公里的沙陀地方，南距青海湖约1公里。寺院建在泉吉河与阿斯汉河之间隆起的山梁上，顺地形一直延伸到青海湖畔。这里很早之前有一座"俄博"。"俄博"为蒙古语，藏语叫"拉则"，汉语为"山神"。一般在山头，垒土石成堆，内埋喇嘛用辛红写有梵文咒语的柏木牌、八吉祥物、粮食、药物等，石堆上一般钉有方形木框，内插挂有哈达、羊毛、红布条等的木杆以及木制箭、剑等物，是藏族等地区原始苯教自然崇

沙陀寺全景

拜的习俗，后来被藏传佛教所吸收。清顺治十年（1653年），五世达赖进京觐见顺治皇帝，返回西藏时途经青海湖，在这里举行祈祷海神护佑的宗教活动，绕湖转经，宿营沙陀地区时，发现了山梁上的"俄博"，于是举行了隆重的"转果拉"（转经轮）的仪式。从此，沙陀便成了新兴的拜佛望地，吸引无数教徒远道而来。此后，形成了一座帐房寺院，经同德郎加高僧孕日旦经营后，佛事更加兴隆。至1941年，在原来的基础上建成一座经堂，占地400多平方米，约30间，并建有僧舍300间，聚僧130人，成为环青海湖地区较有影响的宁玛派寺院。经堂赭墙金顶，佛坛香烟缭绕，加之青海湖水风光，颇为壮观。

1958年后寺院被拆毁，仅余断瓦颓垣。1961年12月西北地区民族工作会议召开之后，寺院一度重开。1967年第二次关闭。1981年7月5日再次批准开放，1982年9月迁到现址，新建经堂1座，僧舍87间。新建的经堂与白佛寺一样，正立面上有大片玻璃窗，

形式奇特。

虽然脱离了故址，但现在的沙陀寺仍然保持了最初"俄博"时期与山水的融合特性。寺院依山势而建，在其背后的山坡上，遍插红旗。时而有云朵飘过，在山坡投下巨大的阴影，无数面红旗迎风舒展，经堂、佛殿的金顶闪耀着金光，形成一幅美丽而奇异的画面。

大经堂山门

大经堂正面

大经堂侧面

海北藏族自治州

祁连县

3 阿柔大寺

Arou Lamasery

文物级别	省级
开放方式	购票参观
地　　址	祁连县阿柔乡驻地东700米
年　　代	清
推荐指数	★★★★★

阿柔大寺法名"噶丹曲派林"，意为"阿柔具善弘法州"，是阿柔部落寺院。寺院坐北朝南，前临八宝河，后靠贡白加隆山，东邻峨堡镇白石崖村，西邻

阿柔乡政府，峨祁公路通过该寺门前。是祁连地区规模最大、最有影响力的藏传佛教格鲁派寺院。

明万历年间，三世达赖来青海传教，阿柔部落头人华桑加布和桑杰加等人请他到自己驻牧地，奉献大批布施。清顺治年间，五世达赖进京途经青海，部落头人又迎请五世达赖到部落，请求建寺。后经五世达赖允许，由夏扎大喇嘛和阿柔坚巴克尊嘉措二人主持，于仲塔地方建成阿柔寺，最初为一座帐房寺。30年后，献寺于阿里达尔罕曲结，三世桑丹巴达吉建立显宗学院，完善各种法会制度，寺僧增到近400人，发展成为一座正规寺院。约在清道光年间，阿柔部落一部分北迁祁连，于现址重建寺院。

　　帐房寺是藏族游牧民族特有的建寺模式，阿柔大寺随部落北迁祁连后，仍保持了多年的帐房寺面貌，于1946年才开始有了真正意义上的殿堂建筑。1958年和"文革"期间寺院被毁。20世纪80年代开始重建。目前阿柔大寺占地面积66 700平方米，建筑面积2155.4平方米，拥有经堂佛殿7座、佛塔8座、活佛府邸两院、僧舍上百间、草场1700多亩、耕地40亩。主要建筑有护法殿、大经堂、蒙古包式弥勒殿、帐篷经堂、民俗陈列馆、如意八塔、经轮长廊、活佛府邸、僧舍等。

　　护法殿建于1980年，是一座藏汉双层飞檐式建筑。大殿面阔三间，进深两间，殿内有明暗柱12根。殿内墙上是阿咪东索的壁画。阿咪东索即祁连县南面的牛心山，是阿柔部落神山系统与神山信仰的主神。

　　弥勒殿是阿柔大寺的一大特色，呈蒙古包式圆形建筑，位于大经堂后面。室内面积100平方米，装饰采用藏、汉、蒙三种风格合璧，预示着各民族的团结与和谐。

　　弥勒殿后为大经堂，建成于2012年。大经堂的建筑形式采用汉式歇山顶和藏式平顶相结合的处理手法，歇山顶为琉璃金顶，造型古朴，雕刻精美。

　　大经堂后的草滩上有一顶黑牛毛帐篷经堂。帐篷室内面积约320平方米，高4米，是由16根牛毛拉绳、34根顶杆、79根脚杆和一根横梁共同搭建起来的。共用牛毛1920斤、绳子2520米、牛毛掸子2160米，可供300余人集体诵经。

　　如意八塔位于寺院西侧，建于2002年，从南到北一字排开，各塔高6.4米，是典型的藏式瓶形塔。塔座有方形、六角形、圆形，饰有法轮、梵文等彩色图案。塔内装有藏传佛教法器、右旋海螺、经书及十世班禅的舍利子。

帐篷经堂

转经筒

如意八塔

除了精美的建筑外，寺中还有大量的嘛呢经筒，也叫转经筒。这些经筒大多是木头或金属制成，分布在入口、佛殿、经堂等各处，筒内装有佛教经文，每转一次等同于念了一遍筒内的经文。

阿柔大寺不仅在建筑上保留了游牧民族的寺院特色，在其民俗陈列馆中更是存有古老的经书、生产与生活用具、民俗用品等，为游牧民族的宗教研究、文化传承、民俗保留开辟了一个重要窗口。

门源回族自治县

4 下阴田清真寺

Mosque at Xiayintian Village

文物级别	省级
开放方式	免费参观
地 址	门源回族自治县阴田乡下阴田村
年 代	清
推荐指数	★★★★

下阴田清真寺位于浩门河南岸阴田乡下阴田村，距门源县城 20 余公里，是门源县保护比较完整的古建筑之一。现存建筑包括礼拜殿和南北厢房共 16 间，总占地面积约 1500 平方米。

礼拜殿始建于清咸丰七年（1857 年），初建时由于人口较少，为三转五式砖木结构，后又扩建为明三暗五式砖木结构。大殿正脊由砖雕牡丹砌成，宝顶摆放砖雕"金钱吊葫芦"，飞檐翼角为砖雕龙头，呈莲花滴水势。前廊成排式拱门，四柱绘制阿文图案。廊心墙有"菊竹梅兰""犀牛望月""莲花开屏"等砖雕，做工考究，风格独特。殿内富丽堂皇，地上铺有

八字墙砖雕

大殿外景

海北藏族自治州

整齐的蓝色地毯，深处拱门顶上绘制着古体《古兰经》金粉字，显得庄严肃穆。

除大殿外，寺内还有南北厢房共16间，设学房、宿舍、沐浴室、库房等，现仍有学生在此居住。

廊墙砖雕

柱子上的雕刻

大殿内景

5 岗龙沟石窟寺

Ganglonggou Cave Temple

文物级别	省级
开放方式	免费参观
地 址	门源回族自治县东川镇巴哈村岗龙沟内
年 代	唐
推荐指数	★★★★★

岗龙沟位于门源县克图乡巴哈村，"岗龙"为藏语，意为雪沟，因沟内冬日积雪不易消融而名。在岗龙沟长100米、高50米的红砂石崖上，共有大小石窟13处，这便是岗龙沟石窟寺。这些石窟大多空无一物或坍塌，现仅存释迦窟及石塔窟较好。雕凿年代一说北凉沮渠牧犍太建四年（438年），一说唐代，一说清初班固和加多寺阿卡"坐泉诵经"逐年凿成，确凿年代尚待考证。

释迦窟为天然岩石山洞，中有一释迦牟尼佛像高1.2米、宽1.8米，螺髻，结跏趺坐，头部和胸后

有两重背光。石塔窟窟顶呈卷顶式，内有石质佛塔。塔高6米，宽2米，是在山岩上凿虚留实形成的。塔座为仰覆莲式，塔身为覆钵式，中凿佛龛，龛内中空，可能原有造像。塔身和塔顶之间形成方形塔脖。上为十三天相轮，轮上有一大圆盘，盘上有日月宝珠。窟外两侧及顶部凿有对称石洞。顶部有沟槽，这是原来窟檐留下的痕迹。

此外，在释迦牟尼佛像之东，还有小的泥佛座、

岗龙沟石窟寺全景

泥塔座。石塔西部还有凿刻或绘制的护法神像、金刚杵、藏文题记和六字真言等。

该寺石窟形制奇特，保存较好，是研究青海地区宗教文化的重要内容。

石塔

释迦车尼像

6 仙米寺

Xianmi Lamasery

文物级别	省级
开放方式	免费参观
地　　址	门源回族自治县治东36公里仙米乡大庄村
年　　代	清
推荐指数	★★★★

仙米寺亦称"显明寺"，藏语称"仙米具喜兴旺洲"。位于著名的仙米国家森林公园中，地处浩门镇东36公里的讨拉沟南端，即今仙米乡政府所在的大庄村。寺院依山而建，寺前有一座小花园，景色优美。

据《安多政教史》记载，明万历十二年（1584年），三世达赖来此活动，曾倡议建寺。明天启三年（1623年），当地僧人衰噶嘉措从西藏叶尔巴寺请来拉日堪钦·才旦顿珠主持修建了仙米寺。不久，佑宁寺的小松布丹却坚赞主持寺务，扩建寺院，建成大经堂和大佛堂，设立显宗学院，寺僧增至百余人，发展成为海北地区最大的格鲁派寺院。清雍正二年（1724年）五月，因罗布藏丹津事件被清军烧毁。翌年，清朝派一等侍卫散秩大臣达鼐来青海办理善后事宜，重建该寺，并题寺院匾额为"显明寺"。

1958年后，寺院关闭。1961年12月西北地区民族工作会议召开之后，一度开放。"文革"初期再次关闭，并拆除了大经堂等主要建筑，仅存阿穹佛府邸、五间经堂及26间僧舍。1981年5月18日重新开放，寺主阿穹活佛担任县政协副主席，县上拨款5万余元，在旧址重建了三转五大经堂一座，后又逐渐对原来的殿堂僧舍进行了装饰修葺。

仙米寺现有山门、佛塔、大经堂、小经堂、五间经堂、僧舍等建筑。其中，除五间经堂外，其余建筑均为1981年后重建。大经堂为藏汉结合式建筑，面阔五间，进深三间，双层双檐歇山顶。

五间经堂在寺院西南部，沿寺门前左侧一条小路可到达。其所在院落分布在三级台阶上，第一阶建面阔九间、进深三间歇山顶山门；第二阶建穿堂和僧舍；第三阶即为面阔五间、进深三间的硬山顶经堂。

现在的仙米寺虽然规模大不如前，但延续了寺院与自然结合的优美景观，是仙米森林公园中佛教活动的主要场所。

山门

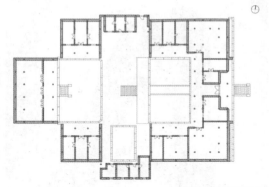

五间经堂所在院落平面图

新修大经堂

五间经堂

7 珠固寺

Zhugu Lamasery

文物级别	省级
开放方式	免费参观
地　　址	门源回族自治县珠固乡东约13公里处珠固寺村
年　　代	清
推荐指数	★★★★

珠固寺藏语全称"珠固贡尕旦曲科林"，意为"珠固具喜法轮州"。寺院所处山沟为仙米大峡谷的峡中峡，环境幽深，少有人至。

珠固寺由赞布·顿珠嘉措创建于清顺治元年（1644年）。后赞布·顿珠嘉措又于1650年建广惠寺，故历史上有珠固寺为广惠寺之母的说法，但广惠寺为赞布转世系统的根本道场，其势力和影响远远超过珠固寺，故一般将珠固寺列为广惠寺的属寺。该寺建成后，

从西藏邀请著名高僧柔阁梨设立了显宗和密宗学院。后因水患，移于现址。

清雍正元年（1723年），罗布藏丹津反清，珠固寺毁于兵燹。清雍正十年（1732年），二世敏珠尔罗桑丹增嘉措任该寺法台，主持重建。1910年因僧人点灯时不慎，引发火灾，焚毁了大经堂，6年后，由内蒙古阿拉善美仁亲王资助重建。1958年，除两座活佛府邸外，其余建筑均被拆毁。

现存珠固寺建筑主要为1983年重新开放后新建而成。寺院建筑依山就势，分布在山坡上。进入山谷，远远地就可以看到山坡上有两座白底金顶的塔，分外耀眼。在其中一座白塔对面的半山腰上，即是珠固寺的主体部分。主要建筑包括山门、大经堂、护法殿、僧舍等。大经堂为藏汉结合式风格，面阔五间，高4层，殿中雕刻精细，绘画生动。建筑与山景融为一体，构成了一幅秀美的图画。

经堂屋顶

经堂东立面

经堂大门装饰

经堂内部

海北藏族自治州其他主要文物保护单位列表

名　称	级　别	类　别	年　代	地　址
西海郡故城	国家级	古遗址	西汉	海晏县县城西约 250 米
大水塘遗址	省级	古遗址	青铜时代	海晏县三角城镇俄海峰村、黄草村
月楼石崖遗址	省级	古遗址	青铜时代	海晏县金滩乡东村
海日纳遗址	省级	古遗址	青铜时代	刚察县泉吉乡年乃索麻村
哈龙沟岩画	省级	石刻	待定	刚察县泉吉乡
舍卜齐沟岩画	省级	石刻	待定	刚察县吉尔孟乡
刚察大寺	省级	古建筑	民国	刚察县沙柳河镇正北 25 公里处
科才寺	省级	古建筑	清（1985 年后复建）	刚察县伊克乌兰乡角什科秀麻村
羊胸沟口城址（原扁都口城址）	省级	古遗址	宋、清	祁连县峨堡镇峨堡村
门源古城	国家级	古遗址	宋	门源回族自治县县城东南
浩门镇南关清真寺	省级	古建筑	清	门源回族自治县浩门镇南关村
岗龙沟岩画	省级	石刻	唐	门源回族自治县东川镇巴哈村

4
海西蒙古族藏族自治州
HAIXI

海西蒙古族藏族自治州古建筑分布图
Historical Architectural Map of Haixi Mongolian and Tibetan Autonomous Prefecture

1 都兰寺
2 香日德寺

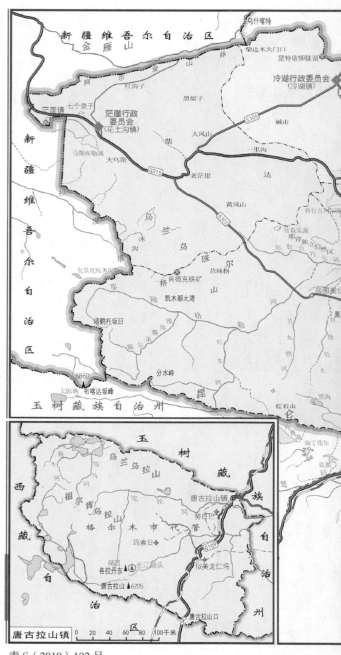

青 S（2019）102 号

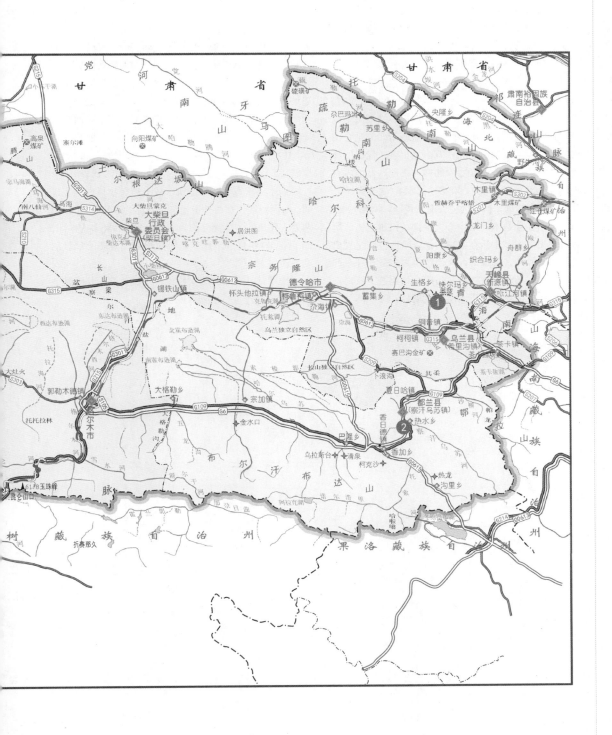

概 述

海西蒙古族藏族自治州，因位于青海湖以西而得名。下辖德令哈、格尔木、茫崖3个县级市，天峻、都兰、乌兰3个县以及大柴旦行政委员会。

海西州有丰富的自然景观，其大部分地区都在中国"四大盆地"之一柴达木盆地内。柴达木盆地由昆仑山、阿尔金山、祁连山环抱，平均海拔3000米左右，属于高原大陆性气候，奇特的雅丹地貌、沙漠戈壁吸引了大量科学考察和旅游探险者。盆地南面的昆仑山被誉为"中国第一神山"和"万山之祖"，优美的神话传说使它成为中华儿女心中的神往之地。盆地内有大小河流100多条，湖泊90多个，其中最著名的是乌兰县的茶卡盐湖，被誉为"天空之镜"，风光如画。

由于越往柴达木盆地中心，生存条件越恶劣，所以海西州先民大多生活在盆地边缘，生活范围呈现出东多西少的倾向，现存的人文遗产也大多分布在东部天峻、都兰、乌兰三县。海西州的文物遗迹主要由三部分构成：史前岩画，诺木洪文化遗址，吐谷浑、吐蕃古墓葬。

海西的史前岩画单体形象数以千计，内容主要是远古人类放牧、狩猎、争战等生活场景，反映了早期人类的精神世界。诺木洪文化则是海西独有的新石器时代文化类型，遗址分布于全州多地，如塔温搭里哈遗址，是2900多年前该地辉煌人类文明的有力证据。而海西境内吐谷浑、吐蕃的埋葬制度、习俗与西藏山南、藏北的吐蕃墓葬非常不同，比如都兰县的热水墓葬，其一号大墓剖面呈一个"金"字，被当地人称为"九层妖塔"。

因本书重点介绍古建筑，故上述文物只作列表说明。海西州现仅存两处古建筑——都兰寺和香日德寺。两处古建筑的主体部分均为清代始建，后经多次破坏，20世纪80年代后重建，是海西州人民重要的宗教活动场所。

本章共计介绍省级文物保护单位2处，并对其他22处文物古迹进行了列表说明。

乌兰县

1 都兰寺

Dulan Lamasery

文物级别	省级
开放方式	免费参观
地 址	乌兰县铜普镇东约10公里的塔延山麓
年 代	清
推荐指数	★ ★ ★ ★

都兰寺全称"噶丹桑阿玉仁佩林",意为"具喜密宗增益洲",因位于都兰河畔,故俗称都兰寺。都兰寺是原青海和硕特蒙古西前旗(俗称王家旗)的主要寺院,也是海西地区最大的藏传佛教古刹,清代中期以后,一直是青海右翼蒙古政务和宗教活动的中心,亦为右翼盟互市之所,至今在青海蒙藏地区有着广泛的影响。

其历史最早可追溯到元世祖元年(1271年),最初有多位禅师在塔延森林中坐禅,至今仍存几十处禅房遗址。明万历十一年(1583年),三世达赖到塔尔寺讲经,道希汗禅师专程到塔尔寺朝拜,得到三世达赖准许,在塔延山口修建了一所静虑室。明崇祯七年(1634年),霞巴丹津呼图克图来到塔延山口静虑室

主持寺院佛事,后由他在静虑室的基础上修建了一座正规的格鲁派寺院,即闻名于青海蒙古族地区的都兰寺。霞巴丹津呼图克图后来历辈转世封号为丹津呼图克图,成为该寺寺主。

据寺志记载,该寺在清乾隆年间鼎盛时有僧千余名,属民200余户,广有寺产,建筑宏伟。咸丰元年和清光绪二十二年(1896年)该寺曾两次受到严重破坏,除大经堂外,其他大部分房屋被烧毁,寺内保存的珍贵文物及历史书籍也化为灰烬。民国六年(1917年)由八世丹津呼图克图罗桑丹贝尼玛重建都兰寺。自1955年起,又由八世丹津呼图克图主持,扩建都兰寺。20世纪50年代末,都兰寺被拆毁。

从1980年起,八世丹津呼图克图在白德加布、排力吉等人的协助下,带领广大信众恢复重建都兰寺,依山就势建成大经堂、时轮大塔、时轮殿、上下拉让、尊胜塔、宗喀巴大殿等建筑。另外还建有僧房、厨房、医疗所、商店、饭馆等设施。

现在,寺院宗教生活正常,一年四季前去朝拜的蒙古族信佛群众络绎不绝。寺内宗教活动主要有正月祈愿法会、三月时轮法会、八月空行母仪轨法会、十月燃灯节、腊月诵经供养仪轨会等。

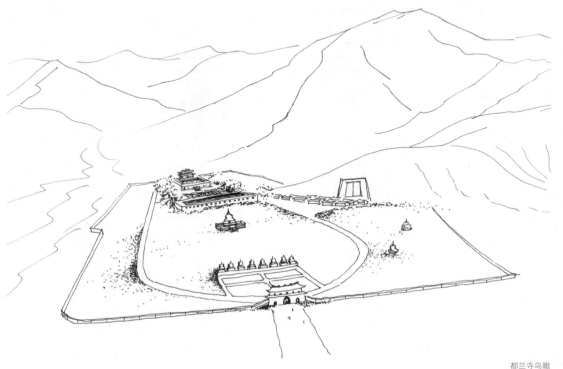

海西蒙古族藏族自治州

都兰寺鸟瞰

都兰县

2 香日德寺

Xiangride Lamasery

文物级别	省级
开放方式	免费参观
地　　址	都兰县香日德镇上柴开村
年　　代	清
推荐指数	★★★★

　　香日德寺亦称"香日德班禅行辕""班禅香日德寺",属格鲁派寺院。寺院三面环山,一面临香日德河,是西藏扎什伦布寺设在青海的唯一分寺。当地交通便利,是省城去格尔木市的必经之地,香日德寺也成为西藏政教领袖往来内地的驿站。

　　1717年西藏发生叛乱,康熙派十四子率大军护送七世达赖进藏平定叛乱。大军行至香日德,在此调集蒙藏随征兵员,筹办军粮马匹。七世达赖也在此设置搭帐,接受王公、千户、百户朝拜献礼,为教民摩顶赐福。按照藏传佛教教规,凡达赖、班禅举办过重大佛事之地,信教僧众就会修一座纪念性建筑,此即香日德寺日后建寺的原因。乾隆四十三年(1780年),六世班禅出资始建香日德寺,后被洪水冲毁,1924年由九世班禅出资重建。

　　现在的香日德寺占地50余亩,整体布局坐西朝东。大经堂居其中,分上下两层,总面积1300多平方米,可供千人跏趺诵经。堂内有32根云纹托基的朱红巨柱,气势雄宏。上方正中,设有班禅大师讲经的莲花宝座。两边梯阶形的供台上,供奉着菩萨、度母、护法、金刚诸法像。姿态各异,栩栩如生。数百卷古版《甘珠尔》《丹珠尔》等经典及医学书籍,陈列在两壁巨大的书橱中。经堂四周还挂着很多名贵的堆秀、唐卡。

　　经堂左右为转经长廊,共有252个转经筒,壁画上绘有1108尊栩栩如生的佛像,因佛像手势各异,故称为千佛廊。

大经堂手绘图

海西蒙古族藏族自治州其他主要文物保护单位列表

名　称	级　别	类　别	时　期	地　址
察汗特买图岩画	省级	石刻	隋、唐	德令哈市蓄集乡浩特茶汗村
三岔口遗址	省级	古遗址	新石器时代	格尔木市南约 110 公里
纳赤台遗址	省级	古遗址	新石器时代	格尔木市纳赤台地区
野牛沟岩画	省级	石刻	唐	格尔木市郭勒木德镇
塔里他里哈遗址	国家级	古遗址	新石器时代	都兰县诺木洪乡
塔温搭里哈遗址	国家级	古遗址	新石器时代	都兰县巴隆乡
科日遗址	省级	古遗址	新石器时代	都兰县巴隆乡科尔村
夏尔雅马可布遗址	省级	古遗址	新石器时代	都兰县巴隆乡河东村
香日德古城	省级	古遗址	待定	都兰县香日德镇
下柴开遗址	省级	古遗址	新石器时代	都兰县香日德乡下柴开村
热水墓群	国家级	古墓葬	唐	都兰县热水乡
考肖图古墓	省级	古墓葬	吐蕃	都兰县香加乡考肖图沟内
考肖图古墓遗址	国家级	古遗址	吐蕃	都兰县香加乡考肖图沟内
英德尔古墓	省级	古墓葬	吐蕃	都兰县英德尔羊场
加羊墓群	省级	古墓葬	唐	都兰县沟里乡
巴哈莫力岩刻	省级	石刻	待定	都兰县普加乡
莫哈特遗址	省级	古遗址	青铜时代	乌兰县茶卡镇塔拉村
希里沟古城	省级	古遗址	待定	乌兰县希里沟镇
加木格尔滩古城址	省级	古遗址	唐	天峻县快尔玛乡
金泉城址	省级	古遗址	南北朝	天峻县快尔玛乡多尔则村
西王母寺、石室遗址	省级	古遗址	汉	天峻县新源镇日许尔村
鲁茫沟岩画	省级	石刻	唐	天峻县天棚乡
梅陇岩画	省级	石刻	唐	天峻县新源镇梅陇村

5
海南藏族自治州
HAINAN

海南藏族自治州古建筑分布图
Historical Architectural Map of Hainan Tibetan Autonomous Prefecture

1. 玉皇阁古建筑群
2. 乜纳寺
3. 文昌庙
4. 珍珠寺
5. 王屯龙王庙
6. 关帝庙
7. 尕让白马寺
8. 尕让寺
9. 罗汉堂寺
10. 新寺
11. 千卜录寺
12. 赛宗寺

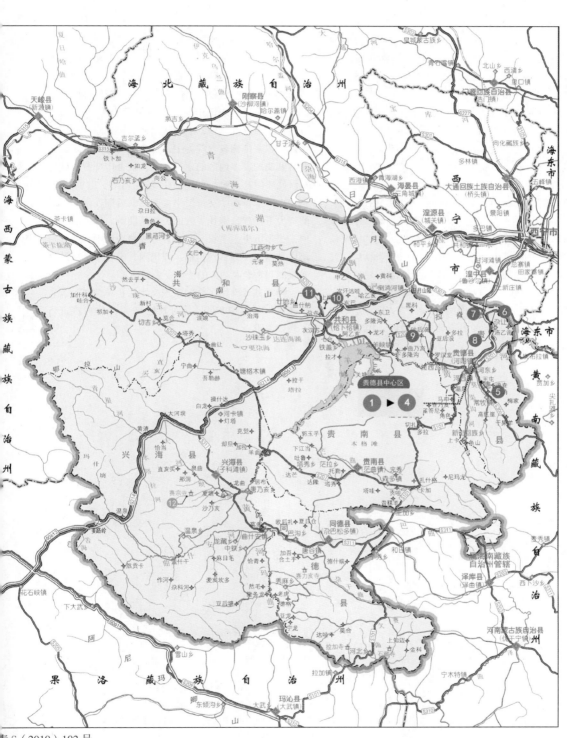

海南藏族自治州

概　述

　　海南藏族自治州位于青海省东部，是青藏高原的东门户，素有"海藏通衢"之称，因地处青海湖南部，故名海南。辖共和、贵德、贵南、同德、兴海5县，自治州政府驻共和县。

　　境内地形以山地为主，四围环山，盆地居中，高原丘陵和河谷台地相间其中，地势起伏较大，一片雪山皑皑，无声地诉说着这片土地上的故事。黄河流经5县向东北而去，40条大小河流注入青海湖，凝就青藏高原上一块灿烂纯洁的蓝水晶。

　　海南藏族自治州在秦汉以前属羌戎地。西汉时期，海南地区纳入中央王朝建制体系，西汉神爵二年金城郡设河关县，辖今贵德、共和东部地区，受"护羌校尉"节制。乾隆五十六年（1791年）设置贵德厅，设扶番同知，辖今海南及黄南部分地区。青海建省后于1929年、1935年、1939年先后设共和县、同德县、大河坝设治局，1945年大河坝设局改为兴海县。1953年12月成立专区一级的海南藏族自治区，1955年改称海南藏族自治州。

　　海南州是以藏族为主的多民族聚居区。按照藏族传统地理观，海南州属于藏族三大地理单元之一的安多地区，治区内的藏族群众使用安多方言，多信仰藏传佛教。浓厚的宗教氛围催生了大量以藏传佛教为题材的艺术作品。海南州境内，除了数目众多的古遗址、古城址和古墓群之外，还拥有众多的佛教建筑。境内古建筑以藏传佛教寺院为主，多建于明清时期，拥有非常鲜明的安多地区的建筑特征，融合传统藏族碉房和汉民族建筑元素，如玉皇阁、文昌宫等。世事变迁，不少古寺都曾在"文革"中被破坏，后期在信教群众的努力下复建，寄托了人们美好的期盼。随着时光流逝，很多历史上名噪一时的古寺或藏于深山，或在村落中默默为一方百姓祈福，但仍因其宁静而神秘的宗教氛围和古老而动人的传说令人神往。

　　本章共计介绍了全国重点文物保护单位4处、省级文物保护单位8处，并对其他52处文物古迹进行了列表说明。

贵德县

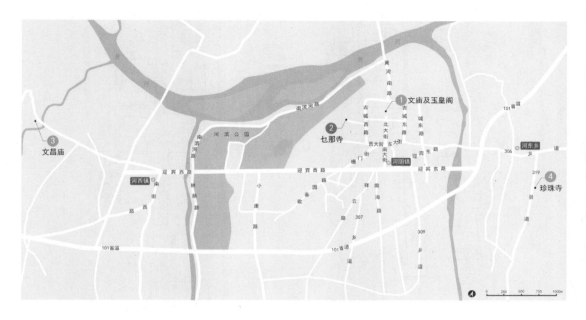

1 玉皇阁古建筑群

Ancient architectural complex of Tower of Jade Emperor

文物级别	国家级
开放方式	购票参观
地　　址	贵德县河阴镇
年　　代	清
推荐指数	★★★★★

　　贵德玉皇阁古建筑群位于贵德县河阴镇贵德古城北部区域，包括文庙、万寿观、关岳庙、大佛寺、城隍庙、民众教育馆（现为图书馆）6个院落及贵德古城、古校场。

　　明洪武三年（1370年），征西将军邓愈率军进占贵德，改贵德州为归德州。洪武九年（1376年）置必里卫，洪武十三年（1380年）筑就归德城，明廷从河州卫移民四十八户，免其赋税，责令守城。后又调集河州百户王猷、刘庆、周鉴及族人，置王屯、刘屯、周屯为归德外围，成掎角之势，成为一个重要的军事据点。

　　玉皇阁是在明初特殊历史条件下修建的，是为"洮河藩篱，秦陇耳目"。而后在清嘉庆年间，于阁前建起了文庙，在阁东建起了关岳庙，在阁西建起了大佛

寺，大佛寺之西又是城隍庙，形成了现在的玉皇阁古建筑群。清道光十七年（1837年），玉皇阁重修扩建。清同治六年（1867年）河湟回族反清，玉皇阁及文庙被焚毁，光绪年间次第重建。20世纪50年代，玉皇阁、文庙、关岳庙被改为粮站，部分殿宇厢房被拆毁，20世纪80年代后才逐渐修复。下面重点介绍古城中轴线上的文庙、万寿观以及东面的关岳庙。

　　文庙建筑包括棂星门（牌坊）、泮池、戟门、乡贤祠、名宦祠、七十二贤祠和大成殿。其中，大成殿供奉儒家先师孔子之神位，历来为文人祭孔和集会的场所，是整个建筑群中体量最大的单体建筑。该殿九檩单檐歇山大木，面阔四间，分心四柱，檐下壁画精彩华美，望之气势恢宏。大成殿东面是文庙的花园——

文庙泮池与戟门

海南藏族自治州

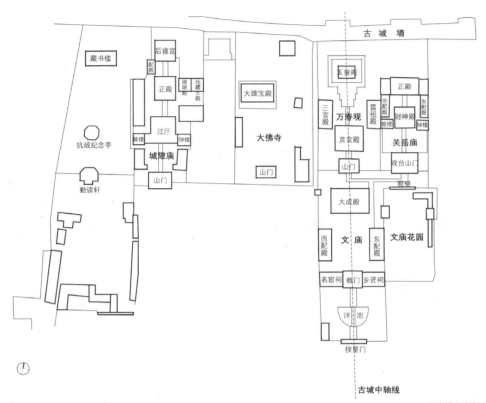

玉皇阁古建筑群总平面图

文庙大成殿

文庙园林

文苑，立夏时节牡丹花盛开，姹紫嫣红，花香四溢，是贵德县最大的一处牡丹园。

文庙后为万寿观。万寿观属道教建筑，建筑包括山门、过厅、东西配殿和玉皇阁。玉皇阁为整个建筑群之首，位于古城中轴最北端，万寿观正殿之位，通高25.5米，被誉为"仙阁插云"，俯瞰全城。地面为正方形，底层台基高1.4米，台基上再砌高9.9米的砖包土筑正台基，上起三层楼阁。青瓦歇山顶吻兽齐全，正脊中间有三尊青狮白象驮宝瓶，显出北方古建筑的特点，加上富有地方特色的建筑彩画，整个建筑显得雄而不拙，端庄华美。玉皇阁台基高三丈六尺，寓意一年三百六十天，底面24根立柱，寓意二十四节气，中间四根通柱，寓意一年四季，天数也。台基上三层楼阁，顶层奉"天"，立玉皇神位，中间奉"地"，立土地神位，下层奉"人"，立皇帝牌位，体现了道家"阴阳运化，天人合一"的古老哲学思想。玉皇阁后原有三清殿，现无存。

万寿观东面为关岳庙。关岳庙清代为绿营三圣庙，民国时期改为关岳合祠。关岳庙俗称武庙、马祖庙，建筑包括山门戏台、过厅、钟鼓楼、东西厢房和正殿，供奉关羽、岳飞、马祖三尊神像，是军旅、戍边将士

万寿观山门

万寿观过厅

万寿观玉皇阁

关岳庙正殿

海南藏族自治州

拜谒的场所。关岳庙过厅体积较小，系单檐歇山建筑，面阔五间，分心四柱，檐下斗拱密致，木雕精美、彩画绚丽，是清代建筑中的上乘之作。关岳庙山门殿内侧为戏台，结构特别。

贵德玉皇阁古建筑群集儒、道、神为一体，摒弃门户之见，相依并存，其格局国内罕见。庙观庭院以中轴线左右对称，大殿、厢房雍容大度，气势恢宏，有较高的历史文物价值和建筑艺术价值。

关岳庙钟楼

关岳庙照壁

关岳庙戏台山门北立面

关岳庙过厅

关岳庙戏台山门南立面

2 乜纳寺

Miena Lamasery

文物级别	省级
开放方式	免费参观
地　　址	贵德县河阴镇城东区
年　　代	清
推荐指数	★★★★★

据《塔尔寺志》记载，乜纳寺是塔尔寺在贵德的一座密宗学院，全称为"乜纳经学院吉祥兴法洲"，一世乜纳活佛额强程列奔在乜纳塔附近修行得道，故塔尔寺活佛系统有"乜纳"。

和塔尔寺的历史相似，乜纳寺也是先有塔，再有寺。而且，乜纳塔的历史比塔尔寺还要早600多年。乜纳塔又称"贵德白塔""弥勒塔""镇水塔"，建于唐代，据当地口传记载，吐蕃赞普赤热巴巾（又作赤热巴坚，即赤祖德赞，第四十一世吐蕃王）曾北征到此，于汉藏交界处建成此塔，内储其发辫。清嘉庆十一年（1806年）重建，并增镏金顶，其造型与北京北海公园喇嘛塔相似，被称为青海第一塔。清康熙年间，于乜纳塔南面建成乜纳寺，塔即归寺管理。

乜纳塔在黄河水之滨栉风沐雨矗立了千年。在此期间，这座古塔备受佛教高僧加持敬爱，几经修葺变迁泽被一方，与日月同辉。1943年改建为砖木结构；1956年塔身维修；十年动乱期间，自塔檐（即象征佛陀的狮身雕刻）以上被炸药夷平；1988年至1990年州县拨款、民间自筹、广大信众捐助重建；1990年因唐河地震波及，塔基动摇，建筑开裂，塔瓶以上西倾。

塔高约30米，基座呈方形，五层上筑砖包，边长18米。塔正身如倒立大腹瓮，南面正中有拱形佛龛，周围以雕刻花纹的青砖修饰，内塑千眼千手佛一座，通身白色。塔顶高高托起镏金日月宝顶，在阳光下闪耀着金光，绚丽而神秘。如今，塔身虽然不再皎洁如

明月，斑斑点点间暴露着大大小小的裂缝，塔基出现裂缝面临整修，但它依然顶天立地，承载着千百年岁月的沧桑，慈祥安然地端坐在黄河南岸，为这一方百姓护佑着福缘。

乜纳塔与乜纳寺山门

乜纳塔

乜纳寺经堂

3 文昌庙

Wenchang Temple

文物级别	国家级
开放方式	免费参观
地　址	贵德县河西镇下排村
年　代	清
推荐指数	★★★★★

河西文昌庙，藏语称"尤拉"或"尤拉康"，意思为"地方神之庙"。位于县城西6公里处的河西乡下排村，依山而建，北临黄河，坐西朝东。暖泉河从庙前萦绕北流，从庙前的道路向西望，蓝天白云下，宫殿巍峨，山峦环绕，山梁上遍插俄博。该庙最早应为刘屯村汉族村村庙，后影响渐渐扩大。

文昌庙始建于明代后期（1590—1600年），清同治六年（1867年）悉遭焚毁，清光绪三年至十三年（1880—1893年）重建。1958年后又遭到破坏，全部建筑荡然无存。1982年河西乡上下刘屯、下排、格

山门

尔加等村乡老 12 人多次倡议并自行组成文昌庙筹建组，在县内外募化，1984 年至 1995 年历时十余年，按原规模在遗址上复建文昌庙。

全部殿堂依山坡开辟的三个平台而建，其规模虽小却精制严谨。

一层平台建有牌坊式山门。二层平台上东、南、北三面建有楼阁。东楼为奎星阁，由兀热沟的藏族群众捐资修建，塑奎星木制站像。南、北两角分别为钟鼓楼。北楼为火祖阁，塑有火神、牛王、马祖三尊像。南楼为娘娘阁，塑有王母、送子、献花娘娘三尊像。其右还有一侧殿，供羊师大将的木制站像，向东再缩进一间，内有土地赵公明、穿黄二郎（二郎神）、城隍及山神的画像。三面楼阁与三层平台的正殿围成一个小型的合院，有回廊相通。三层平台正中建有雄伟的歇山顶式大殿，高 10 米，正面阔五间，进深 8 米三间。大殿为砖木结构歇山顶式横坊斗栱建筑，殿顶由琉璃瓦覆盖，殿脊正中的铜质宝瓶在阳光下闪闪发光。殿内塑有文昌帝君坐像，左右分别为"天聋""地哑"侍从立像。

文昌庙整个建筑布局严谨、结构精巧、错落有致、雕梁画栋、气势雄伟，体现出传统中式建筑的特点，符合中国人讲求对称、工整的审美习惯。而一些装饰细节、殿内布置、塑像造型等方面则体现出汉藏合璧的特点。

奎星阁

奎星阁走廊

正殿

4 珍珠寺

Pearl Lamasery

文物级别	国家级
开放方式	免费参观
地　址	贵德县河东乡保宁村西
年　代	宋末元初
推荐指数	★★★★★

珍珠寺，藏语称"觉觉拉康"，即觉觉佛殿。相传元朝初年，西藏有一位法号为萨迦喇嘛的高僧到元大都觐见皇帝，皇帝赏赐高僧许多珍珠，萨迦喇嘛用一峰骆驼驮着珍珠准备返回西藏修建寺院，当萨迦喇嘛途经今贵德河东乡保宁村时，骆驼跪卧不起，高僧环顾四周，认定此地是一块风水宝地，于是便在骆驼跪卧处修建了现今的珍珠寺。

历史上该寺有寺无僧，历来由贡巴寺代管，贡巴寺改宗格鲁派后，珍珠寺也成为格鲁派寺庙。因寺庙主供的释迦牟尼佛像加持力相当于拉萨大昭寺的释迦牟尼佛，被称为前藏第一寺，可见其地位非凡。据说信徒准备进西藏朝拜时，必须先来此寺朝拜，而后才能进藏朝拜。

珍珠寺规模虽小，但风格独特，光彩夺目。正殿屋脊以琉璃瓦覆盖，殿顶为镏金宝塔。殿内彩塑释迦牟尼、三世佛的巨型坐像和大门两侧的四大金刚皆是出自造诣高超的热贡艺术家之手。柱上、墙上的木石雕刻十分精美，体现了汉藏文化的融合。

每逢重大宗教节日，特别是农历三月十五日守斋节，安多、康巴、卫藏乃至印度的善男信女纷至沓来，朝拜场面十分隆重壮观。

山门外侧

山门内侧

正殿

海南藏族自治州

5 王屯龙王庙

Temple of Dragon King at Wangtun Village

文物级别	省级
开放方式	免费参观
地 址	贵德县河东乡王屯村
年 代	清
推荐指数	★★★★★

龙王庙始建于明代洪武十三年（1380年），后因失火被焚,清道光二十年(1840年)重建。原建筑由照壁、牌坊、山门、过厅、两廊、大殿、后寝宫等古建筑组成，规模较大。为硬山顶式砖木结构建筑。据传大殿内原挂有清乾隆皇帝赐的九龙大匾一块,上书"护国佑民"。1958年,除大殿外的建筑全部被拆除。1980年以来,由当地群众自发捐资达五万四千多元,先后修复了山门、影壁、旗杆、彩画、雕塑神像等,院内修建花园、栽植松柏花草,基本恢复了本来的面目。

现在的龙王庙占地约6667平方米,中轴线上建筑依次为影壁、山门、过厅、大殿。大殿面阔三间,进深四间,为硬山顶式砖木结构建筑。大殿前两侧有一对石狮,石座上刻有"民国三年（1914年）腊月二十六日立"字样。

庙内随处可见"风调雨顺""有求必应"的横幅,展现当地村民朴素的愿望以及他们对神明的信赖和期望。

山门

大殿

过厅

大殿檐下彩画

大殿前的石狮

6 关帝庙

Temple of Guan Yu

文物级别	省级
开放方式	免费参观
地 址	贵德县尕让乡亦什扎村西北角
年 代	清
推荐指数	★★★★★

关帝庙建于清乾隆初年，至今保存完好。

庙殿正面阔三间，进深 5 米，为硬山顶式建筑，殿顶为灰筒瓦。庙前有铜制香炉和砖砌香炉各一个。

庙殿

彩画

梁柱彩画以蓝黄颜色为主，因风化侵蚀而剥落。庙内诸墙都有壁画，壁画保存较好，有落款"道光二十六年（1846 年）五月"。

殿庙廊下挂匾纪念关帝庙重建，正中为"忠义师表"，侧旁匾上记"于一九八六年六月十九日承各位乡邻民族兄弟赞助和关心支持本村关圣帝之庙修复彩饰完结为表示众人心意以立此匾纪念"，书各个乡老民众姓名。

廊下

海南藏族自治州

438

7 尕让白马寺

White Horse Lamasery at Garang Township

文物级别	省级
开放方式	免费参观
地　　址	贵德县尕让乡大磨村西侧
年　　代	清
推荐指数	★★★★

白马寺藏语称"乔什典格大具喜吉祥兴旺州"，意为"佛塔寺"。清康熙四十八年（1709年），白马寺由郭密格西扎巴嘉措创建于加毛山下，为塔尔寺的属寺。清嘉庆年间由三世曲丹增嘉措将白马寺搬迁到大磨村以西，此后，四世罗桑楚臣山丹、五世罗桑楚臣嘉措均扩建过白马寺。1958年该寺大经堂院因做尕让粮站仓库及农机站使用，故保护完整，其他佛殿、僧舍均被占用。1978年后，先后将经堂、噶尔哇院和部分僧舍均归还给了寺院。1980年经海南州委批准开放，并逐年维修。

白马寺地处山区坡地，海拔高度2823米，周边环境幽静，前有河沟清泉，后有庄园林田。寺庙现存遗构以院落为单位，主要由大经堂院（显宗学院）、弥勒殿院、活佛府邸及周边僧舍院等十余处院落组成，总建筑面积约5000平方米，总占地面积120余亩。院落平面格局保存完好，坐北朝南，一进院落，四合院布局，中轴线由南向北有山门和大经堂，两侧为东、西围廊和东、西配房。

山门建筑主体为三层汉式歇山顶，平面呈"凸"字形，主体面阔、进深各一间。抱厦面阔三间、进深一间，由围廊二层设木质楼梯通达。

东、西围廊平面"L"形，面阔十一间，进深一间，共计22间，二层平屋顶"藏汉"结合式建筑。

大经堂位于白马寺建筑群中心部位，与东西配房坐于院内高2.4米的高台之上，是全寺僧侣集中诵经、听经和礼佛的大殿，也是白马寺显宗学院的经堂。大经堂坐北朝南，平面呈"凸"字形。前出五间前廊，

山门

大经堂

内院

面阔九间，进深八间，两层藏式平顶建筑，其中二层平面呈"回"字形布局，正中为底层大殿的天窗阁，四周为环状的内庭院和廊房，由西配房设楼梯经大经堂前檐拱券门上下通达。

东、西配房平面呈长方形，面阔三间，进深两椽，二层平屋顶建筑，由北次间设木楼梯通达上下，后檐墙辟藏式板门，为出入通道。

寺内存储丰富的文物，大经堂中供有两部《甘珠尔》和噶玛乳必多杰所塑胜乐金刚像等，护法殿中的吉祥天女造型精美。建筑结合了藏族建筑厚墙、平顶、深窗的建筑特征，以及汉族轻巧灵活的结构造型艺术，高低错落。站在寺庙中抬头可见远处青山蓝天白云，宁静悠远。

西配房

大经堂二层

8 尕让寺

Garang Lamasery

文物级别	省级
开放方式	免费参观
地　　址	贵德县尕让乡阿言麦村的扎毛河河源
年　　代	清
推荐指数	★★★★★

尕让寺亦称"古德尕让寺"，"尕让莲花解脱洲"，藏语称"古德尕让大密乐园法洲"，是座有700年历史的藏传佛教宁玛派寺院。

尕让寺最初是在霍日国大臣仙巴麦日泽闭关房基础上建起的三间小经堂，后因相德扎西多吉从伏藏取出持明吉祥狮子亲自加持的长寿金佛像，而重建成五间经堂。1853年，德格王国师久美格桑仁波切来到贵德，树立宁玛心髓派法幢，跟尕让千户家共建了七间大经堂。清末期千户会首拉洲，依五台山显通寺和拉萨桑耶寺造型，重建了大雄宝殿。从明末建成开始，尕让寺就一直作为青川藏三地白衣瑜伽士（密咒师）寺院中弘扬大圆满隆钦心髓的中心而拥有显赫的声名。

但到20世纪60年代，除大经堂外，其余建筑皆被毁。1985年，当地群众恢复了一部分，但因工程质

重建中的寺门

大经堂

量问题不能使用。自 1999 年开始在寺主的带领下对全寺重新规划、设计。2005 年，寺庙终于完工，圆满重建了大经堂、佛像、僧舍、膳房等。

大经堂是以密宗坛城样式设计的汉藏式建筑。一层诵经大殿为藏式平顶碉房式，二层四座单檐小殿为汉式围合庑母体式，三层为重檐歇山式，殿顶皆以琉璃瓦覆盖。一层大殿面阔九间，进深九间，殿内供奉莲花生大师，并专设度母殿和财神殿。

大经堂屋顶

9 罗汉堂寺

Luohantang Lamasery

文物级别	省级
开放方式	免费参观
地　　址	贵德县拉西瓦镇罗汉堂村上滩
年　　代	清
推荐指数	★★★★★

罗汉堂寺位于贵德县罗汉堂村上滩，距村东北不远，有一条像青龙盘绕向上的山脉，叫做加卜隆岗。山根有一块四方形地，叫做罗汉热囊（又叫罗汉格），在这地面上，第三十八代藏王赤松德赞时代（730—785 年），人们修建了"僧伽"，称为神堂，从此就把这个地区称之为罗汉堂，罗汉堂村也由此而来。

952 年后，由于内部不和，加上盗贼为害，神堂被毁。后来，该堂的僧人和村民们用神堂内的身、语、意（格、松、头）等圣物在神堂原址上修建了一座宝塔，宝塔基部宽 6 米，高约 8 米。1828 年至 1850 年创建了现在的罗汉堂寺，属宁玛派。1867 年至 1877 年，该寺经堂扩建为 5 间。之后康·桑杰多杰和当加三世登邓多杰等在这经堂内举行大规模诵经和佛事活动，这里成为该地区传承旧译咒的宁玛派密乘寺院。1955 年，在康·豆香、古朗那措让着、多哇却吉项秀、右朗嘉赛、康·格钦、当加、坚官等活佛的指教下，该寺宗教人员和信教群众把经堂扩建成七间二层。1958 年，罗汉堂原先神堂遗址上修建的宝塔遭到破坏，塔内的许多佛像和大量的三藏经籍，包括用金银粉汁写造的《甘珠尔》和《丹珠尔》大藏经等都付之一炬。

现存寺院呈四合院平面布局，中轴线自南向北依

山门

次为山门和大经堂。山门主体为汉式三层歇山顶，梁上彩画褪色剥落但不掩风采。大经殿坐北朝南，一、二层为藏式平顶建筑，三层歇山顶，上有镏金宝顶。经殿左右佛龛各一，北、东、西均有转经筒环绕大殿。殿西侧有白塔一座，金顶在阳光下闪耀。院落两侧矮墙围合，左右配房各一，其中西配房一层为藏式平顶建筑，二层汉式歇山顶，东配房拆除只剩一层框架。

大经堂

白塔

西配房

共和县

10 新寺

New Lamasery

文物级别	省级
开放方式	免费参观
地　　址	共和县恰卡恰镇下梅村
年　　代	清
推荐指数	★★★★★

新寺，藏语称"贡巴索麻"，全称为"恰卜恰新吉祥大乘洲"，因镇西原有明代新禅寺而得名。该寺始建于1902年（一说1894年），属格鲁派寺院，为共和县三大寺院之一。

寺院坐北朝南，为四合院平面布局，院落三面环廊合抱中央院落，大经堂与两侧配殿位于院子北部的平台上，高出地面1.5米左右。大经堂为二层藏式平顶建筑，两侧二层歇山顶建筑对称分布。环廊内的廊柱彩画精美，墙上或书写经文或绘壁画，但墙面剥落

环廊

大经堂与两侧配殿

442

念释迦牟尼的"毛兰"（藏语，意为祈愿会）和十月二十五日纪念宗喀巴的"安桥"（藏语，意为宗喀巴圆寂纪念日）。新寺每年念大经 91 天，每年六月"牙尼"法会上，要举行跳神和晒佛等宗教活动，期间信徒纷纷前往顶礼膜拜，十分虔诚。

11 千卜录寺

Qianbulu Lamasery

文物级别	省级
开放方式	免费参观
地　　址	共和县廿地乡东8公里曲什纳村
年　　代	清
推荐指数	★★★★★

　　千卜录寺，藏语称"千卜录吉祥兴善洲"，为共和县最大的格鲁派寺院。

　　该寺源于尖扎千卜录参康。早年，在今尖扎县元日沙毛那合地方的千卜录村有座小参康，内有两位"参巴"（闭关静修僧人），后来该参康迁至今贵南县茫拉乡塔诺村。清嘉庆十八年（1813 年），甘南拉卜楞寺第三世嘉木样活佛从西藏返回安多，途经该地，指使建寺。同年，年知合嘉措（即后来的寺主赤哇活佛）得"加斯合"佛位，遂建成千卜录拉康。道光初年（1821

年），千卜录族从黄河以南迁徙于环青海湖地区，在柯柯吾来亥（即今曲什纳村）地方建一座帐房寺院，以后逐渐修建起土房，即现在的千卜录寺。1958 年后寺院关闭。1981 年 10 月经海南州委批准重新开放，恢复了正常的宗教活动。

　　寺院平面为"回"字形四合院布局，以方形广场为中心环绕正殿、侧殿。寺院大门为二层歇山顶，饰以镏金宝顶，体现汉族特色，门前一对石狮子守卫左

正殿

寺门和围墙

广场周边建筑全景

右。进门则是宽广的广场，正对大门的就是正殿，正殿位于八层台阶之上的平台上，主体建筑三层，一、二层为典型的藏式平顶建筑，红墙深窗，三层为汉式歇山顶，饰以金色脊兽和宝顶，分外绚丽。正殿左右有配殿各一座：西配殿为二层藏式平顶建筑；东配殿为二层歇山顶，门前圆形水池中间有神像一座，位于主殿平台之下，与主殿以石栏杆分隔开来，中间设一台阶通往主殿内部。

广场西侧另有一配殿，与主殿同处于水平平台之上，为二层藏式平顶建筑。广场西南侧为转经廊，廊子绕过西侧配殿向北，将北侧主殿和配殿连接在一起，每日清晨，喇嘛和信众们一起，沿着这条长长的廊子，默念经文，转动经筒，以求脱离轮回之苦。

兴海县

12 赛宗寺

Saizong Lamasery

文物级别	国家级
开放方式	免费参观
地　　址	兴海县西偏南桑当乡西18公里的赛宗山下
年　　代	清、民国
推荐指数	★★★★★

赛宗寺藏语全称"智革贝宗托桑云丹达吉林"，意为"白岩猴寨闻思功德兴隆洲"。它与海东市平安区的夏宗、乐都区的杨宗、黄南洲尖扎县的阿琼南宗并称为"安多四宗"。位于兴海县中部的赛宗山下。赛宗山为安多藏区佛教四大名山之一，山势峻美，远远望去，酷似一头饮水巨象，象鼻下垂于寺前切莫沟中。传说宁玛派祖师莲花生大师、格鲁派创始人宗喀巴以及隆务寺高僧一世夏日仓噶丹嘉措等都先后在此活动，留有遗迹。至今有"吉祥坡""如意奶牛蹄印""莲花生大师修行洞""宗喀巴大师法座""练经洞"等充满神秘色彩的名胜古迹。

由于赛宗山盛名遐迩，历史上各地信徒常来此朝山。据传，约在清末，果洛纳哇活佛来此，曾在赛宗山下建参康一座。20世纪20年代，纳哇活佛去世，该参康遂成遗迹。1923年同仁隆务寺的三世阿饶仓大师洛桑隆朵丹贝坚赞为实现其前世遗愿，亲自来赛宗山，创建赛宗寺。初建了阿绕仓囊谦和18户僧舍。1927年建成小经堂和文殊殿，1951年至1954年，建成百柱大经堂、弥勒殿和护法殿，其大经堂可与西藏甘丹寺大经堂媲美。该寺佛像、佛经、佛塔等极为丰富，与格鲁派六大寺齐名。

1958年后关闭，1962年一度开放，"文革"中再次封闭。1981年5月10日重新开放，先后重建了

① 大经堂
② 小经堂
③ 僧舍
④ 转经轮

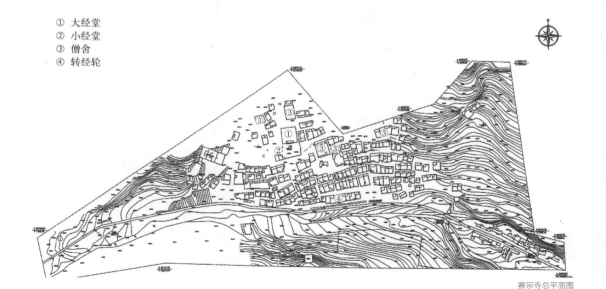

赛宗寺总平面图

小经堂，弥勒佛殿、阿饶仓大师佛堂、菩提塔、八大灵塔、百柱大经堂等，重新修整了辩经院，修建囊谦5座，僧舍200多院。在新建的百柱大经堂内，供有阿绕仓大师、兜率天众、十六尊者等巨型塑像和千佛铜像以及全套《大藏经》《宗喀巴师徒全集》等许多经典，另有无数曼遮、象牙、托钵、净水杯、银灯、铜灯等贵重法器。

寺以山而得名，山以寺而壮美，赛宗寺与赛宗山完美融合在了一起，每年都有大量青、甘、川、藏四地信众前来转山。转山是藏族人民神圣的宗教习俗，在山神的本命年转山，相当于给它贺寿添福，功德将以倍数增长。安多地区的藏族人民在藏历马年转果洛州的阿尼玛卿雪山，羊年转青海湖，猴年则会来到赛宗山。因为传说赛宗山山神为猴头人身、神通广大的地方保护神，所以每逢藏历猴年，前来赛宗山朝拜的信徒络绎不绝，一路磕头长跪，甚为虔诚。

赛宗寺全景

海南藏族自治州其他主要文物保护单位列表

名 称	级 别	类 别	时 期	地 址
红山嘴遗址	省级	古遗址	旧石器时代	共和县铁盖乡合乐寺村四社西南
西台遗址	省级	古遗址	新石器时代、青铜时代	共和县恰卜恰镇西香卡村南约800米
龙哇切吉滩遗址	省级	古遗址	青铜时代	共和县恰卜恰镇吉东村北约300米
马汉台西坎沿遗址	省级	古遗址	青铜时代	共和县铁盖村北
朱乃亥台遗址	省级	古遗址	青铜时代	共和县沙珠玉乡下卡力岗村二社西约400米
群科加拉西遗址	省级	古遗址	青铜时代	共和县倒淌河乡群科加拉西约50米
伏俟城	国家级	古遗址	南北朝、隋	共和县石乃亥乡铁卜加村东南600米
曲沟古城	省级	古遗址	南北朝、唐	共和县曲沟乡前菊花村东500米
正东巴古城	省级	古遗址		共和县东巴乡东巴村内
黑古城	省级	古遗址	唐	共和县倒淌河镇蒙古村东南约100米
应龙城	省级	古遗址	唐	共和县青海湖中海心山上
白城子	省级	古遗址	清	共和县倒淌河镇黄科一社东约80米

名　称	级　别	类　别	时　期	地　址
下西台墓群	省级	古墓群	青铜时代	共和县恰卜恰镇下西台村北
沙索麻木群	省级	古墓群	汉	共和县东巴乡沙索麻村
当家寺	省级	古建筑	清代始建 1983 年后复建	共和县龙羊峡镇瓦里关村
湖李木沟岩画	省级	石刻	唐	共和县黑马河乡然去乎村
切吉岩画	省级	石刻	唐	共和县切吉乡东科村
唐尔亥来遗址	省级	古遗址	新石器时代	贵德县河西镇吾路口村东
下排遗址	省级	古遗址	新石器时代	贵德县河西镇下排村西 1 千米
尕义香更遗址	省级	古遗址	新石器时代	贵德县罗汉堂乡尼那四社村南
南海殿遗址	省级	古遗址	青铜时代	贵德县河阴镇西家嘴村一社村南
崖头沿遗址	省级	古遗址	青铜时代	贵德县河东乡罗家四社南 100 米
寺台地遗址	省级	古遗址	青铜时代	贵德县河西镇吾路口村五社村北
拉德六社遗址	省级	古遗址	青铜时代	贵德县常牧镇拉德村六社
藏盖古城	省级	古遗址	宋、明	贵德县新街乡藏盖村二社
尕让古城	省级	古遗址	宋	贵德县尕让乡查曲昂村尕让粮站西 150 米
贵德故城	省级	古遗址	元、清	贵德县城内
瓦家古城	省级	古遗址	明	贵德县河西镇瓦家村内
却毛寺	省级	古建筑	明代初建，1980 年后复建	贵德县河西镇本科村
哇龙山墓群	省级	古墓群	青铜时代	贵德县河阴镇邓家村东南
尕什再来墓群	省级	古墓群	青铜时代	贵德县东沟乡上兰角村二社东
干果羊下庄墓群	省级	古墓群	青铜时代、南北朝	贵德县常牧乡干果羊村二社西
上卡庙沟墓群	省级	古墓群	唐	贵德县新街乡上卡庙村二社南
兔儿滩遗址	省级	古遗址	新石器时代	同德县巴沟乡团结村南 200 米
斗后宗古城	省级	古遗址		同德县尕巴松多镇东约 10 千米
石藏寺	国家级	古建筑	清	同德县河北乡东 10 公里的石麻地方
赛拉亥寺	省级	古建筑	明	同德县唐谷镇赛拉亥村
羊曲遗址	省级	古遗址	新石器时代、青铜时代	兴海县河卡镇羊曲村东南
南坎沿遗址	省级	古遗址	新石器时代、青铜时代	兴海县河卡镇羊曲村东南
狼舌头遗址	省级	古遗址	新石器时代、青铜时代	兴海县曲什安镇大米滩村西滩北
支东加拉城址	省级	古遗址	汉	兴海县河卡镇宁曲村塘格木农场九队北约 1.5 千米
龙曲城址	省级	古遗址	宋	兴海县唐乃亥乡沙那村龙曲一社东约 1 千米
切吉城址	省级	古遗址	唐	兴海县河卡镇红旗村西南约 1 千米
夏塘遗址	省级	古遗址	隋、唐	兴海县唐乃亥乡夏塘村东 3 千米
香让沟墓群	省级	古墓群	新石器时代	兴海县河卡镇羊曲村南
羌隆沟墓群	省级	古墓群	青铜时代	兴海县温泉镇东南约 1 千米
也龙寺	省级	古建筑	清	兴海县河卡镇
阿曲乎寺	县级	古建筑		兴海县河卡镇羊曲村南
穆格滩遗址	省级	古遗址	青铜时代	贵南县茫拉乡上洛哇村东北穆格滩南坎沿
塔格尕当遗址	省级	古遗址	青铜时代	贵南县茫拉乡格达麻村南
关塘墓群	省级	古墓群	青铜时代	贵南县沙沟乡关塘村北
鲁仓寺	省级	古建筑	清	贵南县县城

6
黄南藏族自治州
HUANGNAN

黄南藏族自治州古建筑分布图

Historical Architectural Map of Huangnan Tibetan Autonomous Prefecture

① 隆务寺
② 年都乎寺
③ 吾屯上、下寺
④ 郭麻日寺
⑤ 保安古屯田寨堡群
⑥ 西关寺
⑦ 瓜什则寺
⑧ 阿琼南宗寺
⑨ 康杨清真寺
⑩ 智合寺及其石窟
⑪ 古日寺
⑫ 德干寺
⑬ 昂拉千户院
⑭ 昂拉赛康寺
⑮ 和日寺石经墙

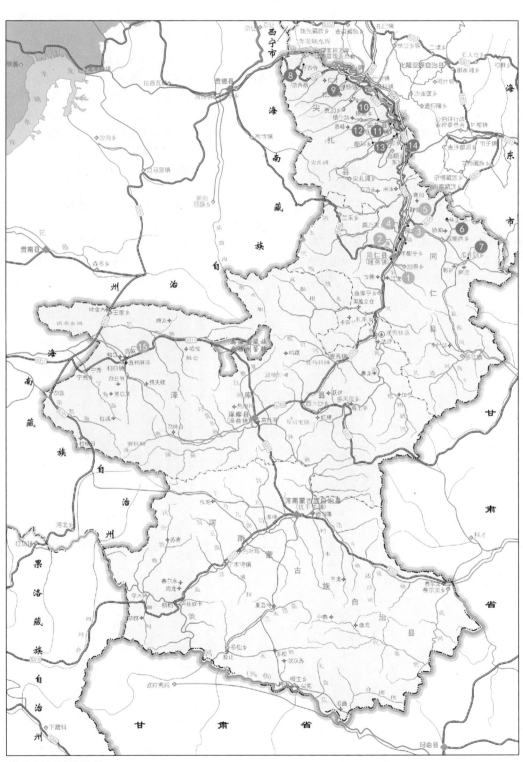

概 述

黄南藏族自治州位于青海省东南部，地处九曲黄河第一弯，下辖同仁县、尖扎县、泽库县、河南蒙古族自治县。境内地势南高北低，南部泽库、河南两县属于青南牧区，海拔在 3500 米以上，气候高寒，是畜牧业的主要基地；北部为尖扎、同仁两县，海拔在 1900 ~ 4118 米。

黄南地区的古建筑主要集中于海拔较低的同仁县与尖扎县两县，在热贡艺术以及汉藏文化的共同影响下，黄南地区的藏传佛教建筑显示出不同于藏地建筑的独特风情。

同仁县的古建筑可以沿着以下两条脉络了解：

其一，以隆务寺为首的藏传佛寺。隆务寺为青南地区最著名的藏传佛教大寺，年乎都寺、吾屯上寺、吾屯下寺、郭麻日寺与瓜什则寺等寺庙均为其属寺。以上寺庙组成了同仁县最为重要的一组寺庙群。

其二，由保安古城、郭麻日城堡、吾屯城堡和年都乎城堡组成的保安古屯田寨堡，记录了自明代以来边境屯兵的历史，被称为边陲屯兵史上的活化石。

尖扎县古建筑的分布和类型则更广一些，既有藏传佛教寺院，也有伊斯兰教清真寺，还有藏族贵族的庄园。

另外，本章还会介绍一种特殊的雕刻石群——泽库县的和日寺石经墙。

本章共计介绍全国重点文物保护单位 6 处、省级文物保护单位 9 处，并对其他 26 处文物古迹进行了列表说明。

同仁市

1 隆务寺

Rongwo Lamasery

文物级别	国家级
开放方式	购票参观
地 址	同仁市隆务镇老城区
年 代	清
推荐指数	★★★★★

隆务寺位于同仁市隆务老街上。经过上百年的历史变迁和各民族之间的文化交融，这里形成了藏传佛教隆务寺、汉传佛教圆通寺、道教二郎庙、伊斯兰教清真寺、基督教福音堂遗址汇聚在一条古街上的世界罕见人文景观。而隆务寺正是其中最令人瞩目的寺院。

隆务寺藏语全称"隆务德钦曲科林"，意为"隆务大乐法轮洲"，即"农业区"。隆务寺面隆务河而建，坐落在隆务镇西山麓下，占地约380亩。年乎都寺、郭麻日寺、吾屯上寺、吾屯下寺与瓜什则寺等寺庙均

为其属寺。隆务寺为青南地区最为著名的藏传佛教大寺，在青海全境内仅次于塔尔寺。

早在唐宋时期，同仁县便有宁玛派僧人传布藏传佛教。元代同仁县隶属河州，即今甘肃临夏，河州都元帅府曾于隆务河河畔建设萨迦派寺庙。此后，拉杰扎那哇于同仁县弘扬藏传佛教，其孙三旦仁钦最终创建了萨迦隆务寺。明代中叶，藏传佛教格鲁派兴起，隆务寺改宗格鲁派，寺院逐渐兴盛，深受皇室青睐，天启五年（1625年）明熹宗赐"西域胜境"匾额，悬于经堂门首。清乾隆三十二年（1767年），三世夏日仓活佛被清王朝册封为"隆务呼图克图宏修妙悟国师"，成为隆务寺寺主，并对同仁地区实施区域性政教合一的统治。

隆务寺的建筑与甘青地区藏传佛寺一脉相承。并且，在建筑选址、总体布局、建筑形式等遵循藏地寺院规制的基础上，隆务寺的选址更为典型，建筑更为宏伟，装饰更加讲究。

在寺院选址上，由于藏传佛教佛祖诞生于西方，

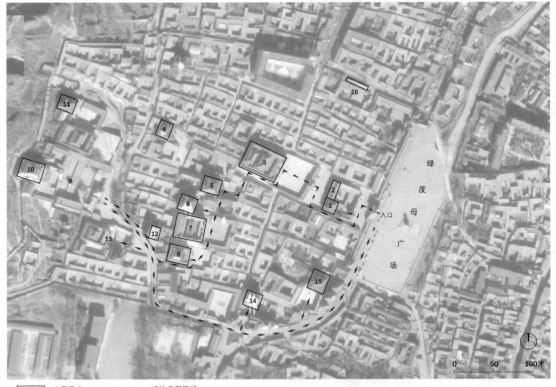

主要景点 ▬▬▶ 建议参拜路线

1 马头明王殿　3 大经堂　　　5 文殊千佛殿　7 闻思学院辩经院　9 夏日仓行宫　　11 宗喀殿　　13 时轮学院　15 弥勒殿
2 班禅行宫　　4 普照文殊殿　6 千佛释迦牟尼殿　8 夏日仓灵塔殿　10 释迦牟尼殿　12 吉祥天母殿　14 绿度母殿　16 八宝塔

隆务寺总平面示意图

黄南藏族自治州

隆务寺倚靠形如白象的西山而建，面向如溶化的酥油般饱满的隆务河。隆务寺四周群山迭起、峰峦拱伏，将平坦的隆务寺团团捧住，如同盛开莲花之蕊。

在总体布局上，隆务寺以夏日仓行宫释迦牟尼殿为中心环绕展开，随地就势。其中夏日仓行宫释迦牟尼殿以重檐歇山为顶、红墙作衬，依山势占据了寺院的最高点，成为隆务寺最为宏伟的核心，而大经堂、护法殿、文殊千佛殿、弥勒殿等其他重要建筑则随地就势环绕分布。隆务寺内有横贯东西以及南北的两条主干道，将寺院和主要殿堂组织起来。僧舍小院簇拥着大活佛的囊谦院，千门万户，别有情趣。

在建筑形式上，隆务寺具有汉藏合并的特点。如寺院最为重要的隆务寺大经堂，体量很大，底层呈长方形，由门廊、诵经大厅以及后佛殿组成。二层中间拔起天井殿，三面围以回廊，后上方起后佛殿顶。为了提供诵经大厅以及后佛殿采光，天井殿顶以及后佛殿顶采用汉式歇山或硬山。其余屋顶皆为藏式平顶。墙体为版筑土墙，收分明显，并配有藏式檐窗。门廊及诵经大厅柱梁结构均为藏式托木结构，雕刻优美，描金绘彩。168根柱子横竖成行排列在大经堂底物，为典型的藏式手法。而二层回廊则为汉式手法，单坡平顶，作为客房僧舍。门廊二层楼设小佛堂，作为日常奉佛的地方。大经堂天井殿堂的法器，增添了宗教的神圣庄严的气氛，装点了建筑轮廓的美感。

另有文殊千佛殿和活佛灵塔殿，外形与大经堂类似，中间歇山顶高出外墙，墙体做法也与经堂相同，藏汉合璧，十分紧凑。而弥勒佛殿则采用了汉式建筑结构，三重檐歇山顶大殿，面阔五间，进深六间，梁柱结构为甘青本地做法。其他僧舍小院多为甘青地区

夏日仓行宫释迦牟尼殿

大经堂

大经堂山门

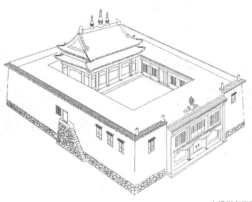
大经堂鸟瞰图

的小式建筑，木构平顶，夯土院墙，是僧侣们生活起居与日常休息的地方。

除了宏伟的建筑和大量涌现的高僧、佛学经典之外，隆务寺及其属寺更以其"热贡"艺术名扬藏区、饮誉中外。同仁一带在藏语中称为"热贡"，意为"充满希望的金色谷底"。数百年来，这里有大批艺人从事民间佛教绘塑艺术，主要包括唐卡、堆绣、雕塑、建筑彩画、图案、酥油花等多种艺术形式，使得热贡艺术成为我国藏传佛教艺术的重要流派。他们的作品造型准确生动，工笔精细绝美，色彩艳亮，富于装饰性，是我国文化宝库中难得的瑰宝。

隆务寺的建筑、佛像雕塑以及寺院建筑彩画均受到热贡艺术的极大影响。对于早已周览藏地名胜的探访者来说，隆务寺中藏汉建筑技艺的完美结合和绚丽多彩的热贡艺术也充满了诱惑力。

文殊千佛殿

夏日仓灵塔殿

弥勒殿弥勒像

弥勒殿

大经堂的热贡艺术彩绘

黄南藏族自治州

2 年都乎寺

Nianduhu Lamasery

文物级别	国家级（隆务寺附属）
开放方式	购票参观
地　址	同仁市年都乎乡政府所在地北山脚下
年　代	明—清
推荐指数	★ ★ ★ ★ ★

　　年都乎寺在藏语中称"年都乎噶尔扎西达吉林"，意为"年都乎吉祥兴旺洲"。据《安多政教史》记载，年都乎寺由丹智钦初建，三世夏日仓根敦赤列（1740—1794年）时期成为隆务寺属寺。它与同为隆务寺属寺的吾屯寺、郭麻日寺、卧科寺并称"隆务四寨子寺"，这几座寺所在的村庄与明代洪武年间的屯兵有关，在"保安古屯田寨堡群"条目下会详细介绍。

　　年乎都寺现存主要建筑有大经堂、弥勒殿、护法殿、咒经院和毛兰吉昂殿、度母殿。

　　相比于年都乎寺建筑本身，年都乎寺壁画更为盛名。年都乎寺清代壁画现存于毛兰吉昂殿和弥勒殿中。据考证，毛兰吉昂殿壁画的作者是17世纪末至18世纪中叶的著名画师噶日班智达罗藏希饶，壁画应该在1732年该殿建成之际绘制。弥勒殿壁画主要由维唐华丹、才让端智师徒所绘，年代在18世纪中叶。其中，毛兰吉昂殿内的八幅壁画是现存热贡艺术中最早且最具代表性的优秀作品。壁画内容为本生传、宗喀巴传、怖威金刚、具誓善金刚等、燃灯佛。弥勒殿的壁画《十六罗汉传》（3.80米×40.05米）是热贡地区现存最大的壁画作品，整个画面占据殿堂的左、中、右三面墙壁，可谓鸿篇巨制。

年都乎寺经堂

年都乎寺弥勒殿

鸟瞰年都乎寺

作为隆务寺的属寺，年都乎寺的规模并不宏大。但是，来到坐落在山脚下静谧的年都乎寺欣赏热贡艺术的精妙绝伦也是不错的选择。

弥勒殿壁画 1

弥勒殿壁画 2

3 吾屯上、下寺

Upper/Lower Wutun Lamasery

文物级别	国家级（隆务寺附属）
开放方式	购票参观
地　址	同仁市隆务镇东北部5公里处吾屯上、下庄
年　代	清
推荐指数	★★★★★

吾屯寺坐落在隆务河东岸的吾屯村，"吾屯"在藏语中意为"狮子滩"。吾屯村分上庄和下庄。明天启年间，在吾屯下庄建一宁玛派小寺院，后人称为"玛贡娘哇"，意为"古老的母寺"。明崇祯年间，隆务寺一世夏日仓噶丹嘉措的经师东科多居嘉措扩建"玛贡娘哇"，并改为格鲁派寺院。后一世夏日仓噶丹嘉措弟子智格日俄仁巴在今吾屯村下部塌山处建投毛寺，成为吾屯上、下两庄群众所供奉的寺院，后因寺址滑坡，

吾屯上寺释迦殿和弥勒殿

吾屯上寺经堂

吾屯上寺时轮金刚塔

投毛寺与"玛贡娘哇"合并，称吾屯上、下寺。

吾屯上寺现有建筑包括大经堂、宗喀巴殿、释迦殿、弥勒殿、时轮金刚塔等。寺殿内珍藏有释尊头发、法贤佛牙、宗喀巴大师灵骨以及《甘珠尔》经卷等珍贵文物。

吾屯上寺北面约600米处就是吾屯下寺。现有建筑包括大经堂、弥勒殿、观音殿、宗喀殿、阿尼陀佛殿、时轮解脱塔等，建筑占地约80亩。寺中重要文物有清朝檀香木雕弥勒佛像。

吾屯村还是热贡艺术的发祥地，是闻名遐迩的"藏画之乡"。在吾屯村随便推开一户人家的大门，都会看到正在专心作画的热贡艺人，在这里几乎"家家有画室，人人是画师"。布达拉宫、大昭寺、塔尔寺等著名寺院需要唐卡时都会到吾屯村定做。村中还有热贡画院，可免费参观热贡艺术展览，系统了解热贡艺术。

吾屯下寺大经堂

吾屯下寺阿尼陀佛殿

吾屯下寺时轮解脱塔

吾屯下寺寺藏木雕佛像

4 郭麻日寺

Guomari Lamasery

文物级别	国家级（隆务寺附属）
开放方式	购票参观
地　址	同仁市隆务镇北6公里处郭麻日村
年　代	清
推荐指数	★★★★★

郭麻日寺位于隆务河西岸的郭麻日村。郭麻日村是中国历史文化名村，建于明初，其古村堡是同仁地区年代最早乃至国内保留最为完整的古堡。

郭麻日寺藏语称"郭麻日噶尔噶丹彭措林"，意为"郭麻日具喜圆满洲"。始建于明万历年间的1391年，建寺初为宁玛派，叶什姜活佛于该寺建3层楼式弥勒殿1座，首创正月祈愿法会，成为该寺依怙。1651年由一世夏日仓活佛扩建、迁移到现址并改宗为格鲁派，属隆务寺附属寺院。

现有建筑包括大经堂、弥勒殿、坛城殿、时轮金刚塔等。其中最出名的是时轮金刚塔，为安多藏区最大的佛塔。1994年由该寺住持主持设计，高五层，其基座是一圈转经长廊。此塔仿造古印度波罗奈城鹿野苑释迦牟尼初转法轮所在地佛塔的造型，历时5年建成，高33米，塔基周长33米，占地面积约1156平方米，下面基座成佛寺的门廊形式，层叠而上，塔心中以十世班禅的袈裟等衣物及生活用具装藏。可沿塔内的盘旋式阶梯逐层登高，沿塔的外壁上塑有菩萨、观世音和35座般若佛像。

郭麻日寺以木雕艺术最有名，木刻佛像、木刻经板以及经堂、佛殿的建筑装饰雕刻等，在众多寺院中独占鳌头，形成刀法娴熟、雕工精细、镂画巧妙的艺术风格。

弥勒殿

郭麻日古村堡鸟瞰

时轮金刚塔

大经堂

坛城殿中所供坛城

黄南藏族自治州

5 保安古屯田寨堡群

Military-farmland fortresses at Bao'an

文物级别	国家级
开放方式	免费参观
地 址	同仁市隆务镇北面的年都乎乡至保安镇的隆务河台地上
年 代	清
推荐指数	★ ★ ★ ★ ★

保安古屯田寨堡群包括保安古城、郭麻日城堡、吾屯城堡和年都乎城堡，位于隆务镇以北 8 公里的隆务河中游东西两岸台地上。

明朝初年，朱元璋为巩固政权、扩大疆域，在青海设立卫所，于归德（即今海南州贵德县）辖区设王、

刘、周、康、杨、李、脱、季、李、吴共十屯，其中有四屯位于保安附近，分别是：脱屯（今保安镇）、李屯（今郭麻日村）、吴屯（今吾屯上庄、吾屯下庄）、季屯（今年乎都乡）。四个寨堡自北向南分布在隆务河两岸，成为"保安四屯"。清代雍正后增设营制，

保安古城鸟瞰

保安古城复原图

保安四屯的分布图

都司衙门西式大门

增设都司衙门，在堡内修建兵营、兵房及马房，形成甘青地区历史上重要的口外重镇和军事阵地，成为中央政府在隆务河流域控制各部落的一个政治、军事和文化中心。每个寨堡中都有一座中心寺庙，即前文提到过的"隆务四寨子寺"。其中，卧科寺初建时位于保安城内，清代因筑城而移建于下庄村的背侧山坡下。

四座寨堡中以保安古城遗存较好。

保安古城坐落于隆务河东岸的保安镇城内村。由

于气候温和，土地肥沃，历来为兵家必争之地，自西汉以来历朝历代均驻兵屯田于此。根据年都乎寺内大明石碑记载，明万历年间，神宗下令扩建城堡，屯首王廷仪组织修建保安城，其名为"保一方安宁"之意，一度成为黄南地区政治经济中心。

保安古城呈长方形，东西316米，南北190米，设南北两门。城墙由黄土夯筑，高八米，墙基宽5米。北城墙中部修有马面一座，高8米，长12米，宽9米。

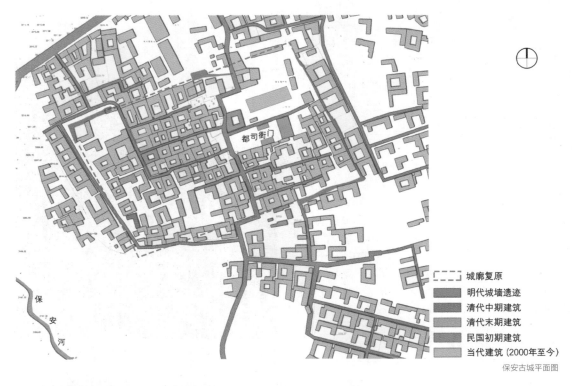

都司衙门

- [ ] 城廓复原
- 明代城墙遗迹
- 清代中期建筑
- 清代末期建筑
- 民国初期建筑
- 当代建筑（2000年至今）

保安古城平面图

都司衙门内院

黄南藏族自治州

城四角修有角楼，城内残存都司衙门、明清兵营、关帝庙、古民居等古老建筑，城外还有烽火台等遗存，共40余处历史遗迹。

在保安古城的众多古建筑中，都司衙门最为著名。都司衙门坐落于城内村中央，始建于自雍正年间，是清朝主管军事官员的办公场所。1929年曾作为同仁县县政府。1937年改设为"同仁县保安镇中心国民学校"，修建水磨砖西式校门，该校门在新中国成立前在同仁县属一流建筑。现存都司衙门由西式大门、正殿和东西廊房围合而成，是一座典型的中国北方四合院结构的院落。

6 西关寺

Mosque on Xiguan Street

文物级别	省级
开放方式	免费参观
地　　址	同仁市双朋西乡北约7.2公里还主村
年　　代	清
推荐指数	★★★★★

西关寺亦称"晶寺"，得名于寺院所在山上多晶体石头，藏语称"西关德钦却吉颇章"（西关寺大乐法殿）或"扎西宗"（吉祥寨）。

该寺约建于清初。据《安多政教史》记载，由一世夏日仓噶丹嘉措的上首弟子曲玛贡钦·罗桑嘉措倡建，初建有普见佛堂。曲玛贡钦为同仁县县曲玛村人，以修行得道著称，获得转世资格，其二世罗桑丹增，亦曲玛村人，曾修建该寺大经堂。西关寺为隆务寺早期的十八属寺之一，在同仁县境内较有影响，寺后山上有岩洞一处，谓之"仙人洞"，传说深达数十里，亦有传言可直通甘肃夏河县甘加地方者。

大经堂

山路

1958 年前，西关寺有经堂、弥勒殿、护法殿等殿堂 5 座约 400 间，襄谦 2 院 80 间，僧舍 30 院 400 间，总建筑面积约 150 亩。寺院于 1958 年被拆毁，1980 年恢复宗教活动，陆续开始重建工作。

沿盘旋的山路而上，到达西关寺所处的半山腰位置，可见现有的西关寺大经堂为四层歇山顶建筑，附属建筑、颓坏残垣以大经堂为基准沿半山腰展开。其中包括一保存较好、年代较远的歇山顶一层建筑。由西关寺所处半山腰远眺，蓝天、白云、远山、曲路尽收眼底。

附属建筑

7 瓜什则寺

Gartse Monasery

文物级别	省级
开放方式	免费参观
地　址	同仁市东约24公里瓜什则乡
年　代	清
推荐指数	★★★★★

瓜什则寺亦称"玉隆贝吉贡"，意为"玉沟吉祥寺"。该寺为隆务寺所属格鲁派寺院，系原瓜什则八部落的帐房寺，传由雍仲坚赞活佛初建。

瓜什则部落早期驻牧今同仁瓜什则乡一带，《安多政教史》载，其头人瓜什则敦丹巴曲邓生有三子，该部落逐分为三支，其中瓜什则特一支即今曲库乎瓜什则和泽库瓜什则部落先民。瓜什则寺为该寺部落寺院。

该寺曾于 20 世纪 30 年代后期被焚毁，1945 年修复，1958 年前有经堂、弥勒殿、护法殿各 1 座，襄谦 2 院 80 间，僧舍 13 院 195 间。

瓜什则寺依山而建。沿着一条两侧由土墙包围的小径向上行走，便能望见瓜什则寺的全貌。最为瞩目的便是三重檐歇山顶的大经堂及其周围的建筑群。在瓜什则寺周围有很多遭到一定破坏的土石砌筑的庭院。自瓜什则寺或周围的废旧庭院的石阶上向远处眺望，山下的村落生活以及远处的青葱景色尽收眼底。

寺院远眺

大经堂

黄南藏族自治州

尖扎县

8 阿琼南宗寺

Aqiaong Nanzong Lamasery

文物级别	省级
开放方式	购票参观
地　　址	尖扎县坎布拉镇南宗沟内5公里处的南宗峰上
年　　代	清
推荐指数	★★★★★

　　阿琼南宗寺亦称"安穷南宗寺""安俊寺""南尊寺"等，藏语称"南宗桑俄合丹吉林"，意为"南宗密咒教法兴旺洲"，位于坎布拉国家森林公园丹霞地貌中心地带，在南宗沟里边5公里处的南宗峰上，是一座藏传佛教宁玛派寺院。阿琼南宗在藏语中意为"阿字形天堑"，因阿琼南宗寺所在的峰北有似藏文字母"ཨ"（阿）字形石山，如插云端，故名。

　　历史上，阿琼南宗寺与海东夏宗、普拉杨宗以及海南的智革尔贝宗（及赛宗寺）统称为安多四宗。安多四宗为安多藏区历史上藏传佛教僧侣避居山林，修持的静修地。

　　9世纪中叶，吐蕃赞普朗达玛禁佛，西藏曲卧山僧人藏·饶赛、尤·格琼、玛尔·释迦牟尼三人驮律藏经卷，辗转新疆等地，最后逃至青海，一度在阿琼南宗居住、修行。因此，阿琼南宗亦成为佛教圣地，是信徒们朝拜的圣山之一。清康熙年间，尖扎地区的宁玛派活佛班玛仁增在山峰上主持修建了阿琼南宗寺。由于地处偏僻、交通不便，阿琼南宗寺虽历史久远，却规模不大。据民国康敷镕所纂《青海记》记载，民国初期有寺僧5人。20世纪50年代时，建有经堂、佛堂、囊谦各1座，僧舍47间。

　　阿琼南宗寺位于南宗峰顶。南宗峰巍峨高峻，壮美非常，峰北有唯一一条能够通达顶峰的石阶山径。这条山径有的地方几乎是在悬崖上直上直下，行走其上，惊心动魄。沿着石径登上顶峰，便可见阿琼南宗寺。

从阿琼南宗寺往山下眺望

阿琼南宗寺近景

南宗尼姑寺全景

阿琼南宗寺远景

此寺由五所小石窟组成的，有的是自然形成，有的则为开凿而成。依傍古刹，在南宗峰顶远眺，坎布拉国家森林公园壮丽的景色一览无余。

如今的阿琼南宗寺的概念有所扩大，是三座寺庙的合称。除了南宗峰上的阿琼南宗寺外，还有南宗尼姑寺和南宗扎寺。南宗尼姑寺，又称三丹琼培林，位于阿琼南宗寺北、南宗峰下，传说是由宁玛派世袭活佛古浪仓于元代创建的，以历史悠久、尼姑众闻名。南宗扎寺，亦称"色扎寺"，位于坎布拉乡西面，是一座藏传佛教密宗寺庙。

9 康杨清真寺

Kangyang Mosque

文物级别	省级
开放方式	免费参观
地 址	尖扎县康杨镇沙力木村
年 代	清
推荐指数	★★★★★

康杨清真寺始建于明永乐十六年（1418年），是青海历史最悠久的清真寺。现寺中主要建筑包括礼拜大殿、唤醒楼、学房、水塘等，其中只有大殿为清代遗存，其他都是近年新建。

礼拜大殿为砖木结构，面积为567平方米。采用"勾连搭"的形式，前出廊，前廊顶部做卷棚，紧接其后是庑殿式大殿，再后为后窑殿。

新建的宣礼楼为钢筋混凝土结构，4层，高28米。学房和水塘等为砖木平房，共18间。

礼拜大殿

前廊

后窑殿

黄南藏族自治州

10 智合寺及其石窟

Zhihe Lamasery and grottoes

文物级别	省级
开放方式	免费参观
地　址	尖扎县马克唐镇洛科村北面智合寺上院锡浆岩山腰间
年　代	清
推荐指数	★★★★★

　　智合寺的历史始于吐蕃末代赞普朗达玛禁佛之时，由"三贤哲"藏·饶赛、尤·格琼、玛尔·释迦牟尼及刺杀朗达玛的僧人共同建成，初建时为一殿式塔楼，内供有刺杀朗达玛之铁质弓箭。元代时萨迦班钦在此建本康一座，清代在此凿开岩壁建佛堂一座，塑立佛像。智合寺因以崖洞为主而亦称"金刚崖寺"。

　　现在的寺院分上、中、下三座布局：上院有天然及人工石窟24处，呈一字状由西向北排开，静卧在垂直高度约80米的山腰中部；中院有一座万佛塔，埋藏有刺杀朗达玛之铁质弓箭；下院有大经堂、佛堂等建筑。现寺院有各式古代自然及人工殿堂28间，所藏文物有北魏时期的各类佛像、雕塑、卷轴画、壁画、金银手抄秘籍等1136件。

　　整个寺庙凭借起伏的山势，以宏伟的石窟控制了整个场地。远远望来，经堂、佛堂仿佛点缀在如画般石窟的石壁上；而站在石窟的高地远远望去，开阔的青山以及叠落的田地又烘托着经堂与佛堂。由于智合寺及其石窟属藏传佛教显密合一、系列寺共存圆融之典范性寺院，同时智合寺拥有宏伟的石壁，智合寺因此有青藏高原莫高窟之美誉。

大经堂

石窟

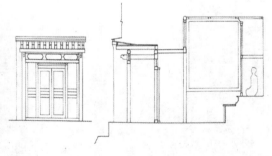

一号窟立面图与剖面图

佛堂

11 古日寺
Guyue Lamasery

文物级别	省级
开放方式	免费参观
地　　址	尖扎县马克唐镇
年　　代	清
推荐指数	★★★★★

古日寺位于尖扎县马克唐镇，具体始建时间尚无资料考证。

从带有二层歇山顶的亭子的寺门，进入无比宽敞的古日寺寺院，访客可以看到各经堂、佛堂以及其他各种用房被安置在庭院的四周。整个庭院并无大树，只有角落植有若干小树，这使得古日寺显得十分空旷、寂寥。大经堂为三重檐歇山顶，四周置满转经筒，供于朝奉与诵经。

寺内还包括若干散落在四周的藏式经堂、转经廊及附属用房，多为近期扩建而成。寺外建有8座佛塔。古日寺融合了汉藏建筑艺术风格，是典型的青南地区藏传佛教寺院。

大经堂

寺门

转经廊

12 德千寺
Deqian Lamasery

文物级别	省级
开放方式	免费参观
地　　址	尖扎县能科乡西南500米的德欠村内
年　　代	清
推荐指数	★★★★★

德千寺位于尖扎县治马克唐镇西南，始建于清康熙二十一年（1682年），由拉莫三世创建，故称"拉莫德千寺"。德千寺藏语中称为"拉莫德钦群科林"，意为"拉莫大乐法轮洲"。德千寺是尖扎地区最大的

远眺德千寺

格鲁派寺院。

1958 年前该寺院建筑占地约 200 亩，有大小经堂 2 座 173 间，大小佛堂 26 座，活佛囊谦 24 座，僧舍 115 院。其中最著名的是赛赤活佛行宫，现在仍保存完好。

赛赤活佛行宫坐北朝南，为二进院庄廊式建筑，占地面积 2200 多平方米。三面两层平顶建筑围合成第一进院落。由台阶、过厅入二进院，后院正中布置佛堂，其余为东西厢房和环廊。佛堂面阔七间、进深四间，用五架梁，设中柱。本为藏式平顶建筑，近几年加建金顶。建筑色彩外素内华，内部装饰端庄华美。

寺内文物颇多，最出名的包括赤金度母、檀香木度母、金灯，以及历代活佛灵塔等。

整个德千寺隐藏在青松环绕的山坳之中。经历岁月的残垣断壁、被风霜撕碎的经幡，以及精心修缮的佛塔寺庙，向我们展示德千寺的过往岁月。寺前宽阔的广场、寺门高大的经幡柱，以及寺旁矗立的佛塔，在空无一物的蓝天下让访客感受到信仰真实的力量。

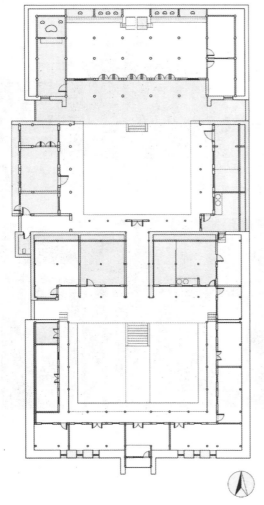

德干寺赛赤活佛行宫平面图

德干寺赛赤活佛行宫全景

德干寺赛赤活佛行宫山门

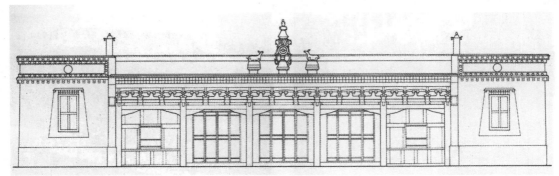

德干寺赛赤活佛行宫佛堂立面图

13 昂拉千户院

Qianhu's (a government official) residence at Angla Township

文物级别	省级
开放方式	免费参观
地　　址	尖扎县昂拉乡尖巴昂村
年　　代	清
推荐指数	★★★★★

昂拉千户院是原居住在尖扎地区昂拉第七代千户项谦东知的宅院，始建于清代，1941年重建，占地面积4600平方米。昂拉千户是吐蕃王朝赤祖德赞的后代。

昂拉千户院分前后上下两院和佛殿三层，为二庭两阶式院落。一进院较低，院内正房为面阔七间、进深三间、两层的木楼，两侧的两层附房面阔五间，通过走廊与正房相连。二进院高出一进院一层。若由一进院沿木楼楼梯行走，便能看到二进院中的佛堂。大佛堂面阔五间，进深四间，歇山顶。两侧有面阔五间平房，后院带有两角院。

千户院是安多地区少有的集藏汉庭院建筑风格为一体的院落建筑，整体设计精巧，做工精细，高大厚重而无窗的外墙、砖木雕花门楼以及单坡歇山顶都显示了千户院这一藏式贵族庄院的气派。

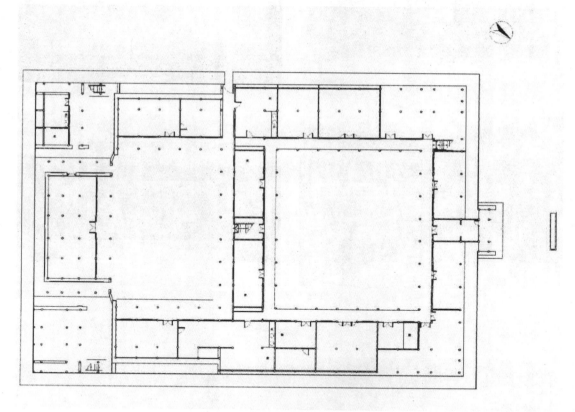

昂拉千户院平面图

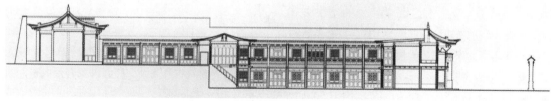

昂拉千户院剖面图

昂拉千户大门

一进院正房

一进院走廊

二进院大佛堂

14 昂拉赛康寺

Saikang Lamasery at Angla Township

文物级别	省级
开放方式	免费参观
地　　址	尖扎县昂拉乡东加村
年　　代	清
推荐指数	★★★★

据《夏琼寺志》记载，元至正元年（1341年），曲结顿珠仁钦在故乡建成夏卜浪寺（在今同仁县年都乎乡）后，为寻找修建夏琼寺的寺址，来到今尖扎县昂拉乡，以顿珠僧格为施主，建成昂拉赛康寺。当地传说，顿珠僧格于隆务峡知买地方牧羊，拾到金条一根，以此为基金建寺，故亦名"昂拉赛岗寺"（意为昂拉金条寺）。

现该寺建筑完好，全寺为一方形院落，院内殿堂2座，建筑古朴，青瓦红墙。殿堂内塑有三世佛、佛陀八大近侍弟子、青面不动金刚、马首金刚等。院中有俄博一座，满插幡杆巨箭，别具特色。该寺实为佛堂，平时有庙祝守护，负责点灯、清扫等事宜。

赛康寺建筑古朴苍劲，颇具汉藏合璧风格，寺内佛像众多，造型独特，是附近信徒重要的宗教活动场所。

大殿堂

小殿堂

院中俄博

泽库县

15 和日寺石经墙

Scripture-inscribed stone wall in Heri Lamasery

文物级别	国家级
开放方式	免费参观
地　　址	泽库县和日乡和日村
年　　代	清—民国
推荐指数	★★★★★

　　和日寺亦称"切更寺""切更尔寺",藏语称"和日贡特却扎西林",意为"和日妙乘吉祥洲"。位于县治西北约47公里处,在今和日乡政府所在地东南约1.3公里处。该寺为宁玛派寺院,早年为帐房寺。

　　约在清道光十一年(1831年),该寺第一世德尔敦(意为掘藏师)活佛德钦卓多在和日部落头人昂钦的支持下,于宁秀卧杰额顿浪山始建土房寺。此后,第二世德尔敦·牟盘噶瓦罗哲(1862年生)扩建经堂,塑立佛像,彩绘壁画,并建立扎仓,开讲经说法之制,

和日寺全景

寺院有了较大发展，寺僧多达 300 余人。第三世德尔敦·晋美桑俄合丹增（亦云晋美桑杰丹增，1893 年生）时期，鉴于寺院饮水困难并遭抢劫等原因，迁寺于现址。

和日寺的石经墙闻名遐迩。石经墙高 3 米，长 200 多米，全由刻有经文的石板砌成。经文内容主要为《甘珠尔》《丹珠尔》和《大般若经》，约 2 亿字。经石上并镌刻有大小佛像、图案、佛教故事画等 2000 余幅，字体清晰工整，绘画精美舒展，皆为不可多得的石刻艺术品，被誉为"世界石书奇观"。

石经的刻写工作在德尔敦和罗加仓活佛主持下始于 20 世纪 30 年代，由寺僧和雇佣寺外艺人雕刻，据说平均每日 50 人工作，20 年乃成。石经墙在 1958 年和"文革"期间受到一些破坏，近年来经修复补刻，已恢复原貌。

和日寺经墙

刻经石板

莲花生大师刻像

黄南藏族自治州其他主要文物保护单位列表

名　称	级　别	类　别	时　期	地　址
勒加遗址	省级	古遗址	青铜时代	同仁县年都乎乡勒加村北
新麻遗址	省级	古遗址	青铜时代	同仁县保安乡新城村西北角
尕队遗址	省级	古遗址	青铜时代	同仁县保安镇尕队村
铁城山古城	省级	古遗址	待考	同仁县保安乡保安村南
东干木遗址	省级	古遗址	青铜时代	同仁县麻巴乡东干木村西北
勒合加遗址	省级	古遗址	青铜时代	同仁县麻巴乡勒合加村
年都乎墓群	省级	古墓群	新石器时代、青铜时代	同仁县年都乎乡年都乎村北
烧人沟墓群	省级	古墓群	青铜时代	同仁县保安乡保安村南烧人沟内
二郎庙	省级	古建筑	清	同仁县隆务镇老城区
一世夏日仓故居	省级	古建筑	清	同仁县隆务镇隆务村
王家寺	省级	古建筑	清	同仁县曲库乎乡木合沙村
根敦群培故居	省级	古建筑	清	同仁县双朋西乡双朋西村
罗洼林场后台遗址	省级	古遗址	新石器时代	尖扎县加让乡县林场场部北
拉毛遗址	省级	古遗址	新石器时代、青铜时代	尖扎县昂拉乡牙子盖村西南
马克唐遗址	省级	古遗址	青铜时代	尖扎县马克唐镇马克唐村西、南
新尼遗址	省级	古遗址	青铜时代	尖扎县贾家乡安中村北
尕马堂东台墓群	省级	古墓群	新石器时代、青铜时代	尖扎县康杨乡尕马堂村南
如什其墓群	省级	古墓群	新石器时代、青铜时代	尖扎县加让乡如什其村西台地
更钦·久美旺博昂欠	省级	古墓群	清	尖扎县昂拉乡尖巴昂村
阿哇寺	省级	古墓群	明代始建，1980年后复建	尖扎县昂拉乡格尔村
古浪仓故居	省级	古墓群	清	尖扎县坎布拉镇直岗拉卡村
九天玄女庙	省级	古墓群	清代始建，1943年复建	尖扎县康扬镇
多杰宗寺	省级	古墓群	清代始建，1981年后复建	泽库县多禾茂乡加宗村
曲格寺	省级	古墓群	清	河南县宁木特乡政府所在地
香扎寺	省级	古墓群	清	河南县柯生乡
达参寺	省级	古墓群	清代始建，1985年后复建	河南县赛尔龙乡赛尔龙村

7

果洛藏族自治州
GUOLUO

果洛藏族自治州古建筑分布图
Historical Architectural Map of Guoluo Tibetan Autonomous Prefecture

① 拉加寺
② 查朗寺
③ 白玉寺
④ 白扎寺
⑤ 智钦寺

青 S（2019）102 号

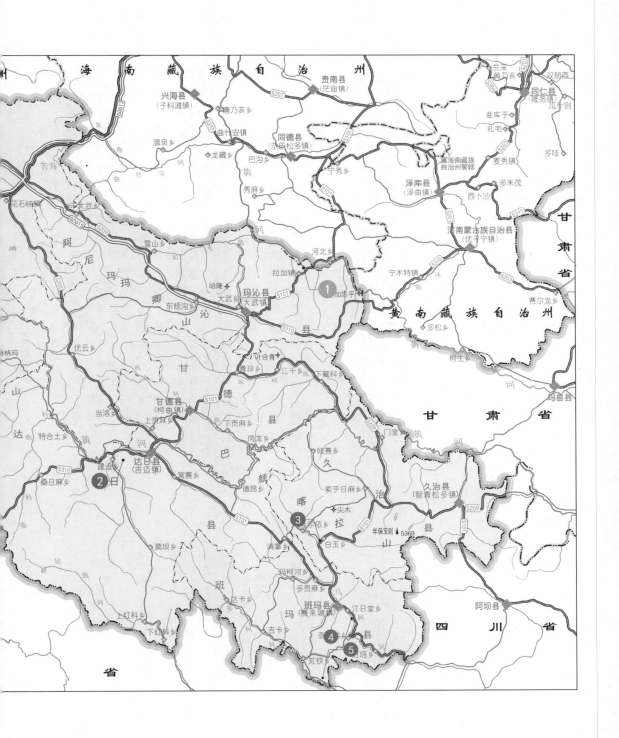

概 述

果洛藏族自治州位于青海省的东南部，地处青藏高原腹地的巴颜喀拉山和阿尼玛卿山之间。下辖玛沁（因阿尼玛卿雪山在其境内而得名，意为黄河源头最雄伟高大的山）、玛多（黄河源头之意）、甘德（喜悦安宁之意）、达日（沟名，兴旺发达之意）、班玛（莲花之意）、久治（团结统一之意）6 个县。

果洛州境内自然风光壮美，有阿尼玛卿和年宝玉则两座神山，大小河流 36 条，分别注入黄河和长江两大水系，还有古称柏海神湖的扎陵湖和鄂陵湖。一座座静寂无语的雪山和明镜似的湖泊，都被赋予了雪域草原独有的神圣光芒。

较为封闭的地理环境也形成了单纯质朴的人文环境。

果洛古为党项羌地，唐置轨、山居、奉、岩、远等州，后属吐蕃辖地。随着诸部族的繁衍生息，在明清之际出现了"三果洛"，即囊谦本、班玛本、阿什姜本三个部落的合称，在今班玛县阿什姜寺还有代表三个部落的三座古塔。清末称"俄洛"，民国以后称"果洛"，沿用至今。

现在的果洛州藏族人口占 91.86%，是全国单一民族成分比例最高的少数民族自治州。按照藏族传统地理观，果洛属于藏族三大地理单元之一的安多地区。境内古建筑以藏传佛教寺院为主，拥有青海最多的宁玛派寺院，还有稀有的觉囊派寺院。它们大多建于明

清以后，虽然总体数量不多，但寺院规模都较大，宗教氛围非常浓厚。建筑风格大体与青海其他地区一致，为藏族和汉族样式的融合，但也有别具特色的建筑形式，比如以白扎寺闪光铁山塔为代表的坛城式建筑。这些地处雪域偏远之地寺院以美妙的传说和神秘的氛围吸引着大量虔诚的信徒前往，后文将一一介绍。

除了藏传佛教的神迹故事，果洛还流传着格萨尔王的传说。格萨尔王是藏族史诗中的英雄人物，诗中许多重要情节都与"玛域"有关，"玛域"即黄河源头广大区域的中心地带，果洛也处于其中。今日的果洛草原处处都有格萨尔的足迹：达日县有格萨尔狮龙王宫殿、格萨尔林卡，一座威风凛凛的格萨尔王骑马雕像矗立在县城西面的卡热东那山上；甘德县有一个著名的德尔文史诗村，那里的老老少少都能说唱格萨尔的片段；班玛县的智钦寺则有由多智钦活佛亲自组建的格萨尔剧团，表演"格萨尔王赛马称王"等藏戏经典曲目。

此外，在班玛县的玛柯河林区分布有不少藏式碉楼民居，依山势高低错落，多为石砌，也有用木柱搭出晒台的做法，很有特色。本书对此未做详细介绍，读者若有兴趣，可在玛柯河景区观光时自行探访。

本章共计介绍全国重点文物保护单位 1 处、省级文物保护单位 4 处，并对其他 8 处文物古迹进行了列表说明。

玛沁县

1 拉加寺

Ragya Lamasery

文物级别	国家级
开放方式	免费参观
地　址	玛沁县拉加乡阿尼群贡山下
年　代	清
推荐指数	★★★★★

拉加寺鸟瞰

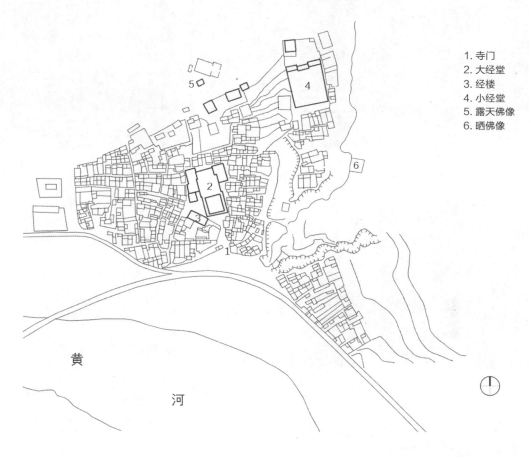

1. 寺门
2. 大经堂
3. 经楼
4. 小经堂
5. 露天佛像
6. 晒佛像

黄

河

拉加寺总平面图

　　拉加寺位于玛沁县东北部黄河北岸的阿尼群贡山下，黄河在此处绕了一个大弯，沿岸多为良田，自然风光秀丽迷人。

　　拉加寺又称"嘉样寺"，属格鲁派，由阿柔格西创建。阿柔格西（1726—1803年），名坚赞鄂色，阿

柔部落人，17岁入藏，于色拉寺杰巴扎仓学经13年，后转入下密院苦学密宗，成为博通显密的一代名僧，受七世达赖指派回青海弘法。阿柔格西返乡寻找建寺之所时，看见琼贡山下有一片背风向阳的缓坡，景色迷人，还有一座"状如卧着的四不象"的山丘，取其

拉加寺全景

大经堂山门

大经堂

祥瑞之兆，决定在此地建造一座寺院，并取名"拉加"（即藏语四不象之意）。寺院于乾隆三十四年（1769年）建成，全盛时期僧侣近1300人，是黄河沿岸最著名的格鲁派寺院。

1958年和"文革"期间，该寺两次被毁，破坏严重。1980年重新开放，经复修后又具规模。全寺建筑群依山势错落分布，主要建筑有大经堂、时轮学院、密宗学院、医明学院、经楼、小经堂、释迦牟尼殿、护法神殿等，背后山坡上塑有露天镀金佛像。

大经堂为藏式平顶建筑，高两层13.8米，面阔十三间40米，进深十六间50米。前有广场，广场周围三面均有廊道，经堂带前廊，经堂后是佛堂。中间通柱升起天井，二层有回廊。大经堂两侧分别是时轮学院、密宗学院。

该寺历代多出高僧，而且多有著述传世。其中，西合佐桑热的《历算概要》、香萨的《证理论》《因理论释》以及《赛康哇全集》等在藏区颇有影响。此外，拉加寺的印经院有大藏经《甘珠尔》佛学经典和其他书籍的印经板5万余件，由专人负责印刷工作。这些雕技高超、字迹隽美的印版和精湛完美的印刷工艺，吸引着远近的信徒和学者前往印经，成为拉加寺的一大亮点。

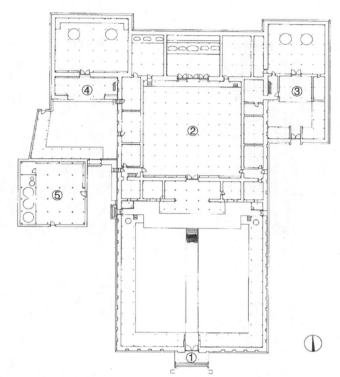

1. 山门
2. 大经堂
3. 时轮学院
4. 密宗学院
5. 伙房

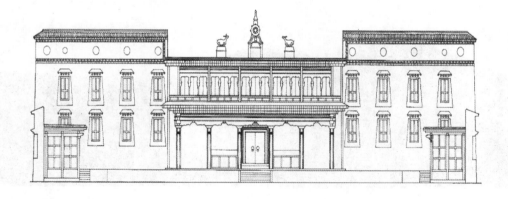

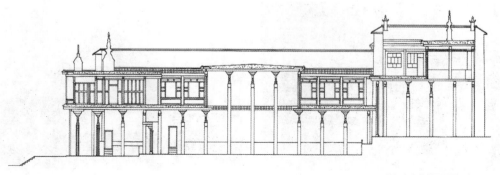

拉加寺大经堂平面图、立面图、剖面图

果洛藏族自治州

达日县

2 查朗寺

Chalang Lamasery

文物级别	省级
开放方式	免费参观
地　　址	达日县驻地西约14公里达郎村
年　　代	清
推荐指数	★★★★★

查朗寺藏语称"扎西曲丹林"，意为"吉祥具法洲"，简称"朗贡"，是四川省白玉县噶陀寺的子寺。位于达日县西北部，寺院面滩背山，有山溪绕寺前而过。西侧是天葬台，也称护林圣地，是青南地区最大的天葬台，庄严肃穆。

传说，查朗寺所在的达日县曾是藏族史诗人物格萨尔王王宫的所在地。格萨尔王是藏族传说中的旷世英雄，一生降妖伏魔，除暴安良，南征北战，统一了岭国领土。格萨尔及其身边人物的遗迹和物品广泛存在于青藏高原各地，形成了丰富的格萨尔文化。现在达日县城仍有格萨尔狮龙王宫殿、格萨尔林卡等纪念建筑，而查朗寺的后山则是格萨尔及众将祭祀阿尼玛卿神山之地。

查朗寺属藏传佛教宁玛派寺院，奉持西藏佛教前弘期所译经典及其修法。清光绪二十一年（1895年），由朗智班玛·朗多合嘉措创建，初为帐房寺，称之为"曲噶尔"。1913年始建土木结构僧房，自1916年起开始"坐夏"活动，1920年建立讲经院，主要修习吉木盘所著经典。1958年后关闭。1980年批准开放，经十几年的恢复发展，规模日增，成为果洛州影响较大的宁玛派寺院之一。

现主要寺院建筑有大经堂、坛城殿、佛殿、佛塔及200余间僧舍。新建大经堂甚为宏伟，殿中法像罗立、宝器陈供，倍显神圣。

查朗寺全景

查朗寺经堂

查朗寺坛城殿

久治县

3 白玉寺

Palyul Lamasery

文物级别	省级
开放方式	免费参观
地 址	久治县白玉乡
年 代	清
推荐指数	★★★★★

白玉寺又叫白玉达唐寺，全称为"白玉达唐显密讲修法轮繁荣洲"。白玉寺与白玉乡同在达唐谷地中，背靠灌木丛的石山，地势开阔平坦，乡中唯一一条狭长街道从寺前经过，再向北30公里就是有名的年保玉则神山。

白玉寺是四川甘孜州白玉寺的子寺，由白玉活佛拉智创建于1857年。在果洛州有属寺百余座，属村十余个，是青海、四川、甘肃三省边界规模最大、影响最广的藏传佛教宁玛派寺院。

1958年和"文革"期间，该寺两度被毁。1980年重新开放，经数年修建后重具规模，现占地面积千余亩，主要建筑有经堂、佛殿、灵塔、大型转经房、转经长廊及大量僧舍等。

寺门正对着的是大经堂，始建于1989年，1992年完工。共两层，占地1621平方米，是白玉寺讲经说法的场所，可容纳3000位出家人同时参加法会。大经堂内供奉释迦牟尼佛铜制镏金佛像，是仿大昭寺的释迦牟尼12岁等身像，此外有观音、莲花生、阿尼玛卿、年保玉则等神像，墙上有热贡艺人技艺精湛的壁画。大经堂还供奉有各种经书、精美唐卡，其中一幅是以珍珠制成，非常珍贵。

大经堂右侧为舍利殿，再右为神通殿。舍利殿中曾有三座灵塔：活佛白玉乔智、高僧阿贡堪保、东玉堪保之灵塔，以白玉乔智活佛灵塔最为瑰丽壮观。塔高5米，底方3米，灵塔主体由铜片构成，四周镶银贴金，饰有珊瑚、玛瑙，嵌右旋白螺一枚，塔上方一银制佛龛，内藏佛牙一枚，装饰极其华丽。神通殿则是一世白玉活佛在位时建造，据说当时屡建屡塌，后来祈请三宝加持，竟在短短三个月内就盖成，从此闻名遐迩。2011年12月白玉寺发生严重火灾，此二殿不幸被毁。现已在旧址重建一座新的经堂。

寺院每年举行八次佛事活动，其规模以藏历三月一日至三月十日的"白玉十日"为最，有晒大佛、跳欠、演藏戏等活动，万人云集，场面宏大。

1. 寺门
2. 大经堂
3. 舍利殿（已毁）
4. 神通殿（已毁）
5. 白玉活佛关房
6. 转经长廊

白玉寺总平面图

寺门

大经堂

大经堂前广场上的法会

转经长廊

班玛县

4 白扎寺

Baizha Lamasery

文物级别	省级
开放方式	免费参观
地　　址	班玛县驻地西南4公里江日堂乡
年　　代	明、清
推荐指数	★★★★★

　　白扎寺位于班玛县城东南部的江日堂乡。寺中央有一圆形小山，被称为"闪光铁山"。1450年，东察合茨在山上兴建一寺，称之"江日堂闪光铁山寺"，属宁玛派，1749年毁于战火。1760年，执麦香炯贡巴重建该寺，改名为"江日宦觉寺"，属噶陀寺子寺。1936年，白扎喇嘛在原址再次重建该寺，起名为"下莫巴白扎多卡寺"，即现在的白扎寺。1958年，寺院关闭。1984年8月重新开放，寺中建筑得以修复。

　　现在的寺院分上下两部分：上寺在山顶上，为一座五层高的大塔，称为闪光铁山塔；下寺坐落在小圆山的周围，建有大经堂、讲经院、禅修院、医明院、寺舍等。

　　闪光铁山塔又名莲花宝殿。平面呈正方形，底面边长30米。高五层，共30米。一层中间为塔基，周围一圈嘛呢经筒廊，四面开门，门两侧各设两个窗户。上面四层均内收，二、三、四层仿佛教坛城规制四出抱厦。顶为四角攒尖顶。此塔在藏传佛教建筑中显得极为新颖，极大地影响了果洛州的佛寺，查朗寺、白玉寺、智钦寺近几年都有仿照闪光铁山塔修建的宫殿建成。

寺院远景

寺院近景

　　山脚下有一圈石经墙，周围立108座小喇嘛塔，堪称青海地区"塔林"之最。喇嘛塔由石片垒起，有些已经开始倾斜、坍塌，使人对岁月沧桑的感叹油然而生。

　　寺院东侧的山坡上有规模宏大的天葬台，附近满山的经幡绵延数百米，是果洛地区最大的经幡群。

翼角结构

檐口

5 智钦寺

Dodrupchen Lamasery

文物级别	省级
开放方式	免费参观
地　　址	班玛县知钦乡驻地东南约14.5公里知钦村
年　　代	明
推荐指数	★★★★★

　　智钦寺亦称"多智钦寺"，全名"多智钦大密悉地吉祥光明洲"，是藏传佛教宁玛派中"龙钦宁提"传承的母寺。位于多科山谷之藏钦滩，地处班玛县、色达县、壤塘县三县交会之地带。

　　藏钦滩上的佛寺历史最早可以追溯到800多年以前，最初有一座萨迦派寺院。后来，由于蒙古军队的入侵，大多数僧人迁移去了安多地区，留下的僧人逐渐成为宁玛派的追随者。18世纪中叶，第一世多智钦生于多科山谷普琼族，曾到西藏学法，学成回乡后，遍寻建寺的理想之地，未果。后来，第二世多智钦终于找到多科山谷的藏钦滩，建立智钦寺。

　　藏钦滩的地形殊胜，由四大神山所环抱，前有藏青知姆神山、后有念青唐古拉神山、左有才让青阿神山、右有诺印紫玛尔神山，九曲的多科河水从藏青知姆神山前绕过。藏语中，"藏"指炒青稞的锅，"钦"指博大，意指该地形如盛满养料的大锅，是在整个藏地都堪称首屈一指的藏风聚气之宝地。从整体上看，又似一位仰卧着的绝色佳人，具足《空行会供》中描述的"罗刹魔女仰卧"地形的全部特征。这种地形一方面是"圣地"，一方面也是"凶地"，凡夫不堪承受，只有经菩萨镇服后才能成为密法修习最理想之圣地。我们熟知的西藏也具备这种地形，松赞干布在"罗刹魔女"的心脏之地修建大昭寺，使拉萨成为伟大的佛教圣地，西藏亦成为显密佛法兴盛之中土。正因为这个原因，过去智钦寺被诸多大上师们赞誉为"第二桑耶"。

　　20世纪上半叶，第四世多智钦由两位仁波切共同执掌，规模空前。其时有常驻僧人3000多名，设有显密讲修大经堂、显宗院、密宗院、文化院四大学院，每个学院下分设许多扎仓。寺院还有印经院、500多套僧侣居住的扎康、8座大型佛塔、1个闭关中心、4个护法殿以及100多座转经房。

　　但从20世纪50年代末到"文革"期间，智钦寺几乎被夷为一片废墟。国家宗教政策恢复以后，智钦寺的老弟子们又从四面八方回到母寺。如今，多智钦

智钦寺总平面图

智钦寺全景

活佛已传承至第五世，从 20 世纪 80 年代后期开始，经过多年重修和复原，智钦寺终于重现佛光。

如今智钦寺的主要建筑包括大经堂、莲花光明宫、闻思院、密修院、灵塔殿、多座佛塔、莲师像等，除此之外，还有散落在周边的数百间僧舍。其中，大经堂正处于"魔女"的心脏部位，莲花光明宫则位于"魔女"的肚脐部位。

莲花光明宫建在寺院正面绿洲中央一座心形的神山上，此山被称为铜色吉祥山，即莲花生大师的名号，相传这里是莲师离开西藏后所居之所。20 世纪 50 年代时，在两位多智钦仁波切的指导下，在此山丘上修建了一座铜色吉祥山宫殿，此宫殿以其规模、庄严和传统设计而成为一处著名的历史纪念碑，后被毁。20 世纪 80 年代后期重建，由于资金有限，新建宫殿质量简陋，数年之后坍倒。如今的莲花光明宫是第五世多智钦在原址上重建。此宫殿模仿白扎寺闪光铁山塔之建筑形式，高5层25米，四方形结构，地基层是18米见方，底层16米见方，四周由4座小殿、8座佛塔围绕。宫殿四面分别漆成蓝、绿、红、白四色，四门代表慈、悲、喜、舍"四无量心"，殿中八大柱代表正见、正思维、正语、正业、正命、正精进、正念、正定等"八正道"。

智钦寺风光秀丽，建筑精致典雅，流传着众多美好的神迹故事，吸引大批信徒前往朝拜。此外，寺中现有格萨尔剧团，表演"格萨尔王赛马称王"等藏戏经典曲目，值得一看。

智钦寺经堂

智钦寺经堂柱头

智钦寺经堂大门

果洛藏族自治州其他主要文物保护单位列表

文物点	级别	类型	年代	地　址
子木山城址	省级	古遗址	清	玛沁县拉加镇赛什托村三社
隆格寺	省级	古建筑	清（1981年后复建）	久治县白玉乡
阿绕寺	省级	古建筑	清（1982年后复建）	久治县哇寨乡
吾扎部落遗址	省级	古遗址	明、清	班玛县
阿什羌寺		古建筑	明	班玛县东南约10公里阿什羌村
班玛县碉楼群		古建筑	清	班玛县灯塔乡的班前、科培、格日则等村
莫草得哇遗址	省级	古遗址	唐	玛多县花石峡乡五村日谢居民点北三千米
龙恩寺	省级	古建筑	清（1981年后复建）	甘德县下贡麻乡

8
玉树藏族自治州
YUSHU

玉树藏族自治州古建筑分布图
Historical Architectural Map of Yushu Tibetan Autonomous Prefecture

1. 藏娘佛塔及桑周寺
2. 文成公主庙
3. 新寨嘉那嘛呢
4. 结古寺
5. 当头寺
6. 龙喜寺
7. 当卡寺
8. 嘎然寺
9. 唐隆寺
10. 禅古寺
11. 然吾沟石窟及经堂
12. 当旦石经墙及佛塔
13. 隆宝百户府邸
14. 然格寺
15. 尕藏寺
16. 赛达寺
17. 拉布寺
18. 群则寺
19. 卓木其格秀拉康及藏式碉楼群
20. 布由藏式碉楼
21. 贡萨寺旧址与宗喀巴大殿
22. 岗察寺
23. 江欠甘珠尔石经墙
24. 格萨尔三十大将军灵塔和达那寺
25. 嘎丁寺
26. 藏式雕楼建筑群
27. 东囊喇钦寺
28. 吉日沟古塔

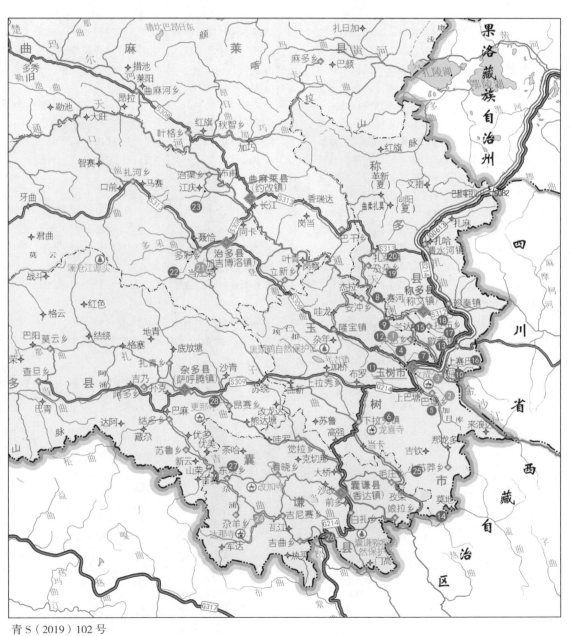

玉树藏族自治州

概　述

玉树藏族自治州位于青海省南部，与西藏自治区的昌都地区、四川省的阿坝藏羌自治区接壤。自治州府位于玉树县结古镇，是当年唐蕃古道上的重镇，来往商贾不断。玉树州下辖玉树1市，与称多、囊谦、杂多、治多、曲麻莱5县。

"玉树"二字在藏语中意为"遗址"。此地古为西羌族牦牛种地；魏晋南北朝时属苏毗王国；隋代称为"女国"，前后为苏毗和多弥二国辖区；唐时吐蕃将苏毗辖地改称孙波如，玉树地区即属于此；宋时为黎州属下的囊谦小邦之地；元朝归吐蕃等路宣慰司管辖；明属朵甘思宣慰司；明末清初受囊谦王族统辖，隶和硕特蒙古政权，后隶"钦差总理青海蒙古番子事务大臣衙门"，通称为"玉树25族"；清朝受青海办事大臣直接管辖，为囊谦千户领地。民国初，隶属于青海办事长官，之后归属番宣慰使和甘边宁海镇守使。民国六年（1917年）设玉树理事，民国十八年（1929年）改为玉树县，辖今自治州全境。

玉树州为三江之源，长江、黄河、澜沧江三大河流均发源于此，三江源自然保护区和可可西里自然保护区覆盖自治州全境。玉树属典型的高原高寒气候，全年只有冷暖两季，无四季之分。其中冷季多达七八个月，而暖季只有四五个月。

玉树州是藏族聚居区，属于康巴藏区。当地人主要信奉藏传佛教。由于当年是唐蕃古道的重要枢纽，西藏的高僧大德在来往于汉地与藏地的过程中即在此传法，兴建了大量以藏传佛教为中心的寺院，宗教氛围浓厚。而文成公主、金城公主入藏等重要的历史事件，也发生在此，留下了很多传说和遗迹。在当时，遍及全州各地的寺院不仅是当地宗教活动的场所，也是文化教育的场所。经过长期的延续和演变，形成了独具特色的宗教文化艺术的活动场所。加之受历史进程、地理条件和自然环境的深刻影响，因而在心理素质、语言风格、审美观点、生活方式和传统习惯等方面都有着与其他藏区不同的特点。截至目前止，玉树州境内有各类藏传佛教寺院192座，占到了青海所有藏传佛教寺庙的三分之一。除了两派合住寺13座和2座派系不明寺外，177座寺院中，萨迦派寺院22座，格鲁派寺院23座，宁玛派寺院31座，噶举派寺院101座。桑周寺、文成公主庙等建筑是其中的典型代表。

2010年4月14日，玉树州发生了7.1级的大地震，之后再次发生了6.3级地震，情况十分严重，玉树90%的房屋在地震中损毁，大部分文物建筑也遭受了灭顶之灾。在地震之后，相关重建工作也有序进行，如今很多文物建筑皆为在地震后修复或按原样重建。玉树之名本有废墟、遗址之意，如此巧合令人深思历史的意义。

本章共计介绍全国重点文物保护单位5处、省级文物保护单位23处，并对其他4处文物古迹进行了列表说明。

玉树市

1 藏娘佛塔及桑周寺

Pagoda at Zangniang Village and Sangzhou Lamasery

文物级别	国家级
开放方式	免费参观
地　　址	玉树市仲达乡通天河南岸
年　　代	宋
推荐指数	★ ★ ★ ★ ★

藏娘佛塔及桑周寺位于玉树市仲达乡歇格村的通天河南岸。佛塔坐北朝南，建于一座数十米高的小山包上，面向河谷，视野开阔，塔下即桑周寺。

藏娘佛塔又名"佐娘佛塔"，藏语全称为"藏娘切旦巴吉伦波"，意为"藏娘佛塔旺伟自成"，是1030年为纪念班禅弥底加纳所建。佛塔基座为正方形，共有三层，逐层收分，底边边长 27 米，其上用石块砌筑成一个圆柱形的腹钵，腹钵上开有一小门，可进入内部的地宫，地宫以塔心柱为核心，周围内壁上保

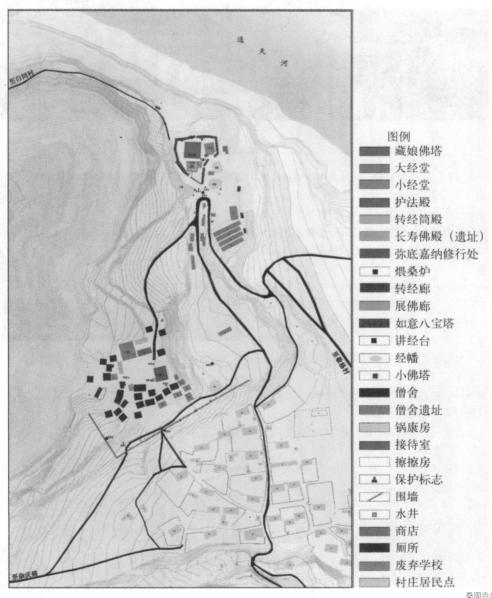

图例
- 藏娘佛塔
- 大经堂
- 小经堂
- 护法殿
- 转经筒殿
- 长寿佛殿（遗址）
- 弥底嘉纳修行处
- 煨桑炉
- 转经廊
- 展佛廊
- 如意八宝塔
- 讲经台
- 经幡
- 小佛塔
- 僧舍
- 僧舍遗址
- 锅康房
- 接待室
- 擦擦房
- 保护标志
- 围墙
- 水井
- 商店
- 厕所
- 废弃学校
- 村庄居民点

桑周寺总平面图

玉树藏族自治州

藏娘佛塔

留有精美的壁画。据史料记载，地宫的内部装藏价值连城。腹钵上立十三天和日月宝顶，高约28米。基座的四角还有4个小塔，围绕主塔。后世在藏娘白塔的周围增建了十多座较小的白塔，还有小经堂、长寿佛殿（已为遗址）、如意八宝塔、转经廊、擦擦房和弥底嘉纳修行处等建筑，凸显藏娘白塔的主要地位。其中转经回廊有1400多幅壁画，有1000多年历史。

明宣宗宣德四年 (1430年) 嘎然江巴更嘎益西将藏娘地区的三座寺庙合而为一，在藏娘佛塔脚下创立了桑周寺。三座寺庙包括苯教的仁真敦赛寺、佛教的巴钦班觉寺与巴格达宗寺，建成的桑周寺属于萨迦派。1732年，大堪布巴丹曲回三次修缮藏娘佛塔，并设计扩建桑周寺，还制定了桑周寺的寺规。1942年，萨迦法王阿旺梗嘎索南在桑珠寺创建了无明学院堪布。后经过多代建造修补，桑周寺形成了以大经堂为中心、有护法神殿、展佛廊以及几十座僧舍的建筑群。

大经堂通体红色，平面为正方形，墙体有收分，呈梯台形，令人想起古希腊神殿的透视设计，使之更显高大宏伟。大经堂共有两层，入口有门廊，面阔三间，进深两间，中有双柱。内部经堂面阔七间，进深七间，中间两柱直达二层。自门廊西侧上二层，二层有窗。檐口使用边玛墙装饰，上有各种带有玉树建筑色彩的装饰。内部的木梁和墙壁上还绘有各种佛教故事壁画，十分精美。

藏娘佛塔内的壁画

小经堂

大经堂

护法殿

2 文成公主庙

Temple of Princess Wencheng

文物级别	国家级
开放方式	免费参观
地 址	玉树市巴塘乡贝达社境内
年 代	元
推荐指数	★★★★★

　　文成公主庙又称贝大日如来石窟寺，别名"加萨公主庙"。坐落在玉树市首府结古镇南25公里处的巴塘乡贝达社，位于巴塘山勒巴沟（又称贝都满沟）的沟口，通天河畔，坐北朝南，面临溪流，依崖而建。相传此庙初建于唐贞观十五年（641年）文成公主进

藏时期，其石刻始凿于642年左右，于653年完成。金城公主进藏时曾重修。后几经扩建翻修，达到今日的规模。整座建筑是唐蕃古道的重要文化遗存之一。

　　寺中现存最主要的建筑由前殿和佛堂组成，为清代修建而成。这组建筑紧靠石崖，面阔五间23.4米，进深五间14米。其中前殿进深二间，高一层。佛堂进深三间，高三层，共16.4米，中央通高，除正面有一小窗外，其余三面皆封闭无窗。佛堂二层屋顶为藏式平顶，女儿墙采用边玛墙装饰，三层为汉式金顶。

　　佛堂内现存石刻造像9尊，正中为大日如来佛坐像，高7.3米。两侧分两层刻4座菩萨站像，分别为文殊、普贤、金刚手、除盖障、虚空藏、观世音、弥勒、地藏众菩萨。洞窟外壁有汉藏经文咒语题记四则，面积大者高达4米，宽2米，小者一米见方，整个石刻面

玉树藏族自治州

文成公主庙全景

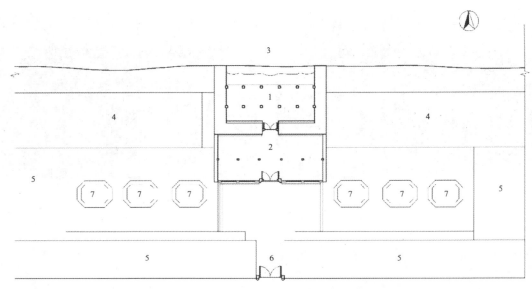

1 佛堂 2 前殿 3 山崖 4 经堂
5 僧舍 6 山门 7 花坛

文成公主庙总平面图

积达 350 平方米。据说壁上还有文成公主亲笔用汉字楷写的 16 行颂词，古藏文的发明者吞米桑布扎在左侧写了 18 行 "尕恰" （即说明），如今已经泯灭不可见。庙内两侧墙壁上还有两个活佛画像，雕像对面壁上绘有竹笋、石榴、棉花、宝镜和馒头的壁画，记

录了当年文成公主教当地藏族人民耕作纺织的事迹。

文成公主庙所在的勒巴沟，连接金沙江与结古镇，为文成公主入藏途经之地，沟内还有很多摩崖石刻，据考证始刻于 712 年左右。沟内溪水中还有很多嘛呢石，被当地信众称为 "水嘛呢"。

文成公主庙院落入口

大日如来佛像

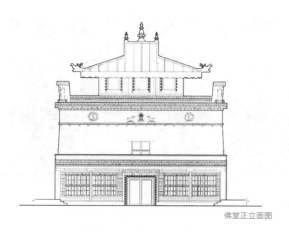

佛堂正立面图

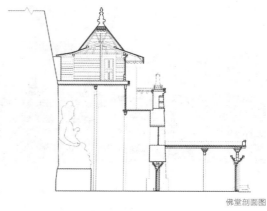

佛堂剖面图

3 新寨嘉那嘛呢

Jiana Mani stones at Xinzhai Village

文物级别	国家级
开放方式	免费参观
地　　址	玉树市结古镇新寨村
年　　代	清代至今
推荐指数	★★★★★

　　新寨嘉那嘛呢位于玉树市结古镇新寨村，海拔4500米，在结古镇的主要入口处。嘛呢即嘛呢堆，是由石块垒成方形或圆台形的石堆，为藏族文化圈的一种构筑物。相传嘛呢石代表战神，过往行人一边口念六字真言，一边在嘛呢堆上增加白色或刻有六字真言的嘛呢石，来表达虔诚之心，希望战神保佑。

　　嘉那嘛呢之名源于玉树的嘉那活佛。第一世嘉那活佛名为多顶松却帕文，为昌都囊同人，青年时期曾游历印度、锡金、藏区，以及汉地的峨眉山、五台山等地，精通汉藏两文，还多才多艺，在玉树原始卓舞的基础上发展演化出被称为"多顶求卓"的舞蹈，有百种之多。嘉那活佛被藏地人民称为"汉地圣者菩萨"与"嘉那朱古"。"朱古"即活佛，"嘉那"在藏语中为内地之意。嘉那活佛晚年定居于结古镇新寨村，1715年在此地用刻有六字真言的嘛呢石砌成嘛呢堆，

玉树藏族自治州

嘉那嘛呢堆

嘉那嘛呢堆全景

是为新寨嘉那嘛呢堆之源。

　　新寨嘉那嘛呢堆共有 6 个，分别代表"唵嘛呢叭咪吽"六字真言，皆为长方形。根据玉树地震之前的统计，嘛呢堆所在范围东西长 240 ~ 247 米，南北宽 61 ~ 73.6 米，高 3 ~ 6 米，嘛呢石据说有 25 亿块之多，一说为 20 亿块，占地达 30 余亩（《青海古建筑》）。在数以亿计的嘛呢石之外，还有 3 座佛堂，佛堂为正方形平面，整体白色，上有三层收分，佛堂内供奉着第一世嘉那活佛塑像和一块据说为天然自显的嘛呢石。此外还有大转经筒堂 3 座、中转经筒 10 座、佛塔 25 座。嘛呢石城的正中心，有一座用红色嘛呢石垒成的宝塔，

耸入云霄。嘛呢石砌筑的石墙从四周曲折逶迤，向石城的中心延展。石墙和石墙之间，形成宽为 2 米的巷道。

　　嘉那嘛呢堆曾在玉树地震中坍塌，建筑亦受到损伤。地震发生后，当地群众自发地将散落在废墟中的古老嘛呢石运回嘉那嘛呢堆，现已恢复重建。

　　嘉那嘛呢堆被吉尼斯组织认定为世界上最大的嘛呢堆石经城。与一般建筑不同的是，嘛呢堆由行人堆砌而成，也会随着行人的虔诚礼拜不断增长，目前新寨嘉那嘛呢堆正以每年 30 万块嘛呢石的速度长大。亲临新寨嘉那嘛呢堆，能感受到一种由无数信众一人一石，经年累月聚沙成塔所带来的震撼。

石墙细节

经堂佛塔

巷道

4 结古寺

Kyegu Lamasery

文物级别	省级
开放方式	免费参观
地　　址	玉树市结古镇
年　　代	元
推荐指数	★★★★★

　　结古寺位于玉树市结古镇扎曲河北岸的木它梅玛山。藏语称为"结古顿珠楞"，即"结古义成洲"。据传，这里原本有一座苯教寺院，元代八思巴国师路过结古地区，当地宗教逐渐改宗萨迦派。到元代末期苯教寺院已经不存，另建有两座噶玛噶举派的小寺，一座为喇嘛修行，一座为女尼修行，还有扎武头人的红宫。明洪武三十一年（1398年），西藏萨迦派大喇嘛当钦哇·嘉昂喜饶坚赞来此地传教，得到了扎武头人的支持，原有的噶举派二寺僧尼被迫迁往别处，当钦哇在原来建筑的基础上扩建成结古寺。故结古寺历史上一直是玉树北部地区萨迦派主寺，以建筑宏伟、寺僧众多、文物丰富、多出学者而闻名。最盛时，全寺成年

扎哇多达780人，完德400多人。

　　整个寺院建筑群依山而建，殿堂僧舍层层交叠，错落有致，如同多层楼阁耸立山间，有大经堂、大昭殿、弥勒殿、讲经院、文保活佛院等，建筑各有特色。

　　主体建筑"都文桑舟嘉措"经堂由萨迦寺大堪布巴德秋君和一世嘉那活佛多顶松却帕文设计，在德格佐钦寺的支持下，由扎武迈根活佛主持修建，据说可容纳千人诵经。经堂为汉藏合璧式建筑，下层为藏式平顶，中间升起建第二层，二层为汉式十字脊。经堂和殿堂内主供释迦牟尼佛、莲花生大师、吉祥天女、宝帐怙主、旃檀木雕度母和西藏萨迦五祖等，有各类铜制镏金或木雕佛像3400多尊。珍藏有《甘珠尔》和《丹珠尔》等各种经典数万卷。另有八思巴所赠释迦牟尼唐卡、旃檀度母像及相传为扎武百户的祖传宝刀等许多珍贵文物。

　　寺院建筑于"文革"时被毁。1980年在原址重建两座大经堂及部分僧舍。2010年的地震中，寺院建筑受到严重损毁，基本倒塌，并有数名僧人不幸遇难。震后重建工程中，结古寺修复了经院、殿堂和僧舍，还完成了震前开工的大经堂扩建工程。

新建大经堂

玉树藏族自治州

新建僧舍建筑群

依山而建的结古寺

5 当头寺

Dangtou Lamasery

文物级别	省级
开放方式	免费参观
地 址	玉树市巴塘乡当头村
年 代	清
推荐指数	★★★★

当头寺全名为当头大乘如意法帐寺，位于玉树市巴塘乡当头村所在的拉娘侧山腰，为萨迦派寺庙。寺庙始建于元朝，西藏萨迦派喇嘛亚丁更嘎松保来此传教，兴建当头寺。清康熙年间左右当头寺迅速扩展，

当时寺中僧众多达200人，并将今四川石渠县境内的须拉寺、邦岭寺、拉居寺和西藏昌都地区的萨沟寺吸纳为当头寺子寺。

寺庙处在山势转弯处，依山势由高至低由静而动排布建筑，错落有致。南麓有传为文成公主入藏时期所留的嘛呢石堆。寺院建筑由大经堂和一些附属殿宇、佛学院等组成，主体建筑大经堂位于全寺中心，其他殿宇门舍围绕大经堂，形成一个接近方形的建筑群。

清末光绪年间地震时建筑有所损毁，后在现址重修。"文革"时期关闭，1985年批准开放，得到了第二次发展。现有僧人150余人，是玉树地区规模最大的萨迦派寺庙之一，至今香火旺盛。寺庙内部设施比较现代，各类文物均有保险柜妥善安置。

大经堂正立面

嘛呢石堆

6 龙喜寺

Longxi Lamasery

文物级别	省级
开放方式	免费参观
地　址	玉树市下拉秀镇
年　代	清
推荐指数	★★★★

　　龙喜寺位于下拉秀镇政府西，由玉树州城南下囊谦县干道214国道旁。始建年代不详，原为苯教寺院，相传在公元842年，僧人拉隆·贝吉多杰刺杀吐蕃赞普达玛后曾在此活动。西藏佛教后弘期时改为噶举派。

辩经学院

佛学院大门

佛学院

精美的塑像

玉树藏族自治州

18 世纪中叶又改为格鲁派，为称多县拉布寺的子寺。

龙喜寺原建筑被毁，1983 年重建。地势平坦，依国道分列佛学院、经堂、因明学院、辩经学院、药学院等多组建筑群，规模宏大。大经堂平面呈"凸"字型，面积约 1500 平方米，为两层藏式平顶建筑。寺内学者活佛众多，出版有多种菩提道次第修行等佛学书籍，为地区格鲁派大寺。

7 当卡寺

Damkar Lamasery

文物级别	省级
开放方式	免费参观
地　　址	玉树市结古镇前进村
年　　代	宋（始建）
推荐指数	★★★★★

当卡寺位于结古镇东 10 公里，属噶玛噶举派（白教）寺院，寺中转世系统为都穆曲杰活佛。相传当卡寺建于 12 世纪中叶，关于寺院的建立，有一段美好的传说。

其时，第一世都穆曲杰活佛巴查道代受其上师杜松钦巴的嘱咐，至康地结热山区的噶松嘎母山洞修行（今结古镇东），建造寺院。他来到这里的山区，不知去路，偶遇一名叫他结布的老者。老者恭敬地供养一碗牛奶，并带他来到了噶松嘎母山洞。

此山洞位于文成公主入藏时修建的大日如来庙（即今文成公主庙）东侧，山势险峻。巴查道代到达后，在山洞石壁上穿凿石孔垂吊法鼓，再用伏藏法掘出水源，开始在此修行金刚亥母法门。

一段时间后，他修行有成，便开始在附近寻找建寺之地。他到了多地周游观察，但都没有建寺的打算，又再度返回山洞，祈求护法的帮助。不久，一只飞鸟叼走了供奉护法的多玛（以面粉、黏土、金铜等制成的供品），巴查道代尾随飞鸟，到达山洞对面的山谷。在山谷中一状似菩萨憩卧时的心窝位置，有一石头大如房室。飞鸟将多玛放在石头上，霎时佳兆显现，阿塞佛母（护法之一）现身迎接。于是，巴查道代决定在此地建寺。在巨石下方附近，有一片白色泥沼地，白色泥沼在藏语中为"当卡"，即成为此地地名，也作为寺名。

1239 年左右因旧寺被毁，当卡寺迁至今址，建有大经堂和拉让各 1 座。

1958 年至"文革"期间，当卡寺被严重破坏，寺院房舍几近全毁，只残留大经堂下层。

1981 年起，当卡寺得以重整扩建。大经堂的上层得到修复，形成土木结构的二层藏式平顶建筑，面宽七间、进深九间，占地面积 600 平方米。

2003 年，第十八世都穆曲杰活佛开始主持修建佛学院，并于 2005 年正式开学。

2010 年地震后，原建筑被毁，当卡寺再次迁址。目前多处仍在施工。第十八世都穆曲杰活佛新近修筑的上师院位于地势高处，半山腰杂布数间供奉前任活佛遗体的密室。寺庙僧众生活比较现代，通汉语者较多，以金刚舞著称，为噶玛噶举派重要寺庙。

新建经堂

精美雕刻

僧人在空地读经

8 嘎然寺

Garan Lamasery

文物级别	省级
开放方式	免费参观
地　　址	玉树市仲达乡歇格村
年　　代	宋（始建）
推荐指数	★★★★

嘎然寺位于仲达乡歇格村村近侧的道路两侧，依山而建，为格鲁派寺庙。

寺庙原址始建于宋代，在北侧数公里山中，现已无遗存。1980年于现址重建，包括一座大经堂和几处附属建筑。大经堂为典型藏式平顶建筑，共有二层，上有金顶。

建筑群在玉树地震中有重大损毁，山后僧房多处坍塌，甚至掩埋于泥石流中，现仍有废墟遗存。目前已经重建了经堂与十余间僧舍。

寺中有僧众200余人，多不通汉语，生活较为清苦。

大经堂

地震废墟

9 唐隆寺

Tanglong Lamasery

文物级别	省级
开放方式	免费参观
地　　址	玉树市仲达乡唐隆村
年　　代	宋（始建）
推荐指数	★★★★★

唐隆寺位于仲达乡唐隆村颇绕顿山上，"颇绕顿"，意为乌鸦鼻梁。该寺亦称"汤陇寺"，藏语称"唐隆那嘉楞"，意为"解脱尊胜洲"，为藏娘桑周寺之子寺。寺院周围环山，右为森格顿山，后为觉卧松嘎神山，前为念热宁日勒宝山，其中念热宁日勒宝山是当地僧人常来闭关静修的地方。寺院距玉树市和仲达乡较近，交通较为便利。

相传该寺建于元代八思巴在世时期（1235—1280年），为萨迦派（花教）寺院。藏历火龙年（1436年）

唐隆寺所在的山谷

玉树藏族自治州

活佛噶·然江巴·更嘎益西在寺院东侧的明扎岗附近修建了一座佛堂，内供八思巴所赐纯金怙主。后来第五任堪布江贡多杰钦昂文勒巴将其扩建为108柱大经堂，并饰以金顶幢幡。后更嘎·旦贝尼玛为该寺创建五明学院，并沿流经寺院中心的小河岸修建八塔，以防山洪冲毁寺院。

唐隆寺历史悠久，原保存有丰富的文物，如八思巴使用过的马鞍、纯金怙主像、热译师煨桑时用过的称作"贡斯"的勺子、释迦牟尼等七佛舍利塔等。另有大铁锅一口，上铸有"大清道光二十六年丁未正月吉日造成都府上南蒲巴金火匠铸"字样。

该寺创建以来，从不实行活佛传承制，而从经法高深、德高望重的寺僧中选任住持。较出名的有势江衮噶益希、周庆衮噶囊杰、喇嘛扎西群培、江永坚赞、角赛江永坚赞、阿禾江永尼玛、嘎囊文来巴等。

1958年前全寺有寺僧400人，活佛1人，耕地1800亩，牛400头。唐隆寺于1988年11月开放，建有大小经堂及护法殿多处，有寺僧100人，僧舍100余间，建有80根大柱的经堂1座。主要佛事活动与桑周寺一致。地震后重建24柱经堂1座，僧舍15间，僧侣35人，由江永尼玛堪布兼寺管会主任，并主持寺务。

唐隆寺

寺中壁画

10 禅古寺

Taklung Lamasery

文物级别	省级
开放方式	免费参观
地 址	玉树市结古镇禅古村
年 代	明
推荐指数	★★★★ 。

禅古寺位于结古镇东 4 公里，位于一片山地中间的平整地带。"禅古"意为"花石头"，得名于附近一块花色磐石。

该寺始建于 12 世纪，曾为玉树地区名寺，因修建和管护文成公主庙而享有盛誉，属噶举派寺院。后因教派之争而渐趋衰微。14 世纪末在七世噶玛巴秋扎嘉措的关照下恢复，寺内建有大经堂、佛塔、僧舍、佛殿和讲经院等。

目前寺中有一处经堂与多处拉让（活佛府邸）建筑，规模宏伟。大经堂为汉式建筑，共有三层，有两座门廊，通过台阶直通二层。首层为僧人居住，二层为佛堂，三层为护法殿，歇山顶高出外墙。整个建筑装饰较为华丽。

经堂 1

经堂 2

其他建筑和周围山体

11 然吾沟石窟及经堂

Grottoes and scripture hall at Ranwugou Village

文物级别	省级
开放方式	免费参观
地 址	玉树市结古镇然吾沟村
年 代	唐（始建）
推荐指数	★★★★★

然吾沟石窟及经堂位于玉树州城北部山区，此山谷为西北—东南走向沟谷，山岭颇为险峻。现已湮没不存。现存有部分藏传佛教摩崖石刻、观音刻石、风马旗等。村中人对然吾沟石窟和经堂也没有记忆。

12 当旦石经墙及佛塔

Scripture-inscribed stone wall and pagoda at Dangdan

文物级别	省级
开放方式	免费参观
地　　址	玉树市结古镇当代路
年　　代	明
推荐指数	★★★★☆

石经墙

　　当旦石经墙位于结古镇的当代路与玉树河之间，是一片民居中的一处小院。

　　石经墙始建于明代，面积约为100平方米，为木石基础，墙上经幡较多。石经墙东侧建有白塔。白塔底座为四边形须弥座，座上为八边形四层塔座，塔座承接瓶形塔身，塔身上则为十三天宝盖与日月宝珠。整座白塔直接与石经墙相接，在白塔的底座下还有木柱承接，内部建有房屋。白塔与远处山腰处的结古寺相望，饶有趣味。

　　在2010年玉树地震中，白塔与石经墙都被地震摧毁。白塔在震后依照原样重建，当地信众使用原有嘛呢石再次堆筑了整个石经墙。

白塔正面

石经墙和白塔

13 隆宝百户府邸

Baihu's (a government official) mansion at Longbao

文物级别	省级
开放方式	免费参观
地　　址	玉树市仲达乡电达村
年　　代	清
推荐指数	★★★★☆

　　隆宝百户府邸位于仲达乡电达村格日社西70米处的山坡上，始建于清代，曾有六代百户在此居住办公。

　　建筑整体坐北朝南，依山而建，依照地势有上下两个院落，占地面积约1200平方米。较为靠上的院落围绕主体建筑组成，主体建筑高三层，局部有四层，为石木结构的传统藏式碉楼，是百户日常办公的场所。平面为长方形，坐北朝南，面阔八间，长19.2米，进深五间，长14.5米，高11.6米。一层为牢房，中间是楼梯，只有小窗。二层南为厨房，北为储藏室。三层是客厅与卧室，四层只有东侧有一辅助房间，屋顶还设有煨桑台。地势较低的院落为管家与用人的房间，院门朝东，有主楼、西配房与北配房。

隆宝百户府邸全景

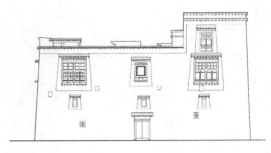

东立面图

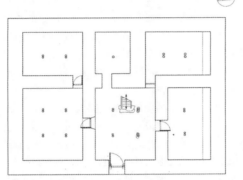

一层平面图

剖面图

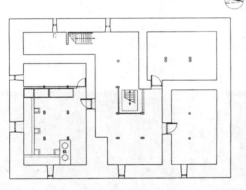

二层平面图

窗户细部

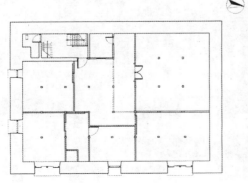

三层平面图

室内

玉树藏族自治州

14 然格寺

Range Lamasery

文物级别	省级
开放方式	免费参观
地　　址	玉树市小苏莽乡江西村然格卡社
年　　代	清
推荐指数	★★★★★

　　然格寺位于玉树市最南端的小苏莽乡江西村约20里处的然格卡社的一处山坡上，距离玉树州首府结古镇大约200公里。然格寺东临珍那山，南望然帮山，西邻贡多当泽山，北依叶然拉泽山，寺院周边群山环绕，植物茂盛，仿佛坐落在一朵莲花之中。据文献记载，此地为金刚亥母的圣地。

　　寺院创建于1617年，创始人差钦活佛是噶举派的支系竹帕噶举派的著名学者康巴噶玛丹培的弟子，至今已经传承八世活佛。整个建筑群占地面积2706平方米，以桑珠颇章大经堂为中心，随山势起伏自由布置，层次有致，大经堂周围有新大经堂、空载佛塔、普巴护法殿、转经筒殿、阎王护法殿等大小不一的殿堂，还有37座藏式传统僧舍，以及各类佛塔与擦擦房。另外，目前还在围绕大经堂建设接待房、大厨房以及僧舍。

　　大经堂于创寺初年建成，是一座三层石木结构楼房，大殿坐北朝南，南北长23.05米，东西宽18.27米，高13.44米。共计三层，逐层收分，是藏式平顶建筑。

　　殿前有抱厦，抱厦面阔二间，进深一间，前檐墙正中设一道板门，由这道板门进入前厅。

　　前厅面阔三间，进深二间，中间有两根立柱，是进入经堂前防寒保暖的过渡空间。前厅两侧的墙壁上绘有模糊不清的壁画，柱头有彩画。前厅西侧为一间储藏间，东侧为楼梯间，在南墙上开有小窗。前厅北墙正中板门进入经堂。

　　经堂面阔五间，进深四间，共有12根木柱，北侧中央4根木柱直通二层。经堂内通高的部分有高侧窗，室内十分明亮。经堂两侧立有经柜，北侧供有佛像。经堂内墙壁上的壁画为明代文物，其内容以千尊莲花生大师画像为主，线条流畅，色彩明快，带有明代早期康藏地区宗教绘画的特点，是然格寺最有价值的文化遗存。经堂内供奉有释迦牟尼、莲花生大师、护法尊神、竹巴噶举祖师等几十尊塑像，以及上百卷经书，另有许多唐卡、法器等。

　　从前厅东侧的楼梯间向上攀登，是一个二层通高天井。天井上方有采光口，北侧中间为下层经堂的高窗，装饰华丽。天井南正中设有一门，内有通道，左右设储藏间，通道南又有一道板门，进入正中靠南的一间大阅经室。该室面阔三间、进深二间，中间两根木柱雕刻精美，尚有彩绘。大阅经室两侧各有一个房间，东侧为高僧居所，西侧为护法神殿。

　　再从二层天井东侧楼梯上至三层平台，前半部分为天井，后半部分为屋舍。三层天井有回廊环绕，回廊墙壁外侧为大经堂边玛草。自楼梯间西侧通向一处

然格寺全景

大经堂

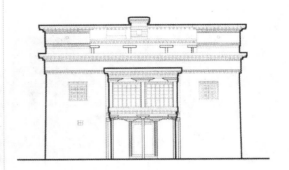

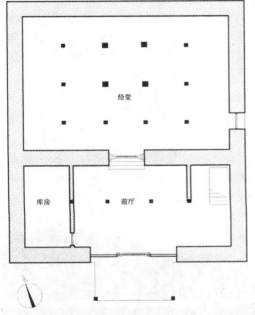

大经堂平面图

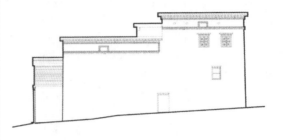

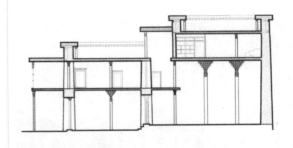

大经堂立面和剖面图

普巴护法殿

普巴护法殿内门廊木构细部

宽敞的廊道，廊道顶端通往诵经室。诵经室分为南北两间，南部诵经，北部为护法神殿。廊道西侧有厨房，东侧为闭关修行的房间。

大经堂在"文革"中被用作大队的仓库，没有受到"破四旧"的影响，是玉树地区少有的保存至今的古建筑。

玉树藏族自治州

称多县

15 尕藏寺

Gazang Lamasery

文物级别	省级
开放方式	免费参观
地　　址	称多县称文乡尕藏贡巴村
年　　代	元
推荐指数	★★★★★

尕藏寺位于称文乡境内，距县城5公里。尕藏寺藏语称"尕藏班觉楞"，意思是"善缘富乐洲"，是称多境内历史最久、规模最大的萨迦派寺院。

相传元世祖至元二年（1265年）八思巴返藏时，在玉树地区讲经灌顶，在嘎哇隆巴（今称文乡）讲经灌顶，聚信徒一万余众。由此，嘎哇隆巴更名为"称多"，并在上庄接收一名弟子阿尼当巴·哀噶扎巴。三年后阿尼当巴创立尕藏寺，并在八思巴讲经的地方修建"百玛尕宝"坐台，以示纪念。把八思巴赠送的释迦牟尼像一尊、以金银汁写于黑纸上的全套大藏经、50厘米高的合金梵塔一座、九尖摇玲一个，供在寺内。此后，八思巴曾向该寺颁赐命书一道，命书以蒙、汉、藏三种文字写于锦

缎之上，要求当地居民向寺院贡纳酥油、黄金、青稞、牲畜等，规定任何人不得侵犯寺院，并赐给阿尼当巴主管当地政教的象牙章和白檀木章。当时的尕藏寺规模宏大，据传从现在的称文乡钟松庄一直修到峨莱山，寺僧多达1900余人。八思巴去世后，阿尼当巴还任过元朝帝师，云游萨迦、五台山等，声势显赫。

尕藏寺于清代后期衰落。1958年尚有经堂4座，小型殿堂4座，拉让6处，寺僧降至80人，活佛2人。"文革"期间寺院全部建筑被拆毁。1982年重建，再兴法事。

现该寺主要建筑有大经堂、尕钟经堂、千佛殿、释迦牟尼殿、护法神殿、夏日经堂、闭修殿等，并有八宝塔等9座塔。经堂坐北朝南，面宽七间，进深五间，石木结构二层藏式平顶建筑。经堂存有明代壁画。

该寺原藏文物甚为丰富，如唐王朝赠送吐蕃的释迦牟尼佛像、明永乐年间所铸妙金刚菩萨像、明宣德年间所造铜钹、清乾隆年间所铸无量寿佛像，以及历代中央王朝所颁锦缎封号等，皆有极高价值，惜均焚毁。现尚存八思巴宝座、阿尼当巴功法牌一块，另供有传说迎自印度的佛舍利一粒及僧舍利多粒，珍藏《甘珠尔》《丹珠尔》等佛经一千余部。

尕藏寺

尕藏寺大殿

16 赛达寺

Saida Lamasery

文物级别	省级
开放方式	免费参观
地　　址	称多县歇武乡下赛巴村
年　　代	元
推荐指数	★★★★★

大经堂

赛达寺亦称"下赛巴寺",是相对于同在歇武乡的"上赛巴寺"而言,"上赛巴寺"即赛甫寺,为赛达寺子寺。赛达寺初为苯教寺院,在元世祖至元六年(1269年),由帝师八思巴改宗为萨迦派寺院,并赐寺额"大乘昌隆寺"。

该寺在历史上曾多次搬迁,1983年迁到现址。

20世纪50年代时,寺中有经堂1座,僧房80间,寺僧70人,活佛2人。后经"文革"动乱,1984年重新开放。现建有大经堂1座、护法殿、佛塔、僧舍等。其大经堂重建于1999年,面积200平方米,高20多米。

民族宗教文化展览馆

八塔下的转经廊

17 拉布寺

Labgdon Lamasery

文物级别	省级
开放方式	免费参观
地 址	称多县拉布乡
年 代	明
推荐指数	★★★★★

拉布寺位于拉布乡拉司通学群沟口的嘉日僧格昂却山山麓。"嘉日僧格昂却山"意为"狮子跃空山"。拉布寺藏语称"嘎登郭囊谢舟派吉楞",意为"具喜显密讲修兴旺洲"。拉布寺周边有三座神山,包括附近的格拉山,寺后的叶热公嘉山,寺前的玛嘉山。

明代以前,拉布寺址所在为一座萨迦派小寺。明

永乐年间,宗喀巴弟子代玛堪钦·元登巴奉师命来今称多县地区传教建寺,于拉司通学群沟口选定寺址,兴建一座格鲁派寺庙。永乐十六年(1419年),在当地拉布头人尼玛本的协助下,代玛堪钦改建原有萨迦派小寺,新建一座经堂,另有僧舍6间,形成拉布寺,有十余僧众。据传,宗喀巴在寺院初建之时曾赠自己的头发、衣饰等作为佛像的装藏物,并赐一尊度母像。永乐皇帝赐给护法神像和禅杖等法器。

寺院建成后,代玛堪钦以此为核心在玉树地区进行宗教活动,很快扩大了影响,将玉树县直贡噶举派的嘎拉寺与让娘寺改宗格鲁派,成为拉布寺的子寺。代玛堪钦晚年又到今海西州的都兰县和四川石渠县活动,进一步扩大格鲁派的影响。

清道光年间,该寺活佛吉热多杰进京觐见清朝皇帝,得到丰厚赐赠,还被任命为拉布族百户,管理当

佛殿

山上的佛殿

玉树藏族自治州

地一切政教事务。清同治三年（1864 年）清朝敕赐一块小金匾。同治十二年（1873 年），西宁办事大臣锡英又赐"普济寺"匾额。拉布寺此时达到鼎盛时期，为玉树县最大的格鲁派寺庙，有 18 座子寺。除嘎拉寺和让娘寺外，还有称多县的邦布寺、赛航寺、卡纳寺、休马寺，玉树县境内的刚拉寺、龙喜寺，都兰县的仁乃寺（亦名切贡寺），四川石渠县的石渠寺、嘎伊寺、巴热寺、邦尼寺、本萨寺、木改寺、巴达寺、群科寺等。

该寺 1955 年时有大小殿堂 21 座，僧舍 120 院，寺中有僧众 550 人，活佛 15 人。后建筑被毁，1983 年后重建经堂僧舍。现有经堂、佛堂、学堂、白塔等建筑，还有一座园林。经堂为藏式二层建筑，上有金顶，位于叶热公嘉山山腰，俯瞰山下僧舍。

转经回廊

18 群则寺

Qunze Lamasery

文物级别	省级
开放方式	免费参观
地　　址	称多县珍秦乡察玛村
年　　代	宋（始建）
推荐指数	★ ★ ★ ★ ★

群则寺位于珍秦乡察玛村东南角的澜沧江边缘。始建于宋代时期，传说一位叫仲松三华喔嘱代的游方僧来此建静房修禅。此后先后有 12 位僧人曾在此常年闭关修炼。

14 世纪初，该寺在第一代活佛阿巴多杰扎巴修禅静房的基础上兴建经堂、僧舍，始具寺院规模。1958

塔

年前统计时有大小经堂 3 座，僧房 100 余间，土地 150 余亩，寺僧上百人。"文革"期间寺庙被毁，1983 年寺庙开始重新修建。现已建一座经堂与 20 余间僧舍。

群则寺闭关中心

19 卓木其格秀拉康及藏式碉楼群

Gexiu Lhakhang Lamasery and Tibetan-style barbi-
cans at Zhuomuqi Village

文物级别	省级
开放方式	免费参观
地 址	称多县尕多镇卓木其村
年 代	明
推荐指数	★★★★★

卓木其格秀拉康坐落在噶觉悟神山的东南侧与通天河的西北侧，当地称格秀拉康，卓木其为地名，意为"人多而大的村庄"。

卓木其格秀拉康为一座长方形的一层建筑，转经筒和白塔环绕分布在建筑周边。内部为木石结构，面积较大。经堂两侧的墙壁上有保存完好的明代壁画，造型优美，线条流畅，壁画上的堆金时至今日依然闪闪发光。

格秀拉康元代以前为一座苯教寺庙，随着藏传佛教的传播改为佛教寺院，但是时至今日这里仍然并存着苯教与佛教的两种祭祀传统。寺院周围的信众在每年农历三月二十二日在此举行法会向山神祈福，这一祈福仪式源于苯教的传统，本是要宰杀牲畜。藏传佛教传来后，祈福仪式的流程依然保留，只是祭祀之物改为了羊毛、棉麻等扎制成的偶像。两种宗教在民众的日常生活中得到了结合。在祭祀之后，村民将面粉和炒面撒向对方，如同傣族的泼水节，代表着祝福与对未来生活的祈福。

周围的藏式碉楼群为典型的称多民居，石砌外墙，平顶泥背。大多为三层，一、二层为正方形，第三层为"凹"字形平面，南向为一个小阳台。墙体材料为就地取材，自山脚下风化的岩石采集搬运，并切割成合适的大小建造而成。砌石时将较为平整的一面对外，用草泥固定石块，并用碎石片填充缝隙，使墙体更加稳固。碉楼的一层为牲畜圈和库房，一般没有窗户，只有一些透气的门洞。二层为子女住房，窗户较小，设有防止雨雪进入的窗檐。三层中间为阳台，两侧为佛堂和老人住房。

卓木其格秀拉康内部

壁画

卓木其格秀拉康外部

玉树藏族自治州

20 布由藏式碉楼

Tibetan-style barbicans at Buyou Village

文物级别	省级
开放方式	免费参观
地　　址	称多县尕朵镇布由自然村
年　　代	明、清
推荐指数	★★★★★

布由藏式碉楼群位于尕朵镇通天河北岸的布由村东部。该环境优美，毗邻通天河与藏传佛教四大神山之一的噶觉悟神山。村内民居多为土石建筑，各有特色，其中以布由藏式碉楼最为醒目。

布由碉楼属典型的石木框架结构藏式古建筑，建筑总面积600多平方米，共有三层。其外观下部宽，顶部窄，大体呈梯形，并依地形坡度按阶梯型建造。每层都有通到外面的独立的大门。共有房间40余间，每层楼都有做饭用的土灶而且保留完整，内部结构复杂而有序，房间功能设置井然有序，有储粮室、储盐室、储茶室、马厩、草料房、工具房、客房、厨房、藏经阁、佛堂、卫生间等，还有酸奶加工房和磨坊。建筑居高临下视野开阔，非常易于观察周围的情况，设有很多观察瞭望口。

布由藏式碉楼内现在依然有人居住。但由于年久失修和自然气候的影响，碉楼目前的损毁程度比较严重。墙体多处裂缝，地基逐渐塌陷，特别是底层一些阴暗潮湿的房间。目前称多县已经对碉楼开展了修复工作。

治多县

21 贡萨寺旧址与宗喀巴大殿

Site of Gongsa Lamasery and Tsongkhapa Hall

文物级别	国家级
开放方式	免费参观
地　　址	治多县立新乡和多彩乡
年　　代	宋始建
推荐指数	★★★★★

贡萨寺旧址位于立新乡贡萨村，东临龙雍容沟，南面贡宁拉山，西有贡萨热措山，北有通天河。由仲·秋吉次成邦巴创立于12世纪末。仲·秋吉次成邦巴是噶举派四大支派之一的巴绒噶举派创始人拔达玛旺秀的心传弟子，是贡萨寺活佛秋吉的第一世。该寺初建时只有四根柱子的经堂，由于帕尤秀地区有一座江让寺，故称该寺为"贡萨寺"，意为"新建的寺院"，相对于旧寺江让寺而言。后第二世秋吉活佛扩建寺院并改宗为直贡噶举派。到了17世纪中叶，第九世秋吉活佛更却旦增即在世时，五世达赖喇嘛进京途中在帕尤秀地区传法灌顶，贡萨寺院在五世达赖的倡导下改宗格鲁派，赐寺名为"贡萨朋措香巴岭"，意思是"新寺圆满弥勒洲"。

旧址包括大经堂、弥勒佛殿（强巴佛殿）、拉章与百户邸等建筑，围绕多处僧舍佛殿。由于在"文革"

旧址全景

中受损严重，大量建筑被毁，文物丢失。于是，1981年由旧址迁至新址，距治多县县治以西9公里的多彩乡嘉吉阿尼尕保山南坡的山脚下。从旧址遗迹中可以看到，这些建筑都是以青石立基，再用夯土塑造墙体。这些建筑如今已是断壁残垣，很多建筑已经布满了杂草，在群山环抱中更显得苍茫肃穆，如同一座尘封千年的古城。

在新址重建的寺院规模更为宏大，寺内现有大经堂、弥勒佛殿、密宗护法神殿、转经筒殿、宗喀巴大佛殿、第十九世秋吉活佛的灵塔殿，另有新建的大小殿堂9座、晒佛台1座、八宝如意塔2座、长寿塔2座、天葬台1座、活佛行宫一座、大厨房与接待中心各一座，还建立了藏医门诊及小学等公益事业设施。整个建筑群层层叠落，围绕中央的宗喀巴大殿展开。宗喀巴大殿建于1992年，高9层共33米，建筑面积700多平方米，外观有九层窗洞。内有宗喀巴持寿铜制镀金巨像，高27米，佛像内装有大量的经文和珍贵法物。宗喀巴大殿也被列为全国重点文物保护单位，还被收录进入吉尼斯世界纪录。

旧址的强巴佛殿遗址

新址全景

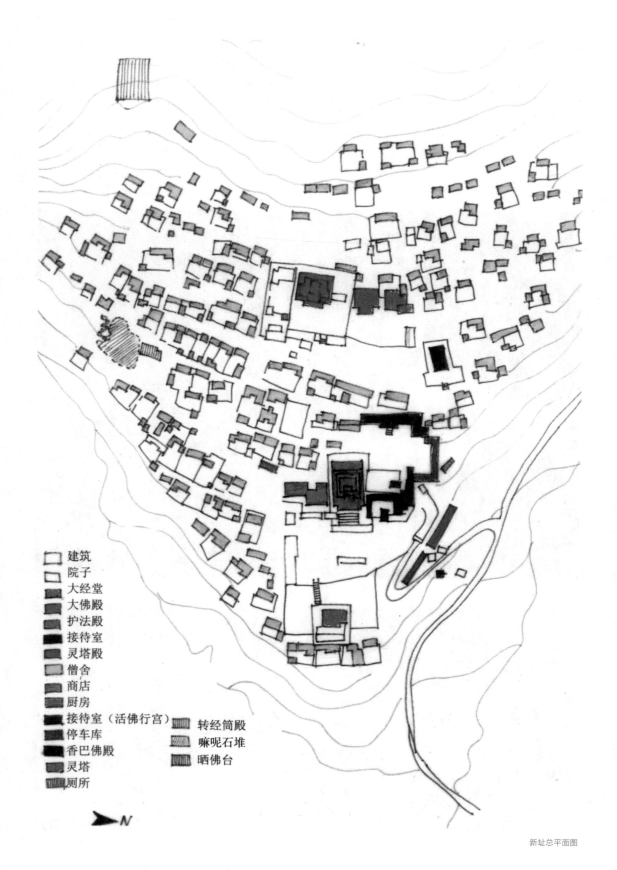

建筑
院子
大经堂
大佛殿
护法殿
接待室
灵塔殿
僧舍
商店
厨房
接待室（活佛行宫）　转经筒殿
停车库　　　　　　　嘛呢石堆
香巴佛殿　　　　　　晒佛台
灵塔
厕所

N

新址总平面图

515

宗喀巴大殿

肉身舍利塔

22 岗察寺

Site of Guge Kingdom

文物级别	省级
开放方式	免费参观
地　　址	治多县多采乡
年　　代	清
推荐指数	★★★★★

岗察寺亦称"纲擦寺""贡萨寺"。岗察寺在清代改宗格鲁派后，被当地人称为"贡萨"，即为藏文中"新寺"的意思。位于县城西南 31 公里处，在今岗察乡南偏东 6.5 公里的色格隆洼沟南面山坳，为文都寺赛卡活佛所辖寺院，属格鲁派。

岗察寺所在的部落原有夏月、觉东和岗察 3 座格鲁

振寺院，合称为"夏觉岗松"，其他两寺分布在今曲麻莱县境内，岗察寺则位于治多县的一处平坦山谷。寺内现有一座大经堂，堂内有 123 根木柱，气势宏伟。以此大殿为中心，还有小经堂两座，并列经堂、厨房、佛学院各类建筑，前有活佛讲经广场。寺中僧舍多达 70 余处，寺僧有 150 余人，活佛 2 人，为当地格鲁派首寺。

寺主为秋吉活佛，1929 年生，西藏人，现任玉树藏族自治州人大副主任、州政协委员。岗察寺自 1981 年批准开放以来，积极发展，逐渐积累庙产，在玉树的多次自然灾害中起到了赈济灾民的作用。寺里还设有食堂一处，接待过往群众。同时，该寺纪律严明，对本寺僧侣在遵守寺规律戒和学经方面要求十分严格。

岗察寺地处旷野，风急天高，配合格鲁派黑白布幔，显得十分肃静严整。

玉树藏族自治州

23 江欠甘珠尔石经墙

Jiangqian Kangyur scripture-inscribed stone wall

文物级别	省级
开放方式	免费参观
地　　址	治多县治渠乡江欠村
年　　代	宋（始建）
推荐指数	★★★★★

　　江欠甘珠尔石经墙，又被称为江欠甘珠尔石经城。始建于宋朝末年，后几经流失破坏，只剩下《甘珠尔》石经开头部分的石刻文字收藏在民间。后来，有两位名叫宗巴江丹和凯秋的部落头领后裔根据《甘珠尔》层文排列的顺序重建了石经墙，把石经墙分成了三条界线，三条界线上各放上了不同的经文。其中，上下界线分别放置《甘珠尔》石经或石刻佛像，而在中间界线上，宗巴江丹和凯秋两人最先刻放进了一部分《甘珠尔》经文。1954年前后，在当地百姓宗举·赤沟百户达秋的呼应下，当地民众和各界人士纷纷参与恢复修建大石刻《甘珠尔》经文。当时，根据家庭经济情况的不同进行了分配，富裕的家庭各分配一部《甘珠尔》经文，其次的两家一部，然后三家一部，四家一部，到最后的贫困牧民每家10张或20张《甘珠尔》经文不等。此次修复花了长达三年的时间，直到1957年才完成。

　　"文革"期间，江欠甘珠尔石经墙又遭到了严重破坏，大量石刻《甘珠尔》经文被用于建造马圈、牛圈、羊圈和炉灶等。直到"文革"结束后，经政府批准，当地百姓和县城各界人士经十几年的修复和建造，现在只恢复到原来的一半。现经文城东西长273米，南北宽25米，有石刻经文约6000多万字。

囊谦县

24 格萨尔三十大将军灵塔和达那寺

Pagodas to the thirty generals of King Gesar and Tana Lamasery

文物级别	国家级
开放方式	免费参观
地　　址	囊谦县城150公里的达那山山腰
年　　代	3—4世纪
推荐指数	★★★★★

　　格萨尔三十大将军灵塔和达那寺，位于距囊谦县城150公里的吉曲、尕水、吉尼赛三乡交界达那山。达那山意为马耳山，因为此山状似马耳。达那寺位于此山山腰的丛林中，远观如同悬挂在半空当中。

　　达那寺大约始建于三四世纪，原为一座苯教寺院。为与印度格本日地方的达那寺相区别，此寺也称"北部达那寺"。1171年，帕木竹巴弟子桑结叶巴·伊西则于喀木（昌都地区）建成叶巴寺，并创立了叶巴噶举派。南宋淳熙十五年（1188年），伊西则到囊谦地区传法，将达那寺改为叶巴噶举派寺院。当时达那寺建筑规模宏大，鼎盛时期有寺僧300余人，还辖有今囊谦县尕永乡的嘎扎西寺、吉曲乡的叶文寺和赛佐强寺等。

　　寺庙主体建筑为大经堂，石木结构，高22米，占地44平方米，共有二层，为藏平顶式建筑。经堂内供奉一尊高约9米的格萨尔和其部将吉本和贾察塑像，还有传为格萨尔的毡帽、盾、头盔、铠甲等。寺中还有帕木竹巴灵塔殿一座、叶巴殿、僧舍等建筑。此外，还有一座叫尕乌拉康的修行宫殿，是寺中现存最古老的建筑。据说，当年与藏族历史上第一座宫殿雍布拉康齐名。

　　寺内灵塔即为格萨尔三十大将军之灵塔，塔形均为噶丹式（一种藏式塔）。灵塔群造型雄伟，是青藏地区藏式灵塔中布局最大的一种"群组式灵塔"。在建筑形式上保留了唐代晚期藏式灵塔营造风格及建筑艺术，是印度佛塔与藏地佛塔的一种中间形态，属于藏传佛教建筑中的典型代表。根据碳14测定，灵塔应为北宋至南宋时期建立。灵塔分为北区和南区，北区有24座灵塔，南区有7座灵塔，共31座。最大的灵塔为格萨尔王灵塔，高5.5米，其余灵塔根据长幼尊卑，大小各有不同，最小的仅有几十厘米。塔内的30多种擦擦是宋代遗物，非常精美。

　　格萨尔王是藏族传说中的伟大君主，相关故事都出自藏族口口相传的史诗《格萨尔王传》中。故事叙述藏区天灾人祸遍地，神子推巴噶瓦发愿转世，做黑发藏人的君王。自出生之后东征西讨，降服了北方的妖魔，还战胜了周围的侵略者，并将整个藏区归于统一。由于传播的过程中，藏族艺术家不断对《格萨尔王传》进行加工，《格萨尔王传》是世界上最长的一部史诗。从当前已经搜集到的资料看，《格萨尔王传》有120多卷、100多万诗行、2000多万字。同时还是藏区各种艺术形式的创作源泉，包括唐卡、藏戏等传统艺术中对格萨尔王的故事不断传唱。故事中将藏区称为"岭国"，达那寺的三十座灵塔，即为岭国三十大将的灵塔。

"文革"期间，达那寺古建筑及文物遭到了严重的烧毁和破坏，但目前仍保留了一部分文物和古建筑。

格萨尔王及其三十大将军灵塔群保存较为完好。然而由于自然原因，达那寺和灵塔群缺乏必要的修缮保护，寺院和灵塔群均存在屋面渗漏、椽木糟朽、梁架歪闪、墙体开裂、地基下沉的问题，个别灵塔残损严重，面临坍塌的危险。为此，青海省玉树州已经决定对格萨尔三十大将军灵塔和达那寺进行抢救性保护。

达那寺全景

玉树藏族自治州

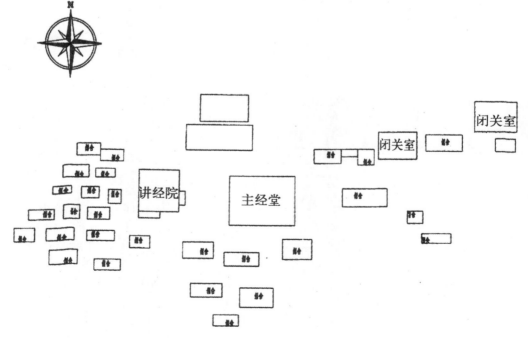

达那寺总平面图

518

三十大将军灵塔

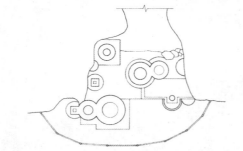

三十大将军灵塔南区平面图

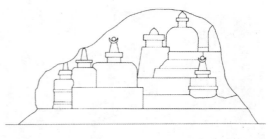

三十大将军灵塔南区立面图

三十大将军灵塔北区平面图

三十大将军灵塔北区立面图

25 嘎丁寺

Gading Lamasery

文物级别	省级
开放方式	免费参观
地　址	囊谦县毛庄乡
年　代	明
推荐指数	★★★★★

　　嘎丁寺位于毛庄乡东南 10 余公里，在澜沧江上游大拐弯处的一处高地上，澜沧江上游的子曲河边。

　　该寺始建于明嘉靖十四年（1535 年），初奉宁玛派。原名"彭措热顶楞"，意为"圆满永固洲"。清顺治九年（1652 年），五世达赖罗桑嘉措从北京回藏，途经玉树，改为格鲁派寺院，名为"嘎丁佛教定胜洲"。亦称"尕旦寺"，藏语称"孜苏莽嘎丁图登乃勒楞"，意为"孜苏莽的具喜佛教定胜洲"。康熙末年，七世达赖也曾到过此寺。20 世纪 30 年代，由于该寺归属问题，青藏之间一度发生战争，并于 1933 年 4 月 10 日签订和约，寺归青海。

　　寺院原有玉树地区的苏莽、姜西、尕却，荣多和昌都地区的蒙达等香火村庄。1958 年前，曾有一座三层高的大经堂，共有 48 柱；还有一座怙主殿，只有 3 柱；另有宁玛派经堂 2 座，均为 8 柱。当时有僧舍 300 余间，寺僧约 300 人，3 位活佛。"文革"期间寺院被损毁，1985 年 9 月批准开放，现寺僧定员 30 人，实有 50 人，由活佛陈列更松主持寺务。

26 藏式碉楼建筑群

· Tibetan-style barbicans

文物级别	省级
开放方式	免费参观
地 址	囊谦县白扎乡东日尕村
年 代	清
推荐指数	★★★★★

　　囊谦藏式碉楼位于一个叫做"东日尕"的村庄。"东日"在藏语中意为"东家居住的地方"，这个"东"家的先祖，传说是格萨尔王手下30员大将之一的东·白日尼玛江才，他的后人世世代代居住在这里，碉楼就是这个家族的家宅。

　　东日碉楼原有四层，下层为夯土结构，上层为石木结构，墙体采用土块与梁柱共同受力的方式支撑起上层房屋。据玉树文管所的调查，原有46间房屋，其中大经堂规模宏大，面积约为110平方米，为两层结构，下层暗室，上层佛堂。据说，东日碉楼的佛堂是为了收藏一部具有千年历史的大藏经所建造的，这部大藏经是用金银、朱砂等贵重材料制成，为东氏家族先祖所藏。整个碉楼即围绕经堂建造，经堂西侧为平台，平台南北为居住用房，平台下为牲畜圈。碉楼西侧还有一不规则院落，南侧开门，由石阶与村落相连。

　　东日碉楼目前坍圮严重，原有供拴马、杂物堆放、朗生（奴隶）生活等使用的一层遗址尚在，而其上的木质顶板、支撑柱等已经被撤去，堆置在一侧。碉楼主体夯土部分尚完整，而内部木结构已经坍塌，无法进入。而碉楼中原藏有的如意塔、转经筒、大将的宝座、奠基石、格萨尔王曾用过的弓箭等珍宝更是早已不知去向。残存的木制柱头和土石墙体，勉强流露出昔日的辉煌，对来往路人诉说格萨尔王麾下大将的传奇故事。

残留柱子雕刻细部

碉楼残迹

520

残留窗户细部

残留雕刻

27 东囊喇钦寺

Dongnang Laqin Lamasery

文物级别	省级
开放方式	免费参观
地　址	囊谦县东坝乡吉塞村西2公里处
年　代	明、清
推荐指数	★★★★

东囊喇钦寺位于东坝乡吉赛村尼达卡吉曲河西南岸，亦称"东那拉青寺""东囊拉庆寺"。元仁宗延祐五年（1318年），由仁巴洛同多杰创建，初为巴绒噶举派，后于清康熙年间改奉噶玛噶举派。

1980年批准开放，现存有326平方米、二层石木结构的藏式平顶大经堂（内有151平方米的宗教壁画），100平方米的护法殿，488平方米的闭关院，1349平方米的讲经院等几处古建筑，均保持着原有的建筑布局和内部空间结构，建筑风格和布局极具特色，保存较为完整。

杂多县

28 吉日沟古塔

Ancient pagoda at Jirigou

文物级别	省级
开放方式	免费参观
地　址	杂多县昂赛乡年多村二社
年　代	宋（始建）
推荐指数	★★★★

位于澜沧江上游的昂赛乡有一片300余平方公里的白垩纪丹霞地质景观，于2015年被科考人员发现，此后吸引了大批游客前往游览。在这片壮丽的自然景观中，还有许多历史悠久的人文景观，位于吉日沟巴艾贡色寺内的古塔就是其中之一。

古塔修建于一处巨大的天然洞穴中，已有700多年历史。古塔塔基由石块垒砌，塔身由土块垒砌，外由高山柳编织绳缠绕固定，塔顶由木封顶。在涂有泥浆的塔上面，绘有色彩古朴清晰、线条明快流畅的千佛像和护法神画像。但古塔因年久失修已经垮塌，旁边有一座同等大小的新修佛塔。

巴艾贡色寺内还有古壁画、螺旋石、天柱石、日月洞、梵文石刻等历史文化遗迹。

玉树藏族自治州其他主要文物保护单位列表

文物点	级别	类型	年代	地址
贝大日如来佛石窟寺和勒巴沟摩崖	国家级	石窟寺及石刻	唐	玉树市巴塘乡勒巴沟内
杂涅墓群	国家级	古墓葬	唐	玉树市结古镇
玉树古墓群	国家级	古墓葬	唐	玉树市、治多县、称多县
囊谦千户府邸遗址	省级	古建筑	明、清	囊谦县吉曲乡山荣村

参考文献

[1] 宿白.藏传佛教寺院考古 [M].北京：文物出版社，1996.
[2] 西藏建筑勘察设计研究院主编，木雅·曲吉建才编著.神居之所：西藏建筑艺术 [M].北京：中国建筑工业出版社，2010.
[3] 国家文物局 主编.中国文物地图集·西藏自治区分册 [M].北京：文物出版社，2010.
[4] 徐宗威 主编.西藏古建筑 [M].北京：中国建筑工业出版社，2015.
[5] 西藏建筑勘察设计研究院、中国建筑技术研究院历史所主编.布达拉宫 [M].北京：中国建筑工业出版社，2011.
[6] 西藏建筑勘察设计研究院主编.大昭寺 [M].北京：中国建筑工业出版社，2011.
[7] 群培.拉萨市藏传佛教寺院 [M].拉萨：西藏人民出版社，2010.
[8] 何周德.小昭寺古今谈 [J].西藏研究，1992 (12):144-147.
[9] 谭雪露、周露.西藏色拉寺的空间形态及其形成因素 [J].中华建设，2016.
[10] 达瓦.古城拉萨市区历史地名考 [M].北京：社会科学文献出版社，2014.
[11] 廖东凡.拉萨掌故 [M].北京：中国藏学出版社，2014.
[12] 何周德，索朗旺堆.拉萨药王山摩崖造像浅说 [J].西藏研究.1985（4）.
[13] 索朗旺堆，张仲立.乃东县文物志 [M].西藏自治区文物管理委员会，1986.
[14] 索朗旺堆，何周德.扎囊县文物志 [M].西藏自治区文物管理委员会，1986.
[15] 索朗旺堆，康乐.琼结县文物志 [M].西藏自治区文物管理委员会，1986.
[16] 土登朗嘎，强巴次仁.桑日县文物志 [M].西藏自治区文物管理委员会，1992.
[17] 索朗旺堆，霍巍.错那隆子加查曲松县文物志 [M].西藏自治区文物管理委员会，1993.
[18] 杨嘉铭，赵心愚，杨环.西藏建筑的历史文化 [M].西宁：青海人民出版社，2003.
[19] 陈耀东.中国藏族建筑 [M].北京：中国建筑工业出版社，2007.
[20] 西藏自治区文物保护研究所，哈比布.西藏古建筑测绘图集·第一辑 [M].北京：科学出版社，2015.
[21] 张亚莎.11 世纪西藏的佛教艺术：从扎塘寺壁画研究出发 [M].北京：中国藏学出版社，2008.
[22] 罗文华，格桑曲培.贡嘎曲德寺壁画：藏传佛教美术史的里程碑 [M].北京：故宫出版社，2015.
[23] 绛求坚赞.朗氏家族史 [M].拉萨：西藏人民出版社，2002.
[24] 李群.青海古建筑 [M].北京：中国建筑工业出版社，2015.
[25] 国家文物局.中国文物地图集·青海分册 [M].北京：地图出版社，1996.
[26] 杨应琚.西宁府新志 [M].台湾：文海出版社，1966.
[27] 张雨.边政考 [M].台湾：台湾华文书局，1968.
[28] 张生寅，杜常顺.青海历史 [M].北京：民族出版社，2014.
[29] 蒲文成.甘青藏传佛教寺院 [M].西宁：青海人民出版社，1990.
[30] 蒲文成.青海佛教史 [M].西宁：青海人民出版社，2001.
[31] 韩德明.青海省清真寺概览 [M].兰州：甘肃人民出版社，2014.
[32] 西宁东关清真大寺志编纂委员会.西宁东关清真大寺志 [M].兰州：甘肃文化出版社，2004.
[33] 杨贵明.塔尔寺建筑艺术史 [M].北京：民族出版社，2015.
[34] 马成俊.热贡艺术 [M].北京：文化艺术出版社，2012.
[35] 刘建军，闫璘，曹迎春.明西宁卫长城及军事聚落研究 [J].建筑学报，2012 (S1):30-34.
[36] 曾永丰.西宁山陕会馆及其建筑特征 [J].文史月刊，2016 (10):76-80.
[37] 房建昌.青海大通县广惠寺的创建历史及活佛考 [J].青海社会科学，1990 (1):93-97.
[38] 马连龙.夏琼寺及其名僧 [J].西藏研究，1987 (2):116-122.
[39] 马永平.撒拉族传统民居建筑述略 [J].青海民族研究，2014 (3):100-102.
[40] 宋卫哲.循化撒拉族明清时期伊斯兰建筑装饰艺术 [J].美术观察，2016 (6):120-121.
[41] 当增吉.黄南保安屯堡文化及其特点 [J].青海民族大学学报（社会科学版），2011 (3):84-87.
[42] 刘积顺.广惠寺的沧桑历史 [J].中国土族，2010 (S1):65-66.

图片来源（Illustrations）

西藏自治区

图片名称	图片来源
西藏自治区古建筑分片索引	张露绘
阿里托林寺	江权提供
昌都风光	唐恒鲁摄
珠穆朗玛峰远眺	袁牧摄
大昭寺内松赞干布像	《大昭寺》
大昭寺内文成公主像	《大昭寺》
阿里古格王国	江权提供
萨迦寺	李海霞提供
夏鲁寺	袁牧摄
吐蕃时期大昭寺中心佛殿一、二层平面原状示意图	宿白《藏传佛教寺院考古》（1996）
印度那烂陀寺第1A、1B僧房院遗址平面示意图	宿白《藏传佛教寺院考古》（1996）
壁画中的桑耶寺全景	《大昭寺》（2011）
扎什伦布寺入口广场全景	袁牧摄
布达拉宫红宫无量寿佛殿壁画中的布达拉宫全图	《布达拉宫》
江孜白居寺塔殿并列格局	袁牧摄
林芝秀巴古堡石砌碉楼	《神居之所——西藏建筑艺术》
阿里札达县托林寺的夯土墙和夯土结构佛塔	司霞提供
墨竹工卡县唐加寺大殿长方体平屋顶造型	唐恒鲁摄
拉萨民居大门	唐恒鲁摄
布达拉宫红宫南立面开窗手法	《布达拉宫》
拉萨色拉寺措钦大殿（即大经堂）	李和欣摄
大昭寺屋顶平台俯瞰拉萨市井及远眺布达拉宫	唐恒鲁摄
西藏建筑红墙	唐恒鲁摄
大昭寺内释迦牟尼像	《大昭寺》
五世达赖喇嘛觐见清顺治帝壁画	《布达拉宫》
其他图片	王南摄
1 拉萨市	
布达拉宫	王斐摄
拉萨古城俯瞰（右侧为布达拉宫）	王南摄
拉萨古城与大昭寺示意图	《大昭寺》
拉萨古城三条转经朝拜道示意图	《大昭寺》
布达拉宫红宫无量寿佛殿壁画：大昭寺	《布达拉宫》
功德林寺（市文保）	唐恒鲁摄
壁画中的布达拉宫	《布达拉宫》
布达拉宫西南侧外观	唐恒鲁摄
布达拉宫远眺	唐恒鲁摄
布达拉宫夜景远眺	王南摄
布达拉宫西南过街塔	唐恒鲁摄
布达拉宫脚下转经的信徒	王南摄
林周风光	唐恒鲁摄
拉萨城区古建筑分布图	张露绘
1 布达拉宫	
布达拉宫	《布达拉宫》
布达拉宫白宫门廊壁画中的布达拉宫及松赞干布像	《布达拉宫》
白宫纵剖面、横剖面图	《布达拉宫》
布达拉宫白宫东大殿内景	《布达拉宫》
白宫天井	《布达拉宫》
白宫日光殿内景	《布达拉宫》
白宫日光殿木构细部	《布达拉宫》
红宫天井	《布达拉宫》

图片名称	图片来源
红宫五世达赖灵塔殿平面图	李和欣摄
红宫五世达赖灵塔立面图	《布达拉宫》
红宫五世达赖灵塔殿内景	《布达拉宫》
红宫壁画中的五世达赖灵塔殿落成图	《布达拉宫》
布达拉宫西北	《布达拉宫》
布达拉宫东面	《布达拉宫》
从查拉鲁普石窟远眺布达拉宫	《布达拉宫》
其他图片	王南摄
2 大昭寺	
壁画中的大昭寺全图	《大昭寺》
大昭寺一层、二层、三层、四层平面图	《大昭寺》
大昭寺内释迦牟尼像	《大昭寺》
其他图片	王南摄
3 罗布林卡	
罗布林卡大门	唐恒鲁摄
达旦明久颇章（新宫）	王斐摄
罗布林卡戏台	唐恒鲁摄
措吉颇章（湖心宫）	唐恒鲁摄
准增颇章	唐恒鲁摄
4 小昭寺	
小昭寺平面图、剖面图	《神居之所 西藏建筑艺术》
其他图片	王南摄
5 哲蚌寺	
措钦大殿、德央扎仓与罗赛林扎仓平面图	《布达拉宫》
其他图片	王南摄
6 色拉寺	
措钦大殿南立面	李和欣摄
措钦大殿屋顶平台及高侧窗	李和欣摄
措钦大殿佛像	唐恒鲁摄
其他图片	王南摄
7 拉让宁巴	
本节图片	王斐摄
8 邦达仓	
本节图片	王斐摄
9 桑珠颇章	
本节图片	王斐摄
10 冲赛康	
本节图片	王斐摄
11 拉鲁颇章	
本节图片	王斐摄
12 喜德寺	
本节图片	唐恒鲁摄
13 门孜康	
门孜康	王斐摄
14 八廓街	
本节图片	王南摄
15 默如宁巴寺	
本节图片	唐恒鲁摄
16 朗孜厦	
本节图片	唐恒鲁摄
17 下密院	
本节图片	唐恒鲁摄
18 拉萨关帝庙	
本节图片	王斐摄
19 达扎路恭纪功碑	
达扎路恭纪功碑	唐恒鲁摄

续表

图片名称	图片来源
吉如拉康早期平面示意图	卢清新摹自《中国藏族建筑》
剖面图	卢清新摹自《乃东县文物志》
释迦佛殿集会堂门廊大门	《中国文物地图集·西藏自治区分册》
释迦佛殿柱头线雕图案	卢清新摹自《乃东县文物志》
释迦佛堂八大弟子泥塑像及身后的经架	《中国文物地图集·西藏自治区分册》
3 雍布拉康	
雍布拉康俯瞰全景	史根平摄
雍布拉康总平面图	卢清新摹自《西藏古建筑测绘图集·第一辑》
雍布拉康主殿纵剖面图	卢清新摹自《西藏古建筑测绘图集·第一辑》
其他图片	王南摄
4 赞塘拉康	
赞塘拉康平面图	卢清新摹自《元朝西藏建筑艺术综述》和谷歌卫星图
其他图片	卢清新摄
5 达杰林寺	
达杰林寺一、二层平面图	卢清新摹自《乃东县文物志》
达杰林寺剖面图	卢清新摹自《乃东县文物志》
五世达赖肖像壁画	《乃东县文物志》
6 曲德沃寺	
曲德沃寺总平面复原图	卢清新改绘自《乃东县文物志》
20 世纪 80 年代的曲德沃寺布局鸟瞰	《乃东县文物志》
20 世纪 80 年代曲德沃寺主殿正立面	《乃东县文物志》
现存主殿正立面	卢清新摄
门廊壁画	卢清新摄
7 桑耶寺	
壁画中的桑耶寺	《大昭寺》
唐卡中的桑耶寺	《西藏唐卡》
桑耶寺主要建筑平面图	卢清新摹自《扎囊县文物志》
桑耶寺乌孜大殿正面全景	史根平摄
桑耶寺乌孜大殿下两层剖面图	卢清新摹自《扎囊县文物志》
桑耶寺江白林	卢清新摄
其他图片	王南摄
8 康松桑卡林	
康松桑卡林一层平面图	卢清新摹自《扎囊县文物志》
康松桑卡林纵剖面图	卢清新摹自《扎囊县文物志》
20 世纪 80 年代康松桑卡林全景	《扎囊县文物志》
西门	熊月摄
主殿外观	《中国文物地图集·西藏分册》
主殿三层的壁画	《中国文物地图集·西藏分册》
主殿四层护法神081木结构	《扎囊县文物志》
9 松卡石塔	
多边形和方形石塔平立面图	卢清新摹自《扎囊县文物志》
释迦佛造像	卢清新摄
其他图片	熊月摄
10 扎塘寺	
扎塘寺现存平面布局	谷歌卫星图
主殿平面图	卢清新摹自《扎囊县文物志》
其他图片	张凤春摄
11 结林措巴	
结林措巴平面图	卢清新摹自《扎囊县文物志》
西面围墙	熊月摄
主殿正立面	卢清新摄
门廊四大天王壁画之一	熊月摄
经堂内部	卢清新摄
12 顶布钦寺	
顶布钦寺总体平面分布图	卢清新摹自《扎囊县文物志》
寺门	熊月摄
主殿	熊月摄
慈善塔	卢清新摄
观音菩萨造像拓片	《扎囊县文物志》

续表

图片名称	图片来源
13 敏竹林寺	
敏竹林寺平面图	卢清新摹自《西藏古建筑》和谷歌地图
祖拉康剖面图	卢清新摹自《扎囊县文物志》
堆对曲丹佛塔	江权摄
其他图片	张虹海摄
14 葱堆措巴	
葱堆措巴平面图	卢清新摹自《扎囊县文物志》
经堂外景	《扎囊县文物志》
经堂内部	张凤春摄
僧舍和佛塔	张凤春摄
15 朗朗林庄园	
朗色林庄园总平面图	卢清新摹自《中国藏族建筑》
主楼各层平面复原图	卢清新摹自《中国藏族建筑》
主楼立面和剖面复原图	卢清新摹自《中国藏族建筑》和《西藏古建筑》
主楼	《中国文物地图集·西藏分册》
主楼入口	江权摄
经堂上方的天井	《西藏古建筑》
16 贡嘎曲德寺	
贡嘎曲德寺主要建筑一层平面图	卢清新摹自《西藏山南贡嘎寺主殿集会大殿〈如意藤〉壁画初探》
主殿二层平面图	卢清新摹自《贡嘎曲德寺怙主护法殿绘图像图初探》
经堂南壁《如意藤》壁画中的释迦牟尼佛形象	《从西藏贡嘎曲德寺壁画看钦则画派的特点》
二层无量宫殿南壁壁画中的供养天形象	《从西藏贡嘎曲德寺壁画看钦则画派的特点》
其他图片	张凤春摄
17 那若达布扎仓	
甲日村总平面图	卢清新绘
主殿正前方的僧舍	熊月摄
其他图片	卢清新摄
18 多比曲科寺	
杰德秀古镇聚落	《西藏古建筑》
多比曲科寺总平面图	卢清新绘
其他图片	张虹海摄
19 藏王墓	
藏王墓平面图	《中国文物地图集·西藏自治区分册》
松赞干布陵	史根平摄
20 唐波且寺	
唐波且寺及周边总平面图	卢清新绘
主殿平面图	卢清新摹自《琼结县文物志》
其他图片	卢清新摄
21 坚耶寺	
坚耶寺一层平面图	卢清新摹自《西藏古建筑测绘图集第一辑》
主殿剖面图	卢清新摹自《西藏古建筑测绘图集第一辑》
其他图片	张凤春摄
22 若康拉康	
若康拉康一层平面图	卢清新摹自《西藏古建筑测绘图集第一辑》
若康拉康纵剖面图	卢清新摹自《西藏古建筑测绘图集第一辑》
其他图片	卢清新摄
23 巴廊曲康及恰嘎曲德寺	
巴廊曲康及恰嘎曲德寺总平面示意图	卢清新绘
恰嘎曲德寺横剖面图	卢清新摹自《桑日县文物志》
巴廊曲康主体平面和剖面图	卢清新摹自《桑日县文物志》
其他图片	张虹海摄
24 丹萨梯寺	
丹萨梯寺总平面图	卢清新绘
秋天的丹萨梯寺	丹萨梯寺提供

图片名称	图片来源
大殿北壁和山壁之间的转经甬道	熊月摄
帕木竹巴蓬屋内部	熊月摄
灵塔殿殿门	卢清新摄
望楼和山下的雅鲁藏布江	卢清新摄
25 增期寺	
增期寺主殿底层平面图	卢清新摹自《扎囊县文物志》
经堂内的壁画	熊月摄
其他图片	卢清新摄
26 拉加里王宫遗址	
拉加里王宫	江权提供
拉加里王宫遗址总平面	卢清新绘
旧宫南内门遗迹	《中国文物地图集·西藏分册》
新宫王宫一层、二层平面图	卢清新摹自《中国藏族建筑》
新宫王宫修缮后立面图	卢清新绘
新宫三层申穷布北壁上的壁画	《中国文物地图集·西藏分册》
夏宫四合院建筑外景	《西藏古建筑》
27 朗真寺	
杜康大殿平面图和剖面图	卢清新摹自《西藏古建筑测绘图集·第一辑》
其他图片	卢清新摄
28 仲嘎曲德寺	
村庄总平面图	卢清新绘
祖不拉康一层平面图	卢清新摹自《错那隆子加查曲松县文物志》
其他图片	卢清新摄
29 日当寺	
日当寺总平面图	卢清新摹自《错那隆子加查曲松县文物志》
日吾坚赞灵塔	熊月摄
其他图片	卢清新摄
30 拉隆寺	
主殿一层、二层平面图	卢清新绘
主殿外景	熊月摄
主殿门廊	熊月摄
经堂内景	卢清新摄
西墙前的 8 根圆柱及斗栱	熊月摄
斗栱上的彩画	卢清新摄
二层亮棚四周的明廊	卢清新摄
主殿一层中的壁画	熊月摄
外墙上的骷髅装饰	卢清新摄
31 吉堆吐蕃墓群	
吉堆古墓群和摩崖石刻的分布	卢清新摹自《西藏洛扎县吉堆墓地与吐蕃摩崖石刻考古调查简报》
吉堆古墓北侧的山谷景象	郭婧舒摄
仰望吉堆古墓群	卢清新摄
吉堆古墓群墓葬、殉牲坑、石墙分布图	卢清新绘
门塘摩崖石刻局部	《中国文物地图集·西藏地区》
得乌琼摩崖石刻全貌	《中国文物地图集·西藏地区》
32 赛卡古托寺	
唐卡中的赛卡古托寺	《西藏唐卡》
赛卡古托寺全景	《中文物地图集·西藏分册》
赛卡古托寺一层平面图	卢清新摹自《论洛扎塞卡古托寺绘画艺术》
碉楼和葛哇久尼殿经堂剖面图	卢清新摹自《论洛扎塞卡古托寺绘画艺术》
碉楼中的护法神像壁画	《中文物地图集·西藏分册》
其他图片	张民摄
6 日喀则市	
日喀则市古建筑分布图	张露绘
1 扎什伦布寺	
扎什伦布寺总平面示意图	《中国藏族建筑》
扎什伦布寺入口广场全景	袁牧摄

图片名称	图片来源
扎什伦布寺五至九世班禅灵塔殿及讲经场	袁牧摄
扎什伦布寺巷道 1	袁牧摄
扎什伦布寺巷道 2	袁牧摄
扎什伦布寺巷道 3	袁牧摄
其他图片	王南摄
2 夏鲁寺	
本节图片	袁牧摄
3 纳塘寺	
本节图片	袁牧摄
4 甘丹热布杰寺	
本节图片	袁牧摄
5 热拉雍中林	
本节图片	袁牧摄
6 梅日寺	
本节图片	袁牧摄
7 达那寺	
本节图片	袁牧摄
8 甘丹曲果林寺	
本节图片	袁牧摄
9 江孜宗山抗英遗址	
本节图片	袁牧摄
10 白居寺	
江孜县白居寺	袁牧摄
白居寺总平面图	《中国藏族建筑》
白居寺东侧僧房和城墙	袁牧摄
白居寺维修中的城墙	袁牧摄
其他图片	王南摄
11 帕拉庄园	
本节图片	袁牧摄
12 乃宁曲德寺	
本节图片	袁牧摄
13 艾旺寺	
本节图片	袁牧摄
14 东嘎寺	
本节图片	袁牧摄
15 噶举寺	
本节图片	袁牧摄
16 乃甲切木石窟寺	
本节图片	袁牧摄
17 羌姆石窟	
本节图片	袁牧摄
18 萨迦寺	
萨迦南寺	李继成摄
萨迦南寺南侧城墙及角楼	李继成摄
其他图片	袁牧摄
19 萨迦卓玛拉康	
本节图片	袁牧摄
20 平措林寺	
本节图片	袁牧摄
21 拉孜曲德寺	
本节图片	袁牧摄
22 曾桑钦寺	
本节图片	袁牧摄
23 日吾其寺金塔	
本节图片	罗文华摄
24 昂仁曲德寺	
本节图片	袁牧摄
25 朗果荡芭寺	
本节图片	袁牧摄
26 绒布寺	
本节图片	袁牧摄
28 吉隆曲德寺	
本节图片	袁牧摄

青海省

图片名称	来源
山门斗栱	侯哲摄
唤醒楼	侯哲摄
礼拜殿	陈德辰摄
南配房	季若辰摄
拱北	刘艳雯摄
29 塔撒坡清真寺	
塔撒坡清真寺总平面图	《青海古建筑》
唤醒楼檐下结构	季若辰摄
礼拜殿侧面	刘艳雯摄
礼拜殿门扇	刘艳雯摄
其他图片	陈德辰摄
30 张尕清真寺	
张尕清真寺总平面图	《青海古建筑》
影壁和牌楼门	陈德辰摄
唤醒楼	侯哲摄
唤醒楼木质结构	侯哲摄
礼拜殿	陈德辰摄
礼拜殿前廊	《青海古建筑》
礼拜堂纵剖面图	《青海古建筑》
31 科哇清真大寺	
科哇清真大寺总平面图	《青海古建筑》
影壁	《青海古建筑》
山门	《青海古建筑》
唤醒楼	侯哲摄
礼拜殿	陈德辰摄
后窑殿中的重彩彩绘	《青海古建筑》
南配房	陈德辰摄
32 旦麻塔	
土丘上的旦麻塔	陈德辰摄
塔顶的日月宝镜	陈德辰摄
土丘四周的转经廊道	侯哲摄
旦麻尼姑寺经堂	刘艳雯摄
33 古雷寺	
喜饶嘉措大师纪念馆屋檐	刘艳雯摄
大经堂	刘艳雯摄
小经堂	陈德辰摄
山坡上的静房	侯哲摄
34 张沙寺	
大经堂	侯哲摄
其他图片	季若辰摄

3 海北藏族自治州

图片名称	来源
海北藏族自治州古建筑分布图	卢清新绘
1 白佛寺	
大经堂	熊月摄
山坡上的静房	熊月摄
其他图片	卢清新摄
2 沙陀寺	
沙陀寺全景	卢清新摄
大经堂山门	熊月摄
大经堂正面	熊月摄
大经堂侧面	卢清新摄
3 阿柔大寺	
帐篷经堂	《青海藏传佛教寺院阿柔大寺考述》
如意八塔	吴海强摄
转经筒	吴海强摄
4 下阴田清真寺	
本节图片	卢清新摄
5 岗龙沟石窟寺	
岗龙沟石窟寺全景	《中国文物地图集·青海分册》
石塔	《中国文物地图集·青海分册》
释迦牟尼像	《中国文物地图集·青海分册》
6 仙米寺	

图片名称	来源
山门	卢清新摄
新修大经堂	卢清新摄
五间经堂所在院落平面图	卢清新摹自《青海古建筑》
五间经堂	《青海古建筑》
7 珠固寺	
经堂屋顶	郭婧舒摄
经堂东立面	熊月摄
经堂大门装饰	熊月摄
经堂内部	刘琳摄

4 海西蒙古族藏族自治州

图片名称	来源
海西蒙古族藏族自治州古建筑分布图	卢清新绘
1 都兰寺	
本节图片	卢清新绘
2 香日德寺	
本节图片	卢清新绘

5 海南藏族自治州

图片名称	来源
海南藏族自治州古建筑分布图	卢清新绘
1 玉皇阁古建筑群	
玉皇阁古建筑群总平面图	卢清新绘
万寿观山门	季若辰摄
万寿观过厅	季若辰摄
万寿观玉皇阁	季若辰摄
其他图片	陈德辰摄
2 乜纳寺	
本节图片	陈德辰摄
3 文昌庙	
奎星阁走廊	季若辰摄
其他图片	陈德辰摄
4 珍珠寺	
山门外侧	陈德辰摄
山门内侧	陈德辰摄
正殿	王昌雄摄
5 王屯龙王庙	
本节图片	陈德辰摄
6 关帝庙	
本节图片	陈德辰摄
7 尕让白马寺	
内院	季若辰摄
其他图片	陈德辰摄
8 尕让寺	
重建中的寺门	季若辰摄
大经堂	陈德辰摄
大经堂屋顶	陈德辰摄
9 罗汉堂寺	
本节图片	陈德辰摄
10 新寺	
本节图片	陈德辰摄
11 千卜录寺	
本节图片	陈德辰摄
12 赛宗寺	
赛宗寺总平面图	《青海古建筑》
赛宗寺全景	《青海古建筑》

6 黄南藏族自治州

图片名称	来源
黄南藏族自治州古建筑分布图	卢清新绘
1 隆务寺	
隆务寺总平面示意图	卢清新据 google 卫星图绘
大经堂鸟瞰图	《青海古建筑》
其他图片	闫芷宁、田雨晴摄
2 年都乎寺	
鸟瞰年都乎寺	陈晓红摄

续表

图片名称	来源
其他图片	闫芷宁、田雨晴摄
3 吾屯上、下寺	
吾屯下寺寺藏木雕佛像	《中国文物地图集·青海分册》
其他图片	闫芷宁、田雨晴摄
4 郭麻日寺	
郭麻日古村堡鸟瞰	《青海古建筑》
其他图片	陈晓红摄
5 保安古屯田寨堡群	
保安四屯的分布图	卢清新据 Google 地图绘
保安古城鸟瞰	《青海古建筑》
保安古城平面图	卢清新据《青海古建筑》改绘
保安古城复原图	《青海古建筑》
都司衙门西式大门	闫芷宁、田雨晴摄
都司衙门内院	闫芷宁、田雨晴摄
6 西关寺	
本节图片	闫芷宁、田雨晴摄
7 瓜什则寺	
本节图片	闫芷宁、田雨晴摄
8 阿琼南宗寺	
阿琼南宗寺远景	《青海古建筑》
其他图片	闫芷宁、田雨晴摄
9 康杨清真寺	
本节图片	闫芷宁、田雨晴摄
10 智合寺及其石窟	
一号窟立面图与剖面图	《青海古建筑》
其他图片	闫芷宁、田雨晴摄
11 古曰寺	
本节图片	闫芷宁、田雨晴摄
12 德千寺	
德千寺赛赤活佛行宫平面图	《青海古建筑》
德千寺赛赤活佛行宫佛堂立面图	《青海古建筑》
其他图片	闫芷宁、田雨晴摄
13 昂拉千户院	
昂拉千户院平面图	《青海古建筑》
昂拉千户院剖面图	《青海古建筑》
其他图片	闫芷宁、田雨晴摄
14 昂拉赛康寺	
本节图片	闫芷宁、田雨晴摄
15 和日寺石经墙	
本节图片	《中国文物地图集·青海分册》
7 果洛藏族自治州	
果洛藏族自治州古建筑分布图	卢清新绘
1 拉加寺	
拉加寺鸟瞰	《青海古建筑》
拉加寺总平面图	卢清新据《青海古建筑》和 google 地图绘制
拉加寺大经堂平面图、立面图、剖面图	《青海古建筑》
其他图片	林子摄
2 查朗寺	
本节图片	《青海古建筑》
3 白玉寺	
白玉寺总平面图	卢清新据《青海古建筑》和 google 地图绘制
寺门	林子摄
大经堂	王云雯摄
大经堂前广场上的法会	《青海古建筑》
转经长廊	王云雯摄

续表

图片名称	来源
4 白扎寺	
本节图片	《青海古建筑》
5 智钦寺	
智钦寺总平面图	卢清新据 google 地图绘
其他图片	《青海古建筑》
8 玉树藏族自治州	
玉树藏族自治州古建筑分布图	卢清新绘
1 藏娘佛塔及桑周寺	
藏娘佛塔	韩昊庆摄
小经堂	韩昊庆摄
其他图片	《青海古建筑》
2 文成公主庙	
文成公主庙院落入口	韩昊庆摄
大日如来佛像	《中国文物地图集·青海卷》
其他图片	《青海古建筑》
3 新寨嘉那嘛呢	
嘉那嘛呢堆全景	昵图网
其他图片	韩昊庆摄
4 结古寺	
本节图片	韩昊庆摄
5 当头寺	
本节图片	韩昊庆摄
6 龙喜寺	
本节图片	韩昊庆摄
7 当卡寺	
本节图片	韩昊庆摄
8 嘎然寺	
本节图片	韩昊庆摄
9 唐隆寺	
本节图片	韩昊庆摄
10 禅古寺	
本节图片	韩昊庆摄
12 当旦石经墙及佛塔	
本节图片	韩昊庆摄
13 隆宝百户府邸	
本节图片	《青海古建筑》
14 然格寺	
本节图片	《青海古建筑》
15 尕藏寺	
本节图片	韩昊庆摄
16 赛达寺	
本节图片	韩昊庆摄
17 拉布寺	
本节图片	韩昊庆摄
18 群则寺	
本节图片	韩昊庆摄
19 卓木其格秀拉康及藏式碉楼群	
本节图片	韩昊庆摄
21 贡萨寺旧址与宗喀巴大殿	
宗喀巴大殿	韩昊庆摄
其他图片	《青海古建筑》
22 岗察寺	
肉身舍利塔	韩昊庆摄
24 格萨尔三十大将军灵塔和达那寺	
本节图片	《青海古建筑》
26 藏式雕楼建筑群	
本节图片	韩昊庆摄

本书青海篇古建筑分布图以青海省政区标准地图为底图进行绘制。

底图信息如下：
标准地图审图号：青 S（2017）001 号
绘制单位：青海省地理信息中心
绘制者（由青海省地理信息中心提供）：
青海省政区图：杨燕　刘国
西宁市政区图：黄彦丽　张晓红
海东市政区图：杨柳　李芃
海北藏族自治州政区图：马静　张馨
海南藏族自治州政区图：霍轶群　张燕
果洛藏族自治州政区图：吴金玲　谭生玲
黄南藏族自治州政区图：董凤翎　赵珅珅
海西蒙古族藏族自治州政区图：杨臻康　蔡楠
玉树藏族自治州政区图：杨燕　吴宜桐